普通高等学校"十四五"规划物流
管理与工程类专业数字化精品教材

编 委 会

主　任

刘志学　教育部高等学校物流管理与工程类专业教学指导委员会副主任委员
　　　　华中科技大学教授

编　委　（按姓氏汉语拼音排序）

冯　春　西南交通大学教授

黄福华　教育部高等学校物流管理与工程类专业教学指导委员会委员
　　　　湖南工商大学教授

李文锋　教育部高等学校物流管理与工程类专业教学指导委员会委员
　　　　武汉理工大学教授

李　燕　江汉大学副教授

李严峰　教育部高等学校物流管理与工程类专业教学指导委员会委员
　　　　云南财经大学教授

刘　丹　教育部高等学校物流管理与工程类专业教学指导委员会委员
　　　　福州大学教授

马　璐　广西民族大学教授

庞　燕　教育部高等学校物流管理与工程类专业教学指导委员会委员
　　　　中南林业科技大学教授

冉文学　云南财经大学教授

王忠伟　教育部高等学校物流管理与工程类专业教学指导委员会委员
　　　　中南林业科技大学教授

谢如鹤　教育部高等学校物流管理与工程类专业教学指导委员会委员
　　　　广州大学教授

徐贤浩　华中科技大学教授

张得志　中南大学教授

张　锦　教育部高等学校物流管理与工程类专业教学指导委员会副主任委员
　　　　西南交通大学教授

邹安全　佛山科学技术学院教授

普通高等学校"十四五"规划物流
管理与工程类专业数字化精品教材

总主编◎刘志学

智慧物流

SMART LOGISTICS

主　编◎李文锋
副主编◎贺利军
编　者：（排名不分先后）
梁晓磊　张　煜　曹菁菁　段　莹
王正国　占济舟　蔡　磊　彭一恒
高　聪

华中科技大学出版社
http://www.hustp.com
中国·武汉

内 容 简 介

本书是一本关于智慧物流的体系、方法、技术及应用实践的教材。内容包括:智慧物流概念和体系等基础知识、物流数字化技术、物流系统网络通信技术、物流自动化与机器人技术、物流云服务技术、物流大数据与人工智能、智慧物流网络、智慧物流系统分析与建模方法、智慧物流系统优化与调度,以及智慧物流理论与方法在供应链、港口码头、生产制造等场景中的应用实践等。

本书针对工业4.0背景下智慧物流发展的时代需求,从生态、体系、理论和典型案例等方面介绍智慧物流及其系统,可作为物流管理与工程类及相关专业本科生和研究生学习智慧物流理论、技术与方法的教材或参考书,也可作为物流领域科技工作者开展智慧物流研究的参考书。

图书在版编目(CIP)数据

智慧物流/李文锋主编. —武汉:华中科技大学出版社,2022.9
ISBN 978-7-5680-8603-5

Ⅰ.①智… Ⅱ.①李… Ⅲ.①智能技术-应用-物流管理 Ⅳ.①F252.1-39

中国版本图书馆 CIP 数据核字(2022)第 147738 号

智慧物流 李文锋 主编
Zhihui Wuliu

策划编辑:陈培斌 周晓方	
责任编辑:余晓亮 贺翠翠	
封面设计:原色设计	
责任校对:张汇娟	
责任监印:周治超	
出版发行:华中科技大学出版社(中国·武汉)	电话:(027)81321913
武汉市东湖新技术开发区华工科技园	邮编:430223
录 排:华中科技大学惠友文印中心	
印 刷:武汉市籍缘印刷厂	
开 本:787mm×1092mm 1/16	
印 张:20.5 插页:2	
字 数:515千字	
版 次:2022年9月第1版第1次印刷	
定 价:58.00元	

本书若有印装质量问题,请向出版社营销中心调换
全国免费服务热线:400-6679-118 竭诚为您服务
版权所有 侵权必究

总 序

物流业是国民经济和社会发展的基础性、战略性产业。加快发展现代物流业对促进产业结构调整和提高企业市场竞争力都具有非常重要的作用。进入 21 世纪以来，随着经济全球化的加速推进和信息技术的强力驱动，我国现代物流业发展迅速并呈现出强劲的发展态势，企业物流管理水平不断提高，物流企业服务能力显著增强，迫切需要大批高素质的物流管理与物流工程专业人才。2014 年国务院发布的《物流业发展中长期规划（2014—2020 年）》指出，"着力完善物流学科体系和专业人才培养体系，以提高实践能力为重点"，对培养既有理论创新思维又有实践应用能力的应用型本科物流专业人才提出了明确要求。

在教育部《普通高等学校本科专业目录（2012 年）》中，物流管理与工程类专业已上升为管理学学科的一级大类本科专业，不仅为全国高校物流管理与工程类专业的发展带来了崭新的发展机遇，而且对加速培养社会和企业需要的物流本科专业人才提供了重要的发展平台。据统计，我国开办物流管理与工程类本科专业的高等学校已达到 524 所，专业布点数有 570 个，其中物流管理专业点 456 个，物流工程专业点 109 个，在校本科生约 10 万人。可见，我国物流高等教育已进入全方位发展新阶段，亟须全面创新物流管理与工程类本科专业人才培养体系，切实提升物流专业人才培养质量，以更好地满足日益增长的现代物流业发展对物流专业人才的需求。

在本科专业人才培养体系中，教材建设是极其重要的基础工程。在教育部高等学校物流管理与工程类专业教学指导委员会的大力支持下，华中科技大学出版社 2015 年 7 月召开"全国高等院校物流管理与工程类应用型人才培养'十三五'规划精品教材"建设研讨会，来自国内二十多所大学的物流专业资深教授和中青年学科带头人就课程体系、教材定位、教学内容、编著团队、编写体例等进行认真研讨，并达成共识，成立由多位物流管理与工程类专业教学指导委员会委员领衔组成的编委会，组织物流领域的专家学者共同编写定位于应用型人才培养的精品教材。

经多次研讨，编委会力求本套规划教材凸显以下特色。

智慧物流

一是充分反映现代物流业发展对应用型物流专业人才的培养要求。在考虑本套教材整体结构时,既注重物流管理学、供应链管理、企业物流管理等核心课程,更强调当今电商物流、冷链物流、物流服务质量等实践趋势;既注重知识结构的完整性,更强调知识内容的实践性,力求实现先进物流管理理论与当代物流管理实践的充分融合。

二是遵循《物流管理与工程类专业教学质量国家标准》规范要求。2015年,教育部高等学校物流管理与工程类专业教学指导委员会颁布了《物流管理与工程类专业教学质量国家标准》,对物流管理与工程类本科专业人才的培养目标、培养规格、课程体系、教学条件等提出了明确要求。因此,本套教材从选题到内容组织都力求以《物流管理与工程类专业教学质量国家标准》为指南。

三是强化案例分析教学。应用型本科物流专业人才特别注重实践动手能力的培养,尤其是培养其独立发现问题、分析问题和解决问题的能力,而案例分析教学是实现学生能力提升的有效途径。因此,本套教材的每章都以案例导入,并配备了大量的同步案例和综合案例,力求通过案例教学增强学生独立思考和综合分析能力,学以致用,知行合一。

本套教材由多年从事物流管理与工程类本科专业教学、在本学科领域具有丰富教学经验的专家学者担任各教材的主编。首批教材涵盖《物流管理学》《供应链管理》《企业物流管理》《国际物流学》《物流信息技术与应用》《第三方物流》《运输管理》《仓储管理》《物流系统建模与仿真》《物流成本管理》《采购与供应管理》《物流系统规划与管理》《物流自动化系统》《物流工程》《物流项目管理》《冷链物流》《物流服务质量管理》《电子商务物流》《物流决策与优化》等书目。同时,编委会将依据我国物流业发展变化趋势及其对应用型本科物流专业人才培养的新要求及时更新教材书目,不断丰富和完善教学内容。

为了充分反映国内外最新研究和实践成果,在本套教材的编写过程中参考了大量的专著、教材和论文资料,其作者已尽可能在参考文献中列出,在此对这些研究者和实践者表示诚挚的谢意。如果有疏漏之处,我们深感抱歉,一旦获知具体信息,我们将及时予以纠正。

应该指出的是,编撰一套高质量的教材是一项十分艰巨的任务。尽管作者们认真尽责,但由于理论水平和实践能力所限,本套教材中难免存在一些疏忽与缺失,真诚希望广大读者批评指正,不吝赐教,以期在教材修订再版时补充完善。

2016年5月20日

前言

现代经济的发展水平,很大程度上取决于物流的水平。咨询公司 Armstrong & Associates 的数据显示,2020 年全球物流总费用达到 9 万亿美元,约占全球 GDP 的 11％。以货运代理为主要组成部分的第三方物流总额接近 1 万亿美元。而在同一年,中国 GDP 为 14.73 万亿美元(101.6 万亿元人民币),物流总费用为 14.9 万亿元人民币,占 GDP 的比例为 14.7％。物流业在为我国乃至世界经济做出巨大贡献的同时,自身也在发生着深刻变革,以顺应工业 4.0 以及数字经济时代的到来。

作为现代物流的高级阶段,智慧物流概念的萌芽始于 20 世纪 90 年代物联网概念的提出与发展,即"利用 RFID 等技术,构建一个实现全球物品信息实时共享的实物互联网(the internet of things)"。物联网使得物流与信息流一体化或同步成为可能,满足了人们对物流追溯的迫切需求。随着云计算、大数据等技术的快速发展,特别是人工智能的突飞猛进,智慧物流的技术与系统也得到了长足的发展并逐渐受到业界的关注。2008 年 11 月,IBM 提出智慧物流的概念。同期,我国学者也从多角度探讨智慧物流,2017 年,京东物流联合中国物流与采购联合会发布了《中国智慧物流 2025 应用展望》。

另外,智慧物流也是物流业顺应工业技术革命的产物。以大数据、泛在互联和人工智能为特征的工业 4.0 正主导着全球工业革命的方向,并渗透到各行各业,如智能工厂、智能制造、智慧农业等,以便满足人们日益旺盛的个性化、绿色化、宜人化需求。作为制造业及国民经济活动的基础产业,物流业的智慧化已成为大势所趋。和工业 4.0 相对应,智慧物流被称为物流 4.0。

智慧物流的发展也给物流业带来了深刻的变化,数据驱动、互联互通、实时控制、智能决策与协同融合是其典型特征。在智慧物流技术的推动下,物流生态不断生长拓展,日益丰富,物流服务模式不断创新,服务能力和韧性更强,增值服务更为多元多样。平台经济、生态圈管理、数智化管理、跨界融合、共享服务等,这些创新性实践探索不断丰富着智慧物流的内涵,也拓展着其外延。

智慧物流是多学科交叉创新的结晶,也赋予了物流全新的理念和方法论,这给物流人才培养提出了新的命题。很多高校的物流管理与工程类专业都将智慧物流作为其专业方向,进一步提出了对智慧物流类教材的现实需求。事实上,由于物流对国民经济的保障性服务特性,以及物流与社会各行各业的密切相关性,智慧物流的理念与实践知识已经成为当代大学生必需的知识储备。一些有关智慧物流的专著和教材陆续被推出,对探索智慧物流的技术方法,推进智慧物流相关人才的培养,起到了非常好的作用。

本书正是在这种时代背景下酝酿推出的。教材着眼于智慧物流对复合型创新型专门人才培养的迫切需求,系统分析了智慧物流的生态、理论基础和技术体系,试图从系统论、控制论、信息论和运筹学角度探索智慧物流的理论框架,从数字化、网络化和智能化角度归纳出智慧物流系统的技术与方法,并通过典型场景和工程实例进行展示和论述。全书共分十三章。

第一章绪论,概要介绍了智慧物流的概念、基本特征和发展趋势。第二章介绍了智慧物流的生态、理论基础和技术体系。第三章到第十章分别从数字化技术、网络通信技术、自动化技术、云计算、大数据、人工智能、物流网络、系统建模与分析、决策调度等方面,介绍了智慧物流的技术体系和方法。第十一章到第十三章则分别选取供应链、码头和生产车间的生产-物流系统,介绍了智慧物流的具体应用实践。

在本书的构思和撰写过程中,我们查阅了大量国内外相关的专著和教材,进行了资料的归纳整理,对包括港口在内的物流企业展开了多轮细致的调研,融入了研究团队多年在智慧物流领域开展科学研究和项目研发的成果,确立了全书的架构和主要知识点。在本书的规划和撰写过程中,先后召开了多次会议进行交流和研讨,对内容进行斟酌增删。全书在统筹规划的基础上,由多位作者共同参与编写。第一章和第三章由张煜教授编写,第二章由贺利军老师编写,第四章由郑州航空工业管理学院段莹副教授编写,第五章由博士生彭一恒编写,第六章和第七章由曹菁菁副教授编写,第八章由王正国副教授编写,第九章和第十章由武汉科技大学梁晓磊副教授编写,第十一章由南京审计大学占济舟、赵林林和王哲老师编写,第十二章由博士生蔡磊编写,第十三章由博士生高聪编写。大家的辛勤劳动为完成本书奠定了坚实的基础,也贡献了独到的见解与智慧。多次的锤炼和修订,保证了撰写本书的初衷和新颖性,突出了系统性、学科交叉性、时代性、可读性、可操作性和实用性。

尽管我们一直在探索智慧物流的理论体系与技术框架,持续关注智慧物流的最新发展和技术动态,在全书完稿后,又经过了全面的整合、梳理和修改,力图做到科学、完整、客观地反映智慧物流的最新思想和研究与实践成果,并符合本科教学特点。但是由于作者水平有限,加之智慧物流的理念在不断更新,物流产业发展日新月异,书中内容难免有失偏颇,或停留在粗浅的探索层面。恳请各位老师和学生,以及使用该书的各位读者,能及时将意见反馈给我们,以便我们及时深化、完善、修订和改正。如果本书能对您的工作和研究有所启发或帮助,我们将倍感欣慰和荣幸。

本书的撰写工作得到了国家"十三五"重点研发计划项目"多式联运智能集成技术与装备研发"(项目编号:2019YFB1600400)以及国家自然科学基金项目"多式联运港口的移动装备分布柔性生产多目标智能调度研究"(项目编号:62173263)的资助,也参考了大量学者的相关著作与论文文献,引用了很多媒体和公司的案例,在此一并表示衷心感谢!

本书的构思与撰写得到了教育部物流管理与工程类专业教学指导委员会的大力支持与指导,在此特别表示衷心的感谢!最后,同样的感谢要送给华中科技大学出版社的相关编辑,你们的辛勤工作,使得本书能最终成功出版发行。

编 者

2022 年 3 月于武汉

目　　录

第一章　绪论　/ 1
第一节　物流与供应链　/ 2
第二节　智慧物流概念　/ 5
第三节　智慧物流基本特征　/ 9
第四节　智慧物流发展趋势　/ 12

第二章　智慧物流体系与框架　/ 16
第一节　智慧物流生态　/ 17
第二节　智慧物流理论基础和技术体系　/ 23
第三节　智慧物流系统框架　/ 26
第四节　智慧物流实例分析　/ 31

第三章　物流数字化技术　/ 35
第一节　物流数字化建模技术　/ 36
第二节　物流数据采集与融合技术　/ 40
第三节　物流标识与自动识别技术　/ 43
第四节　物流设备/设施数字化　/ 45
第五节　物流作业数字化　/ 47
第六节　物流运营数字化　/ 52
第七节　物流数字化评价指标　/ 54

第四章　物流系统网络通信技术　　/ 59

第一节　物流系统的网络通信需求　　/ 59
第二节　物联网技术　　/ 64
第三节　工业互联网　　/ 68
第四节　移动通信与 5G　　/ 72
第五节　区块链　　/ 76
第六节　新型网络技术　　/ 82

第五章　物流自动化与机器人　　/ 85

第一节　物流自动化概述　　/ 86
第二节　机器人技术　　/ 92
第三节　计算机控制技术　　/ 96
第四节　多机协同与人机协同　　/ 102
第五节　典型物流自动化装备　　/ 104

第六章　物流云服务技术　　/ 108

第一节　云计算　　/ 108
第二节　物流 Web 服务　　/ 113
第三节　物流云服务平台　　/ 117
第四节　典型物流云服务　　/ 119

第七章　物流大数据与人工智能　　/ 125

第一节　物流大数据概述　　/ 126
第二节　物流大数据技术　　/ 129
第三节　人工智能概述　　/ 135
第四节　经典人工智能技术　　/ 140
第五节　计算机语言与工具　　/ 152
第六节　物流大数据与人工智能技术案例　　/ 154

第八章　智慧物流网络　　/ 161

第一节　物流网络基本概念　　/ 162

第二节　物流网络分析　　　　　　　　　　　　　　　　　　　　/ 166
　　第三节　智能物流网基本概念及模型　　　　　　　　　　　　　　/ 177
　　第四节　物流超网络系统　　　　　　　　　　　　　　　　　　　/ 181
　　第五节　多式联运网络　　　　　　　　　　　　　　　　　　　　/ 185

第九章　智慧物流系统分析与建模方法　　　　　　　　　　　　　/ 190

　　第一节　物流复杂系统　　　　　　　　　　　　　　　　　　　　/ 191
　　第二节　物流复杂系统建模　　　　　　　　　　　　　　　　　　/ 192
　　第三节　基于多 Agent 的物流系统建模　　　　　　　　　　　　　/ 195
　　第四节　基于系统动力学的物流系统建模　　　　　　　　　　　　/ 200
　　第五节　物流系统仿真技术　　　　　　　　　　　　　　　　　　/ 206
　　第六节　数字孪生技术　　　　　　　　　　　　　　　　　　　　/ 211

第十章　智慧物流系统优化与调度　　　　　　　　　　　　　　　/ 217

　　第一节　最优化理论与方法　　　　　　　　　　　　　　　　　　/ 218
　　第二节　现代智能优化方法　　　　　　　　　　　　　　　　　　/ 220
　　第三节　多目标优化问题与方法　　　　　　　　　　　　　　　　/ 230
　　第四节　物流作业系统调度问题智能优化　　　　　　　　　　　　/ 232
　　第五节　物流运营系统调度问题智能优化　　　　　　　　　　　　/ 242

第十一章　智慧供应链　　　　　　　　　　　　　　　　　　　　/ 253

　　第一节　智慧供应链概述　　　　　　　　　　　　　　　　　　　/ 254
　　第二节　智慧供应链的构建　　　　　　　　　　　　　　　　　　/ 258
　　第三节　智慧供应链风险管理　　　　　　　　　　　　　　　　　/ 262
　　第四节　智慧供应链协同　　　　　　　　　　　　　　　　　　　/ 266
　　第五节　智慧供应链服务平台　　　　　　　　　　　　　　　　　/ 269

第十二章　智慧码头　　　　　　　　　　　　　　　　　　　　　/ 274

　　第一节　智慧码头概述　　　　　　　　　　　　　　　　　　　　/ 274
　　第二节　智慧码头关键技术　　　　　　　　　　　　　　　　　　/ 278
　　第三节　上海洋山港四期智慧码头 ITOS 架构与功能　　　　　　　/ 281
　　第四节　智慧码头未来发展趋势　　　　　　　　　　　　　　　　/ 294

第十三章 智能制造生产-物流系统 / 299

第一节　智能制造生产-物流系统概述　/ 299
第二节　智能制造生产-物流系统框架　/ 302
第三节　智能制造生产-物流案例分析　/ 308

参考文献 / 314

第一章 绪论

学习目标

了解物流与供应链;理解和掌握智慧物流的概念,进一步明确智慧物流发展的重要意义;重点理解与综合掌握智慧物流的基本特征;较好把握智慧物流的发展趋势。

我国智慧物流产业链实践

近年来,我国物流业在货物运输自动化、运作和管理高效化等方面取得明显成效。以物联网、大数据、云计算、人工智能等新一代信息技术为支撑的智慧物流蓬勃发展,更是显著提高了我国物流行业的服务水平、降低了服务成本、减少了资源消耗。但也要看到,我国物流产业发展与经济高质量发展的要求相比还有很大差距,需要加快建设以"互联网＋物流"为特征的智慧物流产业链。我国产业结构和消费结构快速转型升级,小批量、多频次、灵活多变的物流需求增长迅速。但是,我国物流产业还存在基础设施空间布局不平衡、物流标准不统一、行业创新动力不足、运营管理模式落后等短板。

目前,物联网、大数据等新一代信息技术有力推动物流技术创新、行业标准更新、组织运营模式革新,深刻改变着传统物流产业链,为发展智慧物流、补齐物流发展短板提供了重要机遇。应充分发挥新一代信息技术对智慧物流发展的驱动作用,统筹制定智慧物流发展规划,科学合理布局物流枢纽,加强数字物流基础设施建设,促进物流基础设施线上线下融合;加大力度推动物流技术创新,建立信息共享平台,提高物流基础设施设备机械化、自动化、标准化水平,强化物联网、智能终端、智能仓库等的推广应用,大力发展"互联网＋车货匹配""互联网＋合同物流""互联网＋货运经纪""互联网＋库存管理"等新模式、新业态;研究出台统一的智慧物流技术标准,创新物流监管方式,制定优惠政策,为智慧物流发展营造良好政策和市场环境。物流成本居高不下,是制约物流产业健康发展的重要因素。

智慧物流能够将制造、采购、电子商务、配送、仓储等产业各环节有机联系起来,实现物流产业链各节点资源的优化配置,从而有效降低物流产业链的运营成本和管理成本。可以运用大数据、物联网、人工智能等新一代信息技术对传统物流产业链进行改造,使物流企业随时掌握市场需求动态,实现对物流产业的精细化、动态化管理,推动物流产业转型升级。建立开放共享的物流信息平台和智能终端,简化物流信息传递过程,强化物流资源深度挖掘,打破行业间、企业间的信息孤岛和信息不对称,通过分析消费者订单类别、地域分布、口碑等大数据,科学合理制定分仓备货方案,使物流产业组织结构更加扁平化、产品内容更加多样化、物流服务更加智能化,提升物流运作效率和服务水平,有效降低物流成本。

智慧物流具有自动化、网络化、可控化、智能化等特征,能够与个性化、多样化的消费需求快速对接,实现供给和需求的精准匹配,使企业精准掌握当前服务需求、预测未来市场走向,同时为企业向消费者提供小批量服务和私人定制服务创造条件。这不仅能大大提高物流企业经济效益,还能显著提高一个地区、一个国家的经济效益和社会效益。充分发挥智慧物流增效益的作用,要以人民日益增长的美好生活需要为导向,有效整合各类生产要素,突破物流产业链发展瓶颈,构建从产品生产到消费末端的高效服务体系,直接面向消费需求提供定制化物流服务,促进物流与商流无缝对接;围绕医药卫生、社会救助、生活用品服务、邮政普遍服务、可追溯食品供应链管理等民生领域发力,让人民群众拥抱智能物流时代、共享智能物流生活,为构建智慧物流产业链营造良好环境。

(资料来源:《有的放矢:加快建设智慧物流产业链》。)

第一节 物流与供应链

一、现代物流及其发展

物流作为一门学科,其概念在长期社会发展中不断完善。物,是指一切可以进行物理性位置移动的物质资料,泛指一切物质资财,有物资、物体、物品、物料、商品的含义。流者,动也。物流可以类比为电流、水流等。按照《物流术语》(GB/T 18354—2021)的定义,物流是指物品从供应地向接收地的实体流动过程。在物的流动过程中,根据实际需要,可能会包括运输、储存、装卸、搬运、包装、流通加工、配送、信息处理等功能活动。作为一种实践活动,自从有了商品的交换,物流活动就存在了,它是与人类的生产、生活活动紧密联系在一起的,即所谓的传统物流。它一般是指商品在空间与时间上的位移,以解决商品生产与消费的地点差异与时间差异,即把商品从生产领域转移到消费领域送交消费者手中。

1962年,美国著名的管理学权威德鲁克在《财富》杂志上发表了《经济的黑暗大陆》一文,指出流通是经济领域的黑暗大陆,强调应该高度重视流通以及流通过程中的物流管理。德鲁克这一言论指出了流通的重要性,物流活动是流通过程的主要组成部分,因此"黑大陆"说法现在转向主要针对物流而言。"黑大陆"说法主要是指尚未认识、尚未了解的现象,这是对物流本身的正确评价,说明物流在当时是一个陌生的领域,相关理论和实践较为匮乏。世界上第一个物流专业人员组织——美国物流管理协会,对物流做了一个精要的概括:"所谓物流,即以最高效率和最大成本效益、以满足顾客需要为目的、从商品的生产地到消费地,对包括原材料、在制品、最终品及其相关信息的流动与储存进行设计、实施和控制的过程。"此定义将物流的对象从实物扩展到相关的信息,将物流活动从搬运、装卸、运输等过程扩展到包括对物流系统的设计、实施、控制在内的一系列过程。

20世纪80年代中期以来,经济、管理、工程技术领域的一系列变化,导致物流领域的巨大变化,不仅是物流技术方面的进步,还有企业及学术界对物流理论和理念的高度重视。MRP、MRPⅡ、DRP、JIT等先进管理方法的产生,扩展了物流管理的范畴,使物流管理开始涵盖采购、生产和销售全过程,企业高层决策者开始重视物流的战略意义。进入20世纪90年代,计算机技术、互联网技术和信息技术快速发展,其在物流领域的应用促进了物流管理水平的提高。2010年美国供应链管理专业协会(CSCMP)发布了《供应链管理术语》,其中对物流的定义:物流是为了满足客户的需求,实现商品、服务及相关信息从起点到消费地的高效率和高收益的运输和储存而进行规划、实施和控制的过程。这一定义包括了入厂的、出厂的、内部的和外部的物品移动。随着物流产业的蓬勃发展,物流的概念越来越丰富和准确,现代物流模式取代了传统物流模式,呈现出技术信息化、组织网络化、物流系统化、作业标准化等多样化特征。

二、物流与供应链的概念

通常,最终客户消费的产品经历了许多独立企业的业务流程。原材料经由一级供应商开采加工,流动到二级供应商,进行进一步加工后流动到制造商、分销商、零售商,最终到达消费者手中。从供应商的供应商到客户的客户,形成了一条链状结构,可看成一条供应链。链中,除了初始供应商和最终客户,节点中的每一个企业既可能是供应商又可能是客户,严格地说,供应链并不是简单的一对一和业务对业务关系的企业链,而是由很多企业和关系形成的错综复杂的网络。供应链又称作需求链、价值链、逻辑工厂、扩充的企业等。

"供应链"这一名词直接译自"supply chain",许多学者从不同的角度给出了不同的定义。首先,供应链是一个系统,是人类生产活动和整个经济活动中的客观存在。人类生产和生活的必需品,都经历了从最初的原材料生产、零部件加工、产品装配、分销、零售到最终消费者这一整体过程,并且近年来还将废弃物回收和退货(简称反向物流)包含进来。这里既有物质材料的生产和消费,也有非物质形态产品(如服务)的生产和消费,生产、流通、交易、消费各个环节形成了一个完整的供应链系统。供应链整合了商流、物流、信息流、资金流等,是一条复杂链状结构,多供应链交叉连接形成复杂供应链网络,结构如图1-1所示。

结合供应链结构图,可得到供应链的定义:供应链是围绕核心企业,通过对信息流、物流、资金流的控制,从采购原材料开始,制成中间产品(零部件)以及最终产品,最后通过销售网络把产品送到消费者手中的将供应商、制造商、分销商、零售商直到最终客户连成一个整体的功能网链结构。它是一个扩展了的企业结构模式,包含所有加盟的节点企业,从原材料供应开始,经过链中不同企业的制造加工、组装、分销等过程直到最终客户。它不仅是一条连接供应商到客户的物流链、信息链、资金链,而且是一条增值链,物料在供应链上因加工、包装、运输等过程而增加了其价值,给相关企业带来了收益。物流是供应链重要的一部分,优化物流过程能有效降低供应链成本,最大化企业收益,提高客户服务水平。

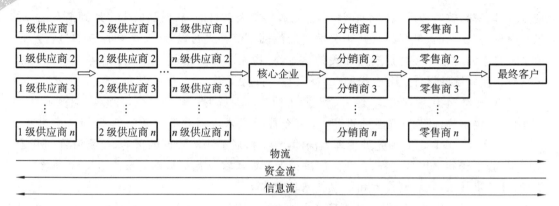

图 1-1 供应链结构

三、供应链物流

企业竞争环境的变化导致企业管理模式的转变,供应链管理思想就是在新的竞争环境下出现的。新的竞争环境体现了企业竞争优势要素的改变,如表 1-1 所示。

表 1-1 企业竞争优势要素的变化

时间	20 世纪 30—80 年代				1990—2009 年		2010—2019 年
竞争要素	价格	质量	品种	信誉	时间	环保	数据
竞争模式	基于成本的竞争-大量生产	基于质量的竞争-精细生产	基于柔性的竞争-计算机集成制造	基于服务的竞争-大量定制	基于时间的竞争-敏捷制造	基于环保的竞争-绿色制造	基于数据的竞争-智能制造

随着科学技术进步和生活水平提高,竞争优势先后经历了由品种—企业信誉—交货时间—环保的转变流程。21 世纪企业的竞争,就是高速高品质服务的竞争。即企业必须能在实时的需求信息下,快速组织生产资源,把产品送到用户手中,并提高产品的用户满意度。为提高企业收益,优化运营效率,企业必须寻求改善供应链的途径,物流作为供应链重要组成部分,受到企业管理者高度重视,优化供应链物流能够大幅降低企业成本,提高企业竞争力。

第三方物流是指在物流运营时存在的特定的物流中间人,其基于合同签订要求,在一定期限内为各个企业提供某些方面或全方位的物流服务。第三方物流信息科技水平较高,能高效帮助供应链集成信息,使供应链上企业能实时追踪企业货物情况;第三方物流商可以和客户企业共享信息资源,并打破各个供应商与最终客户群体间的交流障碍,通过全面整合运输资源来大幅提升运输工作效率,进而充分拉低供应链上的总体物流成本。

针对以制造企业为核心的供应链结构,构造面向智能制造的供应链物流协同策略能优化企业运作效率,降低运营成本。智能制造环境下供应链物流协同基本要求是:核心制造企业内外供应链中多供应商(零部件厂)、制造商内部仓库物料配送实行精益化运作,即供应链各个节点的物料配送具有配送期量标准(计划期内与生产计划相适应的标准配送间隔期和单次配送量);通过基于期量标准的配送计划信息共享,供应链进行横向协同和时间顺序的纵向协同,实现物料齐套性与准时性配送;物流运作过程通过物料智能识别、跟踪追溯、信息共享、异常智能控制和智能决策等技术手段,实现物流快速精准地响应混流生产的不确定性动态需求。

第二节 智慧物流概念

一、现代物流的发展演化

随着国民经济水平的快速提升、电子商务的迅猛发展以及互联网、物联网和 5G 通信等技术的不断深化,尤其是大数据和云计算技术的广泛应用,现代物流业逐渐步入智慧物流时代。智慧物流引入新技术、新模式、新管理,能够实现物流运输过程中即时感知、智能分析、科学决策及精准执行。这一新型物流模式日益为人们所知,并受到政府、企业和消费者的重视。智慧物流理念的产生顺应历史潮流,符合现代物流业发展的自动化、网络化、现代化、实时化跟踪和智能监控的发展新趋势,同时也是互联网、物联网、移动通信、大数据、人工智能和云计算等技术应用的必然结果。

现代物流的发展轨迹可概括为如下五个阶段:粗放型物流—系统化物流—电子化物流—智能物流—智慧物流,如图 1-2 所示。

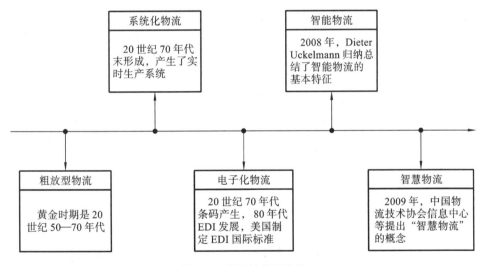

图 1-2 物流的发展阶段

粗放型物流是现代物流的雏形阶段,系统化物流是现代物流的发展阶段,电子化物流进入现代物流的成熟阶段,现代物流的未来发展趋势则是由智能物流向智慧物流发展。

1. 粗放型物流

粗放型物流的黄金时期是 20 世纪 50—70 年代。在第二次世界大战结束后,世界经济迅速复苏,以美国为代表的发达资本主义国家进入了经济发展的黄金时期,以制造业为核心的经济发展模式给西方等发达资本主义国家带来大量的财富,与此同时,人民收入增加,消费能力和水平大规模增长。大量生产、大量消费成为这个时代的标志。随着大量产品进入市场,人民购物需求激增,大型百货商店和超级市场涌现,如家乐福(成立于1959年)和沃尔玛(成立于1962年)。在大规模生产和消费的初始阶段,由于经济的快速增长,市场需求旺盛,企业的重心放在生产上,对流通领域中的物流关注度不高,普遍认为产量最大化会导致利润最大化,因此造成生产过程中发生大量库存、供过于求的情况。在20世纪60年代,一般美国销售企业的备货日期达到30天左右。同时,由于对物流概念的认识不足,企业中的物流活动处于较为分散的状态,各部门之间缺乏一定的配合。例如,销售部门只负责销售的数量和库存,运输部分仅负责管理商品的运送,分散式管理造成物流成本高,企业运作效率低下。这一时期,专门负责物流运输的企业很少,大部分企业都是自成体系,缺乏行业协作和大物流的意识。

2. 系统化物流

在20世纪70年代末到80年代初这一时期,随着世界经济出现国际化趋势,企业愈发感觉到系统化物流模式对效益的影响。此时,企业对物流的理解并不仅仅局限于简单分散的运输、保管、库存管理等具体功能,而是逐渐上升到从原料采购到产品销售整个过程的统一管理。物流行业也逐渐从分散、粗放式的管理进入系统化管理的时代。系统化物流的产生不仅得益于企业对物流行业重要性的认识,还与一些新技术和新模式的出现密切关联。在此期间,物流开始被当作一门综合性的学科来看待,系统工程学、市场运筹学、会计学等学科的专家开始聚焦物流领域,并尝试运用专业领域的知识来研究解释物流的运作规律。同时,企业开始从经营决策和发展战略的层面重视物流的成本和效益。与粗放型物流时期仅仅以产量提高为目标的模式相比,这一时期的物流行业关注削减库存,以此降低运营成本,物流总成本的概念随之引出。伴随着系统化物流概念的兴起,一些新型物流技术的应用也迎这股潮流,如实时生产系统(just in time,JIT)等。此外,这些新兴物流业务的出现也给物流行业的服务模式带来了新的方向。比如,在20世纪70年代早期,航空快递服务产生。这些新兴的思想、技术、服务成为物流行业发展与变革的契机和动力。值得注意的是,尽管此时信息技术革命尚在襁褓之中,但信息技术的火苗已经开始在物流行业中点燃,计算机辅助管理、模拟仿真系统、线性规划技术等已经广泛应用于物流系统中。

3. 电子化物流

进入20世纪90年代中后期,计算机技术的出现及大规模应用,以互联网为基础的电子商务快速发展。同时,物流行业的客户需求量激增,物流产业已有的模式已不能满足当前环境的需求。在这种背景下,物流行业迎来了一个崭新的发展阶段——电子化物流阶段。在这个阶段,信息技术成为物流发展的最关键动力,并持续推动物流行业飞速发展。最为典型的两项信息化技术是条形码和EDI(electronic data interchange)。条形码是诺曼·伍德兰德在20世纪70年代发明的,运用条形码实现电子化物流的一个典型例子是联合包裹服务公司(UPS)。UPS在美国肯塔基州路易斯威尔建有大型的航空物流中转中心"世界港",UPS利用条形码这种电子标签技术,大大提高系统的处理速度,由此带来惊人的效益。得益于此,UPS的平均每天业务量达到100万件。EDI产生于20世纪60年代末期的美国,EDI的优势在于其可以提供一套统一的标准进行数据交互和处理,大大减少了纸质票据的使用。1997年,随着EDI的格式统一和互联网技术的发展,EDI的应用范围可以覆盖到物流业务的各个环节,如在线订货、库存管理、发送货管理、报关、支付等。

4. 智能物流

进入 21 世纪,各种技术层出不穷,新技术不断发展,社会开始迈向智能化。同时,物流也朝着智能化方向发展,特别是随着智能标签、无线射频识别技术、电子数据交换技术、全球定位系统、地理信息系统、智能交通系统等应用的日益成熟和一些智能物流应用雏形的出现,如智能仓储物流管理、智能冷链物流管理、智能集装箱运输管理、智能危险品物流管理、智能电子商务物流等,智能物流逐渐被人们了解。基于以上所述背景,结合现代物流的发展过程,2008 年德国不来梅大学 Log Dynamics 实验室的 Dieter Uckelmann 归纳总结了智能物流的基本特征,即物流运营呈现精准化、智能化、协同化的特点。精准化物流要求成本最小化和零浪费;智能化要求物流系统采集实时信息并利用物联网进行系统处理,目的在于为用户提供优质的信息和咨询服务,为企业提供最佳策略支持;协同化则是智能物流能够合理利用物联网平台,为实现物流企业上下游之间的无缝连接提供决策支持。

5. 智慧物流

"智慧物流"的概念源于"智慧地球"。2008 年 11 月,IBM 首先提出了"智慧地球"的概念,2009 年 1 月,美国总统奥巴马公开肯定了 IBM"智慧地球"的思路,并提出将"智慧地球"作为美国国家战略。2009 年 8 月 7 日,温家宝总理在江苏无锡提出了"感知中国"的理念,物联网被正式列为国家五大新兴战略性产业之一;11 月 3 日,温家宝总理再次指示要着力突破传感网、物联网关键技术。同年,国务院出台《物流业调整和振兴规划》,指出:积极推进企业物流管理信息化,促进信息技术的广泛应用;积极开发和利用全球定位系统(global navigation satellite system,GNSS)、地理信息系统(geographic information system,GIS)、道路交通信息通信系统(vehicle information and communication system,VICS)、不停车自动交费系统(electronic toll collection,ETC)、智能交通系统(intelligent transportation system,ITS)等运输领域新技术,加强物流信息系统安全体系研究。

2009 年 12 月,中国物流技术协会信息中心、华夏物联网和《物流技术与应用》编辑部联合提出"智慧物流"的概念,即智慧物流是通过集成智能化技术,使物流系统能模仿人的智能,具有思维、感知、学习、推理判断和自行解决物流中的某些问题的能力,它包含了智能运输、智能仓储、智能配送、智能包装、智能装卸及智能信息的获取、加工和处理等多项基本活动,为供方提供最大化的利润,为需方提供最佳的服务,同时也应消耗最少的自然资源和社会资源,最大限度地保护好生态环境,从而形成完备的智慧社会物流管理体系。现代物流已从电子化物流阶段发展到智慧物流阶段,并且随着技术的不断进步和相关应用的成熟,智慧物流将迈向一个新的台阶,给全球经济的发展注入新的动力。

二、智慧物流概念解析

智慧物流是现代物流发展历程中的一个高级阶段,其概念在 2009 年首先由 IBM 提出,引起了社会各界的广泛关注,也成为各国专家学者重点研究的热点领域。但是总体而言,国内外关于智慧物流的理念和体系还在不断发展中,有关智慧物流的概念还没有统一的表述。

2009 年,王继祥教授在《物联网技术及其在现代物流行业应用》研究报告中认为,智慧物流是利用集成智能化技术,使物流系统能模仿人的智能,

智慧物流发展规模

具有思维、感知、学习、推理判断和自行解决物流中的某些问题的能力，它包含了智能运输、智能仓储、智能配送、智能包装、智能装卸及智能信息的获取、加工和处理等多项基本活动。2010年，李书芳教授指出，智慧物流是在物联网的广泛应用基础上，利用先进的信息采集、信息处理、信息流通和信息管理技术，完成包括运输、仓储、配送、包装、装卸等多项基本活动的货物从供应者向需求者移动的整个过程。智慧物流为供方提供最大化的利润，为需方提供最佳的服务，同时也应消耗最少的自然资源和社会资源，最大限度地保护好生态环境，从而形成完备的智慧社会物流管理体系。2011年，国家发展和改革委员会综合运输研究所所长汪鸣认为，智慧物流是指在物流业领域广泛应用信息技术、物联网技术和智能技术，在匹配的管理和服务技术的支撑下，使物流业具有整体智能特征、服务对象之间具有紧密智能联系的发展状态。2012年，邵广利指出，智慧物流是将物联网、传感网与互联网整合，运用于物流领域，实现物流与物理系统的整合网络。在这个整合网络中，存在能力超级强大的中心计算集群，能够对整合网络内的人员、机器、设备和基础设施实施实时的管理和控制。在此基础上，人类可以以更加精细和动态的方式管理物流活动，使得物流系统网络化、自动化和智能化，从而提高资源利用率，使生产力水平达到"智慧"状态。李芷巍教授则认为，智慧物流是将互联网与新一代信息技术应用于物流业中，实现物流的信息化、自动化、网络化、可视化、可控化、智能化，从而提高资源利用率的服务模式和提高生产力水平的创新形态。王之泰教授则认为智慧物流中智慧的获得需要增加管理的内涵，他认为智慧物流是将互联网与新一代信息技术和现代管理理念应用于物流业，实现物流的信息化、网络化、自动化、可视化、可控化、智能化的创新形态。中国物联网校企联盟认为，智慧物流是利用集成智能化技术，使物流系统能模仿人的智能，具有思维、感知、学习、推理判断和自行解决物流中某些问题的能力。即在流通过程中获取信息，再通过分析信息做出决策，使货物从源头开始被实时跟踪与管理，实现信息流快于实物流。即可通过RFID、传感器、移动通信技术等让配送货物自动化、信息化和网络化。王喜富教授认为，智慧物流是以"互联网+"为核心，以物联网、云计算、大数据为技术支撑，以物流产业自动化基础设施、智能化业务运营、信息系统辅助决策和关键配套资源为基础，通过物流各环节、各企业的信息系统无缝集成，实现物流全过程可自动感知识别、可跟踪溯源、可实时应对、可智能优化决策的物流业务形态。在京东物流联合中国物流与采购联合会发布的《中国智慧物流2025应用展望》中，将智慧物流定义为：通过大数据、云计算、智能硬件等智慧化技术与手段，提高物流系统感知、学习、分析决策和智能执行的能力，提升整个物流系统的智能化、自动化水平，从而推动中国物流的发展，降低社会物流成本，提高效率。

综合现有关于智慧物流的概念和相关研究，本书将智慧物流定义为：综合运用新兴信息技术与现代物流管理理念，以实现物流系统的智能、高效、绿色、宜人为目标，以系统论、信息论、控制论和运筹学为理论基础，构建具有智能感知、学习、分析、推断、控制、决策能力的现代综合物流体系，全面提升物流系统数字化、网络化、自动化、智能化、宜人化服务水平。

如今，智慧物流已成为数字经济时代产业数字化的重要推动力。

同步案例 1-1

智慧物流，其定义是以物联网和大数据为依托，通过协同共享创新模式和人工智能先进技术,重塑产业分工,再造产业结构,转变产业发展方式的一种新生态。随着近些年工业互联网、云技术、人工智能技术的发展,智慧物流也呈现出愈加迅速的发展轨迹。菜鸟开发仓内机器人,以自动导引运输车/机器人(AGV)为主,同时重点布局AR增强设备,外部提供硬件,内部强调研发算法,同时投资快递柜企业,切入智能末端市场,实现数据闭环。苏宁公司大力发展无人仓,如今拣选效率可达600件/小时,商品最快20分钟出库,相比传统人工拣选,单件商品拣选成本降低52%,效率提升5倍。京东集团发布了两款最新研发的智能物流设备——配送机器人4.0和室内移动通用平台,并透露配送机器人4.0将实现量产,并可改造成无人小巴、无人巡检车、无人观光车和无人接驳车等多功能无人驾驶车辆。顺丰通过直接购买第三方定制化产品,重点布局自动化分拣以及无人机物流战略性项目等。2020年8月苏宁物流首个5G无人仓正式投产,其基本运作策略是联动苏宁易购门店、家乐福、苏宁小店等全场景业态,全面升级其物流服务能力。顺丰发布了大数据平台、数据灯塔和丰溯三大产品,声称要打造出"完整的数字化供应链体系"。韵达发布专为5G+末端物流场景设计的韵达X470无人机在"中国民营快递之乡"桐庐县村庄完成首次载货飞行。综合来看,物流企业对智慧物流的需求主要包括物流数据、物流云、物流设备三大领域,预计到2025年,智慧物流市场规模将超过万亿,市场蓝海巨大。

(案例来源:搜狐网。)

【思考】
1. 请结合我国出台的物流产业相关政策,谈谈我国智慧物流的发展前景。
2. 智慧物流可以为企业发展带来什么?

第三节 智慧物流基本特征

智慧物流是对传统物流的继承与发扬,以不断降低企业运作成本,提高运行效率效能和服务水平,满足日益增长的客户个性化需求为目标,不断探索技术创新和思维创新。智慧物流的基本技术特征如下。

读懂智慧物流

一、状态感知

在物流运作过程中,货物的身份、状态和权属等信息的准确传递是一项重要职能。智慧物流建立基于物联网的实体物理世界互联互通之上,物流人员、装备、设施以及货物将全面接入互联网,实现彼此之间的互联互通。在强大的网络支持下,智能感知终端技术和感知网络能准确获取物流数据,采集、录入、传输和分析更为智能,物流系统中各参与方的动态感知和智能交互,形成智慧物流的状态感知技术,图1-3所示为其技术框架。

智慧物流状态感知技术加快了物流数字化、自动化和智能化进程,也是智慧物流场景中应用最为

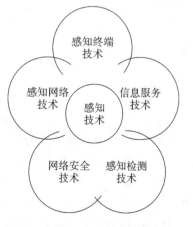

图1-3 智慧物流状态感知技术框架

广泛的技术之一,如图1-4所示。

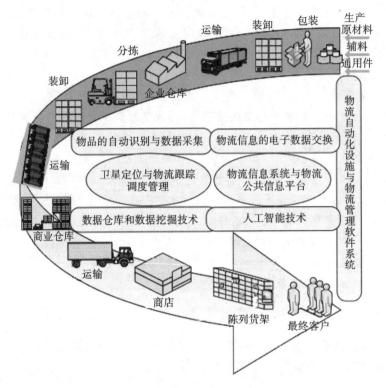

图1-4 智慧物流状态感知应用

二、智能协同

智慧物流场景中,智能资源如机器人、AGV、智能容器、自动仓储系统、智能终端等,也包括少量必需的物流从业人员,组成一个智慧物流单元,共同协作完成物流任务。若干物流单元在物流数据和物流指令的驱动下,形成一个可重组重构的物流系统,为物流企业和物流组织构建柔性可拓展的智能物流服务。而集团、企业、组织之间通过契约和协议深度协同,形成物流产业链并高效完成一站式物流服务。因此,智能协同是智慧物流必不可少的技术支撑。未来,智慧物流将进一步促进资源平台化、运力社会化、产业链上下游协同,从而重构物流生态,创新物流服务模式,为物流企业的发展增添源源不断的生机与活力。

三、科学决策

决策是实施物流行为的重要前提。大数据与仿真建模为智慧物流的科学决策奠定了坚实的基础,云计算为智慧物流的科学决策提供了算力保障,而人工智能则使物流决策更加准确、科学。比如,智慧物流采购中,通过大数据技术采集捕捉供应商数据、采购批次数据、进货成本数据等,通过机器学习建立最优订购量决策模型和风险评价指标体系,从而确定最佳订购方案,实现对采购过程的各种潜在风险实时化控制,使管理层可以用直观的方式了解和控制风险源,达到降低采购成本的目的;在生产物流环节,运用大数据技术,可对生产过程的各项数据进行采集处理和分析挖掘,通过数据掌控整个生产过程,从而更好地指导生产,及时解决生产过程的瓶颈环节;在销售环节,利用大数据技术采集消费者行为数据、历史季节性数据、气候天气数据、消费者交易数据、客户定位数据等,通过机器学习建立关联性应对措施,实时改善物流各环节设备和人员投入,为物流整个产业链的协同优化提供指导。在功能和设备复杂的物流系统中,可以对运输、仓储、装卸、包装等物流过程进行建模仿真,实现对自动化物流系统布局规划和设计,对设备及人员进行科学配置,从而保障整体物流系统的工作效率,并做出正确的评价。

四、精准执行

精准执行是智慧物流区别于传统物流的重要特征。依靠机器人等自动化技术,物流设施设备的作业更加快速而且精准可靠。而在智能状态感知等先进技术支持下,物流作业的进程和准确性能够实时反馈并得到响应,形成闭环的物流执行系统,从而更高效、精准地保障物流作业进程。面对日益复杂、动态多元的市场需求,智慧物流还可以综合运用历史数据和实时数据,在虚拟仿真和数字孪生环境中对物流系统进行演绎推理,预测作业瓶颈和可能发生的故障及意外,及时做出资源调整,优化物流执行时间和执行力度。

五、实时分析

实时分析技术是指对获取的物流数据进行实时的分析处理,以及时响应物流作业和服务需求。因此,实时分析技术是智慧物流敏捷性的重要保障。通过实时数据分析,可以进一步强化物流数据的采集、传输与共享。在物流大数据的支持下,实时分析技术针对瞬息万变的市场做出预测与判断,及时调整经营战略和资源配比,减少开支,增加盈利。物流企业还可以通过实时数据分析技术,对物流作业效果和状态进行实时评估,动态调整物流作业流程和资源配置,并进行持续不断的改进和优化。

六、全程追溯

可追溯是物流服务的重要部分,也是物流供应链的重要保障。在智慧物流的状态感知技术支持下,物流全过程的作业数据、状态数据和关联数据都可以被实时获取并传输到云平台,成为物流追溯的可靠保障。而大数据技术在物流供应链管理中的应用则可以提高物流供应链全程可追溯性,及时处理供应链各环节中存在的风险,为客户提供有效的安全保障。而区块链技术则进一步提升了物流全链作业数据的可靠性和可信度,为全程追溯提供技术保障。

七、宜人服务

智慧物流依托强大的物流大数据和人工智能技术,不断创新物流行业服务模式,构建一体化物流产业生态体系,从而促进物流服务从低端向高端转变,为客户提供宜人的可定制的高水平服务。比如快递一站式服务、多式联运一票式服务;比如智慧物流电商平台、物流金融服务平台、智慧物流基地平台和货运综合平台等提供的平台式服务。

智慧物流

同步案例 1-2

亚马逊

2006年9月,亚马逊推出 FBA(fulfillment by Amazon)服务,旨在以自身完善的履约设施与先进的履约技术赋能第三方卖家,将第三方商品纳入自营商品的供应链,提升客户体验(通过 FBA 服务,卖家们可以将在平台上出售的产品在卖出之前先发到亚马逊仓库中,线上售出之后由亚马逊为卖家提供送货服务,并且当出现买家退货时,也由亚马逊来接受退货处理)。2013年,亚马逊开启"龙舟计划",旨在打造整个自营供应链。亚马逊起初是以组建服务于履约中心之间货物运输的干线物流车队为主,包裹只能配送到末端站点,最后一公里仍由第三方快递进行派送。2014年,亚马逊开始转变其商城包裹外包给第三方物流配送的方式,扩张末端配送的分拣中心以及同城配送的 PrimeNow 设施,并招募车队和配送人员开展末端配送业务。截至2019年6月,亚马逊拥有50架飞机、300辆干线运输卡车和2万辆配送货车;在物流仓储环节,铺设了超过20万个用于搬运货架、装载托盘和分拣包装等工作的机器人。目前,亚马逊在北美拥有151个履约中心和119个分拣中心/配送站。在亚马逊的物流规划中,利用高密度的前置仓、自动化的仓储分拣设备、无人车、无人机等运输工具,有效降低了物流成本,并提高了物流服务水平。

(案例来源:壹路网。)

【思考】

1. 结合案例,分析智慧物流的基本特点。
2. 结合案例,分析智慧物流体系及布局。

第四节 智慧物流发展趋势

智慧物流发展趋势

自2015年国务院出台《关于积极推进"互联网+"行动的指导意见》以来,智慧物流在国民经济中的重要地位日益凸显。2017年7月,国务院出台了《关于印发新一代人工智能发展规划的通知》,对智慧物流的重要性进行了阐述,将智慧物流上升到"引导新一轮经济发展和产业变革动力"的高度,我国智慧物流迎来发展机遇期。当前,数字经济成为全球发展新引擎,我国也正在抓紧推进数字经济布局,而智慧物流是被赋予产业数字化的重要领域,基于智慧物流的物流业转型升级已成为必然趋势。

一、连接升级

预计未来5~10年,物联网、云计算、大数据及5G通信等新一代技术将进入全面成熟期,届时,物流设备和设施、货物的信息以及和智慧物流系统相关的资源将全面接入互联网,物品之间的数据信息通过网络高速传输,形成全覆盖、广连接、高速率的物流互联网,智慧物流进入万物互联时代。高速发展的互联网将大大缩减供应链末端需求传输至生产厂商的时间,将末端需求转化为生产信号,然后作用于生产的机器,实施生产调度,使厂家零库存成为可能。所有的设备设施都连入网络,每件商品都由智能机器人准确无误地进行信息读取、分拣、搬运、装卸等工作,仓库的机器人之间、道路上自动驾驶的车辆之间直接进行数据交流,物流全过程均能够实现物、仓、人、车的实时监控、监测和安全预警。

二、数据升级

物流基础数据,包括各种物流活动的知识、资料、图像、数据、文件等,是物流规划、物流方案设计与实施的前提。只有依靠准确的基础物流数据,物流参与方才能做出正确的决策。随着智慧物流基础信息设施的建设,智能数字化设备、数据对接协同与智能手持终端的普及,物流基础数据将全面实现智能采集、快速录入、高效传输和智能分析处理。预计未来5~10年,物流数字化程度将显著提升,物流行业信息不对称和信息孤岛的现象基本消失,物流大数据时代将正式到来。物流大数据将成为智慧物流的重要特征和生产力,物流方案的制定及组织实施将得到大数据和人工智能的支持,物流系统也将更加透明化。

三、智能升级

随着人工智能技术的迭代升级,智能机器将在更多的物流作业场景中应用。预计未来5~10年,物流机器人使用密度将达到每万人5台以上,物流无人化将彻底改变物流格局。智慧物流将通过合理运用智能感知、智能布局、智慧排产、智能路径规划等技术创新,实现"预测—库存—仓储—运输—配送"全链路资源动态调整和自主管理,使得物流效率大幅度提高,物流服务水平和顾客满意度得到质的飞跃。

四、模式升级

预计进入2025年,众包、众筹、共享等新的分工协作方式将得到普及,企业业务流程与经营模式不断变革,创新成为智慧物流的发展动力,新零售"线上线下一盘货,服务产品一体化"将持续地影响物流业发展。依托共享IT平台,每一个人、每一辆车、每一个闲置的仓储库房以及每一个商铺店面,都有可能成为物流的共享环节,物流资源将像云服务一样,按需付费,碎片化的运力、仓储资源都有可能会参与到社会化物流环节中。智慧物流仓储系统作为信息协同共享的典型案例,通过仓储信息集成、挖掘、跟踪与共享,能够有效实现取货自动化、进出货无缝化和订单处理准确高效化。

五、体验升级

高质量的物流服务和高水平的客户体验是物流行业发展所追求的重要目标。如何在提高物流效率的同时,为顾客提供更高品质的物流服务,最大化顾客的满意度,将成为未来智慧物流发展的主要方向。预计未来,开放共享的物流服务网络将全面取代现有的集中化运作方式,通过大数据、云计算等技术,充分挖掘顾客消费特征,精准预测顾客消费需求,为每个顾客提供个性化、宜人化的服务,使顾客能体验智慧物流发展的巨大红利。

智慧物流

六、绿色升级

急需"智慧型"人才

十九大报告明确指出"实行最严格的生态环境保护制度,形成绿色发展方式和生活方式"。实现绿色发展方式和生活方式的目标,需要各行各业秉承绿色发展理念、践行绿色发展方式。物流绿色化也必然是智慧物流发展的重要内容。早在2013年,国内主要的物流公司陆续启动"青流计划""绿动计划"环保行动,推进绿色包装、绿色运输、绿色仓储和绿色末端,"绿色低碳"成为物流业的潮流,而智慧物流则是践行绿色可持续发展的重要途径。

综合案例

日日顺供应链科技股份有限公司(以下简称"日日顺"),顺应制造业产业集群化发展趋势,运用云计算、大数据等技术,把传统的仓储和运输服务发展为云仓和云配的服务体系,把服务延伸到制造企业供应链的前后端,构建了服务数智化、流程透明化、衔接标准化、全程一体化的物流服务体系。建设三级云仓网络。基于大数据预测,建立线上、线下库存共享的分布式三级云仓网络(全国超900座仓库、6000多家网店,覆盖2840个区县),通过打通线上线下库存,制造商将产品交给日日顺供应链仓库后可以实时监控产品库存,制订生产计划,降低品牌客户的库存资金压力,同时将合理的库存放在离用户最近的地方,缩短配送周期、提升用户体验,打造全链条服务体系。建设大件物流首个全自动化智能仓库,基于硬件设备(无人仓/无人车)和软件系统(信息系统和用户服务平台)的搭建和开发,联合仓储—干线—配送—送装同步的全流程资源,搭建端到端的全链条用户服务体系。推进三个"统一"。一是统一入口,为用户、货主、车主、服务网点打造包括App、PC、微信等多端的信息交互入口,并实现各入口数据同步。二是统一平台,搭建开放的接口系统API平台,实现外部订单的自动接入,以及来自不同客户、不同业务类型、不同标准的订单自动优化,订单合并、分拆、配送优先级等的自动选择等功能。三是统一数据,搭建数据仓库,实现数据统一存储;开发多种业务报表,实现对日常业务智能管理和监控,并通过海量数据分析,实现用户配送服务升级和用户体验优化。以日日顺即墨智能仓储项目为例,节省人力40~50人,机械设备(夹抱车、电动地牛等)15辆,储存效率提升3倍以上,出入库效率较传统仓储提升5倍以上。通过物流全流程系统监控,提升仓储和配送服务质量,为用户提供差异化的用户体验(送装同步/用户订单轨迹监控/车辆轨迹优化),提升用户交互水平;同时也整合了网点/专卖店资源,实现专卖店入仓,线上线下库存共享,减少中间多级转运环节,提升物流全流程运行效率。

(案例来源:国家发展改革委官网。)

【思考】

1. 智慧物流的发展特点及其特征。
2. 智慧物流的发展趋势及其对企业的影响。

本章小结

本章重点分析了智慧物流的概念、特征和发展趋势。在概述物流与供应链基本概念的基础上,分析了智慧物流的概念及研究现状;综合国家物流发展规划和物流业实际发展现状,追溯了智慧物流的起源,回顾了智慧物流发展历程,展望了智慧物流的未来发展趋势;在讨论智慧物流的发展起源和发展前景的基础上,从状态感知、精准执行、智能协同等多个技术层面列举了智慧物流的基本特征。智慧物流及其相关技术的发展,必将加快传统物流的模式变革,通过降本增效、提升服务,为推动物流业转型升级提供强大动能。

 练习与思考

1. 阐述物流与供应链的关系。
2. 何为智慧物流?简述其定义。
3. 智慧物流的基本特征有哪些?
4. 列举智慧物流的主要发展趋势,并描述智慧物流的应用前景。

第二章 智慧物流体系与框架

学习目标

了解智慧物流生态的内涵、构成与特点;理解智慧物流理论基础和技术体系;掌握智慧物流系统框架。

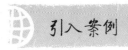

智慧物流发展态势

自2019年新冠肺炎疫情发生后,各行各业积极行动起来,为疫情防控和复工复产贡献力量。为支援疫情严重地区物资运输,众多物流企业伸出援手。此次应对新冠肺炎疫情中,一些骨干物流企业和创新型的企业积极运用大数据、人工智能、5G等新技术。以无人机、自动分拣机器人等为代表的智慧物流设备,在提高物流效率、减少人员交叉感染方面优势凸显。这不仅对提高应对突发公共卫生事件、重大自然灾害等场景的应急保障能力具有重要意义,对促进物流业整体提质增效也具有深远影响。

近年来,随着物流与互联网、人工智能等技术的深化融合,物流业正在向智慧化发展。智慧物流通过协同共享创新模式和人工智能先进技术,重塑产业分工,再造产业结构,形成产业发展的新生态。智慧物流与制造业、农业、金融业等行业深度融合发展趋势不断增强,促进了行业生态的快速繁荣,在提升应对各类突发事件、自然灾害等的应急保障能力方面也展现了越来越明显的作用。与此同时,相关政策陆续出台,支持和引导"互联网+"高效智慧物流发展,推动物流业降本增效,转型升级发展。

利用人工智能技术,一批领先的智慧物流企业如日日顺物流、一汽物流、京东物流、菜鸟网络等,已经开始在无人驾驶、无人仓储、无人配送、物流机器人等前沿领域开展试验和商业应用,与国际一流企业在同一起跑线上。物流环节机械化、无人化逐渐变成现实,改造着传统物流系统。物流赋能改造传统物流基因,智能革命改变智慧物流格局。预计未来5年,绿色包装、绿色运输、绿色仓储将得以加快推广应用,绿色低碳正成为智慧物流发展新引擎。

为了满足消费者多样化需求,要求物流服务更加专业化,细分成为趋势。近年来,电商物流、冷链物流、医药物流等细分市场发展都进入了快车道,对物流人才的需求尤为迫切。在智能化、自动化、无人化等新趋势下,基层管理岗位与操作岗位需求明显下降,对物流从业人员的技能与素质提出了新要求。与传统物流相比,智慧物流对专业人才的要求更高,更多需要的是懂大数据、云计算、物联网等相关新技术的专业人才。

智慧物流不仅涉及各行各业众多领域,涉及国内外经济双循环,还涉及生产、运输、消费等每个环节,是一个复杂的系统、一个交叉型综合学科。大力推进物流领域技术创新和应用,发展智慧物流生态体系,是促进我国从"物流大国"向"物流强国"迈进的必然选择。智慧物流发展带动相关产业发展,必将推动我国经济社会的高质量发展。

(资料来源:《物流时代周刊》。)

【思考】 智慧物流的发展如何带动物流生态的演化?

第一节 智慧物流生态

随着工业4.0不断推进,新一代信息技术,如物联网、云计算、大数据、人工智能、5G、区块链等,正在成为产业数字化发展变革的强大引擎。物流作为支撑国民经济发展的基础性、战略性和先导性产业,正处于数字化变革漩涡中心,而智慧物流已成为行业发展趋势与共识,一批具有行业影响力的智慧物流企业正在加快涌现。借助新时代的发展机遇,物流行业正在深化与制造业、商贸业、农业、金融等行业的深度融合,重塑产业智慧化新生态体系,从而深刻改变着传统物流企业的商业模式和运营方式。

一、智慧物流生态概述

1. 智慧物流生态内涵

当前学界还没有关于智慧物流生态的确定性定义,不同的学者从不同的角度探讨智慧物流生态的定义,大致可以分为基于自然生态链的智慧物流生态、面向新零售的智慧物流生态、基于可持续发展的智慧物流生态等几种类型。

1) 基于自然生态链的智慧物流生态

依据自然生物学观点,"生态链"是指相互制衡的链状系统,存在数量、能量传递递减的规律,不同节点的成员具有不同的生态位,形成彼此连接的生态关系。其中,生态位是指生物在环境中占据的特定位置。具体而言,自然生态学中的生态位是指在特定时期的特定生态系统中,生物(个体、物种或者种群)与环境及其他生物相互作用过程中所形成的相对地位与作用,包括生物的时空位置及其在生态群落中的功能作用,是生物对资源和环境的选择范围所构成的集合。多个物种在同一个环境中生存繁殖时,资源的消耗将加快,竞争将成为常态。因此,为实现共生共存,各物种就需要具有不同的生态位,从而降低竞争,实现生态资源的充分合理利用。

随着物流需求日趋多样化、定制化,物流业上下游合作方式正在迅速发生重构,物流企业的目标与任务也在发生变化,即生态位也会随着其发展而不断发生变化。换言之,物流企业生态位不断扩展的过程就是物流企业业态不断演进的过程,也就是物流业态从低端走向高端,从简单到复杂的过程。以日日顺物流生态为例,服务于用户的"车小微"的经营分为5个层次标准:送货司机、送装服务兵、成套服务师、微店主和社区服务管家。每个"车小微"的物流生态位都在不断发展变化。

从生态进化角度,物流企业业态的演进过程与自然生态系统进化有相同之处。因此,借鉴自然生态链观点,智慧物流生态(见图2-1)是以数据共享、信用机制、物联网技术为支撑,以平台运营中心为核心,由供给生态群、生态运营商、需求生态群组成的链状结构。供给侧生态群与需求侧生态群通过物联网形成社群,使得物流服务提供商与需求客户之间产生影响。在智慧仓储、智能运输、智慧云服务配置等智能技术支持下,生态运营商通过平台运营中心实现供给侧生态群与需求侧生态群这两个社群之间的物流服务高效匹配。

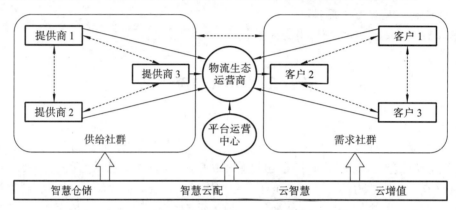

图 2-1 基于自然生态链的智慧物流生态系统

2)面向新零售的智慧物流生态

早期网络零售膨胀式发展,电商产品营销也趁此"东风",获得了一定的发展机遇和空间。但是2016年以来,网上零售额的增长率逐渐减缓,网上零售体验不如线下购物体验的缺陷也逐渐显露,传统电商发展的"天花板"已然明朗。此后短短数年,以互联网为依托、以线下物流为支撑的网络购物、网络营销掀起新时期经济产业发展的新"狂潮"。物流产业在广泛的实践探索和应用中不断发展壮大、不断完善优化,逐渐演变为集线下体验、线上购买、现代高效化物流支持的商品零售新格局。新零售模式的出现很好地解决了电商产业用户扩张红利逐渐萎缩的"瓶颈问题"及本身的短板问题,改变了物流行业业态,也为解决电商产品商务营销创新、解决市民卖菜难和买菜难等多种社会问题提供了新的启示。

在新零售时代,大数据技术为构建智慧物流生态提供了可能,互联网技术、集成智能化技术等让新零售时代的物流能够更加智慧化。如图2-2所示,面向新零售的智慧物流生态可以被认为是一个线上、线下相结合,为物流需求方及物流企业都提供服务的一个共享的智慧平台系统,在这一系统中,不同组织有着不同的功能,同时组织之间又互相依赖、资源共享,形成了互利共存的关系,这种共生关系维持了系统健康发展。

面向新零售的物流生态与原有物流业价值模式的区别在于:原来简单的物流产业价值链是强调企业利用自身的内部资源形成独特的市场竞争优势,而面向新零售的物流生态圈则是企业通过建设平台,汇聚圈内其他企业资源,以形成竞争优势。

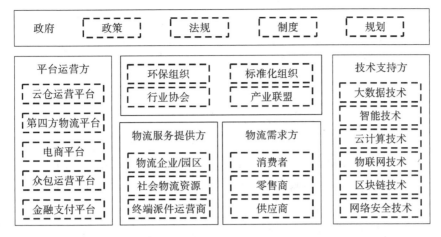

图 2-2 面向新零售的智慧物流生态

3) 基于可持续发展的智慧物流生态

近年来,以资源、科技、能源的大量投入为主要特征的工业革命,促使物流模式发生着革命性变革,加速了物流业的发展进程,但同时也带来了绝大部分的物流资源消耗和废物产生,引发资源短缺、环境污染、生态破坏等压力,影响物流业的发展质量。为应对物流业快速发展进程中所产生的生态问题,绿色物流、生态物流等物流理念不断被提出,而作为在新一轮物流技术革命中发展起来的新型物流模式,智慧物流旨在通过一系列信息化、互联化、服务化、绿色化、智能化的手段,促进现代物流业的发展转型,借助于新兴信息技术实现现代物流的可持续发展。

在可持续发展的智慧物流生态系统构建的过程中,最主要的就是确保将可持续发展的理念融入物流生态体系建设,形成绿色生态可持续的智慧物流规划,从战略角度优化配置物流资源,使得物流生态体系建设符合社会经济发展和生态环境变化等客观要求,对整个物流行业业态产生重大的影响。图 2-3 给出了可持续发展与智慧物流的关系。

可持续发展理念在智慧物流生态中的体现主要表现在以下三个方面。

(1) 智慧物流的资源不再是整个企业资源,而是把设备、车间、仓库、工厂以及社会上分散的多种物流能力作为独立的功能单元,借助于云技术以虚拟化服务的方式参与到物流价值共创过程中,实现全球范围内物流资源的灵活组织和有效利用,符合可持续发展对资源高效利用的绿色要求。

(2) 通过技术创新及大数据技术应用,形成智慧物流管理网络,提升物流过程和物流过程管理的智慧化水平。物流系统的大数据不仅包括物流设施设备等微观世界的实时运作数据,也包括影响物流过程的社会、经济、环境等宏观数据。以大数据为基础的物流全价值链的实时决策系统,可以实现物流过程的成本最小化运营,进而实现整个社会可持续发展水平的提升。

(3) 构建智慧物流空间,可以促进不同地区及具有不同功能的物流资源综合协调统筹发展,实现"由上而下"物流功能空间的结构优化,满足可持续发展的绿色空间布局要求。同时,新兴信息技术平台在物流空间中的具体应用,可以提升物流空间内不同功能单元的智能化水平,提高整个物流空间内功能单元的绿色高效利用,符合物流业生态的低碳可持续发展

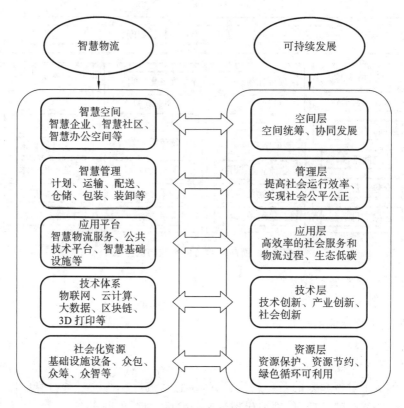

图 2-3 可持续发展与智慧物流的关系

要求。

尽管学者从不同角度对智慧物流生态进行了定义,但总的来说,智慧物流生态呈现出整合共生、跨界互融、可持续发展等特点。智慧物流生态通过产业纵向、横向协同,整合与创新来重构价值链,形成全球化的开放式社会性共享生态系统。

2. 智慧物流生态自组织发展特征

自组织发展是指在没有外部指令条件下,系统内部各主体自发地按照某种规律形成一定的新结构的变化现象。智慧物流生态在发展过程中,各成员基于技术创新、信息共享、供应链资源协同等,自发进行功能匹配和生态合作。显然,自组织发展是智慧物流生态的重要发展趋势。自组织发展规律对于智慧物流生态具有重要作用,有助于物流企业明确自身在智慧物流生态中的定位,也有助于物流企业在数字经济时代把握最优发展路径。

相比于传统物流,智慧物流生态的自组织发展主要体现在它的系统性、整体性、开放性和动态性,是一类典型的耗散结构(dissipative structure)。

(1) 系统性。在过去,物流企业倾向于对运输、仓储、包装、配送等各环节单独优化,提高单环节中的机械化、无人化、数字化程度。而在智慧物流生态下,企业要发挥智慧技术特点,需要利用生态链中信息共享、数据共通的特点,将运输系统、仓储系统、配送系统等进行全链条、全行业的整合优化,因而智慧物流生态的自组织发展体现了系统性。

(2) 整体性。智慧物流生态是一个具有特定社会、经济功能,由诸多主体按照一定方式组成的有机整体,不同主体之间相互联系、相互影响。在智慧物流生态中,物流主体自身的发展直接影响到智慧物流生态整体运作能力的强弱。智慧物流生态是一个密不可分的静态有机整体,也是一个相互影响、相互制约与相互适应,达到最佳稳定的动态有机整体。

(3)开放性。智慧物流生态作为一个社会系统,本质是内部主体之间、主体与外部环境之间,进行资源和能力的交流、协同和整合。智慧物流生态中的主体可以随时随地加入和退出系统,也可以在与外部环境进行物质、能量和信息交换过程中做出适应性调整,达到系统的相对稳定。

(4)动态性。智慧物流生态是一个由多个主体构成的系统,随着时间推移、环境变化和自身发展,其内部形态、功能、状态等并不是一成不变的,而是不断调整变化的,是一个充满动态性的演化过程。智慧物流生态会随着外部环境的变化而发生调整、演化和升级,从当前状态跃迁到新的更为有序的状态,呈现新的稳定态势。

二、智慧物流生态构成

按照由小到大的组成,可将智慧物流生态分为四个部分:单元实体、设施环境、社群网络、产业融合。

1. 单元实体

智慧物流生态中的单元实体是指贯穿于物流服务全过程中的人、智慧物件、系统、设备等。智慧物件包括手持终端、智慧头盔、智慧手环等;系统包括接单系统、作业系统、调度系统、监控系统等;设备包括各类仓储设备(分拣、输送、存取、码垛设备等)、运输设备(叉车、列车、AGV等)及信息设备(扫码枪、RFID)等。

物流单元实体的数字化和智慧化,为智慧物流生态构建奠定了坚实基础。

2. 设施环境

物流设施是指在供应链的整体服务功能上和供应链的某些环节上,满足物流组织与管理需要的、具有综合或单一功能的场所或组织的统称。智慧物流设施是指物流设施在信息技术的支持下,具有了智慧化功能,主要有智慧的仓库、码头、园区、站台、线路(铁路、公路、水路)、计算机/网络。按照用途划分,还可将智慧物流设施分为公共和专用的智慧物流设施环境。

设施环境的智慧化,为智慧物流生态提供了良好的条件保障。

3. 社群网络

社群网络是通过各类网络应用联结在一起的群体,在建立的网络群体中,每个个体的行为都有相同而明确的目标和期望的群体。

智慧物流生态社群网络按照角色划分,主要包括供给侧生态社群、物流生态平台运营社群、需求侧生态社群。供给侧生态社群是指由提供物流服务的个体组成的社群;物流生态平台运营社群是指由提供物流运营服务的平台构成的社群;需求侧生态社群是指由物流服务需求客户组成的社群。生态平台运营商负责供给侧生态社群和需求侧生态社群的高效匹配。图2-4给出了智慧物流生态中具有显著影响的一些物流平台社群。

4. 产业融合

一般来讲,产业融合是指不同产业或同一产业不同行业相互渗透、相互交叉,最终融合

图 2-4 物流平台社群

为一体,逐步形成新产业的动态发展过程,是用无形渗透有形、高端统御低端、先进提升落后、纵向带动横向,使低端产业成为高端产业的组成部分,实现产业升级的知识运营增长方式、发展模式与企业经营模式。在实际中,制造业、农业、金融业等众多行业都展现了与物流行业交叉融合的巨大需求。

在制造业中,除了生产加工外,非加工的装卸调整、物料运输、产品配送等物流过程也是必不可免的。为了提升制造系统的效率,生产加工与物流过程需要密切协同。在国家层面,国家发展改革委、工业和信息化部等13个部门联合印发《推动物流业制造业深度融合创新发展实施方案》,以应对新时期物流与制造业深层次变革需求,有力推进物流降本增效,促进制造业转型升级。

在农业方面,果蔬、杂粮等农产品在生产、包装、仓储、运输等环节都离不开物流服务。农业的发展离不开物流业的支持。近年来,国家也高度重视农业物流发展,每年的中央一号文件都强调加快农业现代化建设,转变农业发展方式,健全完善农村物流服务体系,加快农业与物流业的融合发展。

在金融业方面,金融产品及服务方式持续呈现出多元化的发展趋势。信息技术的飞速发展逐步打破了金融行业和物流行业的界限,互联网金融和物流业融合发展模式日臻成熟。在此背景下,金融机构与物流企业间的合作逐渐普遍化,除了传统的存贷款、担保、租赁等金融产品外,保险保理、参股融资等方式也进入物流行业,推动了货币资金在物流产业的流动,保证了物流业务的创新发展。

制造业、金融业、农业等产业都具有与物流行业融合发展的巨大需求。在智慧技术下,借助物联网、大数据、人工智能等新一代信息技术及设备,物流与制造业、金融业、农业等产业领域协同联动融合得到进一步推进。智慧物流产业融合促进了物流产业结构的多样化和多元化,提高了产业之间的贸易效应和竞争效应,加速产业之间资源的流动与重组,有助于打破产业之间的壁垒,增强产业之间的联系。

智慧物流还有力地推进了信息产业和物流业的融合。一方面,信息产业的技术和产品有力推进了物流业的智慧化发展;另一方面,智慧物流为信息产业提供了巨大的产品市场、技术创新需求和供应链服务能力。一批信息技术企业(也包括互联网企业)跨界进入物流业,为物流业注入了新鲜血液,也丰富了智慧物流生态的多样性,使智慧物流成为数字经济中产业数字化的生力军。

三、智慧物流生态核心功能环节

物流一般包括运输、储存、装卸搬运、包装、流通加工、配送、信息处理等功能要素。在新一代物流信息技术及设备支持下,智慧物流生态可以总结为三个核心层次:智能化作业、数字化集成、智慧化运营。

物流产业融合

1. 智能化作业

智能化作业是指智慧物流中使用智能化新技术和新设备,提高作业效率,降低作业成本和出错率。比较常见的新技术包括:操作条码化、手持终端、RFID(射频识别技术)、物联网、大数据、机器学习等;智能设备有 AGV、IGV、码垛机器人、无人货架等。以菜鸟智慧物流作业为例,其使用的智能技术与设备主要如下。①智能仓配。菜鸟在智能作业规划里,实现了智能选仓、智能分仓、智能预测、给商家提供完全无缝连接的智能补货服务,以及仓储内部智能入库和智能上架,实现有序的分拣与调拨。②拣选AGV。菜鸟智能物流作业配置了大量拣选 AGV,快速精准地对货物进行拣选分类。③天眼系统。菜鸟在揽收网点、分布中心、驿站等中转环节安装了大量摄像头,以保证整个物流作业的实时监控与反馈。

2. 数字化集成

数字化集成是指将不同的物流作业、不同的现代化物流信息技术与系统、不同的生态产业的生产要素进行数字化,并将这些海量的多源异构物流服务数据实现集成与整合。经过数字化集成,智慧物流生态中的物流数据流动方向不再是单向的,更多的是双向的,生态链中各环节可以通过实时的信息共享,随时随地进行数据同步和业务协同,制造、物流、农业、金融等不同产业之间可进行协同运作,更容易实现多渠道的融合。

3. 智慧化运营

基于物流服务提供商的智能化作业与物流生态运营商的数字化集成,在可视化技术等现代化信息技术的支持下,智慧物流生态下的物流服务可实现智慧化运营,如看板管理、任务跟踪、绩效管控、库存预警、业务提醒、指标健康、供应链安全等可视化功能。物流的智慧化运营,可以实时了解生态链上各个节点的生产产量、资源状况,以及相邻节点的差异,基于整体需求对链上资源进行优化和调度,为上下游产业的物流供应链服务保驾护航。

第二节 智慧物流理论基础和技术体系

一、智慧物流理论基础

物流学科是在多学科基础上发展起来的综合性学科,内容上具有综合性和应用性,而在结构上具有渗透性和交叉性。支撑物流的理论基础是经济学、管理学和工程技术科学的相关理论,在物流学体系结构中形成相应的物流经济学、物流管理学和物流工程技术三个分支学科。物流经济理论一般有物流体制、物流市场结构和需求理论、要素价格理论、分配理论研究、工资理论、利润和利息理论等。物流管理理论包括物流作业管理、物流组织管理、人事(行为)管理等。物流工程技术理论有运输、仓储、装卸搬运、包装、分拣和配货、流通加工等技术理论。

智慧物流下,物联网、云计算、大数据、人工智能等新一代信息技术,移动机器人等智能化设备,不断被应用到物流的各个环节。智慧物流加速了与制造业、农业、金融等行业的协同与融合发展。不同于传统的物流,智慧物流生态在信息技术的支撑下不断演化,是一个动态的、系统的自组织发展过程。因此,智慧物流的理论基础需要建立在系统论、控制论、信息论和运筹学之上。

1. 系统论

"系统(system)"一词来源于古希腊语,是由部分构成整体的意思。系统思想源远流长,但一直到1937年美籍理论生物学家贝塔朗菲提出了一般系统论原理,它才真正被作为一门学科——系统论。系统论认为,开放性、自组织性、复杂性、整体性、关联性、等级结构性、动态平衡性、时序性等,是所有系统的共同的基本特征。这些既是系统论所具有的基本思想观点,也是系统方法的基本原则,表现了系统论不仅是反映客观规律的科学理论,而且具有科学方法论的含义,这正是系统论这门学科的特点。

系统论是研究系统的结构、特点、行为、动态、原则、规律以及系统间的联系,并对其功能进行数学描述的新兴学科。系统论的基本思想是把研究和处理的对象看作一个整体系统来对待。它运用完整性、集中性、等级结构、终极性、逻辑同构等概念,研究适用于一切综合系统或子系统的模式、原则和规律,并力图对其结构和功能进行数学描述。系统强调整体与局部、局部与局部、整体与外部环境之间的有机联系,具有整体性、动态性和目的性三大基本特征。

2. 控制论

"控制(cybernetics)"一词最早源于希腊文,原意为"掌舵人",转意为"管理人的艺术"。控制论的思想和属性开始形成于20世纪30—40年代。1948年,美国数学家维纳的奠基性著作《控制论》的出版,标志着控制论的诞生。

控制论的核心问题是从一般意义上研究信息提取、信息传播、信息处理、信息存储和信息利用等问题。控制论运用信息、反馈等概念,通过黑箱系统辨识与功能模拟仿真等方法,研究系统的状态、功能和行为,调节和控制系统稳定地、最优地趋达目标。控制论充分体现了现代科学整体化和综合化的发展趋势,具有十分重要的方法论意义。

控制论与随后形成的信息论有着基本区别。控制论用抽象的方式揭示包括生命系统、工程系统、经济系统和社会系统等在内的一切控制系统的信息传输和信息处理的特性和规律,研究用不同的控制方式达到不同控制目的的可能性和途径,而不涉及具体信号的传输和处理。

3. 信息论

信息论偏于研究信息的测度理论和方法,并在此基础上研究与实际系统中信息的有效传输和有效处理相关的方法和技术问题,如编码、译码、滤波、信道容量和传输速率等。

信息(information)是客观事物状态和运动特征的一种普遍形式,客观世界中大量地存在、产生和传递着以这些方式表示出来的各种各样的信息。信息论是20世纪40年代后期从长期的通信实践中总结出来的一门学科,是专门研究信息的有效处理和可靠传输的一般规律的科学。20世纪20年代美国物理学家奈奎斯特和哈特莱研究了通信系统传输信息的能力,并试图度量系统的信道容量。他们的工作被认为是现代信息论的开端。美国数学家克劳德·香农在1948年发表论文《通信的数学理论》,在1949年发表论文《噪声下的通信》,奠定了现代信息论的基础。克劳德·香农也被认为是信息论的创始人。

几十年来,现代通信技术飞速发展,与其他学科不断交叉渗透,信息论的研究已经从香农当年仅限于通信系统的数学理论的狭义范围扩展开来,而成为现在信息科学的庞大体系。信息论以通信系统的模型为对象,以概率论和数理统计为工具,从量的方面描述了信息的传输和提取等问题。信息论的研究领域从最初的通信扩大到机器、生物和社会等系统,发展成为一门专门利用数学方法来研究如何计量、提取、变换、传递、存储和控制各种系统信息的一般规律的学科。

4. 运筹学

"运筹学(operational research,OR)"一词最早出现于1938年。当时英国波德塞雷达站负责人提出对整个防空作战系统的运行研究,以解决雷达站合理配置和整个空军作战系统协调配合来有效地防御德机入侵的问题。1940年9月英国成立了由物理学家布莱克特领导的第一个运筹学小组。后来发展到每一个英军指挥部都成立运筹学小组。1942年美国和加拿大都相继建立了运筹学小组。第二次世界大战后,在这些军事运筹学小组中工作过的科学家转向研究在民用部门应用运筹学方法的可能性,从而促进了在民用部门应用运筹学的发展。

1951年美国学者莫尔斯和金布尔合著的《运筹学方法》一书正式出版,标志着运筹学这一学科已基本形成。到20世纪50年代末,美国大企业在经营管理中大量应用运筹学。开始时主要用于制订生产计划,后来在物资储备、资源分配、设备更新、任务分派等方面应用和发展了许多新的方法和模型。20世纪60年代中期,运筹学开始用于服务性行业和公用事业。1955年我国从"运筹帷幄之中,决胜千里之外"这句话摘取"运筹",将operational research译作运筹学。

运筹学可以认为是近代应用数学的一个分支,主要研究如何将生产、管理等出现的运筹问题加以提炼,然后利用数学方法进行解决的学科,是实现有效管理、正确决策和现代化管理的重要方法之一。它应用于数学和形式科学的跨领域研究,利用统计学、数学模型和算法等方法,去寻找复杂问题中的最佳或近似最佳的解答。

二、智慧物流技术体系

智慧物流技术主要包括网格化、智能化及数字化三大技术体系。

(1) 网格化技术。

网格化技术是指在智慧物流服务中使用到的与网络信息相关的技术。智慧物流网格化技术主要包括工业互联网、工业物联网、4G/5G移动通信、云计算/边缘计算、区块链等。网格化技术通过对物流中的人、机、物、系统等进行全面连接,构建起覆盖全产业链、全价值链的全新物流服务的网格体系。它以网络为基础、平台为中枢、数据为要素、安全为保障,是工业数字化、网络化、智能化转型的基础支撑。

(2) 智能化技术。

智慧物流智能化技术主要包括大数据、机器学习、机器人技术、知识图谱、优化与决策、调度等。智慧物流中集成智能化技术,使物流系统能具有一定的思维、学习和自主决策能力,能够推理判断和自行解决物流中某些复杂问题,使物流作业过程更加高效、智慧化、协同化。

(3) 数字化技术。

智慧物流的数字化技术主要包括标识、感知、识别、建模、虚拟仿真、反求工程等。物流数字化实际上就是应用这些数字化技术,将物流所涉及的对象和活动离散化,以便于计算机表述、处理、存储、传递、执行、监控,从而使物流系统更高效、可靠地处理复杂问题,为上下游供应链提供方便、快捷的物流服务。通过对物流的整个过程及对象进行数字化的描述,物流数字化将形成新的物流数字空间,为物流的自动化与智慧化提供基础支撑。

第三节　智慧物流系统框架

随着技术的进步和时代的变迁,物流系统不断迭代演化,大体经历了从传统物流系统到自动化物流系统,再到智慧物流系统的升级换代。和工业革命从1.0到4.0,再到未来的工业5.0同步,物流也从1.0发展到了4.0,即智慧物流时代,并正在向5.0迈进。

一、传统物流系统

早期的传统物流系统从结构和功能上看都较为简单。从系统组成来看,传统物流系统主要包括人和物流装备/系统等组成部分(见图2-5)。典型物流场景包括仓库、车间、港口等。

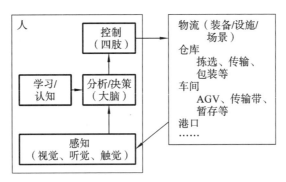

图 2-5　传统物流系统框架

系统中,由人控制物流装备/系统来完成特定的物流任务。由于技术的落后,这些物流装备只能完成简单的物流作业任务,不具备感知、分析、控制等功能。物流任务完成过程所需要的感知基本由人的视觉、听觉、触觉等来实现;学习认知、分析决策由人的大脑完成;而物流设备的控制则由人的四肢来完成。

可见,在这种传统的物流系统中,物流作业的效果主要取决于人的能力,包括脑力和体力。人是传统物流场景中的主导,物流装备/系统辅助人完成物流作业任务。

同步案例 2-1

一战时期大炮运输

战争时期,大炮、炮弹等军事物资经常需要被运往崎岖的作战地点,以获取有利的作战地形。一战时期,由于技术的落后,笨重的大炮等辎重只能在大量军马的拉动下,配合人力,缓慢地拉上山顶。传统的物流不仅耗费大量的人力物力,而且行动迟缓,容易错失战机。

一战大炮运输视频

【思考】 物流在军事领域上被称为什么?

二、自动化物流系统

随着自动化控制技术的发展,自动化技术及装备不断集成融入物流系统之中,自动化物流系统(见图 2-6)开始替代传统物流系统。通过自动化技术,物流作业设备和设施自动化作业能力得到提升,有效地实现各种物流过程的自动化作业,比如自动识别系统、自动检测系统、自动分拣系统、自动存取系统、自动跟踪系统等。采用自动化物流系统,物流作业效率得以提升,物流作业更加精准、经济、灵活。

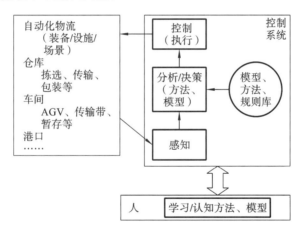

图 2-6 自动化物流系统框架

自动化物流系统中,传统的装备/系统/场景被自动化的装备/系统/场景替代。自动化仓库、自动化车间、自动化港口等自动化物流场景大量出现在实际工业应用领域中。

与传统的物流系统不同的是,自动化物流系统中集成了控制系统。原来由人完成的感知、控制与决策功能逐渐由控制系统代替。控制系统嵌入了模型、方法、规则库,能够帮助物流系统完成分析与决策,进而控制物流装备和设施,实现自动化物流作业。

在自动化物流系统中,人主要承担学习/认知过程。人依然是物流系统的主导和设计者。自动化的物流装备和控制系统都是由人设计制造出来的,其分析与决策的模型、方法、规则库等都是在系统研发过程中由研发人员将相关理论知识、经验等固化到自动化物流系统中。因此,自动化物流系统的使用效果在很大程度上还是取决于人的知识和经验。

德力自动化立体仓库

德力自动化立体仓库视频

针对新材料行业仓储面临的货品摆放杂乱无序、盘点烦琐、货位不够、收发货不及时等问题,德力打造了一个全新的自动化立体仓库。自动化立体仓库采用四向穿梭车、托盘拆分机等自动化设备。在控制系统作用下,实现了不同载货层连续不断出货、同时对货品进行出入库作业、多台小车协同作业等功能,有效解决了高峰期出入库作业的瓶颈问题,存储量、存储效率都得到大幅度提升。

【思考】案例视频中有哪些自动化装备?哪些因素提升了存储容量和存储效率?

三、人-信息-物理系统(HCPS)

人-信息-物理系统(human-cyber-physical systems, HCPS)最初是面向智能制造而提出的。HCPS是传统的人-物理系统(human-physical systems, HPS)的一种演进。如图2-7所示,传统的HPS主要由人和物理系统组成,物理系统代替人完成大量体力劳动,而人是整个系统的主导,完成感知、分析决策等脑力劳动,负责创造和管理物理系统。前面提到的传统物流系统和自动化物流系统都可认为是基于HPS的物流系统。

相比于HPS,HCPS根本性变化是在HPS中集成了信息系统。在HCPS中,人、信息、物理系统三者之间的关系是:物理系统依然代替了大量的体力劳动,而信息系统完成大量原来由人完成的脑力劳动,人主要负责创造、管理信息系统和物理系统。

HCPS中信息系统的增加使得系统具有学习和认知功能,具有强大的感知、决策与控制的能力,拥有真正意义上的"人工智能"。信息系统中的"知识库"是由人和信息系统自身的学习/认知系统共同建立的,它不仅包含人输入的各种知识规则,也包含着信息系统自身学习得到的知识规则,特别是那些人类难以精确描述与处理的知识。知识库可以在系统使用过程中通过不断学习而不断积累、不断完善、不断优化。

在新一代的HCPS中,人的地位并没有被弱化,而是进一步得到突出。HCPS将更好地为人类服务。与此同时,人作为系统创造者和操作者的能力和水平将极大提高。人类智慧的潜能将得以极大释放,社会生产力将得以极大解放。知识工程将使人类从大量脑力劳动和体力劳动中解放出来,人类可以从事更有价值的创造性工作。

四、基于HCPS的智慧物流系统

在智慧物流中,各种智能物流装备被使用,大数据、人工智能等新一代信息技术被集成到物流系统中。然而,智慧物流场景中并非完全是无人的场景。首先,智慧物流系统是为人服务的,需要和人打交道;其次,智慧物流系统中大量的知识、规则以及控制策略,都需要人

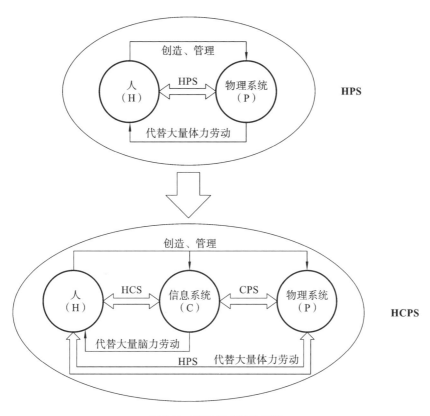

图 2-7 HPS 与 HCPS 原理

来设计并实现;最后,许多的物流作业任务依然需要人的智慧和高效执行力才能完成。因此,智慧物流同样是由人、信息系统、物理系统三元组成。图 2-8 给出了基于 HCPS 的智慧物流系统框架。

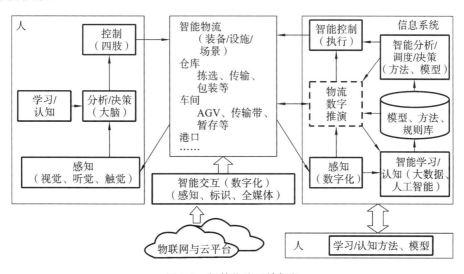

图 2-8 智慧物流系统框架

在图 2-8 的智慧物流系统框架中,物理系统包括了现实的智能物流装备、系统和场景等,完成各种智慧物流任务,如智能仓库拣选、智能车间 AGV 运输、智慧港口集装箱装卸等。这些现实物理的智能物流装备/系统等代替了人的大量体力劳动。

信息系统在大数据、人工智能等新一代信息技术的支持下,对现实物理世界的物流作业设备进行智能感知,通过自身系统的智能认知学习,构建物流作业模型、方法的知识与规则库,帮助智慧物流系统实现智能分析、调度、决策、控制等过程。同时,在智能感知、智能学习、智能分析及自身学习的知识库作用下,信息系统还能进行物流作业的数字化推演,实现现实物理世界与虚拟数字世界的虚实结合,共同挖掘智慧物流作业的规律。比如,经过数字推演,现实物流作业过程可能出现的不确定性将会被预测到,有助于及时调整物流作业设备、计划等,保障智慧物流作业的安全运行。

人在智慧物流系统的作用主要体现在两方面。一方面,人通过自身的感知、学习、分析决策与控制执行能力,辅助智能物流设备进行作业,实现人机智能交互作业。另一方面,人学习的模型、方法知识与规则,可以输入给信息系统,参与分析决策以及数字推演的过程,信息系统学习的知识规则也可以反馈给人,以便人能够更好地辅助物流作业,更加高效地管理整个智慧物流系统。

物联网与云平台是智慧物流系统的一个重要组成,它将人、信息系统、物理系统三者连接起来。在物联网与云平台的支持下,整个物流系统作业环节更加透明化,人、信息系统、物理系统之间能够更好地实现智能协同交互,有助于整个智慧物流系统的高效运行。

通过大数据、人工智能等新一代信息技术,基于 HCPS 的智慧物流系统相较于过去的物流系统,主要有以下三个重大进步。

(1) 大幅提高了物流系统建模的能力,极大提升了处理物流系统复杂性,特别是解决不确定性问题的能力,有效实现整个物流系统的优化。

(2) 集成的信息系统拥有自主学习认知、智能分析、智能控制等能力,使得物流系统作业知识的产生、利用、传承效率得到显著提升。知识、规则等作为物流系统核心要素的生产力得到有效挖掘。

(3) 形成了人机混合增强智能,使人的智慧与物流装备智能的各自优势充分发挥并相互增长,极大地释放了人的创新潜能。

 同步案例 2-3

潍柴智能物流系统

潍柴智能物流系统视频

随着潍柴对生产运营质量的不断提高,传统物流已逐渐不能满足潍柴的迅猛发展。物流已成为制约潍柴生产运营效率提升的一大瓶颈。为此,潍柴决心实施智能化物流项目的改造,打造了全球首个应用于制造业生产环节的智能物流体系。潍柴智能物流系统将物流系统与信息系统融合,少量人员参与辅助工作,开启了国内制造业现代化物流应用的新时代。这套智能物流系统上线后,潍柴整体作业效率提升了 30%,节省了 100 人左右的人力成本,每年增加效益超过 1000 万元。

【思考】 从本案例中,如何领会智慧物流的发展对人才的需求和要求?

第四节 智慧物流实例分析

在日常网络购物时,相信不少人会选择京东。选择京东的一大理由就是因为京东的物流速度。在如今的电商时代,物流速度是整个服务体系中很重要的一个环节,直接影响用户购物体验和购物决策。很多人喜欢京东"211限时达"等此类物流服务。然而,这看似简单的发货和收货之间,背后隐藏着一套智慧物流系统,即京东青龙系统。从2012年1.0的封闭开发,到现在的6.0智慧物流,青龙系统已经基本成长为京东的一套成熟电商物流系统,专注于为零售、快消、生鲜等众多行业客户提供优质物流服务。

京东青龙智慧物流系统架构的设计,主要考虑的是与京东企业战略目标的一致性,其六代系统架构的变革过程如下。青龙系统1.0主要实现电商物流的基础功能,满足当时的核心业务需求。2013年的青龙系统2.0主要是追赶功能,和各业务方构建非常信任的伙伴关系,为后续系统生态的健康发展奠定了很好的基础。到2.0开发完成时,青龙系统已经成为完善的自营电商物流系统。青龙系统3.0从2014年开始规划,以外单开放为主题,开发了青龙开放平台、接单系统和主流的ISV(独立软件开发商)软件完成对接,以及改造现有分拣、运输、配送等环节,来支援外单。青龙系统4.0在3.0的版本上进行了物流环节的进一步改进。2015年,京东实施渠道下沉、3F战略①等,因此,青龙系统4.0主题是渠道下沉,配合公司战略,构建京东乡村推广员系统和校园派系统。从2015年开始,"互联网+"被提升到国家战略层面,物流业越来越受到重视。因此,到2016年,青龙系统6.0的主题便被确定为智慧物流。

京东青龙系统的智慧物流架构主要包括应用访问层、投放平台、核心服务、管理服务和数据支撑这5个主要模块。京东青龙系统的架构如图2-9所示。青龙智慧物流系统在许多环节实现了智慧作业,采用了深度神经网络、机器学习、搜索引擎技术、地图区域划分、信息抽取与知识挖掘,并使用大数据技术对地址库、关键字库、特殊配置库、GIS地图库等数据进行分析使用,使得订单能够自动分拣,保证7×24小时服务,满足各种类型订单的接入,提供稳定准确的预分拣接口。

京东青龙智慧物流系统涵盖六大核心功能,如图2-10所示,涉及对外拓展、终端服务、运输管理、分拣中心、运营支持、基础服务。每个功能对应的核心子系统经过集成化,构成了整个青龙系统。核心子系统包括了终端子系统、运单子系统、预分拣子系统、质控平台、监控和报表子系统、GIS(地理信息系统)子系统。

(1)终端子系统。终端子系统负责物流配送业务的操作、记录、校验、指导、监控等,如配送PDA一体机、PDA网关、自提柜等都是终端子系统的组成部分。

(2)运单子系统。这套子系统是保证能够查看货物运送状态的系统,既能记录运单的收货地址等基本信息,又能接收来自接货系统、PDA系统的操作记录,实现订单全程跟踪。同时,运单子系统还对外提供状态、支付方式等查询功能,供结算系统等外部系统调用。

(3)预分拣子系统。在这些核心子系统中,预分拣子系统是实现京东快速物流的心脏。预分拣系统根据收货地址等信息将运单预先分配到正确站点,分拣现场依据分拣结果将包

---

① 3F战略是指农村战略(factory to country)、农村金融战略(finance to country)和生鲜电商战略(farm to table)。

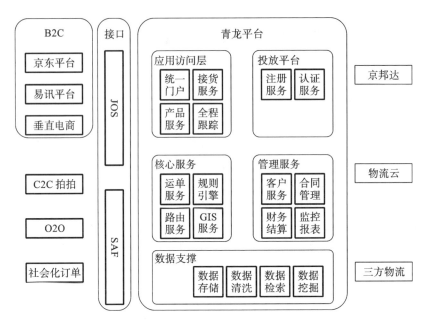

图 2-9 京东青龙物流系统的整体架构

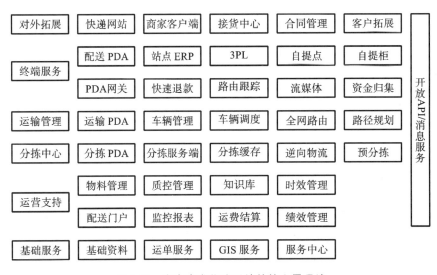

图 2-10 京东青龙物流系统的核心子系统

裹发往指定站点,由站点负责配送。因此,预分拣结果的准确性对配送系统至关重要。

(4) 质控平台。京东对于物品的品质有着严格的要求,为了避免因为运输造成的损坏,质控平台针对业务系统操作过程中发生的物流损耗等异常信息进行现场汇报收集,由质控人员进行定责。质控系统保证了对配送异常的及时跟踪,同时为降低损耗提供质量保证。

(5) 监控和报表子系统。这个子系统及时监控各个区域的作业情况,根据各个环节顺畅度及时做出统筹安排,为管理层和领导层提供决策支持。

(6) GIS 子系统。基于 GIS 子系统,青龙智慧物流将其分为企业应用和个人应用两个部分。企业应用方面,利用 GIS 子系统可以进行站点规划、车辆调度、GIS 预分拣、北斗应用、配送员路径优化、配送监控、GIS 单量统计等功能。而对于个人来说,能够获得 LBS 服务、订单全程可视化、预测送货时间、用户自提、基于GIS的O2O服务、物联网等诸多有价值的物流服务。通过对GIS子系统的深度挖掘,物流的价值进一步得到扩展。

青龙6.0智慧物流系统架构主要使用了以下三个方面的智能技术(如图2-11所示)。

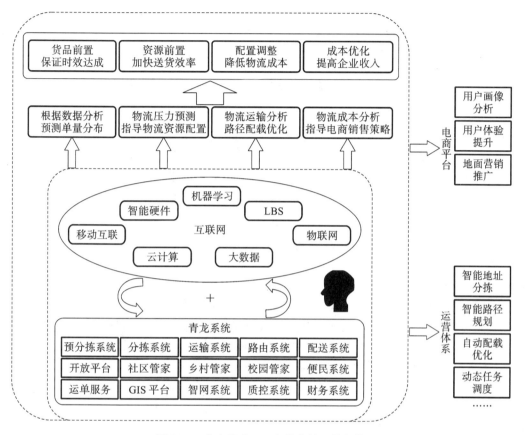

图 2-11　京东青龙6.0智慧物流系统架构

(1) 业务数据化。京东物流在青龙6.0智慧物流系统的支持下,实现了所有物流操作的线上化,也就是物流数据化,对每个操作环节都可以进行实时分析。

(2) 大数据处理技术。包含了数据收集、传输、存储、计算、展示等一系列技术。对于青龙6.0智慧物流系统来讲,可以基于公司的大数据平台,进行实时数据处理和离线数据分析。

(3) 便利的可视化管理工具。从时间维度上看,可视化管理工具可以实时展示各个节点的生产量、相邻节点的差异,有助于很好把控业务。从地理纬度上看,青龙6.0智慧物流系统可以做到车辆、配送员等的实时信息展示。比如,用户在京东App上即可查看订单的实时轨迹。

基于这些智能化技术,借助机器学习、物联网、云计算等新一代信息处理技术,在核心子系统支持下,京东青龙智慧物流系统可实现数字化的预测和决策。例如,青龙智慧物流系统的单量预测,根据用户下单量、仓储生产能力、路由情况等,系统通过建模预测,实现最优的单量分配。这些都有助于提高京东物流服务的效率。

总的来说,京东青龙智慧物流系统的核心优势在于以机器学习、大数据等信息技术为基础，利用软件系统将人和智慧设备更好地结合起来，让人和设备能够发挥各自优势，达到系统最佳状态，同时还与外部的电商平台和运营体系良好衔接，使得整个京东物流的业务运营高效顺畅。

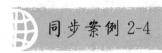

京东"双11"物流再提速——看青龙系统备战实况

电商行业近年来发展势头迅猛，几大巨头成功上市，业务模式不断升级，促销手段花样百出。"双11"成为各路电商运营能力的年度大考，同时也是对电商技术平台能力的极限测试，进行重大改版升级的系统只有经过"双11"的枪林弹雨才能浴火重生。

2020年"双11"前夕，借助青龙智慧物流系统，京东主要做了以下备战措施。

(1) 京东根据单量预测，设置了青龙系统各个子系统的备战目标。例如，预分拣、运单、数据都是按照公司最大单量的目标进行准备，分拣中心、配送等也是按照高标准来准备。

(2) 根据积累的历史数据，对于线上系统的容量进行了估计，各个小组都进行了备战方案准备，包括架构升级、服务器扩容等。

(3) 针对各个子系统的核心环节，京东安排了压力测试，根据测试结果进行调优。

相较于2019年的"双11"，2020年"双11"京东订单有数十倍的增长。这对于物流系统的压力是非常大的。但青龙智慧物流系统的表现依然非常高效稳定，整个过程没有任何生产事故，体现了青龙系统在智慧、高效、安全物流作业方面的显著优势。

【思考】 京东青龙系统在京东物流生态中所发挥的作用。

新一代信息技术的发展，推动着传统物流朝着智慧物流的方向发展，为智慧物流的理论和技术研究提供了持续的驱动力。为更加深入了解智慧物流理论体系与技术框架，本章系统介绍了智慧物流生态的内涵、构成和形成机制，阐述了智慧物流理论基础和技术体系，讨论了智慧物流系统框架，并通过案例分析展示了构建智慧物流生态的重要意义、工程价值及实现途径。

 练习与思考

1. 谈谈你身边的智慧物流案例并分析其智慧化发展途径。
2. 总结智慧物流生态内涵及特点。
3. 阐述你对智慧物流理论的理解。
4. 阐述智慧物流系统与传统物流系统和物流自动化系统的区别。

第三章 物流数字化技术

学习目标

掌握物流系统数字化的概念和重要意义;学习物流数据采集与融合、物流标识与自动识别等技术内涵及其物流数字化应用特点;从设备、设施、容器、货物等层面,重点掌握数字化方法及智能应用;学习物流数字化评价方法和重要性。

中远海运物流数字化实践

中远海运物流与百度签署战略合作协议。据悉,双方将组建数字化平台公司,以中远海运物流丰富的业务场景,结合百度强大的运算服务能力以及丰富的智能产品,携手打造产业智能化加速引擎。根据《国际物流产业数字化发展报告》显示,国际物流数字化的全面普及已成为行业共识,高达76.93%的从业者认为,国际物流行业最晚5年内,数字化技术与服务即可实现更为广泛的应用和渗透。这一点也得到了国际物料输送解决方案供应商英特诺的认同,今年(2021年)上半年随着电商、速递和新能源行业的迅速增长,让该集团订单额、税前利润和净利润的增长均破历史纪录。业界认为,电子商务、物联网、云计算、大数据、区块链、5G、人工智能等数字技术的赋能,为物流业突破以往"堵点"提供了可能性。随着数字化渗透率持续提升,人工智能将成为物流的"新基建",不断深入行业应用。尤其在新冠肺炎疫情影响下,无人化、少人化发展趋势加速,智慧物流显然已成为物流行业的大势所趋。人工智能的工作效率持续提升,预计到2025年"物流+AI"的市场规模将接近100亿元。

(资料来源:《物流数字化爆发期来临》。)

【思考】 物流数字化对推进智慧物流的重要性。

第一节 物流数字化建模技术

物流数字化就是通过计算机辅助设计、计算机仿真建模、传感与标识等多种技术手段,将物流设施设备及物流实际运作过程转变为数字模型和数据,再对这些模型和数据进行计算机处理和工程应用的过程。随着科学技术的发展,数字化技术相关的软硬件也得到迅猛发展并在物流系统数字化领域中得到广泛应用。物流设备、设施等硬件的数字化,为智慧物流奠定了坚实基础。常用的数字化建模技术主要有 CAD(计算机辅助设计)建模、物理建模、反求建模、制造建模等。

一、CAD 建模

1. 几何建模

几何建模就是建立在几何信息和拓扑信息基础上的,对实体形体的描述和表达,主要处理零件的几何信息和拓扑信息,涉及线框模型、表面模型、实体模型等。

线框模型是用顶点和棱边表示三维物体,其棱边可由直线、圆弧、二次曲线及样条曲线组成;表面模型是用有连接顺序的棱边围成的有限区域来定义形体的表面,再由表面的集合来定义形体;实体模型主要通过定义基本体素,利用体素的集合运算,或基本变形操作实现建模。表面可以是平面,也可以是柱面、球面等类型的二次曲面,也可以是由样条曲面构成的自由曲面。但是在表面模型中无法确定面的哪一侧存在实体,哪一侧没有实体。实体模型是在计算机内部以实体描述客观事物,具有消隐功能,而且覆盖三维立体的表面与其实体同时生成。

2. 特征建模

特征建模是以实体造型为基础,用具有一定设计或加工功能的特征作为造型的基本单元建立零部件模型。特征是产品信息的集合,反映产品零件特点,可根据一定原则分为多类,常见特征涉及加工特征、精度特征、材料特征、功能特征等。

加工特征是具有加工语义的形状,通过参数描述,每一个特征都对应一组唯一确定该特征的控制参数,将一种形状定义为一个特征,每种特征都在产品中实现各自的功能,并对应各自的加工方法、加工设备和刀具、量具、辅具;精度特征用来表达零件的精度信息,包括尺寸公差、形状公差、位置公差、表面粗糙度;材料特征表达零件材料的一系列属性,如材料型号、性能、硬度、表面处理、检验方式、种类、热处理要求等;功能特征属于宏观层面,具体指产品的性能指标、设计约束条件和使用保障要求,其中包括诸如使用范围、速度、杀伤力等性能指标以及可靠性、维修性和安全性等要求。

二、物理建模

1. 运动学建模

运动学建模是以运动学为理论基础进行物体运动特性的建模。运动学是从几何的角度描述和研究物体位置随时间的变化规律的力学分支。以研究质点和刚体这两个简化模型的运动为基础,并进一步研究变形体(弹性体、流体等)的运动。研究后者的运动,须把变形体中微团的刚性位移和应变分开。运动学研究点的运动方程、轨迹、位移、速度、加速度等运动特征,这些都随所选参考系的不同而异;而刚体运动学还要研究刚体本身的转动过程、角速度、角加速度等更加复杂的运动特征。

2. 动力学建模

动力学建模主要对物体的动力特性进行建模,常见的建模方法有有限元法、边界元法等。

有限元法是一种求解偏微分方程边值问题近似解的方法,求解时对整个问题区域进行分解,每个子区域都分为简单的部分,这种简单部分就称作有限元。类比于连接多段微小直线逼近圆的思想,有限元法包含了一切可能的方法,这些方法将许多被称为有限元的小区域上的简单方程联系起来,并用其去估计更大区域上的复杂方程。它将求解域看成是由许多称为有限元的小的互连子域组成,对每一单元假定一个合适的近似解,然后推导求解该域的总的满足条件,从而得到问题的近似解。

边界元法是一种继有限元法之后发展起来的一种新数值方法,与有限元法在连续体域内划分单元的基本思想不同,边界元法是在定义域的边界上划分单元,用满足控制方程的函数去逼近边界条件。所以,与有限元相比,边界元法具有单元的未知数少、数据准备简单等优点。但用边界元法解非线性问题时,遇到与非线性项相对应的区域积分,这种积分在奇异点附近有强烈的奇异性,会使求解变得困难。

3. 场分析建模

场分析建模是对物体的温度场、电磁场等进行建模与分析。

温度场是物质系统内各个点上温度的集合,是时间和空间坐标的函数,反映了温度在空间和时间上的分布。将温度场中同时刻、同温度的所有点相连就成为等温面,等温面与任何二维截面相交即为等温线。习惯上都用等温面图或等温线图表示温度场。在等温线图上,与各等温线垂直相交者均为热流线。温度场可借数学分析、实验测定、数值计算以及图解等方法予以确定。

电磁场是有内在联系、相互依存的电场和磁场的统一体的总称。随时间变化的电场产生磁场,随时间变化的磁场产生电场,两者互为因果,形成电磁场。电磁场可由变速运动的带电粒子引起,也可由强弱变化的电流引起,不论原因如何,电磁场总是以光速向四周传播,形成电磁波。电磁场是电磁作用的媒介,具有能量和动量,是物质的一种存在形式。电磁场的性质、特征及其运动变化规律由麦克斯韦方程组确定。

三、反求建模

反求建模的关键技术包括实物原型的数字化技术、数据点云的预处理技术、三维重构基本方法、曲线曲面光顺技术等。在面向机械零件的反求建模过程中,数据获取及预处理和表面重建是核心环节。

1. 点云

点云数据获取方式有接触式测量法(如机械手臂、坐标测量机)和非接触式测量法(如光学测量、声学测量、电磁测量以及断层数据测量法)。接触式测量有较高的准确性和可靠性,可快速测量出物体的基本几何形状;非接触式测量可直接测量不可接触的高精密工件,测量速度非常快。

测量得到的数据多半是大规模而且密集的"点云",系统难以直接对其进行处理,因此在进行三维建模之前,需要对"点云"数据进行预处理。预处理包括:针对不同的数据来源,研究解决噪声点的局部快速过滤和平滑技术;解决不同方向多视数据的拼合,以及漏测区域的辅助补全和局部二次采样;研究解决重要几何特征的识别、提取、表达和特征重构技术;基于特征保持和精度控制的三维分区三角网格优化与编辑技术;基于特征的全局三角网格精度控制压缩处理技术。

2. 拟合

表面拟合是反求建模中表面重建的重要内容。通过表面拟合计算,获得分段后表面片的几何参数,为进行实体的特征分析等提供有力支持。对于球面拟合,一般采用代数方程形式进行拟合;对于圆柱面拟合,一般转化为非线性最小二乘问题;对于圆锥面拟合,采用分步拟合策略,首先拟合计算出圆锥面的锥顶位置,然后拟合计算获得圆锥面的轴线位置及圆锥面的顶角大小。

四、制造建模

1. 产品数据管理(PDM)

产品数据管理(product data management,PDM)是在现代产品开发环境中成长并发展起来的一项以软件为基础的产品数据管理技术。它将所有与产品有关的信息和过程集成在一起,使产品数据在整个生命周期内保持一致,保证已有的产品信息为整个企业用户共享,可帮助部门或企业管理贯穿于整个产品生命周期的产品数据及开发过程,可有力地促进新产品的研发设计,缩短产品研制周期。

2. 制造执行系统(MES)

制造执行系统(manufacturing execution system,MES)由美国 AMR 公司(Advanced Manufacturing Research,Inc.)在 20 世纪 90 年代初提出,是现代集成制造系统中制造管理自动化领域的一项重要技术,它是定位于企业上层资源规划与底层设备自动控制系统之间、面向车间作业层的管理系统,是现代智能化工厂不可或缺的组成。MES 负责从生产现场收集生产数据,集中管理、传递、存储生产数据,统筹维护生产数据库,实现生产现场的实时监控、实时反馈、管理优化、敏捷响应等。

3. 计算机辅助制造(CAM)

计算机辅助制造(computer aided manufacturing,CAM),是指通过直接的或间接的计算机与企业的物质资源或人力资源的连接界面,把计算机技术有效地应用于企业的管理、控制和加工操作。计算机辅助制造包括企业生产信息管理、计算机辅助设计和计算机辅助生产制造三个部分。计算机辅助生产制造又包括连续生产过程控制和离散零件自动制造两种计算机控制方式。采用计算机辅助制造零部件,可改善对产品设计和品种多变的适应能力,提高加工速度和生产自动化水平,缩短加工准备时间,降低生产成本,提高产品质量和批量生产的效率。

4. 增材制造(AM)

增材制造(additive manufacturing,AM)俗称3D打印,融合了计算机辅助设计、材料加工与成型技术,以数字模型文件为基础,通过软件与数控系统将专用的金属材料、非金属材料以及医用生物材料,按照挤压、烧结、熔融、光固化、喷射等方式逐层堆积,制造出实体物品的制造技术。相对于传统的对原材料去除、切削、组装的加工模式不同,增材制造是一种"自下而上"通过材料累加的制造方法,从无到有。这使得过去受到传统制造方式的约束而无法实现的复杂结构件制造变为可能。

5. 企业资源规划(ERP)

企业资源计划(enterprise resource planning,ERP),是由美国计算机技术咨询和评估集团Gartner Group Inc.提出的一种供应链的管理思想。企业资源计划是指建立在信息技术基础上,以系统化的管理思想,为企业决策层及员工提供决策运行手段的管理平台。ERP系统支持离散型、流程型等混合制造环境,应用范围从制造业扩展到了零售业、服务业、银行业、电信业、政府机关和学校等部门,通过融合数据库技术、图形用户界面、第四代查询语言、客户服务器结构、计算机辅助开发工具、可移植的开放系统等对企业资源进行了有效的集成。

同步案例 3-1

数字化助力企业转型

安徽合力是中国工业车辆行业领军企业,其产品有电动平衡重式叉车、仓储式叉车、内燃平衡重式叉车、正面吊等港口车辆、牵引车、装载机等工业车辆,解决方案包括智能物流系统、工业车辆车联网系统等。

尽管其在2006年已经进入世界工业车辆行业十强,但随着市场的变化,安徽合力也面临着发展痛点:缺乏对产品全生命周期的有效管理,缺乏供应链计划和生产执行的智能化和可视化,缺乏对供应链全局的整体协同管理,缺乏预防式维护能力来降低服务成本等一系列问题。

在此情境下,企业选择与SAP合作。比如,落地集成产品研发设计管理(IPD)流程体系,构建了贯穿研产供销服的产品全生命周期管理平台;搭建了供应链、生产制造和运营管控平台;通过ERP+VMS打造了覆盖所有销售网点的销售系统。

数字化管理,帮助合力细化了管理维度,D2O场景实现了产品维度信息与经营维度信息的融合,实现端到端信息的集成。同时,帮助企业建立了物料、客户、供应商等企业基础数据标准,规范了数据标准,统一了各部门及各业务板块的数据,搭建数据共享平台,实现了数据跨岗位、跨部门传输。

经过一系列的升级,企业的生产制造周期比原先缩短了45%,产品生命周期管理成本降低了38%,产品上新时间也大大缩短,平均订单交付时间却快了30%。

(资料来源:《十大领域企业数字化转型启示》,参见 https://www.sohu.com/a/

426393066_116366。)

【思考】
1. 谈谈不同数字化建模技术在以上案例的实现路径。
2. 谈谈不同数字化建模技术在以上案例实施的优缺点。

第二节 物流数据采集与融合技术

在物流过程中,如何提高数据采集的效率、合理地选择数据融合技术至关重要。高效的信息采集与融合可以加快物流的周转速度并扩大信息的共享,减少物流途中的信息迟滞问题,从而达到降低物流成本、提高物流效率的效果。

一、物流数据采集技术

如图3-1所示,目前现代物流信息采集技术主要有条码/二维码技术、EDI技术、GPS/GIS技术、射频技术、传感器技术、网络数据采集技术等。

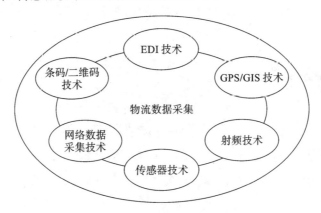

图3-1 物流数据采集技术

1. 条码/二维码技术

条码/二维码技术是在计算机的应用实践中产生和发展起来的一种自动识别和标识技术。它是为实现对信息的自动扫描而设计的,是实现快速、准确而可靠地采集数据的有效手段。条码技术的应用解决了数据录入和数据采集的瓶颈问题,为物流管理提供了有力的技术支持。条码是由一组规则的条、空及对应字符组成的符号,用于表示一定的信息。条码技术的核心内容是通过利用扫描枪(光电扫描设备)识读这些条形码符号来实现机器的自动识别,并快速、准确地把数据录入计算机进行数据处理,从而达到自动管理的目的。在物流行业中许多仓储环境会使用该种方式实现对货物的种类、价格、数量等数据的采集。

二维码技术和条码技术同属一类技术。二维码采用按一定规律在平面(二维方向上)分布的、黑白相间的、记录数据符号信息的图形实现对数据/信息的编码,并通过扫描枪(如图像输入设备或光电扫描设备)自动识读而获取二维码中存放的数据。

2. EDI 技术

电子数据交换(electronic data interchange,EDI)是指按照同一规定的一套通用标准格式,将标准的经济信息通过通信网络传输在贸易伙伴的电子计算机系统之间进行数据交换和自动处理。由于使用 EDI 能有效地减少直到最终消除贸易过程中的纸面单证,因而 EDI 俗称为"无纸交易"。它是一种利用计算机进行商务处理的新方法。在物流供应链中,供货方、需求方与物流公司可通过 EDI 技术进行数据交换,以便制订运输计划。

3. GPS/GIS 技术

地理信息系统(geographic information system,GIS)技术可以有效地管理具有空间属性的各种资源环境信息,对资源环境管理和实践模式进行快速和重复的分析测试,便于制定决策,进行科学和政策的标准评价,而且可以有效地对多时期的资源环境状况及生产活动变化进行动态监测和分析比较,也可将数据收集、空间分析和决策过程综合为一个共同的信息流,明显地提高工作效率和经济效益,为解决资源环境问题及保障可持续发展提供技术支持。在物流行业中,GIS 技术广泛应用于物流中心选址、最佳配送路线的选择、车辆跟踪与导航、配送区域划分等,物流公司可以通过 GIS 技术收集多端信息,进行任务的分析。

全球定位系统(global positioning system,GPS)是一种使用卫星对物体进行准确定位的技术。如今的高精度 GPS,如我国的北斗全球定位系统,已实现在任意时刻、地球上任意一点都可以同时观测到 4 颗卫星,为用户提供导航、定位、授时等功能。在物流行业中,GPS 技术广泛应用于物流配送、动态调度、货物跟踪、路线优选等。

在物流的许多场合,GPS 和 GIS 技术联合使用,共同提供定位和导航功能。

4. 射频技术

较常见的射频技术应用为无线射频识别(radio frequency identification,RFID),常称为感应式电子晶片或近接卡、感应卡、非接触卡、电子标签、电子条码等。一般情况下,电子标签的作用类似于条码/二维码,而阅读器(扫描枪)通过无线方式和电子标签建立通信,获取标签中存放的物流相关信息和数据。RFID 的应用非常广泛,在物流的生产环节、仓储环节、运输环节、配送环节中都有应用。

5. 传感器技术

作为信息获取的重要手段,传感器技术、通信技术和计算机技术共同构成信息技术的三大支柱。在物流行业中广泛应用着各种传感器,以完成监控、监测、控制和追溯等各种物流功能和服务。通过这些传感器可以获得物流作业和运营过程中产生的数据与信息,是物流数据采集的重要途径。

6. 网络数据采集技术

网络数据采集技术基本上是利用垂直搜索引擎技术的网络蜘蛛(或数据采集机器人)、分词系统、任务与索引系统等技术进行综合运用而完成数据的收集。随着互联网技术的发展和网络海量信息的增长,网络数据/信息的获取与分拣成为一种越来越重要的数据采集方式。但是,随着人们对数据资源认识的深入以及个人隐私的重视,这种数据采集方式可能触碰法律界线甚至引起纠纷,必须谨慎对待。

二、物流数据融合技术

数据融合不是一个新概念,通过融合来自多个传感器的数据,可以实现比单传感器更完整、更准确的目标感知。物流数据来源丰富,种类多元,应用领域亦很广泛。对物流数据进行合理有效的融合处理与分析,对提高物流运行效率和执行准确度等都具有重要意义。如图 3-2 所示,一般地,物流数据融合有以下几个层面。

图 3-2 数据融合类型

1. 数据层融合

直接在采集到的原始数据层上进行的融合,即对各种传感器的原始测报数据经预处理或直接进行数据的综合与分析。数据层融合属于低层次的融合,一般是同类数据融合。如成像传感器中通过对包含某一像素的模糊图像进行图像处理来确认目标属性。当我们使用了多个图像传感器或多个声学传感器时,就可以使用直接数据融合来提升感知的准确度。直接数据融合涉及一些经典的估计方法,比如卡尔曼滤波。

2. 特征层融合

特征层融合属于中间层次的融合,它先对来自传感器的原始信息进行特征提取(特征可以是目标的边缘、方向、速度等),然后对特征信息进行综合分析和处理。特征层融合的优点在于实现了可观的信息压缩,有利于数据的传输和实时处理。由于所提取的特征常与决策分析有关,因而融合结果能最大限度地给出决策分析所需要的特征信息。特征层融合一般采用分布式或集中式的融合体系。

3. 决策层融合

决策层融合通过不同类型的传感器观测同一个目标,每个传感器在本地完成基本的处理,其中包括预处理、特征抽取、识别或判决,以建立对所观察目标的初步结论;然后通过关联处理进行决策层融合判决,最终获得联合推断结果。

随着数据采集技术的进步,物流也步入大数据时代。面向大数据的数据融合呈现出新的需求和技术挑战,数据的组合、整合和聚合将给物流业带来强大的生命力和充满想象的发展空间。

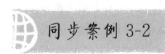

数据采集技术助力危险品物流数字化监管

大连集发南岸国际物流有限公司是辽宁港口集团全资子公司,是大连口岸危险货物进出口的后方堆场,担负整个地区的危险品货物、集装箱物流职能。危险品货物是具有易燃、易爆或具有强烈腐蚀性的化学物品,其生产、使用和存储的过程均涉及安全问题,必须保证危险品货物的物流仓储、运输、监管过程绝对安全。与普通货物不同,在危险品货物的操作和管理过程中,必须根据具体的货物特性,采取不同的安全管理措施,实施不同的运输、管理和操作工艺。为此,公司借助信息化手段,在生产、安全管理、客户服务方面,建立信息化管控体系;依据专业的危险品货物核心数据和技术文档,包括理化特性、性状、操作须知、包装、运输、仓储、作业工艺、主要危险、应急处置办法和历史作业数据,建立整个管理体系的数据基础;借助物联网软硬件,利用 GPS 技术、车载摄像头、车载传感器模块,实现危险货物车辆全程全方位实时数据采集,连接码头和场站危险品货物集装箱数据,打通船边、堆场、大门业务数据,实时跟踪、记录和管理所有业务点的操作数据;对危险品货物对应的化学品安全技术说明书(MSDS)电子化及在线提取,指导现场监管;在保证安全的大前提下,打造了一个以客户和货物为核心的全链条物流服务平台。

(资料来源:《中国物流与采购联合会企业案例》,见 http://www.chinawuliu.com.cn/xsyj/202103/16/543811.shtml。)

【思考】 案例中企业采用了哪些数据采集与融合技术?

第三节 物流标识与自动识别技术

物流标识就是对在物流过程中的物品进行身份或者操作标识。物流标识主要由物品编码技术、物流标志技术以及自动识别技术等构成。

一、物品编码技术

物品编码是指按一定规则对物品赋予计算机和人易于识别、处理的代码,是实现"物"数字化的重要基础,是实现物品自动识别、信息系统互联的一个必然前提。因此,我国于1988年成立中国物品编码中心,并加入国际物品编码组织。目前国际上一些主要的物品编码标准体系有:产品电子编码 EPC;商品条码,如 EAN-13/8、EAN-128 码等;二维码,如 QR 码、Code one 码、Code 16K 码等;动物编码、ebXML 编码;等等。

不同的编码有不同的用途。比如 EAN-13 码主要用于零售业,在我国推行的 EAN-128 码具有完整性、紧密性、联结性及高可靠度的特性,主要用于物流单元标识。QR 码在日本和韩国应用广泛,原本是为了在汽车制造厂便于追踪零件而设计,今日已广泛使用在各行各业的存货管理。随着手机功能日趋强大和普及,QR 码在我国的应用将非常广泛。

二、物流标志技术

物流标志技术是实现物品编码和对应的物品绑定的技术,是实现物流全过程中的数据一致性录入与高效交换的重要保障。通过有效的物流标志,可以大大增强机器辨识,同时方便人的识读。因此,需要对标志的尺寸规格、内容、粘贴/悬挂方式和位置,以及物品的包装方式进行规范。常见的物流标志技术主要有条码/二维码制作与粘贴、IC 卡/RFID 标签封装与嵌入、物品特征增强等。图 3-3 所示是一些常见的物流标志。

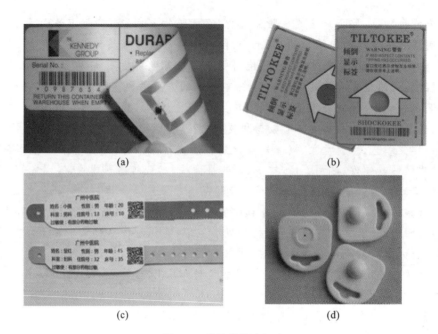

图 3-3 常见的物流标志

三、自动识别技术

自动识别技术(automatic identification technology,AIT)是20世纪70年代以来迅猛发展并得到广泛应用的一种自动数据采集技术。它应用一定的识别装置,通过被识别物品和识别装置之间的接近活动,迅速、准确地自动获取被识别物品的相关信息,并提供给后台的计算机处理系统来完成相关后续处理,大大降低了人工干预。

自动识别技术分为两大类,数据采集技术和特征提取技术。数据采集技术需要被识别物体具有特定的识别特征载体,比如条码、二维码、IC卡、磁条、RFID标签等;特征提取技术则直接根据被识别物体本身的行为特征(包括静态、动态和属性等特征)来完成数据的采集,如声音识别、指纹识别、虹膜识别、姿态识别等。目前,这些自动识别技术在物流中都有探索和应用,而应用较为广泛的是条码和射频识别技术,其特性比较见表3-1。

表 3-1 两种自动识别技术的比较

识别技术	信息载体	信息量	读/写性	抗干扰性	读取方式	寿命	成本	多标签识别
条码	纸、塑料、金属	小	只读	差	近距离、可视	一次性	低	不能
RFID	EEPROM	大	读/写	好	非可视	长	高	能

箱号自动识别技术

集装箱箱号识别

集装箱在现代物流中具有举足轻重的地位,90%的国际货运是采用集装箱运输的。集装箱箱号是集装箱的身份证号,在全球具有唯一性。在集装箱的运输、堆存中,集装箱箱号的识别是保障作业准确性的关键步骤。为提升集装箱箱号的识别准确度、可靠性和实时性,RFID、二维码以及机器视觉技术得到了快速发展和成功应用。2020年8月,深圳中集智能科技有限公司、交通运输部水运科学研究院、深圳市标准技术研究院、中铁铁龙集装箱物流股份有限公司等12家单位联合起草了"集装箱二维码"团体标准(T/SCA 001—2020),标志着我国集装箱箱号识别与数据采集技术发展到了新阶段。

(资料来源:全国团体标准信息平台。)

【思考】 为什么二维码可以加快集装箱箱号的识别?

第四节 物流设备/设施数字化

物流设备是实现物流功能的实体单元,物流设施则是满足物流组织与管理需要的、具有综合或单一功能的场所的统称。因此,物流设备/设施是构建物流系统、实现物流功能单元的硬件条件,也是物流数字化的主要对象。不同的设备/设施,不同的物流场景/作业需求,其数字化的需求和途径也有所区别。总体来讲,物流设备/设施既是工业产品,又是物流作业的工具/场景/系统。因此,可以从产品级、工具级和系统集成控制与交互级三个层面分析物流设备/设施的数字化。

一、物流设备数字化

物流设备门类、型号规格多,品种复杂。从完成的物流作业功能的角度,可以对物流设备做图 3-4 所示的分类。

作为机械电子产品,设计制造的数字化是物流设备产品数字化的重要途径。产品数字化设计制造利用数字模拟、仿真、干涉检查、CAE 等分析技术建立数字化产品模型,不可以改进和完善产品设计方案,大幅提高产品开发效率和质量,而且为产品质量的追溯和全生命周期的维护奠定坚实基础。如图 3-5 所示,自动化立体仓库的主要设备——巷道式堆垛机的数字化设计平台,为堆垛机的数字化建模及产品数据管理创造了条件。

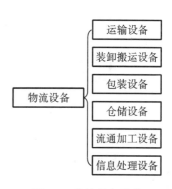

图 3-4 物流设备分类

物流装备的数字化设计实现了装备的产品级数字化建模。其中所形成的 BOM,为产品的物料供应及生产制造的数字化提供了支持,为产品质量溯源创造了条件。

在产品级数字化模型的基础上,可以提取产品的功能特征、参数、制造商等信息,通过物流感知和标识等技术,建立物流装备的身份,获取物流装备的状态,从而实现对物流装备的工具级数字化。通过工具级数字化,形成物流装备的标识,不仅可以为物流装备的销售数字化提供支持,也可以方便用户安装、使用和维护该物流装备。同时,物流装备的工具级数字化,也将为物流作业的数字化奠定坚实基础。

图 3-6 描述了物流装备数字化及其相关环节。

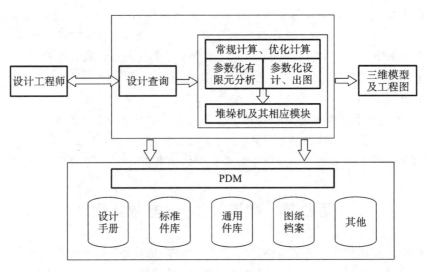

图 3-5　数字化平台构建方案

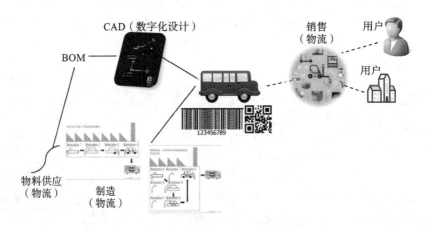

图 3-6　物流装备数字化

二、物流设施数字化

1. 物流设施

广义地认为物流设施可分为节点设施、线路设施以及功能辅助设施。节点设施是最为主要的物流设施。物流功能要素中的包装、装卸、保管、分货、配货、流通加工等要素在节点设施完成。按照节点提供的作用不同,节点设施可分为三大类:以存放货物为主要职能的存储节点设施,如储备仓库、营业仓库等;以连接不同运输方式为主要职能的转运节点设施,如车站、港口、空港等;以组织物资在系统中运动为主要职能的流通节点设施,如配送中心、分发中心等。线路设施连接各个节点设施,为货物的流通提供基础运输服务。按照运载方式不同,线路设施可分为航道设施、公路设施、铁路设施等。功能辅助设施主要包括基础网络通信设施、信息管理平台设施等。其为在线路设施和节点设施进行的物流作业活动提供功能辅助支持。节点设施、线路设施和功能辅助设施三者有机协作,共同完成物流运作。其典型的功能拓扑如图3-7所示。

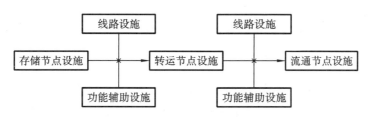

图 3-7　物流设施功能拓扑

2. 物流设施数字化

作为具有综合或单一功能的场所或组织,物流设施汇聚了若干物流设备等实体单元,有序协同完成某一物流任务。因此物流设备的数字化是物流设施数字化的基础。另外,物流设施的数字化还需要从整体的角度展示系统集成、控制和交互,即系统级数字化。

根据物流设施的特点,在系统级数字化层面,需要表示设施内各单元实体的布局、物流流程/规范、环境状态,并对外展示该设施的整体身份和功能特征,如图3-8所示。

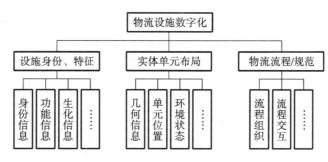

图 3-8　物流设施数字化

在图3-8中,实体单元布局的数字化,可以在设施布局规划时产生,也可以通过环境扫描装置或者环境监控数据处理获得。物流流程/规范的数字化,是对设施物流服务的定义,对设施的物流服务能力、效率、规范性和质量有重要影响。设施身份和功能特征,就是设施对外服务的接口。

第五节　物流作业数字化

一、物流作业

物流作业是实现物的移动和转移的重要过程,比如在仓库、港口、园区等场景中的搬运作业、进出作业等,以及货物的在途运输。因此,物流作业的对象是"物",即货物。在物流作业的过程中,需要保证"货-运载单元(容器)-作业工具"的适配与关联,同时会伴随货物状态的转移、更新和校验。可见,物流作业数字化是实现物流全过程、全要素数字化的关键一环,需要尽力避免作业过程中数据断链和出错,导致物流和信息流的不一致。

物流作业参与者包括货物、容器、设备和设施环境等。在物流设备和设施数字化的基础上,货物及容器的数字化,以及货物-容器-作业工具的数字化关联,就是实现物流作业数字化的关键。

二、物流容器数字化

1. 物流容器

物流容器即物流作业过程中用来盛放货物的常用器具,采用合理的容器,可以使物流作业如储存、搬运、装卸、分拣、运输等变得简便、规范、高效,而且可以大大减小货物的破损。容器还是物流作业标准化和信息化的重要载体。在物流业长期实践中,不断发展形成了丰富多样、方便实用的容器系列,如周转箱、托盘和集装箱等,如图3-9所示。

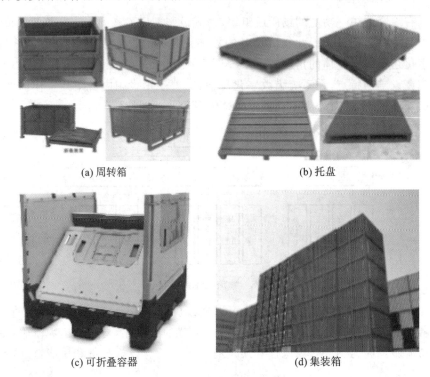

(a) 周转箱 (b) 托盘

(c) 可折叠容器 (d) 集装箱

图3-9 常见的物流容器

2. 物流容器的数字化

根据物流容器的特点和用途,容器的数字化主要有身份信息、尺寸和材料信息等,在一些特殊应用场景,还需要增加位置和温湿度等传感感知信息。采用的数字化手段主要有条码(EAN-128)、RFID标签(EPC码)、二维码等。随着智能集装箱的研发和应用推广,基于物联网(GPS/GIS、RFID、无线传感等)的智能集装箱已经在冷链、危化等物流领域得到应用。图3-10为实现集装箱数字化的智能集装箱系统网络图。

物流容器数字化可以由制造商、用户或者第三方来实施。对于主要用于内部物流的容器,如周转箱,通常是用户根据内部物流的需求,进行数字化。对于参与社会物流或者物流全链条的容器,比如托盘和集装箱,在容器产品出厂时就已经做好了数字化,比如安装好RFID标签、智能传感节点或者喷涂二维码(箱号)。随着托盘和集装箱等物流容器租赁运营的日益普及,由第三方负责运营与管理的物流容器数字化方式也日益成熟。

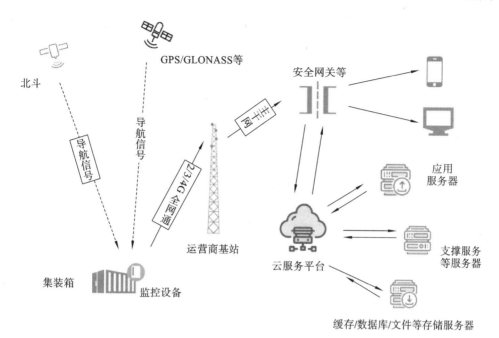

图 3-10 智能集装箱系统网络图

三、货物数字化

货物是一个大概念,货物的品种成千上万,属性多样,管理主体众多,而且物流运行过程也十分复杂。如何真正建立起"货物"的信息资源系统,实现全社会的信息交换、资源共享,一直是各界关注的焦点,也是一个需要不断探索的难题。

为了应对不同的工业场景和社会应用领域的需要,诞生了一些有效的物品编码体系。如 HS 编码(即海关编码),全称为《商品名称及编码协调制度的国际公约》,是系统的、多用途的国际贸易商品分类体系。它除了用于海关税则和贸易统计外,对运输商品的计费、统计、计算机数据传递、国际贸易单证简化以及普遍优惠制税号的利用等方面,都提供了一套可使用的国际贸易商品分类体系。而药品电子监管码(drug electronic supervision code)针对药品在生产及流通过程中的状态监管需求,为每件药品赋予唯一的标识。依托药品电子监管码,在国家药监网平台上可以查询和追溯产品从生产出厂、流通、运输、储存直至配送的状态。图 3-11 所示为我国药品电子监管码标识样例。

在物流过程中,为便于运输、储存和搬运等作业,货物的数字化也可以通过包装方式实现,如包装箱、快递盒等,主要采用系列货运包装箱代码(serial shipping container code, SSCC)进行编码和标识。SSCC 采用 UCC/EAN-128 条码表示,可以赋予每个物流单元唯一的身份标识。在图 3-12 所示的标签中,SSCC 标签段即为该货物的物流单元标签。

四、分拣作业数字化

分拣作业是指依据顾客订货要求或配送中心送货计划,迅速、准确地将

RFID 分拣技术

图 3-11　药品电子监管码标识样例

图 3-12　包含供应商、客户和承运商区段的标签

商品从储位或其他区域拣出,并按照一定方式进行分类、集中,等待配装送货的作业过程。在分拣过程中,货物和储位、物流单元之间发生了分离、移动和重组,需要通过数字化手段辨识和记录这个过程,实现物流与信息流的一致和同步。图 3-13 所示是一个基于 RFID 电子标签的货物分拣系统的工作流程。在该系统中,RFID 电子标签不仅实现了货物的数字化标识,而且通过 RFID 射频读写器获取标签的信息,可以识别货物,并根据货物信息操控分拣道口的辊子浮出和转向,进而控制货物的走向,实现货物分拣。最后,系统再控制 RFID 读写器确认货物信息,并写入目标物流单元中,实现货物和新的物流单元的绑定,完成对物流数据的更新。

五、运输作业数字化

货物运输过程中,货物会发生时空的变化,并引起货物其他状态参数如温湿度等的变化。与此同时,该运输还会涉及运输单元、运载工具、运输参与单位及运输执行者等。在运输全过程中,记录好这些信息,对于货物的追踪溯源和物流过程状态的监管十分重要。而这些正是运输数字化的主要内容。

随着物联网的发展,对货物运输过程实施实时监控成为可能,货物运输智能化监控系统应运而生。对货物进行监控,需要收集货物信息,常用手段是在货物包装上贴上能够采集各

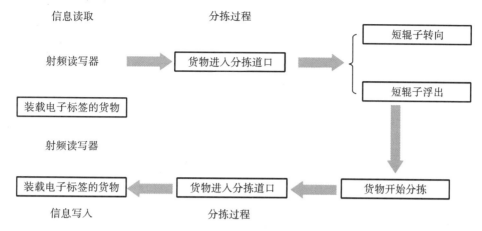

图 3-13 基于电子标签的数字化货物分拣系统

种参数的智能化电子标签来进行货物信息的采集,以便在货物运输过程中能够针对参数的变化实时向监控中心发出信号来进行应急处理。

货物智能化监控系统的整体架构如图 3-14 所示,由三部分组成:智能化电子标签节点通过节点上附带的传感器采集货物包装上的各种信息,并把该信息通过无线网络传送到无线接收节点;车载终端通过无线接收节点接收智能化电子标签传送过来的信息,并把该信息显示在带有操作系统的 LCD 屏幕上,以供司机直观地了解货物的各种状态;互联网终端通过车载终端的 GPRS 接收车载终端发送过来的货物信息和 GPS 定位信息,以供监控中心人员参考。

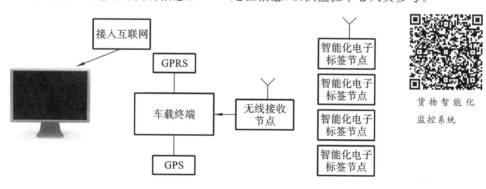

图 3-14 货物智能化监控系统

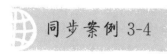

冷链物流数字化

图 3-15 是某生鲜食品冷链数字化平台架构。该平台基于区块链技术构建,分为数据层、资源层、合约层、应用层、业务层。冷链数据层主要利用区块链技术对生鲜食品加工、储存及运输过程中的相关数据进行采集,在生鲜食品运输和仓储过程中,使用 RFID 技术完成数据采集。技术资源层包括数据库服务器、Web 服务器、接口服务器及应用服务器等,服务器通过 OS、4G/5G、Zigbee、Wi-Fi 等数据传

冷链物流

输方式将数据层中的关键数据,如温湿度信息、车辆监控信息等传输到服务器节点中,形成相互关联的链式数据库。在智能合约层中,通过区块链智能合约编写设计面向冷链相关企业和消费者的数据接口,链上数据包括加工信息、仓储信息、质量信息、交易信息等,根据不同产品类型,对生鲜食品的保质期、运输里程、环境温度等设立标准阈值,智能合约装置在超过设定的阈值时报警,消除冷链物流过程中存在的食品安全隐患。数据应用层为冷链物流涉及的相关方提供数据接口,打破信息壁垒实现数据共享。

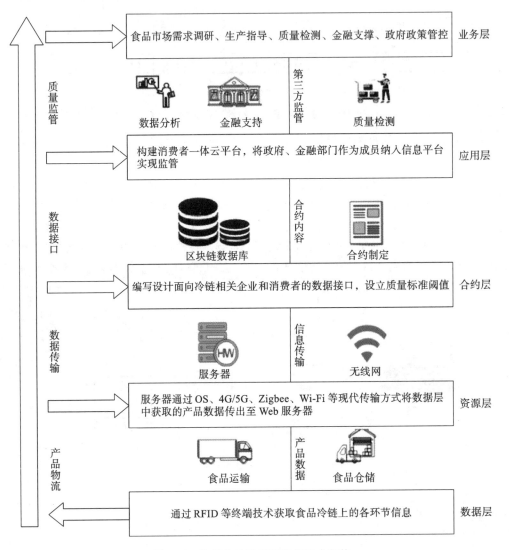

图 3-15 生鲜食品冷链数字化平台架构

【思考】 该案例生鲜冷链中如何实现物流作业数字化?

第六节 物流运营数字化

物流运营通过集成和整合各种物流业务,为供应链上下游客户提供优质高效的物流服务,并获取经济效益。物流设备/设施、作业单元的数字化,为物流运营奠定了坚实的数字化基础。在此基础上,通过高效的数字化业务界面,以及基于云-边-端的数字化集成技术,为物流运营的决策、计划、执行、监控、反馈等全过程提供数字化支持。在数字化技术的支撑下,物流企业将更方便地统筹仓储、运输、装卸/搬运、配送等业务流程,收集和监控业务数据和市场数据,根据实时需求进行动态运营决策,以快速应对多样化、个性化的物流需求,并保障物流链的高效绿色。

安能物流

一、仓储运营数字化

图 3-16 是某仓储企业的数字化运营图。该仓库在条码、RFID 和视觉技术的支持下,有效地实现了货物、容器、设备,以及订单处理、装卸搬运、存取、拣选、出入库、理货等作业环节的数字化,数据和设备在仓储管理软件 WMS 和仓储控制软件 WCS 的统一管理、分析和控制下运行,保障了仓储环境下物流和数据流的一致性和可追溯性。在整个仓储物流服务过程中,系统以实际订单为驱动,结合基于业务数据的订单预测,对仓储资源配置、订单生产顺序、商品拣货顺序、装车顺序、分拣顺序、投递路径等进行优化和调度,最终实现企业的数字化运营。

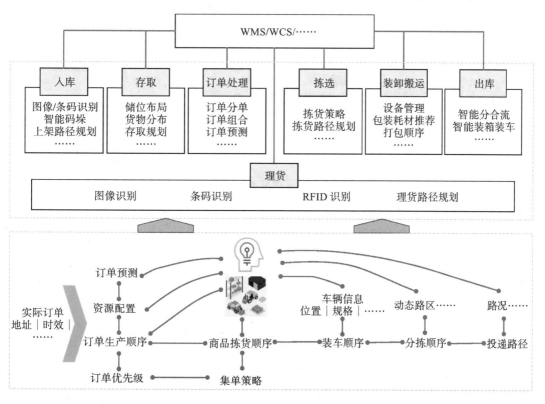

图 3-16 仓储数字化运营

二、运储配运营数字化

运输、仓储、配送是物流服务的三种典型业务。为进一步降低物流成本,提高物流服务能力,不少物流企业都尝试开展运储配一体化的物流服务。图 3-17 所示为在数字化技术的支持下的运储配一体化运营。从图 3-17 中可以看出,数字化的运输系统可以实现运输车辆调度、路径规划和车货匹配,对运输的掌控更加精准安全。数字化的仓储系统可以实现库存的精细化管理,分拣策略更为高效。数字化的配送可以支持预约配送和动态推荐。与此同时,运储配送资源可以在大数据和云计算的支持下,通过需求监测和智能预警,实现全链条资源的优化配置和生产能力的协同,通过以储代运,以储代配,实现生产节拍的动态编排,提升企业整体的服务能力和水平。

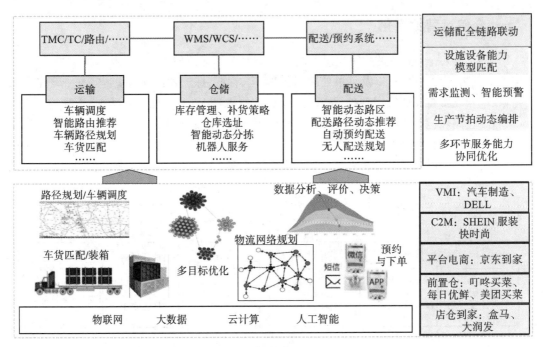

图 3-17　运储配运营数字化

当前,在制造领域,汽车制造 VMI 服务商、服装快时尚领域的 SHEIN 等,都在尝试运储配的数字化运营,以便在大幅降低物流服务成本的同时,强化对市场前端的快速精准感知和敏捷响应能力。在电商领域,新涌现出来的平台电商京东到家、盒马等店仓型新零售企业,以及叮咚买菜、美团买菜等生鲜电商企业,都加快了数字化运储配体系的建设,极大地提升了企业的竞争力。

第七节　物流数字化评价指标

物流数字化不是单一技术路径,而是一项覆盖技术赋能、经济模式变革、社会约束、基础设施支撑的系统工程,即物流数字化转型水平及能力需要从技术、经济、社会、制度各个维度综合评价。基于以上认识,物流数字化评价指标体系涵盖技术、经济、社会、制度四大维度。物流数字化评价指标包括数字化技术投入、数字化技术赋能、产品服务迭代、客户体验创新、商业模式创新、战略决策创新、数字化供应链创新、平台系统能力创新、人才团队建设、数据治理、可持续发展、数字化基础设施和数字经济新管理制度在内的 13 项指标。

一、技术维度

技术维度是指数字化技术对物流企业的赋能程度和能力。

1. 数字化技术投入

数字化技术在物流企业的整体投入水平,数字化支出占主营业务收入的比重。

2. 数字化技术赋能

基于云的数字化 IT 架构程度,调整的难易度,数字层、平台层和物理层的数据打通和反馈程度;云计算、大数据、人工智能、移动化、物联网、区块链等数字化技术的应用程度、渗透力、深度,以及未来新一代信息技术的潜力应用场景和可能性。

二、经济维度

经济维度是指物流企业在数字化浪潮下,经济模式的变革程度。首先是以产品服务迭代、客户体验创新、商业模式创新为代表的新业态创新;其次是以战略决策创新、数字化供应链创新为代表的新管理创新;最后是以平台系统能力创新为代表的新组织创新。

1. 新业态创新

产品服务迭代:在对产品和服务进行数字化管理的基础上,赋予其数字化特性,丰富数字化产品和服务,以提供方式和渠道。

客户体验创新:客户体验更便捷化、人性化、数字化、智能化、多样化;产品的全生命周期管理(PLM)为用户提供更多触点的数字内容。

商业模式创新:通过创新更多的盈利方式、渠道和客户关系,改变物流企业的价值创造的基本逻辑,不断提升顾客价值和企业竞争力。

2. 新管理创新

战略决策创新:明确将数字化作为重要战略实施,确定数字化技术对长信商业模式和运用模式的驱动,明确数字化目标、投入、计划、组织、变革管理和绩效指标。

数字化供应链创新:基于数字化平台,构建数字化供应链网络,通过数字化技术完成从采购到交付的端到端的数据信息传送,持续优化创新设计、新品测试、库存优化、物流透明、质量追溯、服务延伸,改进内外部仓储和物流网络,优化和创新供应链结构和生态关系,实时分析,并持续性实时改进优化。

3. 新组织创新

平台系统能力创新:企业从平台战略出发,构建内外创新生态系统,对外构建完整合适的外部资本、技术和技能等生态关系,支持业务模式的创新和运营的改善,具备事业共建、利益共享的外部多边合作关系,持续创新动力来源于生态环境洞察和反馈。

三、社会维度

物流企业受社会约束的程度以及其破解这些约束的能力和水平,包括数字化人才团队的建设能力、数据治理能力和可持续发展能力。

1. 人才团队建设

数字化人才团队应具备快速学习迭代能力,能快速定位和获取转型所需技能和知识,快速自适应变化、快速交互,实现以数据驱动。

2. 数据治理

能确保数据存储、传输和使用安全,注重数据隐私,优化数据标准的管理,提升数据合法性、合规性,提升数据质量,减少系统资源浪费。

3. 可持续发展

物流企业运营可持续,符合科技时代浪潮,产品服务的全供应链透明化、绿色化,在产品降低能耗、减塑化方面有显著成效。

四、制度维度

新型社会基础设施对物流行业的支撑力度,包括数字化基础设施(如5G、通信设施等)对行业的影响和颠覆作用、拥有行业特性的新型技术设施的建设程度和难度、基础社会制度(如产权等)对物流行业的支撑或制约程度。

1. 数字化基础设施

着眼未来,数字化基础设施已成为行业数字化转型发展的重要支撑,包括云平台、操作系统、开元平台、工业互联网等。

2. 数字经济新管理制度

底层的基础制度是保障,能够提高资源配置效率,推动转型进度。

综合案例

经国务院批准,中国物流集团有限公司于2021年12月6日正式成立。新组建的中国物流集团由原中国铁路物资集团与中国诚通控股集团物流板块的中国物资储运集团、华贸国际物流股份有限公司、中国物流股份有限公司、中国包装有限责任公司4家企业为基础整合而成。中国物流集团党委书记、董事长李洪凤表示:"中国物流集团应时代而生,是建设现代流通体系,服务构建新发展格局的迫切需要,是推动物流行业降本提质增效,保障产业链、供应链自主可控安全的迫切需要,也是加快国有资本布局优化和结构调整,引导国有资本向重要行业和关键领域集中的迫切需要。"2021年,是国企改革三年行动的攻坚之年,在这个关键的时间节点,中国铁物和中国诚通物流板块实施专业化整合,一方面显示出国企改革行动的持续推进,另一方面也体现了构建现代物流体系和稳固供应链的重要性。当前,我国物流业存在企业"小散弱"、物流效率不高等短板,而建设现代物流体系是构建新发展格局的重要抓手,因此推进中央企业物流业务专业化整合、打造综合物流国家队、致力于优化仓储网络布局、完善现代物流体系势在必行。可以预见,中国物流集团将着力推动物流板块高质量发展,力争在统筹推进现代流通体系建设、培育壮大具有国际竞争力的现代物流企业中发挥重要作用。

中国企业联合会研究员刘兴国在接受媒体采访时表示,从内外两方面来说,中国物流集团的成立,有助于聚集物流资源并优化资源配置,提升新组建企业的资产质量和资源利用效率,同时央企物流板块的专业化整合,将有助于提升物流行业集中度,规范优化物流行业发展秩序,促进物流行业技术进步,助力全行业提质增效发展。据相关统计,整合后的仓储面积总计近千万平方米,仓储资源既有露天堆场也有仓库,且仓储资源遍及全国和世界其他国家和地区,这一规模优势将在全球处于领先地位。不仅如此,中国物流集团的成立也将进一步提升组织能力。中国物流与采购联合会副会长蔡进在接受采访时强调:"目前中国物流领域存在的一个比较大的问题就是组织能力偏弱,处在单一物流业务的组织活动比较多,未来就是要通过中国物流集团这样的整合来实现单一的物流组织能力,向整体供应链的组织能力进一步转型升级。"中国企业研究院首席研究员李锦认为,中国物流集团的成立打造了综合物流国家队,将致力于优化仓储网络布局,完善现代物流体系。物流行业的央企专业化重组有助于优化大宗商品的仓储、物流网络布局,形成全链条的大宗商品仓储、物流体系,补上中国现代物流产业的一块短板。随着国内数字经济的不断发展,供应链服务和数字化转型或将成为中国物流集团发展的重要方向之一,从而为打造产业链条完整、综合实力强的现代物流企业奠定基础。李洪凤在中国物流集团成立大会上表示:"中国物流集团将始终坚持数字优企,集聚创新要素,推进产业数字化、数字产业化,共建共享物流大数据平台,发展流通新技术、新业态、新模式,助推产业转型升级。"在刘兴国看来,中国物流集团将对推进物流数字化具有两个方面的作用:一方面,专业化整合将原本分散化的物流业务有机整合在新的物流集团,这有助于为数字化技术在物流领域的深度应用提供更多场景;另一方面,借助专业化整合,实现了资源优化配置,可以对原本分散化资源的统筹调配运用,这无疑有助于增强新组建物流集团数字化技术应用能力和数字化技术提升能力,从而更好实现数字化技术与物流业务的融合应用。值得一提的是,在这一方向上,中储股份旗下网络货运平台中储智运作为全国首批"5A级网络货运平台企业",正在着力构建数字化供应链体系。中储智运利用区块链、云计算、大数据、物联网、人工智能等技术,以物流运力交易系统和数字化物流管理系统构成了核心的"智运"网络货运平台,并在此基础上逐步发展、构建了"智链"供应链综合服务平台、"智信"数字信用服务平台,从而形成物流服务、数据服务、金融服务、技术服务四大板块构成的数字物流与供应链生态圈。目前,中储智运开展关联性生态多元化建设,平台业务范围已覆盖全国所有省级行政区(港澳台地区除外),涵盖全国455个城市,拥有32000条运输线路。

党的十九大已经明确将物流基础设施与铁路、公路、水运、航空、电网等重大基础设施并列,物流设施地位提高,物流行业对保障国计民生的重要性增强。在此背景下,结合"新基建"的发展,中国物流集团将能够有效利用国有资本属性,从事物流设施设备平台投资,与高新产业中的ERP、MES、SCM等系统打通接口,形成数字化物流运营基础,从而实现制造供应链上下游各类物流资源统一调度。同时,整合的几大板块中也互有重合的地方,如能达成有效协作、调动存量资源,将实现一加一大于二的效果。需要关注的是,随着中国物流集团的成立,将对整合的几大板块业务的发展带来影响。如前文所述,供应链服务和数字化转型将成为相关企业整合发展的方向,其中,网络货运基于先进信息技术的应用,在构建数字化、智能化供应链方面具有得天独厚的优势,中国物流集团在今后的发展中也将为网络货运提供更大的发展空间。在这方面,中储智运显然具有得天独厚的先发优势。依托中储股份的优势资源,中储智运已经在数字化、智能化供应链建设上积累了丰富经验和成功实践,这将为中国物流集团发力构建现代化物流体系提供有力支持。面对全新的发展趋势,网络货运平台也面临新的要求,需要在技术创新、丰富平台功能、完善线上线下服务等维度实现进一步提升,满足行业发展的新需要。作为新兴业态的网络货运,凭借在打通供应链数据、提高运输效率、降低物流成本等方面的独特优势,将在新物流时代发挥更大价值。

(资料来源:央广网。)

【思考】

1. 中国物流数字化产业的前景如何?
2. 中国物流如何实现产业数字化?
3. 中国物流如何构建数字化价值高地?

本章小结

物流数字化是智慧物流系统的基础,也是数字经济时代产业数字化的重要领域。本章节首先介绍了物流系统数字化概念及主要方法,包括物流数字化建模、物流数据采集与融合、物流标识与自动识别等。通过分析物流设施、物流设备、物流容器与物流货物等物流实体的数字化特点和数字化途径,探讨典型物流作业与运营系统的数字化,进一步展示了物流数字化的特点、途径和发展空间。最后,分析了实施物流数字化的评价指标,多维度论述了影响物流数字化系统工程推进成效的因素。

练习与思考

1. 简述物流数字化的定义及内涵。
2. 简述物流数字化在智慧物流系统中的地位及作用。
3. 简述物流数字化与物流信息化的关系以及区别。
4. 结合某仓库,分析其数字化工作的内容,并从其作业和运营层面分析评价其数字化目标的差异。

第四章
物流系统网络通信技术

学习目标

了解网络通信的基本概念及关键技术;掌握智慧物流系统网络通信技术及架构;学习区块链的定义、特点和应用;了解当前流行的新型网络技术。

引入案例

在物流系统中,网络通信技术通过有线以及无线的信息网络,使处于物流状态的货物信息共享,实现了物流产业和其他产业的沟通和融合,满足了顾客的多元化需求。粤港合作供港蔬菜的电子化溯源覆盖全链条就是一个案例。其蔬菜配送物流公司都建立与配备了基于卫星定位技术、RFID 技术、传感技术等多种技术及相应的可视化网络系统,在物流活动过程中实时实现车辆定位、运输物品监控、在线调度与配送,实现了物流作业的透明化、可视化管理。通过 RFID 标签与数据库形成的"物联网"实现对供港蔬菜的自动化识别、判断和监管,可实现对供港蔬菜的溯源,实现对供港蔬菜从种植、用药、采摘、检验、运输、加工到出口申报等各环节的全过程监管,可快速、准确地确认供港蔬菜的来源和合法性,加快了查验速度、准确性和通关效率,实现快速通关。

(资料来源:信息化观察网。)

【思考】 在案例中网络通信技术有哪些?对物流服务的支撑作用如何?

第一节　物流系统的网络通信需求

现代物流越来越依赖计算机网络通信技术。物流的调度依赖于具有物流设备终端间信息交互与优异的智能协同算法。物流的信息分享依赖于成熟的智能可视化技术与高质量的网络通信技术。物流作业指令也需要高效的网络传输和监控。物流产品的跟踪和追溯依赖于日新月异的物联网技术和嵌入式通信技术。物流的平台一体化更依赖于各种高性能的分布式计算机系统。现代物流系统正变成网络通信技术驱动的大平台。

一、网络通信基础

1. 通信网络概念

网络通信是指通过网络将分散孤立的设备进行连接和信息交换,从而实现人与人、人与计算机、计算机与计算机之间的通信。可见网络是网络通信的基础设施。网络的类型很多,目前最常见的通信网络就是计算机网络。

根据其物理链路或者媒介的不同,通信网络可以分为无线网络和有线网络两大类。无线网络主要依靠有限的电磁波频率进行数据传输和通信,有线网络则通过有线介质传输数据。当前的主干网络大多采用有线(如光纤)通信,而对于难以布线或者需要移动的场景,则常采用无线通信。

根据区域范围,通信网络又可以分为局域网、广域网和互联网。

所谓局域网(local area network,LAN),就是在局部地区范围内的网络,它所覆盖的地区范围较小、用户数少、配置容易、连接速率高。局域网在国民经济各领域应用最为广泛。IEEE 的 802 标准委员会定义了多种主要的 LAN 网:以太网(Ethernet)、令牌环网(Token Ring)、光纤分布式接口网络(FDDI)、异步传输模式网(ATM)以及无线局域网(WLAN)。

广域网(wide area network,WAN)相对局域网而言,其覆盖范围更大更广。因此,构建广域网一般都需要架设或者租用专线。

互联网(Internet),又称国际网络,指的是网络与网络之间所串联成的庞大网络,这些网络以一组通用的协议相连,形成逻辑上的单一巨大国际网络。

网络的标准化是实现网络通信开放可拓展的重要保障。国际标准化组织(ISO)和国际电报电话咨询委员会(CCITT)于 1978 年共同推出了网络开放系统互联的七层参考模型(OSI模型),如图 4-1 所示。这是一种概念模型,将网络功能划分为 7 层。①物理层:将数据转换为可通过物理介质传送的电子信号,相当于邮局中的搬运工人。②数据链路层:决定访问网络介质的方式。在此层将数据分帧,并处理流控制。本层指定拓扑结构并提供硬件寻址,相当于邮局中的装拆箱工人。③网络层:数据在大型网络中路由使用权,相当于邮局中的排序工人。④传输层:提供终端到终端的可靠连接,相当于公司中跑邮局的送信职员。⑤会话层:允许用户使用简单易记的名称建立连接,相当于公司中收寄信、写信封与拆信封的秘书。⑥表示层:协商数据交换格式,相当公司中简报老板、替老板写信的助理。⑦应用层:用户的应用程序和网络之间的接口。

2. 通信网络协议

网络协议是网络通信的语言,它规定了通信时信息必须采用的格式和这些格式的意义,是网上设备正确连接、可靠通信并具有开放性的关键。在计算机网络发展过程中,出现了非常多的网络协议。目前最常用的协议就是 TCP/IP 协议,具有实现成本低、在多平台间通信安全可靠以及可路由性好等优势,成为 Internet 中的标准协议。在此基础上又构建了 TCP/IP 网络模型,如图 4-2 所示。

图 4-2 中 PPP、Ethernet 是网际接口层协议,IP、ICMP 和 ARP 是网络层协议。其中 IP 协议是 TCP/IP 协议的子协议,是因特网互联协议(Internet Protocol),它主要提供无连接数

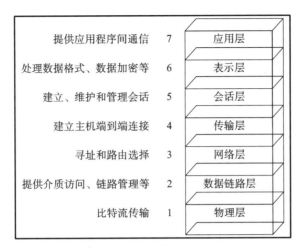

图 4-1 OSI 网络概念模型

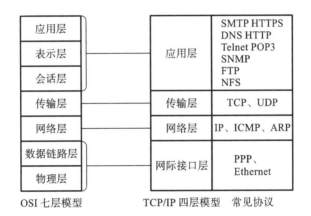

图 4-2 网络概念模型及主要协议

据报传输、数据报路由选择和差错控制等功能。在传输层,有 TCP、UDP 等协议。其中 TCP 协议也是 TCP/IP 协议的子协议,是一种传输控制协议(transmission control protocol)。TCP 协议是一种面向连接的、可靠的、基于字节流的通信协议。在应用层,有 HTTPS、Telnet、DNS、POP3、FTP 等协议。其中 HTTP 协议即超文本传输协议(hyper text transfer protocol,HTTP),是 TCP/IP 协议的一个子协议,它指定了客户端可能发送给服务器什么样的消息以及得到什么样的响应。在 HTTP 的基础之上,通过增加传输加密和身份认证,以保证传输过程的安全性,就形成了 HTTPS 协议(hyper text transfer protocol over secure socket layer)。HTTP 极大推动了 Web 服务和 3W 万维网的发展。

3. 网络拓扑

网络拓扑是指通信网络的组织结构,用以描述网上各设备间的连接的物理布局和方式,而不关心具体的节点大小、位置和连接介质等细节。典型的网络拓扑结构主要有星形结构、环形结构、总线结构、混合拓扑结构、分布式结构等。

(1) 星形结构是指各工作站以星形方式连接成网。网络有中央节点,其他节点(工作站、服务器)都与中央节点直接相连,这种结构以中央节点为中心,因此又称为集中式网络。

它具有如下特点:结构简单,便于管理;控制简单,便于建网;网络延迟时间较小,传输误差较低。但缺点也很明显:成本高、可靠性较低、资源共享能力也较差。

(2) 环形结构由网络中若干节点通过点到点的链路首尾相连形成一个闭合的环,这种结构使公共传输电缆组成环形连接,数据在环路中沿着一个方向在各个节点间传输,信息从一个节点传到另一个节点。这种结构的路由控制简单,但传输响应时间延长、不便于扩充、可靠性低、维护困难。

(3) 总线结构是指各工作站和服务器均挂在一条总线上,各工作站地位平等,无中心节点控制,公用总线上的信息多以基带形式串行传递,其传递方向总是从发送信息的节点开始向两端扩散,如同广播电台发射的信息一样,因此又称广播式计算机网络。这种结构比较简单,易于扩充,但是其传输速率会受到用户数的影响,而且维护比较困难。

(4) 混合拓扑结构是由星形结构或环形结构和总线结构结合在一起的网络结构,这样的拓扑结构更能满足较大网络的拓展,解决星形网络在传输距离上的局限,同时又解决了总线网络在连接用户数量上的限制。这种方式灵活性好,扩充方便,但可能会受到总线的制约。

(5) 分布式结构的网络是将分布在不同地点的计算机通过线路互连起来的一种网络形式,具有如下特点:由于采用分散控制,即使整个网络中的某个局部出现故障,也不会影响全网的操作,因而具有很高的可靠性;网中的路径选择最短路径算法,故网上延迟时间少,传输速率高,但路径选择和流向控制与管理复杂;各个节点间均可以直接建立数据链路,信息流程最短;便于全网范围内的资源共享。此外,这种结构的连接线路用电缆长,造价高。

网络的拓扑结构需要根据具体的应用需求及环境条件进行规划,并通过网络拓扑管理软件进行管理。

二、物流系统网络通信

1. 智慧物流系统框架

智慧物流系统一般具有四层结构:感知层、传输层、服务层、应用层,如图 4-3 所示。

(1) 感知层。感知层主要负责对物流场景中环境与作业设备的状态及作业过程进行数据采集和处理。感知层包含不同类型标识器与传感器,如 RFID、条码/二维码枪、GPS 位置传感器、振动传感器、温度传感器、湿度传感器、气体感应器,以及无线传感器网络,这些传感和标识装置可能是独立布设,也可能是物流装备系统(如 AGV、码垛机、传送带、运输车辆等)内集成的。

(2) 传输层。传输层连接智慧物流系统的感知层和服务层,以实现两层间设备与系统的数据和指令的传输和通信。传输层由网络实现,包括自建的内部局域网和公共网络。

(3) 服务层。服务层构建了包括日常管理、情景管理、监控等的服务接口,以供应用层调用。服务层的接口主要以中间件形式实现,以提升系统的开放性,方便系统的移植和维护。

(4) 应用层。应用层是指智慧物流系统的各种物流场景功能,对应不同的物流服务需求。应用层对接不同的物流用户,收集他们的物流服务需求或者指令,如物流订单、物流查询、物流咨询等,对物流作业与运营进行管理与控制。因此,应用层也是物流系统主要的数

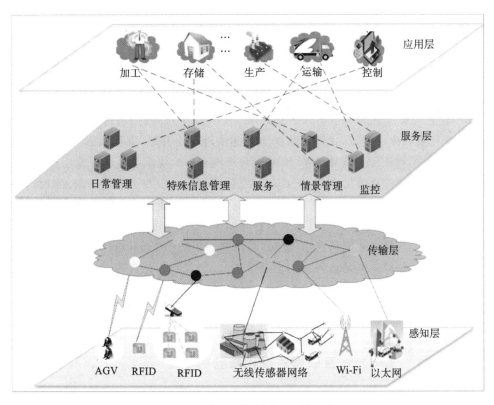

图 4-3 典型的智慧物流系统架构

据来源。

2. 网络通信需求与特点

从图 4-3 可以看出,网络通信是智慧物流系统的关键技术成员,它建立了各层间及层内部的联系和通信,支撑着感知层、服务层和应用层的各种操作和功能。由于物流活动的参与方多,来源广泛,且涉及时空大跨度的物流作业,各参与方都对物流状态数据十分关心,对物流数据的采集、处理与传输有很高的要求。另外,物流活动涉及环节多,涉及运输、储存、包装、装卸、流通加工、配送等各种作业场景,人、机、物交互频繁,对物流数据的准确性、一致性和实时性都有很高要求。此外,在智慧物流背景下,物流数据成为物流智慧化的生产力,大数据特征越来越明显。因此,网络通信已经成为智慧物流系统的基础设施,并且其联通范围、通信能力和通信质量还在不断进化提升,以满足智慧物流快速发展的需求。

总体而言,智慧物流系统的网络通信需求具有如下特征。

(1) 网络拓扑复杂。物流作业环节多,涉及人、机、物等多种不同功能和特征的对象,物流作业场景多样,对网络化通信能力的要求也各不相同。因此,单一的拓扑结构难以适应全物流链网络通信需求。物流系统的网络拓扑结构必然是一种开放型混合多网络集成结构。

(2) 物物相联。货物(产品、商品)的流动,是物流活动的基本内容。物流和信息流的一体化是现代物流的重要特色,人、机、物都被赋予了身份(标识),物物相联成为物流现代化的重要工作。在智慧物流场景中,万物互联不再是愿景,而是一种现实需求。

(3) 连接方式多样。在物流场景中,有固定设备作业,更有移动作业。比如手持扫描枪、移动 AGV、容器，以及运输车辆等。因此，它们的联网和通信方式，可以是有线连接或者无线连接；既可以是读写方式，也可以是路由方式；既可以是持续联网，也可以是随机连接。

（4）数据信用需求高。物流是真实的工业商业活动，其服务涉及上下游众多的客户，因此物流数据的真实度和安全性要求非常高。这不仅仅要求物流数据的采集准确可靠，而且要求对物流数据的处理与传输必须安全和可追溯。

（5）模块化和标准化需求迫切。物流服务具有客户多元性、需求随机动态性、作业时变性、服务个性化宜人化等特点，物流的数据表现为多源动态异构，对网络通信提出了非常高的要求。为了保障物流服务质量水平，同时提升物流服务的规模效益和开放可拓展性，模块化和标准化一直是物流业界追求的目标，在物流系统网络通信方面也是如此。因此，在构建物流网络通信设施时，必须遵循相关的标准规范。这也是智能物流网发展的重要理念。

（6）云-边-端协同。随着计算机和网络技术日益强大，物流的设备设施更加智能，但同时对物流数据处理和作业控制的需求也越来越严格。因此，云-边-端协同将是智慧物流的重要结构。面向智慧物流的网络通信结构也必然是云-边-端有机结合的一体化结构。

同步案例 4-1

互联网对现代物流的推动

万里运业股份有限公司是河南省一家提供道路旅客运输、第三方物流和物流信息技术服务的上市公司和全国 4A 级物流企业，在郑州和许昌拥有两家大型物流园，以物流园为中心，在河南境内设有物流网点 190 多个，开通多条物流专线，物流网络覆盖河南全境及周边省市。公司积极应对"互联网＋"挑战，从 2012 年开始研制万里物流云，先后打造"运输管理系统""GPS 智能监控管理系统""订单管理系统""物流交易平台"，大大提升了公司干线物流运输和园区管理能力，物流效率大幅上升，成为传统物流企业拥抱互联网的成功典范。

（资料来源：http://www.chinawanlitrans.com/。）

【思考】 网络通信技术的进步如何影响物流业务？

第二节　物联网技术

物联网（internet of things，IoT）又称为"万物互联的互联网"，是在互联网基础上延伸和扩展的网络，将各种信息传感设备与网络结合起来，形成一个巨大网络，实现任何时间、任何地点，人、机、物的互联互通。物联网技术是新兴 IT 技术的重要组成部分，也是现代物流，特别是智慧物流的重要支撑技术之一。

一、物联网基本概念

物联网概念最早出现在比尔·盖茨 1995 年《未来之路》一书，在《未来之路》中，比尔·盖茨已经提及物联网概念，只是当时受限于无线网络、硬件及传感设备的发展，并未引起世人的重视。1998 年，美国麻省理工学院创造性地提出了当时被称作 EPC（electronic product code，即电子产品编码）系统的"物联网"的构想。1999年，美国Auto-ID首先提出"物联网"的概念：把所有物品通过射频识别等信息传感设备与互联网连接起来，实现智能化识别和管理。该概念主要是建立在物品编码、RFID技术和互联网的基础上。

过去在中国，物联网被称为传感网。中国科学院早在1999年就启动了传感网的研究，并已取得了一些科研成果，建立了一些适用的传感网。同年，在美国召开的移动计算和网络国际会议提出了"传感网是下一个世纪人类面临的又一个发展机遇"。2009年8月，时任国务院总理的温家宝在无锡发出了"感知中国"的畅想，物联网开始走入大众视野，并正式列为国家五大新兴战略性产业之一，写入"政府工作报告"。

随着研究的进展和技术的进步，物联网的概念也在不断更新，不同的行业对物联网的理解也不完全一致。在本书中，我们采用这样的定义：物联网是通过射频识别、红外传感器、全球定位系统、激光扫描器等传感设备，按约定的协议，把任何物品与互联网相连接，进行信息交换和通信，以实现对物品的智能化识别、定位、跟踪、监控和管理的一种网络。

二、物联网的主要特点

依据物联网的定义，物联网技术主要有如下基本特征。

1. 全面感知

物联网拥有大量射频识别、二维码、智能传感器等感知设备，这些装置可以近距离和目标物品贴合，赋予物品身份标识，并感知获取物品的各类信息，如状态、位置、时间。

2. 可靠传递

物联网具有强大的组网能力，并且可以和互联网连接，可以将物流领域的感知设备通过各种无线和/或有线、长距离和/或短距离通信网络实现互联互通（M2M），将物体的信息实时准确地传递出去。

3. 智能处理

物联网可以利用云计算、网格计算、模糊识别等智能计算技术，对感知数据进行分析和处理，并对目标物体实施智能化的控制，从而提供安全可控乃至个性化的实时在线监测、定位追溯、报警联动、调度指挥、预案管理、远程控制、安全防范、远程维保、在线升级、统计报表、决策支持等管理和服务功能。

三、物联网的关键技术

1. 射频识别技术

射频识别技术（radio frequency identification，RFID），利用无线射频方式进行非接触双向数据通信。一个典型的RFID系统由一个阅读器和很多标签组成。每个标签具有扩展词条唯一的电子编码，附着在物体上标识目标对象，并通过天线将射频信息传递给阅读器，阅读器再通过网络进行信息的传输。正是RFID技术使得物品具有了身份标识和上网通信的能力。

2. 无线传感器网络

无线传感器网络（wireless sensor networks，WSN）通过无线通信技术把众多传感器节点以自组织方式联网。构成传感器节点的单元分别为数据采集单元(即微型传感器)、数据传输单元、数据处理单元以及能量供应单元。

传感器网络技术集成实现了数据的采集、处理和传输三种功能,可以方便地近距离安放在被检测对象周围,多维度感知目标对象,并实现网络化的交互。因此,无线传感器网络是实现物联网的关键技术之一。

3. 网络通信技术

网络通信是物联网的关键技术之一,有无线和有线组网两种形式。无线组网技术又分为近程通信技术及广域通信技术,其中近程通信主要包括 Zigbee、Wi-Fi、蓝牙等,具有功耗低、成本低、速率低、容量高的特性;广域通信则针对物联网环境中 M2M 远距离通信需求,其中低功率广域网(LPWAN)应用日益广泛,主要有 NB-IoT 和 LoRa。表 4-1 列出了 Zigbee、NB-IoT 以及 LoRa 三种组网方式的特点。

表 4-1 三种组网方式的对比

广域网	NB-IOT	LoRa	Zigbee
组网方式	基于现有蜂窝组网	基于 LoRa 网关	基于 Zigbee 网关
网络部署方式	节点	节点+网关(网关部署位置要求较高,需要考虑因素多)	节点+网关
传输距离	远距离(可达十几千米,一般情况下 10 km 以上)	远距离(可达十几千米,城市 1~2 km,郊区可达 20 km)	短距离(10~100 m 级别)
单网接入节点容量	约 20 万	约 6 万,实际与网关信道数量、节点发包频率、数据包大小等有关。一般有 500~5000 个	理论 6 万多个,一般情况 200~500 个
电池续航	理论约 10 年/AA 电池	理论约 10 年/AA 电池	理论约 2 年/AA 电池
成本	模块 5~10 $,未来目标降到 1 $	模块约 5 $	模块 1~2 $
频段	License 频段,运营商频段	Unlicense 频段,Sub-GHZ(433、868、915 MHz 等)	Unlicense 频段,2.4 G
传输速度	理论 160~250 kb/s,实际一般小于 100 kb/s,受限低速通信接口 UART	0.3~50 kb/s	理论 250 kb/s,实际一般小于 100 kb/s,受限低速通信接口 UART
网络时延	6~10 s	TBD	不到 1 s
适合领域	户外场景,LPWAN;大面积传感器应用	户外场景,LPWAN;大面积传感器应用;可搭私有网络、蜂窝网络覆盖不到的地方	常见于户内场景,户外也有 LPLAN;小范围传感器应用;可搭建私有网络

4. 智能技术

在物联网节点中植入智能算法，可以使得节点具备一定的智能性，能够主动或被动地实现与物联网其他节点的沟通与交互，以及对节点数据的处理。另外，物联网环境中数据来源广泛，数据量大，对大数据的仓储、处理和传输需求非常高。因此，基于大数据、云计算和人工智能的智能技术也是物联网的关键技术之一。

四、物联网技术在物流方面的应用

物联网技术已经深入现代物流的方方面面，这里仅结合仓储、运输两个方面做简要说明。

1. 物流仓储方面

在传统的仓储中，人工检货、登记和盘点等仓储管理工作效率低下。将 RFID、条码、二维码，以及传感器网络等物联网技术应用于现代仓储中，形成智能仓储管理系统，能提高仓储作业效率、扩大存储的容量、减少人工的劳动力强度及人工成本，且能实时显示、监控货物进出情况，提高交货准确率，准确完成盘点调拨、拣货出库及整个系统的数据查询、备份、统计、报表生产、报表管理等任务，如图 4-4 所示。

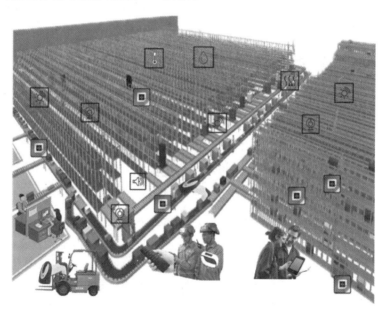

图 4-4 物联网在仓储中的应用

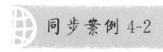

基于 RFID 智能仓储管理系统（图 4-5）是将标签附在被标记物（货架、托盘、货箱以及货物）的表面或内部，并在叉车/堆垛机、传输带、分拣作业位等位置设置读写器，当被标记物进入读写器识别范围内时，读写器自动无接触读写标签，经系统分析识别后进行相应的作业。系统包含自动出库、自动入库、自动盘库、自动周转等子系统。一个仓储系统中可以有成千甚至数万个标签，数十个读写器（扫描枪）。

智慧物流

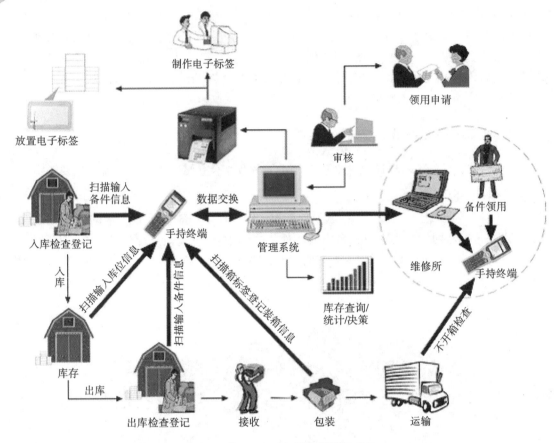

图 4-5 基于 RFID 智能仓储管理系统

【思考】 运用 RFID 技术的主要优缺点是什么？

2. 物流运输方面

有关定位技术的介绍

在物流运输过程中，常常采用物联网 RFID、GPS 和无线通信等技术。它们可以对运输车辆以及货物进行实时监控，包括定位跟踪，监测货物的状态及温湿度等情况；还可以监测运输车辆的状态，包括胎温胎压、油量油耗，以及车速、刹车次数等驾驶行为和驾驶员状态。在物流运输过程中全面收集货物、车辆、司机甚至道路等信息，有助于全面监控物流运输状态、保障运输安全、提高运输效率和准点率、降低运输成本和货物耗损。

定位技术有多种实现方式，应用较为广泛的有 LBS、GPS、UWB 等。

第三节 工业互联网

工业互联网（industrial internet）是新一代信息通信技术与工业经济深度融合的新型基础设施、应用模式和工业生态，通过对人、机、物、系统的全面连接，构建起覆盖全产业链、全价值链的全新制造和服务体系，为工业产业数字化、网络化、智能化发展提供了实现途径，是智慧物流的重要支撑。

一、工业互联网基本概念

工业互联网概念自2012年被提出以来,发生了深刻的变化。它不仅仅是互联网在工业领域的简单拓展,还具有更为丰富的内涵和外延。

与消费互联网相比,工业互联网有着诸多本质不同。一是连接对象不同。消费互联网主要连接人,场景相对简单。工业互联网连接人、机、物、系统以及全产业链、全价值链,连接数量和类型远超消费互联网,场景更为复杂。二是技术要求不同。工业互联网直接连接工业生产,涉及工业数据量大、类型多、维度大、属性多元,要求数据分析与处理更精准高效,传输与储存可靠性更高、安全性更强、时延更低。三是用户属性不同。消费互联网面向大众用户,用户共性需求强,但专业化程度相对较低。工业互联网面向千行百业,必须与各行业各领域技术、知识、经验、痛点紧密结合。四是安全性要求不同。工业互联网直达生产一线,联网设备的爆发式增长,使网络攻击面持续扩大,破坏性严重。上述特点决定了工业互联网的多元性、海量性、专业性、时效性、安全性、复杂性更为突出。

概括地说,工业互联网将设备、产品、生产线、车间、工厂、供应商和客户紧密地连接起来,能有效实现信息和资源的跨区域、跨行业组网共享,推动整个工业体系的智能化,驱动业务流程和生产服务模式的创新,为客户提供更优质的产品或服务。它以网络为基础、平台为中枢、数据为要素、安全为保障。

二、工业互联网架构

工业互联网包含了网络、平台、数据、安全四大技术体系,其互联网架构主要分为网络层(IaaS层、边缘层)、平台层、应用层(如图4-6所示)。

1. 网络层是基础

工业互联网网络层包括网络互联、数据互通和标识解析三部分。网络互联实现要素之间的数据传输,包括企业外网、企业内网。典型技术包括传统的工业总线、工业以太网以及创新的时间敏感网络(TSN)等各种网络技术。企业外网根据工业高性能、高可靠、高灵活、高安全网络需求进行建设,用于连接企业各地机构、上下游企业、用户和产品。企业内网用于连接企业内人员、机器、材料、环境、系统,主要包含信息(IT)网络和业务(OT)网络。当前,内网技术发展呈现三个特征:IT和OT正走向融合;工业现场总线向工业以太网演进;工业无线技术加速发展。数据互通是通过对数据进行标准化描述和统一建模,实现工业要素之间传输信息的相互理解。数据互通涉及数据传输、数据语义语法等不同层面。标识解析体系实现工业要素的标记、管理和定位,由标识编码、标识解析系统和标识数据服务组成,通过为物料、机器、产品等物理资源和工序、软件、模型、数据等虚拟资源分配标识编码,实现物理实体和虚拟对象的逻辑定位和信息查询,支撑跨企业、跨地区、跨行业的数据共享共用。我国标识解析体系包括五大节点:国际根节点、国家顶级节点、二级节点、企业节点和递归节点。其中,国际根节点是各类国际解析体系跨境解析的关键节点;国家顶级节点是我国工业互联网标识解析体系的关键枢纽;二级节点是面向特定行业或者多个行业提供标识解析公共服务的节点;企业节点是提供企业内部的标识编码分配、标识解析服务的节点;递归节点

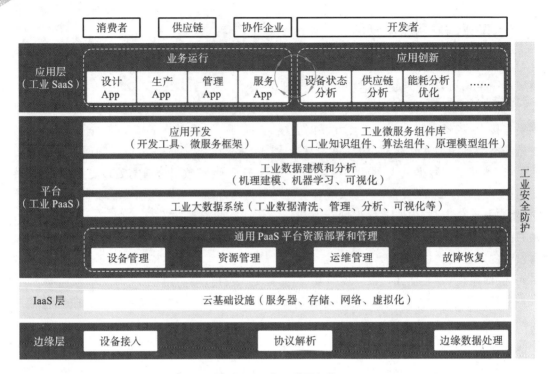

图 4-6 工业互联网架构

是通过缓存等技术手段提升整体服务性能、加快解析速率的公共服务节点。标识解析应用按照载体类型可分为静态标识应用和主动标识应用。其中，静态标识应用以一维码、二维码、射频识别码（RFID）、近场通信标识（NFC）等作为载体，需要借助扫码枪、手机 App 等读写终端触发标识解析过程；主动标识应用是通过在芯片、通信模组、终端中嵌入标识，主动通过网络向解析节点发送解析请求。

2. 平台层是中枢

工业互联网平台体系包括边缘层、IaaS、PaaS 和 SaaS 四个层级，相当于工业互联网的"操作系统"，有四个主要作用。一是数据汇聚。网络层面采集的多源、异构、海量数据，传输至工业互联网平台，为深度分析和应用提供基础。二是建模分析。提供大数据、人工智能分析的算法模型和仿真工具，结合数字孪生、工业智能等技术，对海量数据挖掘分析，实现数据驱动的科学决策和智能应用。三是知识复用。将工业经验知识转化为平台上的模型库、知识库，并通过工业微服务组件方式，方便二次开发和重复调用，加速共性能力沉淀和普及。四是应用创新。面向研发设计、设备管理、企业运营、资源调度等场景，提供各类工业 App、云化软件，帮助企业提质增效。

3. 应用层是牵引

应用层包括工业生产业务及其运维保障，涉及"研产供销服"各环节，"人机料法环"各要素，ERP、MES、PLC 等各系统。而工业生产千行百业，业务千差万别，每个模型、算法背后都需要长期积累和专业深耕。因此，工业场景具有非常丰富的源源不断的数字化、智能化驱动力，不断推进工业互联网平台化建设，促进信息技术（IT）与业务技术（OT）的融合。

三、工业互联网在物流业发展中的应用

工业互联网在物流业的应用也是全方位的,并且还在持续不断地深化。首先,工业互联网加快了物流业数字化、网络化和智能化进程。在工业互联网支持下,各种物流资源可以更便捷地接入网络,物流数据可以更适时准确采集,物流业务可以更精准调度、监控,云计算、大数据和人工智能快速进入,智慧物流步入快车道。其次,"工业互联网"催生物流服务新模式。在工业互联网支持下,新零售正成为一种新业态,线上线下多渠道客户-企业对接成为一种常态,客户对服务质量的要求越来越高,这给物流的创新发展带来契机,也对传统物流提出了挑战。

工业互联网促进制造与物流融合发展

COSMOPlat

海尔集团基于家电制造业的多年实践经验,推出工业互联网平台COSMOPlat,平台架构见图4-7。COSMOPlat平台打通交互定制、开放研发、数字营销、模块采购、智能生产、智慧物流、智慧服务等业务环节,通过智能化系统使用户持续、深度参与到产品设计研发、生产制造、物流配送、迭代升级等环节,形成以用户为中心的大规模定制化生产模式,实现需求实时响应、全程实时可视和资源无缝对接。

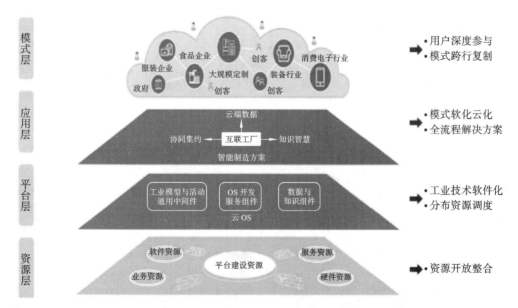

图4-7 COSMOPlat工业互联网平台

(资料来源:《26个最经典的工业互联网+人工智能案例》,见 https://cloud.tencent.com/developer/article/1182280。)

【思考】 工业互联网如何促进制造与物流的融合发展?

第四节 移动通信与5G

移动通信(mobile communication)是移动体之间的通信,或移动体与固定体之间的通信。移动通信从诞生之日起,就在商业和军事等领域展示了巨大的应用潜力。如今,移动通信技术不断创新升级,成功跨越了四个阶段,进入5G时代,成为工业互联网的关键技术之一,也是智慧物流的重要支撑技术。

一、移动通信技术概述

自20世纪70年代贝尔实验室提出"蜂窝网络"概念以来,移动通信技术几乎每十年经历一次升级,至今已经发展到第五代(表4-2)。

表4-2 1G~5G技术参数对比

通信技术	典型频段	传输速率	关键技术	技术标准	提供服务
1G	800/900 MHz	约2.4 kb/s	FDMA、模拟语音调制、蜂窝结构组网	NMT、AMPS等	模拟语音业务
2G	900 MHz 与 1800 MHz GSM900 890~900 MHz	约64 kb/s GSM900 上行/下行速率 2.7/9.6 kb/s	CDMA、TDMA	GSM、CDMA	数字语音传输
3G	WCDMA 上行/下行 1940~1955 MHz/ 2130~2145 MHz	一般在几百kb/s以上,125 kb/s~2 Mb/s	多址技术、Rake接收技术、Turbe编码及RS卷积编码等	CDMA2000(电信)、TD-CDMA(移动)、WCDMA(联通)	同时传送声音及数据信息
4G	TD-LTE 上行/下行: 555~2575 MHz; 2300~2320 MHz FDD-LTE 上行/下行: 1755~1765 MHz; 1850~1860 MHz	2 Mb/s~1 Gb/s	OFDM、SC-FDMA、MIMO	LTE、LTE-A、WiMax等	快速传输数据音频、视频、图像
5G	Sub6 GHz,包括n1/n3/n28/n41/n77/n78/n79	10~20 Gb/s	NSA&SA组网方式	Release-15	自动驾驶、远程医疗等实时应用

第一代移动通信技术(1G)是模拟蜂窝移动通信网,主要采用模拟技术和频分多址(FDMA)技术,提供移动通话业务。

第二代移动通信技术(2G)是窄带数字移动通信网络,主要采用窄带时分多址技术(TDMA)和 GSM 标准。除语音传输业务外,2G 还提供低速数据传输(短信消息)。

第三代移动通信技术(3G)是宽带移动多媒体通信网络,主要采用以宽带 CDMA 技术为主。3G 时代的最大特点是移动终端的智能化,并实现了移动通信和互联网技术的结合,提供中高速数据和多媒体服务。移动互联网从此开始走进人们的日常生活。

第四代移动通信技术即现在普及的 4G 网络,采用 OFDM 正交频分复用技术、软件无线电技术、智能无线技术和 MIMO 技术,集 3G 与 WLAN 于一体,实现了全 IP 化的无线网络宽带化。

如今,第五代移动通信技术 5G 网络已经进入商用,将会成为新一代高性能移动互联网。

二、5G 的特点

为应对日益增长的移动互联需求,5G 从增强型移动宽带(eMBB)、超可靠低时延通信(URLLC)和海量机器类通信(mMTC)三个方面进行了大量技术创新。5G 主要的技术特点包括如下方面。

(1) 超密集异构网络。在室内和热点地区,将采用减小小区半径,增加低功率节点数量的方式,构建大量灵活的、密集的、异构的网络部署,满足 1000 倍的流量需求。

(2) D2D 与 M2M。D2D 即设备到设备通信,是一种近距离数据直接传输技术,具有较高的数据传输速率、较低的时延和较低的功耗。M2M 即机器到机器通信技术。5G 可以根据应用需求,灵活选用,以减轻基站压力,提高频谱利用率。

(3) 内容分发网络和信息中心网络。为应对日益增加的用户音视频和流媒体服务需求,5G 采用内容分发网络(CDN)和信息中心网络(ICN)管理信息的分发、查找和传递,以便提升服务质量。

(4) 高频毫米波传输与大规模天线阵列。为拓展频谱资源,5G 采用高频段(毫米波),引入 3D 天线阵列(最多可达 128 根天线),使得基站在高速、短距离通信与网络覆盖方面得到大幅提升。

(5) 新型的网络架构。5G 采用扁平化网络架构,采用集中化处理、协作式无线电和实时云计算构架的 C-RAN 绿色无线接入网构架,运用软件定义网络(software defined network,SDN)和网络功能虚拟化(network functions virtualization,NFV)技术构建智能网络,以减小干扰,降低功耗,提升频谱效率,同时便于维护,减少运营支出。

在应用和用户体验方面,5G 表现出如下特征。

(1) 高速率超带宽。单个基站的峰值速率是 10~20 Gb/s,用户体验速率可达 1 Gb/s,已经超越了超高清视频通信和虚拟现实(virtual reality,VR)应用的带宽需求。

(2) 海量设备通信。5G 采用网络自动化技术全新的服务化架构,支持灵活部署和差异化业务场景,具备百万连接/平方千米的设备连接能力,可以实现散布在物理世界每个角落的海量网联设备全生命周期的通信与管理,实现万物互联。

(3) 超可靠和低时延。5G 网络的响应时延是 1 ms 甚至更低,降低空口传输时延、网络转发时延及重传概率,以满足极低的时延和极大的可靠性。这满足了在工业自动化、无人驾驶等领域实时控制的需要,以及在全国范围内多路 VR 控制和大规模 VR 交互设备操控的

（4）低功耗。相比于 4G，5G 设备的功耗降低到 1/100，使得物联设备可长期使用而无须充电。

（5）高可移动性。5G 可以满足 500 km/h 的移动设备的联网需求，可以获得高质量的通信服务。这为物流场景中 AGV、无人驾驶货车的通信联网提供了技术保障。

三、5G 在现代物流中的应用

随着 5G 的大规模商业应用，5G 技术正在各行各业加速落地实践，以打破这些领域数字化、自动化和智慧化进程中在通信速率、时延和海量数据方面的瓶颈，如图 4-8 所示。在物流领域，围绕智慧物流的需求，5G 技术也展现出了美好的应用前景。

5G 如何改变物流行业

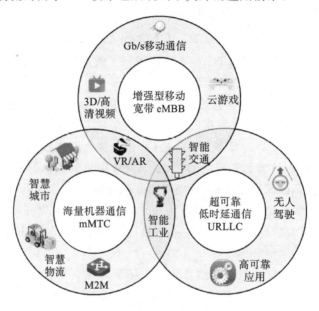

图 4-8　5G 技术及其应用场景

1. 推进增强现实（augmented reality，AR）在物流中的应用

在整个物流行业中，AR 应用正成为热点。仓储作业的难点是对货物的分拣和复核，AR 技术可让理货员在 AR 的环境中使用相应的提示快速找到相关的货物位置，快速完成拣选操作，工程师可使用 AR 技术查看仓库立体布局来完成仓储的设计。运输过程使用 AR 技术可为后台数据运算提供相应的支撑，同时运输人员也可以使用 AR 技术来优化相关运输物品的载额和装载顺序使运输更加高效、准确。配送环节使用 AR 技术可以使配送路线最优化，同时能够实时地显示当前运输线路的路况状况。如图 4-9 所示，5G 可以提供高带宽而且稳定的网络通信，从而为 AR 高效能视觉应用提供通信和算力保障。

2. 提升物流数据平台的处理能力和计算速度

一方面，5G 高带宽、高速率的网络特性使得基于大数据和云计算的"云物流"架构更加高效实用；另一方面，5G 可以为新一代的物流计算方案提供边缘计算的高速通信，物流的所有移动节点能够将数据的计算、存储、缓存等置于终端的网络边缘，然后边缘性服务器再和

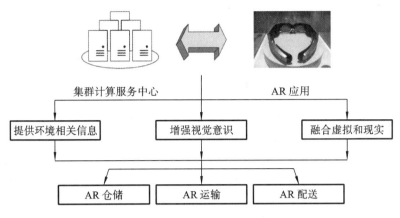

图 4-9 基于 5G 的物流 AR 技术应用

云计算数据进行同步。这种云-边协同的方式,相当于构建了一个分布式的物流数据计算平台,使得后续的工作更加高效快捷。

3. 为区块链的应用提供网络保障

区块链技术可以真实可靠地记录整个物流传递过程中产生的相关信息,而 5G 技术优势可以保证整个信息过程中的时效性,提升整体效率,从而提升物流数据的真实性和可信任性。

4. 更流畅实时的工业级物流监控

物流监控系统总体上由终端数据采集、数据库存储管理和分析、查询与监控平台等模块组成,如图 4-10 所示。而工业级物流监控系统的终端设备数量大、监控参数多、监控实时性和可视化要求高,需要网络环境具有海量接入和易于拓展等能力。5G 的 eMBB 和 mMTC 能力可以为工业级物流监控保驾护航。

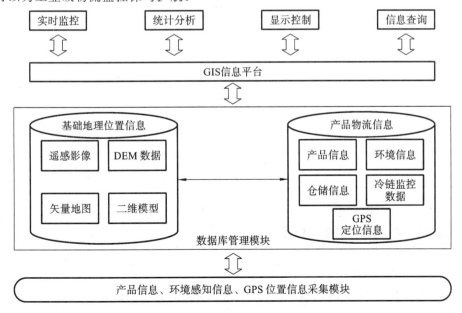

图 4-10 基于 5G 的物流工业级监控功能框架

5. 推进全自动化物流运输

物流运输全自动化控制，如物流货车的自动驾驶和编队行驶等，依赖无人驾驶技术和车联网技术。海量的车辆状态和环境感知数据、道路环境状态数据，以及准确实时的车路协同控制，需要交付车辆驾驶系统实时处理，并与远程控制中心的控制决策与调度指令汇合，形成车辆控制指令。因此，系统十分依赖网络的性能。5G 的低时延和高带宽特性，可以使物流运输系统突破非视距感知和数据即时共享的技术瓶颈，推进自动驾驶和智能驾驶的商业化。

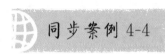

5G 智慧物流应用场景

2020 年 6 月 8 日，中国移动、华为、昆船集团和倍福（中国）四方联合在昆明举办"5G 智慧物流成果"发布会，重磅发布《5G 智慧物流应用场景与解决方案白皮书》，并宣布携手打造全国首个 5G 全场景智慧物流新装备孵化基地。5G 智慧物流，就是要基于 5G 通信低时延、高带宽、大容量的技术优势，以及无线蜂窝网络特有的高可靠、高安全、广覆盖能力，将工厂车间、物流园区的人-机-料、点-线-场进行数字化、无线化改造，以便利用大数据、IoT、AR、AI 等新兴技术，在信息化、自动化基础上打造数字化、智能化方案，提高物流系统分析决策和执行效率，整合物流资源，融入工艺与流程，确保生产节拍精准而高效，从而进一步促进柔性智能制造。"白皮书"从应用场景、网络架构、建网要求、专网保障、终端选型、业务可靠性等维度全方位介绍了四方在 5G 智慧物流领域的深入研究和成功实践。

（资料来源：《"5G 智慧物流"应用场景白皮书发布，5G 行业应用驶入纵深》，见 https://www.sohu.com/a/400749565_124852。）

【思考】 5G 主要贴合了智慧物流的哪些技术需求？

第五节 区 块 链

区块链本质上是建立在互联网上的去中心化的开放性分布式数据库，是为解决网络通信信任问题的网络协议。它依靠分布式数据存储、点对点传输、共识机制、加密算法实现对网络数据的存储、验证、传递和交流，是互联网环境下解决信任和价值传递难题的颠覆性创新技术。因此，区块链技术受到了广泛的关注，并被认为是智慧物流中解决信息交换的完整性、可靠性和高透明度的关键技术。

一、区块链的基本结构与技术

1. 区块链的基本结构

区块链是数字经济世界中用来"价值表示"及"价值转移"的技术，它就像一枚硬币，一面表示加密数字货币或通证，另一面表示进行价值转移的分布式账本与去中心化网络。

区块链结构如图 4-11 所示,主要由数据层、网络层、共识层、激励层、合约层和应用层组成。数据层封装底层数据区块以及相关的数据加密和时间戳等技术;网络层则包括分布式组网机制、数据传播机制和数据验证机制等;共识层主要封装网络节点的各类共识算法;激励层将经济因素集成到区块链技术体系中来,主要包括经济激励的发行机制和分配机制等;合约层主要封装各类脚本、算法和智能合约,是区块链可编程特性的基础;应用层则封装区块链的各种应用场景和案例。其中,基于时间戳的链式区块结构、分布式节点的共识机制、基于共识的经济激励和灵活可编程的智能合约是区块链技术最具代表性的创新点。

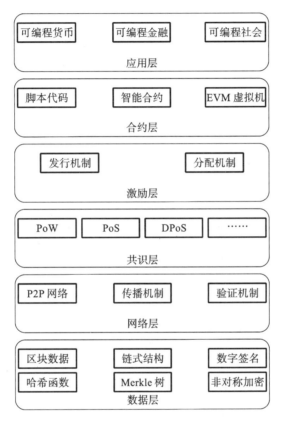

图 4-11 区块链结构

2. 区块链的关键技术

(1) 分布式账本。分布式账本是一种在网络成员之间进行信息共享、信息复制和信息同步的数据库,交易记账由各个网络的参与者共同完成。这种技术可以减少因调节不同账本产生的时间和成本开支。

(2) 共识机制。共识机制是为解决"拜占庭将军问题",防止网络中节点作恶而设计的算法。全部记账节点之间如何达成共识,如何判定一个记录的真实性和有效性,是共识机制需要解决的问题。

(3) 加密技术。区块链中采用了很多密码学技术,包括哈希算法、对称加密、非对称加密、数字签名等,以保证数据可信、不被篡改、不被非法窃取。比如在区块链中,各个账户信息是高度私密的,身份信息的访问需要数据拥有者的授权才可以进行,可以采取非对称加密方法。

(4) 智能合约。1995年,尼克·萨博首次提出了智能合约概念,它是一套以数字形式定义的承诺(promises),包括合约参与方可以在上面执行这些承诺的协议。在没有第三方的情况下,智能合约允许可跟踪且不可逆转的可靠交易。

二、区块链的分类

区块链按照开放程度分为三类:公有区块链、私有区块链以及联盟区块链。

1. 公有区块链(public block chains)

公有区块链产生时间最早,且应用也最为广泛。开放和透明的公有链,使得世界上的任何个人或团体都可以在其上进行交易,所有节点共同参与记录。所以,公有链的去中心化性质最强,其典型代表为比特币。

2. 私有区块链(private block chains)

私有区块链相对封闭,它被某个机构或者组织所控制,记账权并不公开,区块链上信息的读写、记账规则、权限全部由该组织根据自身需求设置。

3. 联盟区块链(consortium block chains)

联盟区块链又称联合(行业)区块链,其开放程度介于公有链与私有链之间。它由某一个群体内部选定的多个预选节点进行记账,每个区块的产生由所有预选节点共同决定,节点的进入和退出必须由所有预选节点同意。正是由于其多中心化的特点,保留了公有链与私有链各自的优势。中国目前大力提倡发展联盟链来作为金融行业和企业的技术解决方案。

三、区块链技术的特点

1. 去中心化

区块链是由众多节点共同组成的权利和义务均等的端到端网络,不存在中心化的设备和管理机构。区块链数据的验证、记账、存储、维护和传输都不是基于中心机构,而是利用数学算法实现。去中心化使网络中的各节点之间能够自由连接,进行数据、资产、信息等的交换。

2. 自治性

区块链节点间基于一套共识机制,通过竞争计算来共同维护整个区块链。这种基于协商一致的规范和协议,使得整个系统中的所有节点能够在去信任的环境自由安全地交换数据,任何人为的干预不起作用。

3. 高可靠性

区块链的结构和加密机制保证区块链上的信息不被篡改,除非能控制超过51%的节点同时被修改。由于每一个区块都是与前续区块通过密码学证明的方式链接在一起的,当区块链达到一定的长度后,要修改某个历史区块中的交易内容就必须将该区块之前的所有区块的交易记录及密码学证明进行重构。这保障了交易的可靠性。

4. 开放性

区块链具有源代码开源性，即网络中设定的共识机制、规则都可以通过一致的、开源的源代码进行验证。任何人都可以加入（公开链），或者通过受控方式加入（联盟链）。区块链中的所有数据信息是公开的，每一笔交易都会通过广播方式让所有节点可见。当然，区块链上的所有信息都是被加密的。

5. 匿名性

由于节点之间的交换遵循固定的算法，其数据交互是无须信任的，区块链中的程序规则会自行判断活动是否有效，因此，交易对手无须公开身份。交易的匿名进行，也有利于信用的累积。

6. 高效性

区块链通过节点之间共享分布式存储的数据，信息只须录入一次，消除了传统业务网络中的重复记录和对账工作，也有利于对数据的快速查询和检索。

四、区块链技术发展面临的挑战

目前，区块链技术正借助其"自治""可信""匿名"等特点向各行各业渗透。但是，区块链的发展还面临着科学技术、政策法律等方面的挑战。

1. 挑战一：可扩展性问题

理想的区块链系统应该具备可扩展性、无中心性和安全性三种属性，但是，目前的区块链发展领域中，一个区块链系统想要完全获得这些属性是不现实的。例如，在以太坊平台中，每秒只能处理约15笔交易，这个数据完全无法与京东、淘宝等电商平台每秒百万以上的交易吞吐量相比。因此，在确保可信的前提下，提高区块链系统的交易吞吐量对于区块链技术的研究而言还有很长的路要走。

2. 挑战二：互操作性问题

可信特性是区块链技术的一个重要特征。但目前绝大多数的区块链项目使用了不同的平台、编译语言、协议、共识机制及隐私保护方案。因此，如何将这些结构不同的区块链链接起来，减少"信息孤岛"效应，同样是区块链技术面临的挑战。

3. 挑战三：监管问题

区块链的去中心化性质导致其在网络监管方面存在劣势。自比特币诞生以来，洗钱、非法交易等金融市场欺诈行为现象频频发生。在保持区块链"自治"优势的基础上，将其融入现代网络监管体系是区块链未来发展的必由之路。

五、区块链技术在物流领域的应用

区块链应用在物流领域还不多，但是区块链技术已受到物流业界的广泛关注。随着区块链研究的深入和技术的成熟，区块链技术在物流领域应用涉及范围和前景将会越来越广阔。区块链技术在物流领域潜在应用主要有以下方面。

延伸阅读

1. 构建物流信息平台

物流信息平台在现代物流企业中都受到了高度重视。但是由于种种原因,物流企业之间的信息往往不能共享,"信息孤岛"现象普遍存在,造成物流过程中的信息传递受阻,虚假信息充斥,信息泄露现象严重,信用成本高。企业每年要花费大量的人力物力,通过繁杂耗时重复的手续完成物流作业,整个物流系统显得臃肿低效,时效性低。

运用区块链技术后,物流的整个生产、运输、仓储、销售的信息都会真实地记录下来,不能被篡改,物流供应链上下游可以通过智能合约共享信息,信息的一致性和可信度大幅提升,从而有效避免了信息盲区和"信息孤岛"情况。当信息传递及时有效,整个物流系统在信息透明的情况下开展工作,物流效率将大幅提升,交易成本将大幅降低。

2. 产品溯源

产品安全,特别是食品安全,一直是困扰我国社会的痛点问题。不法商家利用供应链信息不透明、不共享的漏洞,生产假冒伪劣的产品,在生产过程中偷工减料,欺瞒消费者。尽管相关部门已经采取相关措施打假,运用物联网技术防伪,但是这些行为仍然屡禁不止。

将区块链技术运用到食品生产、加工、包装、运输、销售等环节中,将整个物流过程中参与者的信息进行实时记录、上传和播报,杜绝了交易信息被恶意篡改的可能性,让供应链的上下游企业、监管机构能够实时掌握产品动态。比如,在冷链物流过程中,在区块链技术的加持下,生鲜产品在冷链运输过程中经过的节点,产品的温度、湿度、质量、装卸搬运和存在的微生物等具体的情况都会根据时间的先后顺序记录在区块链中。消费者在购买时,扫描二维码,就可以知晓产品的真实信息,杜绝了假冒产品以次充好、以假乱真的可能性,实现了全供应链上信息透明可追溯。同时,当产品出现问题时,根据区块链中的数据信息,可以找出出现问题的环节和部门并进行追责,避免责任推诿、无人负责的情况出现。

3. 物流智能合约

在进行物流活动时,经常有交易行为发生,比如当货物达到终点站时,买家会和物流企业进行相关的支付活动,以及跟供应链的上下游签订相应的合同保证物流过程顺利进行,但是这样的方式存在签订双方拖延交易甚至拒绝付款的风险,从而出现坏账的损失,而且以传统的方式,使用纸质单据需要运送、审核、加盖公章,效率低下,还会有审核人或者验证者主观臆断的现象产生,导致合同执行的效率不高。

将交易双方的协议和合同条件编程到区块链中去,利用区块链的智能合约和分布式记账原理,如果有一方没有达到合同的条件,就不会发生交易,能够及时止损,比如冷链物流过程中的温度、湿度控制不符合标准,则合同终止;如果顺利地按照合同的约定进行,到最终的环节结束,达到相应条件,则自动执行交易。由区块链监测合作协议的完成情况,区块链的不可篡改的特性保证了数字和信息的安全性,从而避免违约、抵赖行为的产生;运用数字化的验证,也提升了供应链运行的效率,减免了合同双方审核及纸质单据验证传递的成本和时间,既公平又及时有效。

4. 供应链金融

供应链金融是近几年发展起来的,通过供应链金融平台,供应链上下游的中小企业可以借助核心企业的公信力获得银行的贷款。供应链金融的兴起,在一定程度上缓解了中小企业融资难的问题。

基于区块链技术的供应链金融信息平台,将所有的供应链实体经济企业和银行等投资方整合到一起,实时监督和更新融资企业的每一笔交易,真实记录融资企业诚信、实力、会计、交易、有价值的质押抵押物等信息,构建一个健全和安全的征信平台。这样,平台就可以为银行核算企业是否达标时提供征信依据,有效解决供应链核心企业不愿提供信用背书的难题。同时,银行还可以通过平台历史记录智能调整企业融资余额,监管资金流向,通过智能合约实现按时还款和清算。银行对于中小企业的征信成本降低,可以大大提升中小企业获得融资的可能性,降低融资成本,从而促进供应链物流的发展。

同步案例 4-5

区块链助推物流、信息流、资金流"三流"合一

招商银行"物流链"项目通过两期迭代打通物流产业链(货主—物流企业—司机),实现B—B—C物流金融服务。一期打通物流企业到司机业务链,二期向上游延伸至货主。物流链以物流行业风控方案创新为初衷,搭建自有平台——物流云平台并设计平台内流通工具——物流券。通过对接物流企业运营后台和行内系统,校验每笔业务的真实性,再基于真实业务数据提供运费融资,定向将授信资金支付给运费最终使用方——司机。项目实现了物流企业货物流、信息流、资金流"三流"合一,最终以数字为中小型物流企业增信,为企业及个人提供便民金融服务。

场景金融+科技金融

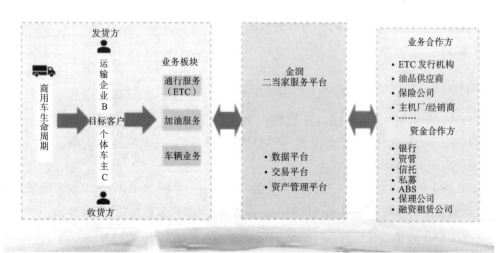

图 4-12 招商银行推进区块链在物流金融领域的应用

(资料来源:《中国工程院发布"物流链"应用案例》,人民资讯官方账号。)

【思考】 区块链在物流领域的应用会面临哪些困难和挑战?

第六节　新型网络技术

一、6G

6G还是一个概念性无线网络移动通信技术,也被称为第六代移动通信技术。其网络将是一个地面无线与卫星通信集成的全连接世界。它的室内定位精度可达到10厘米,室外为1米,相比5G提高10倍;峰值传输速度达到100 Gb/s～1 Tb/s;时延为0.1毫秒,缩短到5G的1/10;中断概率小于百万分之一,拥有超高可靠性;连接设备密度达到每立方米过百个,拥有超高密度;采用太赫兹(THz)频段通信,网络容量大幅提升。6G在峰值速率、时延、流量密度、连接数密度、移动性、频谱效率、定位能力等方面远优于5G。

二、SDN

软件定义网络(software defined network,SDN)是由美国斯坦福大学CLean State课题研究组提出的一种新型网络创新架构,是网络虚拟化的一种实现方式。其核心技术OpenFlow通过将网络设备的控制面与数据面分离开来,从而实现了网络流量的灵活控制,使网络作为管道变得更加智能,为核心网络及应用的创新提供了良好的平台。

SDN技术的最大特点就是可以对网络进行编程,并且它具有控制转发相分离、网络虚拟化及可编程接口。比如,传统IT架构中的网络,根据业务需求部署上线以后,如果业务需求发生变动,重新修改相应网络设备(路由器、交换机、防火墙)上的配置是一件非常烦琐的事情。而进行SDN改造后,无须对网络中每个节点的路由器反复进行配置,网络中的设备本身就是自动化连通的。只需要在使用时定义好简单的网络规则即可。如果使用者不喜欢路由器自身内置的协议,可以通过编程的方式对其进行修改,以实现更好的数据交换性能。

三、NFV

2012年10月,ETSI在德国召开的SDN和OpenFlow世界大会上发布的白皮书《网络功能虚拟化——介绍、优点、推动因素、挑战与行动呼吁》中提出网络功能虚拟化(network functions virtualization,NFV)。

NFV的主要功能是将一系列的网络功能打包成一个单独的动作,最大限度地减少网络会话。最终目标是通过基于行业标准的x86服务器、存储和交换设备,来取代通信网的那些私有专用的网元设备。由此带来的好处是,一方面,基于x86标准的IT设备成本低廉,能够为运营商节省巨大的投资成本;另一方面,开放的API接口也能帮助运营商获得更多、更灵活的网络能力。NFV可以通过软硬件解耦及功能抽象,使网络设备功能不再依赖于专用硬件,可以充分灵活共享资源,实现新业务的快速开发和部署,并基于实际业务需求进行自动部署、弹性伸缩、故障隔离和自愈等。大多数运营商都有NFV项目。

第四章
物流系统网络通信技术

四、时间敏感网络

时间敏感网络(time sensitive networking,TSN)指的是 IEEE802.1 工作组中的 TSN 任务组正在开发的一套协议标准。该标准定义了以太网数据传输的时间敏感机制,为标准以太网增加了确定性和可靠性,以确保以太网能够为关键数据的传输提供稳定一致的服务级别。

TSN 的主要职责是从数据流准备发送开始,分别经过资源预留、管制、分类、整形及调度、冗余及错误恢复这五部分。对于一个准备发送的时间敏感网络流应用,该应用首先需要声明自己所需的链路资源,由资源预留协议完成沿路预留,当预留成功后,应用开始进行业务流的发送。业务流的每个帧到达网络中的交换设备时,交换设备首先会根据流的预留信息,进行业务流的管控,限制超出预留范围的流的传送,避免对其他流传送造成影响。经过管制后的流,会按实际应用的整形及调度方案,进行帧的分类。例如使用帧抢占方式调度时,设备会将同属于一类的帧打入同一个发送队列中,等待调度设备调度。帧进入各自的队列后,设备会根据实际部署的整形器和实际部署的调度方式,控制各队列的输出流量和输出时机,令各队列在恰当的时间执行出队操作,取出帧放到物理链路上进行传送。时间敏感网络为了进一步保证帧的可靠稳定到达,还引入了 IEEE 802.1 CB 协议,这一标准的引入给网络传输中提供了冗余信息,在上层透明的工作机制下,降低帧的丢失、错误率。

五、无源光网络

无源光网络(passive optical network,PON)的概念最早是英国电信公司的研究人员于 1987 年提出,它是一种纯介质网络,避免了外部设备的电磁干扰和雷电影响,减少线路和外部设备的故障率,提高了系统可靠性,同时节省了维护成本,是电信维护部门长期期待的技术。

PON 是一种点对多点的光纤传输和接入技术,下行采用广播方式、上行采用时分多址方式,可以灵活地组成树形、星形、总线等拓扑结构,在光分支点只需要安装一个简单的光分支器即可。具体原理是将光纤布线和由此产生的信令传送到离终端点不远的地方,而不是依靠由多个交换接口组成的网络来传输信号,无源光网络采用一种结构,可能需要不超过两个交换点。可能有一个交换机允许发送方跳到网络上,另一个交换机允许信号在到达终端用户之前跳离网络。无源光网络可以分为几个不同的结构配置,取决于个人应用和系统限制。

本章小结

网络通信是智慧物流系统的基础设施。在简要介绍网络通信的基础知识后,本章首先分析了物流系统的网络通信的需求和特征。针对智慧物流的网络通信需求,本章分别介绍物联网、工业互联网、移动通信及区块链技术的基本概念、关键技术以及在物流领域的应用。最后简要介绍了几种未来可能在物流领域兴起的新型网络技术。

练习与思考

1. 物流系统的网络通信特征是什么?
2. 典型的物流信息网络设备设施有哪些?
3. 简述物联网的特征及它与工业互联网的关系。
4. 简述 5G 的特点及在现代物流领域的应用。
5. 思考工业互联网在物流中的应用场景和实施方案,列举 1～2 个案例。

第五章
物流自动化与机器人

　　掌握物流自动化的概念和方法;了解物流自动化与机器人的关系;了解计算机控制系统的控制工程;理解发展物流自动化的意义;重点了解主流的自动化控制方法。

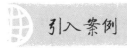

认识亚马逊最忙碌的员工——Kiva 机器人

　　过去,负责仓储的亚马逊员工雷金纳德·罗萨莱斯需要奔走在各个货架前,按照订单,拣选客户购买的商品,然后回到自己的座位,将这些商品放在箱子中包装好,送往下一站。但如今名叫 Kiva 的橙色机器人,替他完成了大部分工作。这些机器人像往常的他一样,在各个货架间移动,将订单上的货物所在的货架拿到他面前。结果雷金纳德以前需要花数小时才能完成的工作,现在只要几分钟就能完成。

　　加利福尼亚州特雷西市的 3000 台 Kiva 机器人从仓库地板上拿起货架上的产品,并将它们交给一名工人拣货,然后将它们打包并运输。这为亚马逊节省了时间,可能还节省了金钱,但该公司拒绝透露具体金额。亚马逊的克拉克表示,现在每个订单从货架上拿一件商品并将其装入盒子所需的平均时间从一个半小时缩短到了约 15 分钟。自从 Kiva 被亚马逊收购以来,亚马逊也在稳步改进机器人,最新的 Kiva 机器人可以将 50% 的库存从中心移出。

　　这批机器安装在亚马逊位于加利福尼亚州、得克萨斯州、新泽西州、华盛顿州和佛罗里达州的 10 个美国仓库里,使该公司能够向客户运送数百万件商品。和许多其他零售商一样,这家在线购物巨头提前一周开始了"黑色星期五"的销售,为一年中最繁忙的日子之一——"网络星期一"做准备。据亚马逊称,全球消费者订购了超过 3680 万件商品,即每秒 426 件。

　　亚马逊预计这一数字今年会上升,但不愿透露会上升多少。为零售商提供服务和咨询的电子商务公司 Channel Advisor 报告称,亚马逊的假日销售额在"黑色星期五"已经增长了 24%,周六增长了 45%。

(资料来源:https://www.cnet.com/tech/services-and-software/meet-amazons-busiest-employee-the-kiva-robot/。)

第一节 物流自动化概述

一、控制与自动化

(一)控制与自动控制

在物流领域中,小到 Kiva 机器人的寻址导向搬运,大到集装箱码头中的岸边装卸船、堆场堆存,都离不开控制的"身影",那么什么是控制呢?控制(control)是指为了改善系统的性能或达到特定的目的,通过信息的采集和加工而施加到系统的作用。在物流领域中,控制一般是指为了达到提高物流效率、降低物流成本等目的而使用的基本手段。与控制相对应的系统称为控制系统(control system)。

随着时代的发展、人工成本的升高,自动控制技术在物流行业起着越来越重要的作用。自动控制(automatic control)指在没有人直接参与的情况下,利用外加的设备或装置(控制装置或控制器),使机器、设备或生产过程(统称为被控对象)的某个工作状态或参数(即被控量)自动地按照预定的规律运行。与自动控制相对应的系统称为自动控制系统(automatic control system)。一般自动控制系统由若干个基础自动控制系统以串联和并联的形式组成,基础自动控制系统主要包含以下三个部分。

(1)测量装置。主要是获得被控量实际输出,包括执行机构的输出或环境的信息,如 Kiva 机器人采用光电码盘或编码器获取电机的速度和旋转角度。

(2)执行机构。主要是完成控制器下发的指令,如 Kiva 机器人采用起重电机将搬运的货物升高或降低。

(3)控制器。主要起到决策的作用,传统的控制器包括单片机、PLC、变频装置等,新型控制机构包括嵌入式系统、工控机等。

自动控制是 20 世纪中叶维纳提出的控制论中一个分支,它主要研究如何利用反馈原理对动态系统的行为产生影响,使系统按人们期望的规律运行。随着科技的发展,各学科之间相互渗透,同样地,自动控制系统也是多学科的交叉组成,自然离不开贝塔朗菲创立的系统论和香农提出的信息论。

(二)自动控制的基本形式

自动控制有两种最基本的控制形式:开环控制与闭环控制。

1. 开环控制

开环控制是指无反馈信息的系统控制方式。案例中 Kiva 机器人是自动导引车的一种,下面先来看自动导引车速度控制的实例。图 5-1 所示为一个电机速度开环控制系统,驱动电路是由场效应管等电力电子开关元件、驱动芯片及其外围电路组成,通过对电源的脉宽调制,可以控制等效输出电压的大小。等效输出电压和控制电压之间近似为比例关系,增大或减小控制电压,等效输出电压也会随之增大或减小,从而改变电机转速。

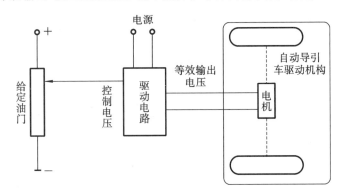

图 5-1　自动导引车电机速度开环控制系统

控制的目标是使转速达到期望值,并基本保持不变。如何控制呢?改变控制电压就会改变等效输出电压以及对应电机的功率,从而改变自动导引车速度。自动导引车行驶有一定阻力,当电机扭力、行驶阻力和行驶速度达到平衡时,速度就会恒定,所以当自动导引车行驶阻力、电机扭力恒定时,行驶速度与控制电压是一一对应的。仅需给定一个速度期望指令(即调节给定油门),就可以使自动导引车速度恒定。

为了更为直观、简洁地表达系统中的组成部分和各组成部分的相互关系,通常采用框图来进行分析。图 5-2 为自动导引车电机速度开环控制系统框图,图中方框代表系统的组成部分,线条代表信号量,箭头表示信号的传递方向,扰动通常代表某些不确定性因素引起的对系统的干扰,如电源的电压波动、行驶阻力变化等。

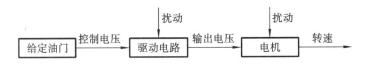

图 5-2　自动导引车电机速度开环控制系统框图

图 5-2 所示系统的控制方式之所以被称为开环控制,是因为没有检测到输出变量(电机转速),电机转速信号没有反馈到输入端,输入信号(控制电压)只单向传递到输出信号(电机转速)就终止了,信号的传输没有形成闭合回路。

在控制系统的分析与设计中,需要建立系统的数学模型,控制系统的数学模型分为时域数学模型、复数域数学模型两种。

控制系统的时域数学模型常采用系统的微分方程来描述,在给定外作用及初始条件下,求解微分方程即可得到系统的输出响应。这种方法较为直观,但如果系统的结构改变,就要重新列写并求解微分方程,不便于对系统的分析和设计。

用拉氏变换法求解线性系统的微分方程时,可以得到控制系统的复数域数学模型,也被称为传递函数。传递函数可以表征控制系统的动态性能,同时可以研究系统的结构或参数变化对系统性能的影响。

定义系统输出量的拉氏变换为 $C(s)$,系统输入量的拉氏变换为 $R(s)$,系统的传递函数

为 $\Phi(s)$。忽略系统的扰动,自动导引车电机速度开环控制系统框图可进行简化,如图 5-3 所示,图中 $G(s)$ 为驱动电路和电机微分方程的拉氏变换。该系统的传递函数 $\Phi(s) = G(s) = C(s)/R(s)$。

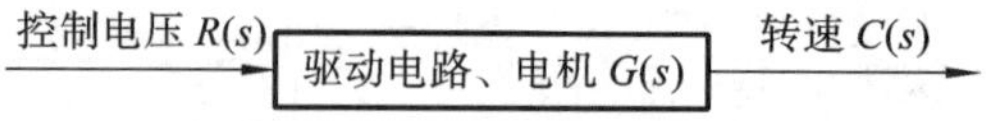

```
控制电压 R(s) → [驱动电路、电机 G(s)] → 转速 C(s)
```

图 5-3　自动导引车电机速度开环控制简化等效系统框图

2. 闭环控制

闭环控制主要是基于反馈原理建立并发挥作用。反馈(feedback)是控制论的基本概念,指将系统的输出返回到输入端并以某种方式改变输入,进而影响系统功能的过程。根据反馈信号返回输入端的极性不同,可以分为正反馈和负反馈两种。

1) 正反馈(positive feedback)

正反馈是指受控部分发出反馈信号,与输入信号的作用方向相同,可以促进或加强控制部分的活动。在加入正反馈的系统中,输出信号随着反馈的增加而增加,主要起到信号的振荡作用。

2) 负反馈(negative feedback)

负反馈是指受控部分发出反馈信号,与输入信号的作用方向相反,可以抑制或纠正控制部分的活动。负反馈使系统输出与系统目标的误差减小,系统会趋于稳定。负反馈广泛应用于各类信号的自动控制。

自动导引车在开环控制下行驶速度不稳定,如何解决这个问题呢?将自动导引车映射于驾驶车辆,有人参与的自动导引车电机速度反馈控制系统如图 5-4 所示,首先需要检测电机转速(通过转速检测仪),获取当前转速信息(通过眼睛),然后将其与转速期望值进行比较(在大脑里)。若电机转速高于期望值,则减小控制电压;若电机转速低于期望值,则增大控制电压(手动调节给定油门)。速度较期望值低得越多,控制电压的增幅就越大;反之,则控制电压的增幅越小。这样不断地观测转速,就能使自动导引车转速基本稳定,不会产生过大的偏差。在这里,人相当于一个控制装置,起到了提取信息、比较信息、计算控制电压并实施控制的作用。

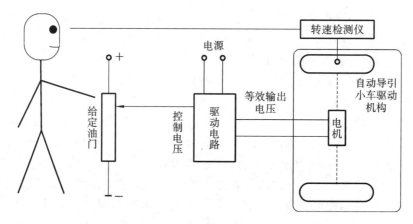

图 5-4　有人参与的自动导引车电机速度反馈控制系统

然而人为参与自动导引车速度控制会增加人工成本,同时难以实施。采用相应的自动化装置取代人,如图 5-5 所示。途中转速传感器检测电机转速,传感器检测到的信号通常较为微弱(约几毫伏),需要通过转速变送器将其变换为标准范围内变化的电压(约几伏),得到的反馈电压,即反馈信号,与电机转速大致成比例关系;给定电压代表期望值,成为给定信号,给定电压与反馈电压进行比较,得到误差信号;控制器通过采集误差信号,运行控制算法得到控制电压,若误差为正,表示电机转速低于期望值,控制器就会增大控制电压,反之则减小控制电压,这个过程与人参与的控制类似,但摆脱了人的参与。

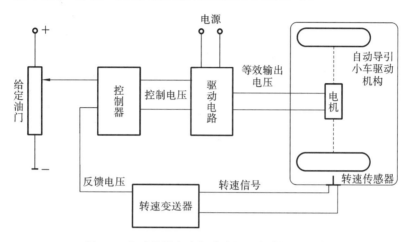

图 5-5 自动导引车电机速度闭环自动控制系统

图 5-6 所示的自动导引车电机速度闭环自动控制系统框图直观地表示了系统各部分之间的关系。图中的符号"⊗"称为相加点,其引出的信号是各送入信号之和。

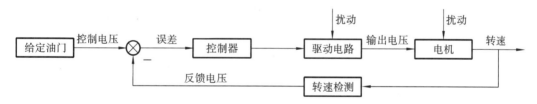

图 5-6 自动导引车电机速度闭环自动控制系统框图

忽略系统的扰动,自动导引车电机速度闭环控制系统框图可简化为图 5-7。定义:串联连接方框的等效传递函数等于各方框传递函数的乘积。

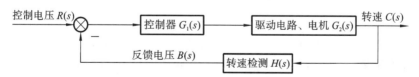

图 5-7 自动导引车电机速度闭环自动控制简化等效系统框图

由图 5-7,有
$$C(s) = G_1(s)G_2(s)E(s), \quad B(s) = H(s)C(s), \quad E(s) = R(s) - B(s)$$
消去中间变量 $E(s)$ 和 $B(s)$,得
$$C(s) = G_1(s)G_2(s)[R(s) - H(s)C(s)]$$

于是有等效传递函数

$$\Phi(s) = C(s)/R(s) = G_1(s)G_2(s)/[1 - G_1(s)G_2(s)H(s)]$$

(三) 自动控制与自动化

前文既提到了自动化又讲到了自动控制,那么什么是自动化?自动化与自动控制有什么区别和联系呢?

自动化(automation)是指机器设备、系统或过程(生产、管理过程)在没有人或较少人的直接参与下,按照人的要求,经过自动检测、信息处理、分析判断、操纵控制,实现预期的目标的过程。自动化技术广泛用于工业、农业、军事、科学研究、交通运输、商业、医疗、服务和家庭等方面。采用自动化技术不仅可以把人从繁重的体力劳动、部分脑力劳动以及恶劣、危险的工作环境中解放出来,而且能扩展人的器官功能,极大地提高劳动生产率,增强人类认识世界和改造世界的能力。因此,自动化是工业、农业、国防和科学技术现代化的重要条件和显著标志。

自动化主要研究的是设备、机器如何控制和实现,重点在于工程上的实现;而自动控制通常是指工程系统的控制,是对设计实现自动化的指导,更多的是技术范畴。因此,自动控制是自动化的重要组成部分,可以说,脱离了自动控制就没有自动化。

二、物流自动化系统构成

物流自动化是指在没有人或较少人参与的情况下,以提高物流效率为导向,利用外加的各类传感器设备,获取物流各环节中机器的某些工作状态或参数自动地按照期望的结果运行,实现物流管理、物流作业、物流控制过程的无人化和省力化。与物流自动化相对应的系统称为物流自动化系统。

物流自动化系统是集光、机、电、计算机控制等于一体的多学科融合的系统工程。传统的物流自动化系统只能实现较为单一的功能,可以取代机械性的重复工作,但是只能按照既定程序动作,较为笨重,也无法与其他设备协同,典型传统物流自动化设备包括带式传输装置、叉车、分拣设备、包装设备等;现代物流设备较传统而言加装了各类新型传感器感知环境,并使用新型的机械电气设备,可以应对一定范围的环境变化,典型现代物流自动化设备包括自动导引车、自动包装机等。

物流自动化系统主要由五个部分组成。

1. 终端机械设备

终端机械设备是物流自动化系统的四肢与骨骼。终端机械设备主要指物流系统各环节的设备及其配套设备,包括但不限于运输、储存、装卸、包装等设备。终端机械设备的主要功能是对物品直接进行操作。为了在物品类型不同、物流场景不同的情况下,均可适用于不同的要求,终端机械设备的前端执行装置都要做出针对性的设计。因此,终端机械设备种类繁多、差异性大。

2. 电气控制装置

电气控制装置是物流自动化系统的肌肉。电气控制装置主要功能为驱动控制终端机械设备。传统电气控制装置主要包括可编程控制器、单片机、驱动装置、变频装置等;新型电气控制装置主要包括嵌入式系统、工控机等。电气控制装置直接决定了自动化系统的运行能力和技术参数,体现了物流自动化系统的设计和制造水平。

3. 数据采集装置

数据采集装置是物流自动化系统的感官。数据采集装置主要功能为采集和获取物品的相关信息及主要环境信息。数据采集装置与传感器技术息息相关,包括条码、RFID、图像、语音、GPS等传感器。如果没有数据采集装置,现代的物流自动化系统就很难获得必要的数据输入和反馈,就没有办法实现自动化。

4. 信息管理和智能控制系统

信息管理和智能控制系统是物流自动化系统的大脑,它储存物流自动化系统运行所需要的数据,并根据特定的数学模型对整个系统进行调度和指挥,还能通过各种通信网络与外部系统进行通信和数据交换。信息管理和智能控制系统包括智能控制模型、管理信息系统、数据库、决策支持系统、专家系统、人工智能系统等。物流自动化系统强大的信息管理和智能控制系统是其集成化和智能化的重要标志。

5. 通信网络

通信网络是物流自动化的神经系统,它连接着物流自动化系统中各子系统及部件并使数据互通有无,大大提高了整个系统的集成化和智能化程度,甚至颠覆了传统的物流自动化系统的区域局限性。通信网络包括现场总线、物联网、互联网以及种类繁多的新型的无线通信方式。

三、采用物流自动化的优势

采用物流自动化代替人工有以下优势。

1. 精简人工需求,降低人工成本

大规模地使用机器替换人工,一方面降低了人工成本,同时降低了照明、保温、防热、防火的投入;另一方面降低了企业承担的工人健康风险,从而降低了对系统的投入。

2. 提升物流效率

物流自动化通过机械执行装置、电气控制装置、数据采集装置、各种通信网络、信息管理和智能控制系统对物流的各环节进行控制,相较人工而言提高了物流效率。

3. 提升空间利用率,减少土地成本

仓储物流自动化系统采用密集存储技术,利用设备可以使用人力难以够到的高度空间,减少人力工作需要的通道空间,存储同样数量货品可以减少仓库面积,进而减少土地的需求量。同样地,工厂、港口等物流自动化系统在机器的参与下,可以利用仅有人工利用不到的空间,提升空间利用率,减少土地成本。

4. 提高物流管理能力

自动化物流系统可以对物流各环节运作进行全面的控制和管理,不但反映货品进销存的全过程,而且可以对货品进行实时分析和控制,为企业管理者做出正确决策提供依据;平衡企业的生产、存储、销售各个环节,将库存量控制至最优状态,大幅提高企业的资金流转速度和利用率,降低库存成本。

5. 提高系统的可扩展性

物流自动化系统将物流流程标准化,企业在拓展业务时仅需部署相关自动化设备,而不需要重新设计物流流程。如果企业在未来需要扩大规模,采用物流自动化系统的企业优势较大。因此,采用物流自动化系统的企业可扩展性较高。

6. 提升物流标准化水平

物流自动化设备采用了高精度的导向、定位、进给、调整、检测等部件,保障了物流作业的精准度和一致性,并带来了物流作业的标准化;同时,物流流程标准化、货物包装规格标准化、物流自动化设备标准化可以加快物流自动化系统建设,促进物流产业现代化,也可以给物流系统与物流以外系统的联结创造条件。

第二节 机器人技术

现代所说的机器人(robot)大多是指工业机器人,它是和自动化紧密联系在一起的。工业机器人在物流行业内发挥着举足轻重的作用,特别是运输、储存、流通加工、装卸、搬运、包装等环节。较传统物流自动化而言,在物流自动化中引入机器人可以提高物流效率,增加物流吞吐量,并提高物流各环节对物品识别的准确性,也大大提高客户的满意度。对企业而言,这具有明显的投资回报。此外,采用机器人实现物流自动化还可以在物流需求发生变化时灵活调整系统,适应未来变化。

一、机器人的定义

现代机器人自20世纪50年代问世以来,在世界范围内得到了广泛的应用,但世界各国对于机器人的定义不尽相同。原因之一是机器人正处于快速发展阶段,新的机型不断涌现,功能也越来越多;而根本原因在于机器人涉及了人的概念,其定位、作用、与人的关系等成为难以回答的哲学问题。下面给出了几种常见的关于机器人的定义。

(1) 美国国家标准局(NBS)关于"机器人"的定义。机器人是一种能够进行编程并在自动控制下执行某些操作和移动作业任务的机械装置。

(2) 美国机器人协会(RIA)关于"机器人"的定义。机器人是一种用于移动各种材料、零件、工具或专用装置的,通过可编程序动作来执行种种任务的,并具有编程能力的多功能机械手。

(3) 日本工业机器人协会(JIRA)关于"机器人"的定义。工业机器人是一种装备有记忆装置和末端执行器的,能够转动并通过自动完成各种移动来代替人类劳动的通用机器。

(4) 国际机器人联合会(IFR)关于"机器人"的定义。机器人是一种半自主或全自主工作的机器,它能完成有益于人类的工作,应用于生产过程中的称为工业机器人,应用于家庭或直接服务人的称为服务机器人,应用于特殊环境的称为专用机器人(或特种机器人)。

(5) 国际标准化组织(ISO)关于"机器人"的定义(ISO 8373:2021)。机器人是具有一定程度自主能力,可在其环境内定位、运动以执行预期任务的可编程执行机构。

(6) 我国现行标准《机器人与机器人装备 词汇》(GB/T 12643—2013)关于机器人的定

义:机器人是具有两个或两个以上可编程的轴,以及一定程度的自主能力,可在其环境内运动以执行预期任务的执行机构。

二、机器人的发展历程

从普遍意义上来看,现代机器人的发展经历了三个阶段。

机器人发展历史

1. 程序控制机器人

开发者事先设定机器人的位置、操作顺序等,将其编写成程序输入至程序控制机器人,机器人按照程序逐步动作,完成重复性的工作。程序控制机器人没有传感器等感知设备,无法获取外界的信息,不能灵活地适应外界环境的变化,在异常情况下无法调整工作流程。在物流行业中,主要是以传送带及相关机械为主的设备为代表。

2. 自适应机器人

自适应机器人相较于程序控制机器人加上了传感器等感知设备,利用计算机自适应调整工作流程,随着环境的变化修正自己的行为以达到适应不同环境的目的。自适应机器人虽然拥有了一些智能,能够应对一定范围内环境的变化,但还不能完全自主行动,需要操作员协调才能完成工作。在物流行业中,该类机器人可以根据设定的路径自主移动,实现搬运等简单功能,但对人工仍存在较大程度的依赖。

3. 智能机器人

智能机器人相较于自适应机器人主要提升了数据处理、自我学习和决策的能力,更具有了类似人的特征。智能机器人对计算机控制系统的软硬件要求较高,需要更高的计算能力和更优的算法。在物流行业中,该类机器人在搬运、分拣等功能实现的基础上更加智能,融合大数据及机器学习等算法,与现有物流管理系统能完善对接,具备更高的执行效率和准确性。

三、机器人的构成与分类

(一)机器人的构成

机器人是一个系统,一般由机械执行结构、驱动伺服单元、计算机控制系统、传感系统和输入输出系统接口五个互相作用的部分组成。

1. 机械执行结构

机器人的机械执行机构基本上分为操作本体机构和移动型本体结构两类。其中,操作本体机构是指机器人的末端配备手爪等操作器完成抓取或其他动作;移动型本体结构旨在完成带动机器人移动任务,主要包括车轮、履带、足腿等结构。

2. 驱动伺服单元

机器人的驱动伺服单元大多是闭环控制系统,由场效应管电力电子开关器件、驱动芯片、控制电路及其外围电路组成。驱动伺服单元驱动机械执行机构带动负载动作,通过反馈信号与期望动作信号得到偏差，使机械执行结构朝着偏差减少的方向动作。典型驱动伺服单元包括液压伺服驱动、电机伺服驱动、气动伺服驱动等。

3. 计算机控制系统

主计算机根据机器人各个执行机构期望的坐标的空间位置、方位及速度，通过逆运动学解算计算出驱动伺服单元的指令值，并在各控制周期中输出。通常情况下，机器人采用主计算机与关节驱动伺服计算机两级计算机控制，有时为了实现多机协同、智能控制等功能，需要引入服务器完成上层的统筹规划算法，形成三级计算机系统。

4. 传感系统

传感系统由传感器和传感信号的采集处理系统组成。传感器分为内部传感器和外部传感器两种。其中，内部传感器采集机械执行结构的行动状态，如速度、位置等传感器；外部传感器采集外部环境信号，如视觉、光信号传感器等。传感信号的采集处理系统将传感器输出的信号整合转换为计算机控制系统可以识别处理的信号并输出至计算机控制系统。

5. 输入输出系统接口

为了与周边系统及相应操作进行联系与应答，还应有各种通信接口和人机通信装置。工业机器人内部提供控制器与外部设备相连，完成与外部设备间的逻辑交互和实时控制。一般还有一个以上的串行通信接口，以完成磁盘数据存储、远程控制及离线编程、多机器人协调等工作。一些新型机器人还包括语音合成和识别技术以及多媒体系统，实现人机对话、多机协作。

（二）机器人的分类

机器人的分类方法很多，这里介绍三种分类法，即按机器人的用途、机器人的控制方式以及机器人的移动性来分类。

1. 按机器人的用途分类

按用途分类，一般把机器人分为工业机器人、服务机器人和医疗机器人。其中，工业机器人（industrial robot）的定义是自动控制的、可重复编程的、多用途的机械手或机器人，可对三个或三个以上的轴进行编程，可以是固定式或移动式，在工业自动化中使用；服务机器人（service robot）的定义是为个人或设备执行有用任务的个人使用或专业用途的机器人；医疗机器人（medical robot）的定义是拟用作医疗电气设备或医疗电气系统的机器人。

2. 按机器人的控制方式分类

按控制方式分类，一般把机器人分为非伺服机器人和伺服机器人两种。

非伺服机器人（non-servo robots）工作能力比较有限，它们往往涉及那些称为"终点""抓放"或"开关"式机器人，尤其是有限顺序机器人。以有限顺序机器人为例，其控制框图如图5-8所示，操作员预先规定机器人工作顺序，并将信号输入定序器中，定序器是一种定序开关或步进装置，它能按照预定的正确顺序接通驱动装置的能源，驱动装置接通能源后，会带动机器人执行机构动作。当执行机构移动到由终端限位开关所规定的位置时，限位开关切换工作状态，给定序器送去一个"工作任务（或规定运动）已完成"的信号，并使终端制动器动作，切断驱动能源，使执行机构停止运动。

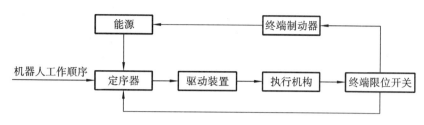

图 5-8　有限顺序机器人控制框图

伺服控制机器人(servo-controlled robots)比非伺服机器人有更强的工作能力,因而价格较贵,而且在某些情况下不如简单的机器人可靠,其控制框图如图 5-9 所示。伺服系统的被控制量(即输出)可为机器人提供速度、加速度或力等。通过反馈传感器取得的反馈信号与来自给定装置(如给定电位器)的综合信号,用控制器比较后得到误差信号,经过控制算法得到控制量输入驱动装置,进而驱动执行以一定规律运动,到达规定的位置或速度等。显然,这就是一个反馈控制系统。

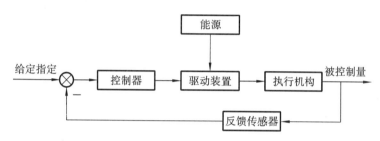

图 5-9　伺服控制机器人控制框图

3. 按机器人的移动性分类

按机器人的移动性分类,可分为固定式机器人和移动机器人。其中,固定式机器人固定在某个底座上无法整体移动,只能移动各个关节,以固定机械臂为主要代表;移动机器人是指整个机器人可沿某个方向或任意方向移动。这种机器人又可分为轮式机器人、履带式机器人和步行机器人,其中后者又有单足、双足、四足、六足和八足行走机器人之分。

抗疫一线上的智能机器人

"6622 号客人,您的菜在第一层托盘,请取餐……"午餐时间,一段清脆悦耳的声音在深圳福田区华富街道健康驿站响起,这个声音来自长相呆萌的智能机器人。在抗击新冠肺炎疫情的非常时期,机器人当起了"送餐小哥",帮助值守在这里的广州中医药大学深圳医院的医生护士共同做好服务工作。

值守于此的医护们除了需要完成日常医疗任务,往往还要承担许多额外工作,如每天要消杀驿站环境、人工送餐、送生活用品等,不仅工作强度大,工作时间长,而且还容易存在人员接触感染的风险。

4 日下午开始,由华富街道联系爱心企业捐助的 5 台配餐机器人正式"上岗",配合健康驿站工作人员对入住人员进行"亲情化、精细化、人性化"的服务。

现在,驿站每到早、中、晚送餐时间,先由穿防护服、戴口罩的医护人员负责将餐食依次放置在机器人的托盘上,并在其触摸屏上选择对应房间号,然后送餐机器人就会载上饭菜,自主追踪房间号,餐食送达后,还会用轻松愉悦的语音告知病人,这样的智能服务深得入住人员的欢心。

不仅如此,这些机器人还承担了驿站内送药及送物工作,在一定程度上帮助医护人员减少接触感染,节省时间及人力。黑科技的使用,使人们对打赢这场防疫战更有信心。

(资料来源:国际在线。)

【思考】
1. 案例中的智能机器人用到了哪些传感器和执行机构?
2. 请谈谈其他物流机器人在新冠肺炎疫情中的应用。

第三节　计算机控制技术

随着自动控制技术和计算机技术的发展,计算机控制系统的应用越来越广泛。无论是传统物流自动化中的带式传输装置、起重装置,还是现代物流自动化中的自动导引车、自动包装机以及形形色色的机器人,都离不开计算机控制技术。与采用模拟调节器的自动调节系统相比,计算机控制能够实现先进的控制策略(如最优控制、智能控制等)以保证控制的精度和性能,而且控制结构灵活,易于在线修改控制方案,降低系统成本。

一、计算机控制系统概述

计算机控制技术是指利用单片机、PLC 等计算机实现生产过程自动控制的技术,与其对应的为计算机控制系统。计算机控制系统将常规自动控制系统中的模拟调节器由计算机来实现,其结构框图如图 5-10 所示。

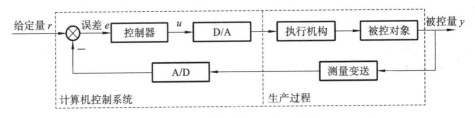

图 5-10　计算机控制系统结构框图

在实际物流过程中,被测量多是连续变化的模拟信号(如位置、速度、电流、电压等),而计算机只能识别到数字量,所以在被测量输入计算机之前,需要使用 A/D 转换将模拟信号转换为数字信号;而大多数执行机构的驱动单元只能由模拟量输入,计算机输出的数字量也须通过 D/A 转换将数字量转换为模拟量。因此,计算机控制系统还需要有模拟量/数字量转换器(analog/digital converter,ADC)和数字量/模拟量转换器(digital/analog converter,DAC)。

一般来说,计算机控制系统的控制过程为:测量元件检测被测量的状态,经过 A/D 转换后输入计算机;计算机通过相关算法或控制规律处理被测量并计算出控制量,通过 D/A 转化输送至执行机构,实施控制任务。以上过程以计算机的时钟为周期不断重复,使整个系统按照一定的指标进行工作。

二、计算机控制系统的分类

计算机控制系统可以按照系统功能、控制规律、控制方式分类。

(一) 按照系统功能分类

1. 操作指导控制系统

操作指导控制系统又称为数据处理系统(data processing system,DPS),如图5-11所示。在这种系统中,每隔一段时间,计算机进行一次采样,经A/D转换后送入计算机进行加工处理,然后再进行报警、打印或显示操作。计算机的输出不直接用来控制生产对象,操作人员根据输出的结果进行设定值的改变或必要的操作。

2. 直接数字控制系统

直接数字控制(direct digit control,DDC)系统如图5-12所示,是用一台计算机对被控参数进行检测,再根据设定值和控制算法进行运算,然后输出到执行机构对生产进行控制,使被控参数稳定在给定值上。利用计算机的分时处理功能直接对多个控制回路实现多种形式控制的多功能数字控制系统。在这类系统中,计算机的输出直接作用于控制对象,故称直接数字控制。

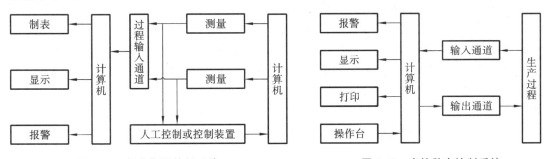

图5-11 操作指导控制系统　　　　图5-12 直接数字控制系统

3. 监督控制系统

利用计算机对工业生产过程进行监督管理和控制的数字控制系统,简称计算机监控系统,如图5-13所示。计算机监督控制系统是在操作指导系统的基础上发展起来的。监督控制系统在输入计算方面与操作指导系统基本相同,不同的是监督控制系统计算机的输出可不经过系统管理人员的参与而直接通过过程通道按指定方式对生产过程施加影响。因此计算机监督控制系统具有闭环形式的结构,而且监控计算机具有较复杂的控制功能。它可以根据生产过程的状态、环境、条件等因素,按事先规定的控制模型计算出生产过程的最优给定值,并据此对模拟式调节仪表或下一级直接数字控制系统进行自动整定,也可以进行顺序控制、最优控制以及适应控制计算,使生产过程始终处在最优工作状况下。监督控制的内容极为广泛,包括控制功能、操作指导、管理控制和修正模型等。

4. 分级控制系统

分级控制又称等级控制或分层控制,是指将系统的控制中心分解成多层次、分等级的控制体系,一般呈宝塔形,同系统的管理层次相呼应,如图 5-14 所示。分级控制的特点是综合了集中控制和分散控制的优点,其控制指令由上往下越来越详细,反馈信息由下往上传越来越精练,各层次的监控机构有隶属关系,它们职责分明,分工明确。

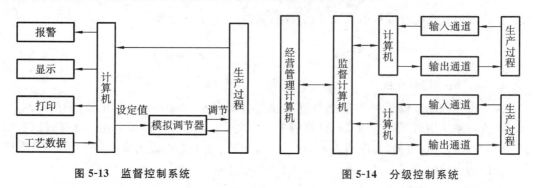

图 5-13 监督控制系统　　　　图 5-14 分级控制系统

5. 现场总线控制

现场总线控制系统(fieldbus control system,FCS)是分布控制系统(DCS)的更新换代产品,并且已经成为工业生产过程自动化领域中一个新的热点,如图 5-15 所示。现场总线技术是 20 世纪 90 年代兴起的一种先进的工业控制技术,它将现今网络通信与管理的观念引入工业控制领域。从本质上说,它是一种数字通信协议,是连接智能现场设备和自动化系统的数字式、全分散、双向传输、多分支结构的通信网络。它是控制技术、仪表工业技术和计算机网络技术三者的结合,具有现场通信网络、现场设备互连、互操作性、分散的功能块、通信线供电和开放式互联网络等技术特点。这些特点不仅保证了它完全可以适应工业界对数字通信和自动控制的需求,而且使它与 Internet 互连构成不同层次的复杂网络成为可能,代表了今后工业控制体系结构发展的一种方向。

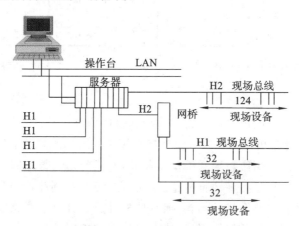

图 5-15 现场总线控制系统

(二) 按照控制规律分类

1. 顺序控制

顺序控制是指按照生产工艺预先规定的顺序,各个执行机构自动地、有秩序地进行操作,在物流行业中应用十分广泛,如装卸机械臂的运动控制、包装生产线的控制、输送带的控制等。顺序控制有三个要素:转移条件、转移目标和工作任务。按照顺序控制系统实现顺序控制的特征,可以将顺序控制划分为时间顺序控制、逻辑顺序控制和条件顺序控制三类。

2. 比例积分微分控制

比例积分微分控制(proportional-integral-derivative control),简称 PID 控制,控制框图如图 5-16 所示,是最早发展起来的控制策略之一,由于其算法简单、鲁棒性强和可靠性高,被广泛应用于工业过程控制,仍有 90% 左右的控制回路具有 PID 结构。

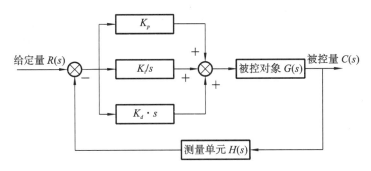

图 5-16　比例积分微分控制框图

PID 控制,实际中也有比例＋积分(PI)和比例＋微分(PD)控制。PID 控制器就是根据系统的误差,利用比例、积分、微分计算出控制量进行控制的。

比例(P)控制:比例控制是一种最简单的控制方式。其控制器的输出与输入误差信号成比例关系。当仅有比例控制时系统输出存在稳态误差(steady-state error)。

积分(I)控制:在积分控制中,控制器的输出与输入误差信号的积分成正比关系。对一个自动控制系统,如果在进入稳态后存在稳态误差,则称这个控制系统是有稳态误差的或简称有差系统(system with steady-state error)。为了消除稳态误差,在控制器中必须引入"积分项"。积分项对误差取决于时间的积分,随着时间的增加,积分项会增大。这样,即便误差很小,积分项也会随着时间的增加而加大,它推动控制器的输出增大使稳态误差进一步减小,直到等于零。因此,PI 控制器可以使系统在进入稳态后无稳态误差。

PID 控制动态图解与演示程序

微分(D)控制:在微分控制中,控制器的输出与输入误差信号的微分(即误差的变化率)成正比关系。自动控制系统在克服误差的调节过程中可能会出现振荡甚至失稳。其原因是存在有较大惯性组件(环节)或有滞后(delay)组件,具有抑制误差的作用,其变化总是落后于误差的变化。解决的办法是使抑制误差的作用的变化"超前",即在误差接近零时,抑制误差的作用就应该是零。这就是说,在控制器中仅引入"比例项"往往是不够的,比例项的作用仅是放大误差的幅值,而目前需要增加的是"微分项",它能预测误差变化的趋势,这样,具有比例＋微分的控制器,就能够提前使抑制误差的控制作用等于零,甚至为负值,从而避免了被控量的严重超调。所以对有较大惯性或滞后的被控对象,PD 控制器能改善系统在调节过程中的动态特性。

定义:并联连接方框的等效传递函数等于各方框传递函数的代数和。则 PID 控制的闭环传递函数为：
$$\Phi(s) = C(s)/R(s) = (K_p + K_i/s + K_d s)G(s)/[1-(K_p + K_i/s + K_d s)G(s)H(s)]$$
其中，K_p 是比例环节，K_i/s 是参数为 K_i 的积分环节，$K_d s$ 是参数为 K_d 的微分环节。

然而在计算机控制系统中需要软件运行控制算法，所以将模拟调节器离散化，通过采样时刻的偏差值计算控制量。离散 PID 控制算法是以反馈量为输入，控制量为输出。数字 PID 控制算法通常分为位置式 PID 控制算法和增量式 PID 控制算法。

位置式 PID 控制算法可表达为：
$$U(k) = K_p e(k) + K_i \sum_{i=0}^{k} e(k) + K_d [e(k) - e(k-1)]$$
$$k = 1, 2, \cdots, e(0) = 0$$

增量式 PID 控制算法可表达为：
$$U(k) = U(k-1) + K_p[e(k) - e(k-1)] + K_i e(k) + K_d[e(k) - 2e(k-1) + e(k-2)]$$
$$k = 2, 3, \cdots, e(0) = e(1) = 0$$

其中，$U(k)$ 为 k 时刻系统的控制量，$e(k)$ 为 k 时刻用户设定的值（目标值）减去控制对象的当前的状态值。

3. 有限拍控制

有限拍控制的性能指标是调节时间最短，要求设计的系统在尽可能短的时间里完成调节过程。有限拍控制通常在数字随动系统中应用。

4. 智能控制

智能控制是具有智能信息处理、智能信息反馈和智能控制决策的控制方式，是控制理论发展的高级阶段，主要用来解决那些用传统方法难以解决的复杂系统的控制问题。智能控制研究对象的主要特点是具有不确定性的数学模型、高度的非线性和复杂的任务要求。

（三）按照控制方式分类

按照控制方式分类可以分为开环控制和闭环控制两种，具体概念请参照本章第一节中"自动控制的基本形式"。

三、计算机控制系统的结构组成

计算机控制系统由硬件和软件两个部分组成。

（一）计算机控制系统硬件组成

计算机控制系统的硬件主要由计算机、外部设备、操作台、输入输出设备、检测装置、执行机构等组成。

1. 主机

主机是计算机控制系统的核心，由中央处理器（CPU）、内部存储器和人机接口电路组成。它根据输入设备采集到的反映生产过程工作状况的信息，按照存储器中预先存储的程序、指令，选择相应的控制算法或控制策略自动地进行信息处理和运算，实时地通过输出设备向生产过程发送控制命令，从而达到预定的控制目标。同时，主机还接收来自操作员或上位机的操作控制命令。

2. 输入输出通道

计算机与生产过程之间的信息传递是通过输入输出通道进行的。过程输入通道包括模拟量输入通道（AI通道）和开关量/数字量输入通道（DI通道）。AI通道由多路采样开关、放大器、A/D转换器和接口电路组成，它将模拟量信号（如温度、压力、流量等）转换成数字信号再输入给计算机。DI通道包括光耦合器和接口电路等设备，它直接输入开关量或数字量信号（如设备的启/停状态、故障状态等），过程输出通道包括模拟量输出（AO）和开关量输出（DO）。AO将计算机计算出的控制量数字信号转换成模拟信号作用于执行机构（如电机、电动阀门等）；DO将计算机发出的控制命令转换成触点信号用来控制设备的启/停和故障报警等。

3. 外部设备

外部设备是计算机和外界进行信息交换的设备。常用外部设备有输入设备、输出设备、外存储器和人机交互设备，如键盘终端、打印机、绘图仪、显示屏、磁盘、磁带、声光报警器、扫描仪、操作台等。

4. 检测机构

测量变送单元在自动控制系统中，常常需要对温度、速度、压力、流量与物料等参量进行检测和控制。因此，必须掌握描述它们特性的各种参数，需要测量这些参数的值。为了收集与测量各种参数，需要根据不同的控制任务采用各种检测元件及变送器，将被检测参数的非电量转换成电量。例如，热电偶可以把温度转换成电压信号，压力传感器可以把压力转换为电信号，这些信号经变送器转换成统一的标准电信号（0～5 V 或 4～20 mA）后，再通过 A/D 转换器送入计算机。

5. 执行机构

执行机构是计算机控制系统中的重要部件，其功能是根据计算机输出的控制信号，直接控制能量或物料等被测介质的输送量。常用的执行机构有电动、液动和气动等控制形式，也有的采用电动机、步进电动机及晶闸管等进行控制。

(二) 计算机控制系统软件组成

计算机控制系统的硬件是完成控制任务的设备基础，而软件关系到控制系统的运行和控制效果，以及硬件功能的发挥。整个计算机控制系统的动作，都是在软件的指挥下协调进行的。计算机控制系统的软件通常主要有系统软件和应用软件。

1. 系统软件

系统软件一般由计算机厂家提供，专门用来管理和使用计算机本身的资源，主要包括操作系统、各种编译解释软件和监督管理软件等。这些软件一般不需要用户自己设计，它们只是作为开发应用软件的工具。

2. 应用软件

应用软件是面向生产过程的程序，即根据要解决的实际问题而编写的各种程序，包括控制程序、数据采集及处理程序、显示程序、巡回检测程序和数据管理程序等。应用软件通常由用户根据实际需要进行开发,应用软件的优劣将给控制系统的性能、精度和效率带来很大的影响。在计算机控制系统中,硬件和软件不是独立存在的。在设计时要注意两者的有机配合和协调,才能设计出满足生产要求的高质量控制系统。

第四节 多机协同与人机协同

一、多机协同

随着经济的不断发展,物流行业内的工作任务越来越复杂,单台装备或者机器人已经无法依靠自己完成物流生产实践的工作指标,人们迫切需要研究新的方向来满足物流领域中的实际需要,多机器人协同工作相较单个机器人而言,更能完成复杂烦琐的工作任务。多机协同有着环境适应能力、承载能力强、鲁棒性强等特点。多机器人群体协同控制系统一般分为集中式控制结构和分布式控制结构,如图 5-17 所示。

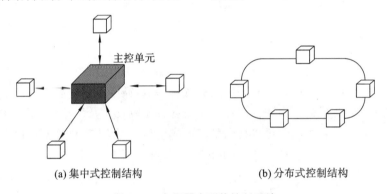

(a) 集中式控制结构　　　　(b) 分布式控制结构

图 5-17　多机器人群体控制系统

集中式控制结构如图 5-17(a)所示,它有一个主控单元集中控制整个系统,它是一种规划与决策的自上而下式的层次控制结构。集中式控制结构协调性较好,但实时性、动态性和对环境变化响应能力较差。分布式控制结构如图 5-17(b)所示,它是一种全局上各个机器人等同的自主分布式分层结构而局部集中的结构方式,各机器人可以进行信息的交互,自主处理实时数据。分布式控制结构灵活性较高,但缺乏全局时钟的一致性。

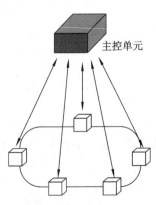

图 5-18　混合式控制结构系统

集中式控制结构和分布式控制结构各有优缺点,融合两种控制结构可以取长补短。混合式控制结构系统(如图 5-18 所示)由一个主控单元来控制所有机器人,获取机器人当前位置、环境信息、处理数据和制定策略等,为每一个机器人提供最新的全局信息,而每一个机器人采用分布式控制结构,都是一个独立平等的"个体",与其他机器人实现信息的交流和互换,由主控单元获取的全局信息自主规划路径。这种集中式控制结构和分布式控制结构相结合的混合式结构体系,结合了两种控制结构的特点,取长补短,有利于机器人实现全局路径规划最优解,以及机器人之间的协调配合,在一定程度上提高了工作效率,适用于环境复杂多变且任务量较大的多机器人工作环境中。

一般多机器人协作系统由合作规划层、协调规划层、行为控制层组成,具体架构如图5-19所示。一般行为控制层由单片机控制,主要完成执行机构驱动的功能;协调规划层由机器人工控机上控制,主要起到完成自主行进、合理路径规划并给行为控制层下发命令的作用;合作规划层由上位机进行控制,主要完成合理调度机器人协同工作的功能。

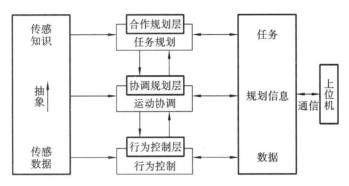

图 5-19 多机器人协同控制架构

二、人机协同

长期以来,物流是一个劳动力密集型行业。随着智能制造和智能物流的不断发展,在诸多因素的刺激下,对自动化和智能化的需求越来越突出。特别是随着云计算、大数据、物联网、5G 等技术的发展,机器被赋予了更高、更多样化的智能。它不仅可以帮助人们做一些简单和重复的工作,还可以有一些自主性来帮助人们或独立完成更复杂的操作。可以看出,未来很长一段时间内,本地操作的物流场景的无人化程度将越来越高。然而,由于机器人的操作效率、投入成本等因素的局限性,在智能制造、物流中心等场景下,仍难以实现整个系统大规模的全自动化、无人化运行。在未来很长一段时间内,人机协同仍然是主流模式。

人机协同描述了人类与具有一定智能的机器(例如智能移动机器人和合作机器人)之间的合作,以在同一站点或同一场景中一起完成某项任务。在物流领域中,人机协同可以是人与机器人一起完成相同的操作,也可以是机器人在整个物流系统的一个(或几个)环节独立完成全自动化操作,其他环节由人来完成,从而实现人与机器的无缝协作。从这个意义上说,人机协同主要是指在系统的调度下,人与机的协调、协同工作,最终完成既定的物流任务和目标,如效率、成本、安全等要求。

物流系统中的人机协同,要么是基于人的操作,要么是基于机器的操作,但无论是人助机器,还是机器助人,其主要特征或出发点都是发挥人与机器各自的优势,相互合作。因此,人机合作可以视为人机协同的初级阶段。

人们在进行物流作业时,主要是配合大脑、眼睛、手和腿。机器在一定程度上具有一种或几种功能。例如,移动机器人主要代替人的行走,拆解/码垛机器人代替手来拆分和存放托盘货物,关节机器人可以代替手在生产线上进行自动装配等操作。虽然这些机器人从个体操作或环节的角度实现了全自动化的无人操作,但整个过程还是需要人配合才能完成。

机器是为人类的生活和生产服务而产生的,是为了帮助人类从事大量枯燥、重复单调、危险的工作。它的优点是可以长时间工作,在精度和承重方面的能力高于手动工作。但是人显然更具创造力,更具灵活性和主观性。因为人和机器有各自不同的优势,所以有必要在系统设计中明确分工,以充分发挥各自的优势。例如,机器往往会做大量重复、烦琐、程式化、繁重的作业;而需要依靠脑力和高灵活性的作业则由人来完成。只有合理划分和连接人与机器的操作,充分体现人与机器的优势,才能实现整个人机协作系统的价值最大化。

菜鸟上线第三代无人仓,刷新物流行业无人仓技术水平

2020年10月30日,一段菜鸟南京无人仓的视频曝出。20多台机器人从一个高密度存储仓库中,将整箱商品运出,直接送到发货出口。其中消费者购买的订单被发出后,剩下的商品被自动运回立体仓库,重新回到储存区域。这意味着菜鸟已经上线了第三代无人仓,实现了从商品存储到直接发货的全流程。

据了解,菜鸟第一代无人仓以流水线为代表,快递箱带着订单在货架间穿行,由人工从货架上取货放入箱内。实现了"货架不动,人员少动,快递箱多动"。该模式最早在菜鸟广州仓库中使用,当时一条4000米长的流水线贯穿仓库,工人每天平均步数从2万多下降到2000多。但第一代无人仓缺乏弹性,哪怕只有一个订单,也要在几千米长的流水线上走一遍。

第二代无人仓已经是目前行业内领先的自动化设施,仅菜鸟无锡仓库就有近千台机器人同时工作。但在实际物流仓库中,存储区的商品不能直接发货,必须先运到售卖区的货架上。货架卖完了,再从存储区补过去。值得一提的是,存储区有亿级的库存,售卖区有千万级的商品,一个仓库每天有数十万订单,上百台机器人有繁忙的动线,把这些数据全部打通联动,调度和算法系统的复杂度呈指数级的增加。

菜鸟在天津和南京先后把第三代无人仓投入实战,这一代仓库机器人速度更快、续航时间更长、承重更大,并且添加了5G网络,可以通过物联网接口连接更多智能设备,打通存储、售卖、订单、包裹后,菜鸟新无人仓可以直接从存储区发货,省掉中间环节。单个立体仓库的吞吐能力提高一倍多,单库一天可以发货达到8000立方米,相当于140万箱牛奶。

(资料来源:搜狐新闻。)

【思考】 请结合菜鸟的无人仓谈谈多机协同和人机协同对物流效率的影响。

第五节 典型物流自动化装备

一、自动导引车

自动导引车(automatic guided vehicle,AGV)是一种便携式机器人,如图5-20所示。它是指以电池为动力,通过感应埋入地下的引导线,或使用视觉摄像机、磁铁或激光导航的无人驾驶自动化车辆。通常多台 AGV 与控制计算机（控制台）、导航设备、充电设备以及周边附属设备组成 AGV 系统，其主要工作原理表现为在控制计算机的监控及任务调度下，AGV 可以准确地按照规定的路径行走，到达任务指定位置后，完成一系列的作业任务，并控制计算机可根据 AGV 自身电量决定是否到充电区进行自动充电。

图 5-20　自动导引车

AGV 由机械结构、动力系统、控制系统组成。其中，机械结构包括车体、车轮、移载装置、安全装置、转向装置等；动力系统包括驱动电机、转向电机、移载电机、电池和充电装置等；控制系统包括主控单元、信息传输与处理装置、驱动装置、转向控制装置、移载控制装置、安全控制装置等。

AGV 根据导航方式，可分为电磁导航 AGV、磁条导航 AGV、二维码导航 AGV、激光导航 AGV、惯性导航 AGV 小车、视觉导航 AGV 小车等；根据驱动方式，可分为单轮驱动 AGV、双轮驱动 AGV、多轮驱动 AGV 等；根据流程要求，可分为牵引式 AGV、托盘式 AGV、单元载荷式 AGV、叉车式 AGV、轻便式 AGV、专用式 AGV、悬挂式 AGV；根据承载重量，可分为轻便式 AGV（500 kg 以下）、中载式 AGV（500 kg～2 t）、重载式 AGV 等；根据自主程度，可分为智能型 AGV、普通型 AGV。

AGV 的组成

二、自动分拣系统

自动分拣系统（automatic sorting system）是先进配送中心所必需的设施条件之一，如图 5-21 所示。它具有很高的分拣效率，通常每小时可分拣商品 6000～12000 箱；可以说，自动分拣机是提高物流配送效率的一项关键因素。它是第二次世界大战后在美国、日本的物流中心中广泛采用的一种自动分拣系统，该系统已经成为发达国家大中型物流中心不可或缺的一部分。

自动分拣系统的作业过程可以简单描述如下：物流中心每天接收成百上千家供应商或货主通过各种运输工具送来的成千上万种商品，在最短的时间内将这些商品卸下并按商品品种、货主、储位或发送地点进行快速准确地分类，将这些商品运送到指定地点（如指定的货架、加工区域、出货站台等），同时，当供应商或货主通知物流中心按配送指示发货时，自动分拣系统在最短的时间内从庞大的高层货存架存储系统中准确找到要出库的商品所在位置，

智慧物流

图 5-21 自动分拣系统

典型自动分拣系统工作流程

并按所需数量出库,将从不同储位上取出的不同数量的商品按配送地点的不同运送到不同的理货区域或配送站台集中,以便装车配送。

相较于手动分拣,由于采用大生产中使用的流水线自动作业方式,自动分拣系统不受气候、时间、人的体力等的限制,可以连续运行,同时由于自动分拣系统单位时间分拣件数多,能连续、大批量地分拣货物,同时引入了条码、RFID 技术,其分拣误差率极低。

三、自动封箱机

典型自动封箱机工作流程

自动封箱机采用即贴胶带封纸箱封口,经济快速、容易调整,可一次完成上、下封箱动作,也可以采用印字胶带,更可提高产品形象,是自动化包装企业的首选,如图 5-22 所示。它适用于纸箱的封箱包装,既可单机作业,也可与流水线配套使用。

本章小结

自动化是现代物流降低成本和提高效率的关键。本章阐述了自动化及物流自动化的概念,对机器人技术、计算机控制技术、多机协同与人机协同进行了介绍,并展示了部分典型物流自动化装备。通过本章的学习,读者应该了解物流自动化中各基本技术的功能及原理,并掌握将物流自动化技术应用到物流领域中的方法。

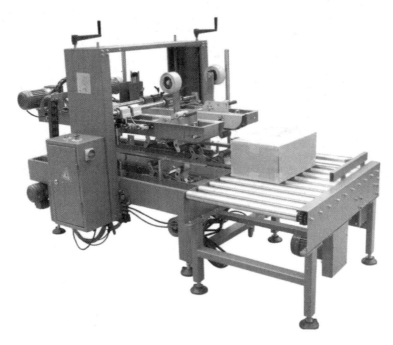

图 5-22 自动封箱机

练习与思考

答案

1. 辨析题

(1) 正反馈是指总是使偏差趋于减少的控制作用,即检测偏差,纠正偏差。( )

(2) 机械臂也是机器人的一种。( )

(3) 当自动控制系统的给定信号是已知的时间函数时,称这类系统为程序控制系统。( )

(4) 人机协同是指人与计算机之间使用某种对话语言,以一定的交互方式,为完成确定任务的人与计算机之间的信息交换过程。( )

2. 简答题

(1) 如何从位置式 PID 推导至增量式 PID?

(2) 位置式 PID 和增量式 PID 各有何优缺点?

3. 思考题

(1) 生活中哪些事例体现了控制的思想?请试着画出控制框图。

(2) 机器人由哪些部分组成?

(3) 机器人与物流自动化装备/系统的关系是什么?

(4) 简述 PID 控制流程。

(5) 设想一个物流场合,分析采用机器人技术提升物流服务能力与效率的可行性,构思机器人草图,讨论其实现途径。

第六章 物流云服务技术

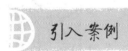

学习目标

掌握云计算的概念和服务模式;理解 Web 服务与现代物流的关系;掌握物流云服务的概念和内涵;了解物流云服务平台和典型物流云服务。

引入案例

金山云加速物流行业升级:AI 开启智慧之门

作为生产和消费环节的桥梁,物流业近年来在"互联网+"战略的推动下,积极尝试与新的信息技术进行深度融合,构建智慧物流,期待借此改变传统经济模式,重新定义产业,实现快速发展。

物流各个环节都蕴藏着"宝藏",如果合理开发和利用,物流企业能够进一步提高效率、降低成本,更好地满足客户要求。在 2018 年中国物流平台发展年会上,金山云政务及大企业行业总经理周瑞龙针对这个话题发表了主题演讲,与听众分享了金山云在物流行业的种种探索与思考。

(资料来源:网易新闻。)

【思考】 案例中金山云如何赋能物流业?

第一节 云 计 算

什么是云计算

一、云计算的概念

1961 年,美国计算机科学家约翰·麦卡锡提出了把计算能力作为一种

第六章

物流云服务技术

像水和电一样的公用事业提供给用户的理念,这就是"云"的雏形。

从20世纪90年代中期开始,普通大众已经开始以各种形式使用基于Internet的计算机应用,比如:搜索引擎(Yahoo!、Google)、电子邮件(Hotmail、Gmail)、开放的发布平台(MySpace、Meta、YouTube),以及其他类型的社交媒体(Twitter、LinkedIn)。虽然这些服务是以用户为中心的,但是它们普及并且验证了形成现代云计算基础的核心概念。

20世纪90年代后期,Salesforce.com率先在企业中引入远程提供服务的概念。2002年,Amazon.com启用Amazon Web服务(Amazon Web Service,AWS)平台,该平台是一套面向企业的服务,提供远程配置存储、计算资源以及业务功能。

直到2006年,"云计算"这一术语才出现在商业领域。Google率先提出了云计算的概念:将所有的计算和应用都放在"云"上,终端设备不需要安装任何软件,通过互联网来分享程序和服务。IBM和微软也纷纷推出自己的"云"策略。在这个时期,Amazon推出其弹性计算云(Elastic Compute Cloud,EC2)服务,使得企业通过"租赁"容量和处理能力来运行其企业应用程序。同年,Google Apps也推出了基于浏览器的企业应用服务。2009年,Google应用引擎(Google App Engine)成了另一个里程碑。

Gartner咨询公司在其报告中将云计算放到战略技术领域的前沿,进一步重申了云计算是整个行业的发展趋势。在这份报告中,Gartner公司将云计算正式定义为:"一种计算方式,能通过Internet技术将可扩展的和弹性的IT能力作为服务交付给外部用户。"这个定义对Gartner公司2008年的原始定义做了一点修订,将原来的"大规模可扩展性"修改为"可扩展的和弹性的"。这表明了可扩展性与垂直扩展能力相关的重要性,而不仅仅与规模庞大相关。

Forrester Research咨询公司将云计算定义为:"一种标准化的IT性能(服务、软件或者基础设施),以按使用付费和自助服务方式,通过Internet技术进行交付。"该定义被业界广泛接受。

2011年9月,根据进一步评审和企业意见,美国国家标准与技术研究院(NIST)发布了对云计算的修订版定义:"云计算是一种模型,可以实现随时随地、便捷地、按需地从可配置计算资源共享池中获取所需的资源(例如,网络、服务器、存储、应用程序及服务),资源可以快速供给和释放,使管理的工作量和服务提供者的介入降至最少。"

如今,云计算模式已经被业界广泛接受,但其概念还在不断更新,以适应云计算技术的发展和市场需求。总的来说,云计算就是一种基于互联网的计算方式,通过这种方式,网络上各种终端和用户可以按需使用服务商提供的共享软硬件资源和信息。云计算常见的应用场景如图6-1所示。

图6-1 云计算常见的应用场景

二、云计算的特点

一个云计算环境一般应当具有下面五个特性。

1. 按需自助服务

云用户可以单边访问基于云的 IT 资源,云提供者要给予云用户自助访问 IT 资源的自由。一旦配置好了,对自助提供的 IT 资源的访问可以自动化,不再需要云用户或是云提供者的介入。这就是按需使用的环境,也称为"按需自助服务使用",主流云基于服务的特性和使用驱动的特性都是由按需自助服务使用的特性促成的。

2. 泛在接入

泛在接入是一个云服务可以被广泛访问的能力。要使云服务能泛在接入,需要支持一组设备、传输协议、接口和安全技术。要支持这种等级的访问,通常需要剪裁云服务架构来满足不同云用户的特殊需求。

3. 资源池化

云提供者把它的 IT 资源放到一个池子里,根据客户需求动态分配不同的物理和虚拟资源,以多租户模式服务所有云用户。用户一般不需要了解所使用的资源的确切位置,但在需要的时候,用户也可以指定资源的位置。

4. 动态可扩展

动态可扩展是一种能力,云根据运行时条件或云用户或云提供者事先确定的要求,自动透明地扩展 IT 资源,迅速、弹性地提供和释放服务。动态可扩展通常被认为是采用云计算的核心理由,主要是因为它与降低投资和与使用成比例的成本这些好处紧密地联系在一起。具有大量 IT 资源的云提供者可以提供极大范围的动态可扩展性。

5. 可测量的使用

可测量的使用特性表示的是云平台记录 IT 资源被云用户使用情况的能力。根据记录的内容,云提供者只对云用户实际使用的和被授予 IT 资源访问的时间段进行收费。

三、云计算的服务模式

云计算在快速的发展过程中逐渐形成了不同的服务模式(service models)。目前我们熟知的主要有三大类:SaaS(software as a service,软件即服务)、PaaS(platform as a service,平台即服务)、IaaS(infrastructure as a service,基础设施即服务)。三者的基本关系如图 6-2 所示。

1. 软件即服务(SaaS)

SaaS 是随着互联网技术的发展和应用软件的成熟,在 21 世纪兴起的一种完全创新的软件应用模式。传统模式下,厂商通过 license 将软件产品部署到企业内部多个客户终端实现交付。SaaS 定义了一种新的交付方式,使得软件进一步回归服务本质。企业部署信息化软件的本质是为了自身的运营管理服务,软件的表象是一种业务流程的信息化,本质还是一种

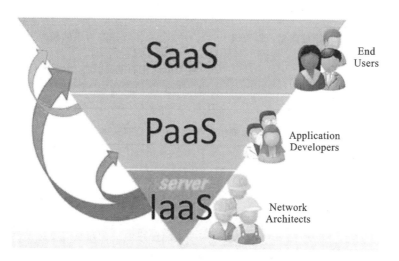

图 6-2 云计算的基本服务模式

服务模式,SaaS 改变了传统软件服务的提供方式,减少本地部署所需的大量前期投入,进一步突出信息化软件的服务属性,或成为未来信息化软件市场的主流交付模式。这类服务模式代表有办公 OA 系统、腾讯公众号平台等。Salesforce.com 通过向大企业销售云端 CRM 服务以及成长为一家年收入超过 20 亿美元的纳斯达克上市公司。

2. 平台即服务(PaaS)

PaaS 把服务器平台作为一种服务提供的商业模式。在云计算的典型层级中,PaaS 介于 SaaS 与 IaaS 之间。PaaS 为用户提供应用程序部署和管理服务,主要包括并行程序设计与开发环境、结构化海量数据的分布式存储管理系统、海量数据分布式文件系统以及实现云计算的其他系统管理工具。用户不需要管理与控制云端基础设施(包含网络、服务器、操作系统或存储),但需要控制上层的应用程序部署与应用托管的环境。典型的代表有 Pivatol Clound Foundary、Google App Engine、Microsoft Azure 和 Hadoop 等。

3. 基础设施即服务(IaaS)

IaaS 是指把 IT 基础设施作为一种服务通过网络对外提供,并根据用户对资源的实际使用量或占用量进行计费的一种服务模式。在这种服务模型中,普通用户不用自己构建一个数据中心等硬件设施,而是通过租用的方式,利用 Internet 从 IaaS 服务提供商获得计算机基础设施服务,包括服务器、存储和网络等服务。这类云计算服务提供商典型的代表便是 AWS、阿里云、腾讯云等。

上述三种云服务模型在使用和实现方面各有特色。表 6-1 比较了它们的控制等级,表 6-2 比较了它们的典型行为。

表 6-1 典型云交付模型的控制等级比较

云交付模式	赋予云用户的典型控制等级	云用户可用的典型功能
SaaS	使用和与使用相关的配置	前端用户接口访问
PaaS	有限的管理	对与云用户使用平台相关的 IT 资源的中等级别的管理控制

续表

云交付模式	赋予云用户的典型控制等级	云用户可用的典型功能
IaaS	完全的管理	对与虚拟化的基础设施相关的IT资源以及可能的底层物理IT资源的完全访问

表6-2 云用户和云提供者与云交付模型有关的典型行为

云交付模式	常见的云用户行为	常见的云提供者行为
SaaS	使用和配置云服务	实现、管理和维护云服务,监控云用户的使用
PaaS	开发、测试、部署和管理云服务以及基于云的解决方案	实现配置好的平台和在需要时提供底层的基础设施、中间件和其他所需的IT资源,监控云用户的使用
IaaS	建立和配置裸的基础设施,安装、管理和监控所需的软件	提供和管理需要的物理处理器、存储、网络和托管监控云用户的使用

四、云计算的部署模型

三种云计算服务模式及常见服务商

云部署模型是指某种特定的云环境类型,主要以所有权、大小和访问方式来区别。一般而言,有以下四种常见的云部署模型。

1. 公有云

公有云是由第三方云提供者拥有的可公共访问的云环境。公有云里的IT资源通常是按照事先描述好的云交付模型提供的,而且一般是需要付费才能提供给云用户的,或者是通过其他途径商业化的(例如广告)。

2. 社区云

社区云类似于公有云,只是它的访问被限制为特定的云用户社区。社区云可以是社区成员或提供具有访问限制的公有云的第三方云提供者共同拥有的。社区的云用户成员通常会共同承担定义和发展社区云的责任。社区中的成员不一定要能够访问或控制云中的所有IT资源。除非社区允许,否则社区外的组织通常不能访问社区云。

3. 私有云

私有云是由一家组织单独拥有的。私有云使得组织把云计算技术当作一种手段,可以集中访问不同部分、位置或部门的IT资源。私有云的使用会改变组织和信任边界的定义和应用。私有云环境的实际管理可以由内部或者外部的人员来实施。

4. 混合云

混合云是由两个或者更多不同云部署模型组成的云环境。例如,云用户可能会选择把处理敏感数据的云服务部署到私有云上,而将其他不那么敏感的云服务部署到公有云上。

第二节 物流 Web 服务

一、Web 服务的概念

Web 服务是一个可通过网络(如因特网)使用的、平台独立的、低耦合的、自描述、自包含的、具有良好封装性的软件模块。这些软件模块采用开放的 XML 标准来描述,在商业注册中心(UDDI)分布,通过 SOAP(simple object access protocol)访问,开发者和电子商务应用创新可以搜索并定位该服务,如图 6-3 所示,它建立了一个分布式计算的基础架构。这个基础架构由许多不同的、相互之间进行交互的软件模块组成。

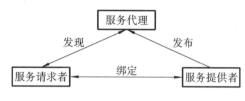

图 6-3 Web 服务体系架构

Web 服务如下:①自包含的业务任务,如提款或取款服务;②成熟的业务流程,如办公用品的自动采购;③应用程序,如人寿保险应用程序、需求预测与库存补充应用程序;④已启用服务的资源,如访问特定的保存病人病历的后台数据库。Web 服务的功能千差万别,既可以是进行简单的请求,如信用卡的核对与授权、价格查询、库存状态检查或者天气预报等,也可以是需要访问和综合多个数据源信息的完整的业务应用程序,如保险经纪人系统、保险责任计算、旅行自动规划或者快递包裹跟踪系统等。

Web 发展简史

二、Web 服务与现代物流

柔性、敏捷和面向服务是现代物流的重要特征,对物流服务的封装、分布、发现、交互、组合等技术需求迫切。

Web 服务基于标准协议,便于部署和分布,易于实现数据交换和传递,而且具有很好的可扩展性、可交互性。因此,Web 服务在现代物流的应用是其强大的性能的必然结果。

表 6-3 概括了主要的 Web 服务功能对现代物流应用的支持。

表 6-3 Web 服务功能对现代物流应用的支持

Web 服务功能	现代物流应用
自包含、模块化的服务封装	物流业务的服务化、柔性化,需要标准化、模块化技术支持,同时需要对个性化作业的描述和管理,以便物流服务及其相关资源的高效再利用
可发布、发现和调用	企业物流服务需要便捷可靠的对外发布方式,对外合作交流渠道,以及对动态联盟服务等新业态的支持;复杂的物流服务需要多个简单服务的逻辑组合和集成

续表

Web 服务功能	现代物流应用
跨平台,跨系统,网络化交互	企业发展路径和业务环境千差万别,信息化能力各不相同,存在异构系统,需要跨平台的交互
采用标准的、规范的 XML 描述与服务及交互必需的细节	物流服务具有多样性、重复性,且与应用场景密切关联,需要有高效的操作描述能力和规范的交互接口
可编程,可拓展	物流服务将随着时代的发展和市场的变化而进化、升级,需要在继承历史资源的基础上,进行业务更新和拓展
松散耦合	在产业链、供应链生态中,每一个物流服务都有其拥有者和管理者,具有独立性、完整性和自主性

三、物流资源与服务封装

1. 物流资源

物流服务需要通过物流资源及资源间的交互与协同来实现。传统的物流资源主要是实物资源。随着信息技术的发展,出现了诸如信息资源、知识资源等新型资源。如今,数据也称为一类具有巨大潜力的生产力资源。表 6-4 给出了一些物流资源的类型,包括设施设备类、人力资源类、知识资源类、信息资源类、计算资源类以及其他相关资源等。

表 6-4 根据物流资源类型分类

资源类型	资源描述	资源实例
设施设备类	物流活动中具有某种功能的物理装备、物理设施	库房、叉车、输送机、托盘、运输车辆等
人力资源类	物流活动中具有某种操作、管理和技术能力的技术人员、管理人员等	保管员、叉车驾驶员等
知识资源类	物流理论、方法、规则;物流活动中所需的软件资源集合	物流模型、国家标准、行业标准等;物流管理系统、仿真系统、人工智能软件等
信息资源类	物流活动中产生的数据;为用户提供各种所需信息的资源	各种物流数据、信息
计算资源类	网络环境下计算机服务器等资源	计算机、服务器等
其他相关资源	不在上述资源里的其他资源	

2. 虚拟物流资源

虚拟物流资源是指物流资源的计算机模型及其服务化封装,以便在计算机网络技术支持下实现物流资源的共享和优化配置。虚拟物流资源为互联网时代物流运营与管理提供了一种新的途径,使得分布在世界各地的供应链企业能够根据物流需求,快速、准确地配置虚拟物流资源,从而整合相应的物流资源,形成柔性的物流服务动态联盟。

虚拟物流资源不是简单的物理物流资源的计算机映射,而是物流服务化趋势下对物流资源的模块化封装和数字化描述。而 Web 服务技术为虚拟物流资源的开发、分布和运行提供了强有力的工具。

(1) 在物联网的支持下,通过数字化,实现虚拟物流资源和物理物流资源的映射。

(2) 通过 XML 描述,可以对资源的服务能力和服务需求进行个性化的描述,并形成规范化的交互接口。

(3) 通过编程实现对物流资源服务的自包含和模块化服务封装。

(4) 通过 UDDI 实现对资源的网络化分布式分布。

3. 虚拟物流资源特征

与物理物流资源相比,虚拟物流资源是一种网上资源,企业通过互联网开发、分布,进而通过网络平台或数据交换系统搜寻、定位这些物流资源,进行物流资源的协调和配置,实现虚拟仓储、虚拟配送、虚拟运输、虚拟生产等。

虚拟物流资源将资源的服务能力和价值凸显出来,在标准协议的支持下,通过构建互联网环境下交互和合作的接口,模糊了企业的边界,拓展了企业运营空间。

虚拟物流资源为企业构建互联网环境下的物流服务平台,特别是开展云物流服务提供了有效的实施途径。

表 6-5 给出了虚拟物流资源和传统物流资源相比的不同之处。

表 6-5 传统物流资源与虚拟物流资源对比

特　　征	传统物流资源	虚拟物流资源
企业属性	实体企业	虚拟合作企业
资源封闭/开放	封闭、固定	开放、流动
资源属性	内部资源为主	网络资源
资源占有/利用	占有模式	利用模式
资源整合场所	企业或市场	类组织结构
资源整合机制	契约合同交易	委托代理、发布/发现
资源整合方式	企业整合、市场整合	虚拟合作
资源合作基础	交易契约	信用、征信

四、物流 Web 服务平台

物流 Web 服务平台是基于 Web 技术构建的网上物流信息服务平台。在物联网和电子支付等技术支持下,物流 Web 服务平台通过虚拟化物理资源,实现跨组织、跨服务类目,自治、异构、分布的物流资源的网络化管理和智能化匹配调度,按需柔性订购服务,可有效促进集约、共赢、绿色、开放的物流服务。物流 Web 服务正成为互联网+物流的重要技术路径和业务模式。物流 Web 服务也是物流服务云平台构建的基础,当前大多数物流 Web 服务平台都是云平台。

目前，主要的物流信息服务平台多采用 Web 服务架构实现物流资源信息发布、物流需求信息发布、电子委托、电子支付、电子确认、货物单证传输等现代物流服务与交易功能，推进企业信息化无缝对接和全程物流一体化运营。

物流 Web 服务平台，从信息交互方式可分为物流信息查询平台和物流咨询平台；从物流活动发生主体的角度，可以分为工业企业物流平台、商业企业物流平台、非营利组织物流平台及废品回收企业物流平台等；从物流活动在企业中的地位角度，可以分为供应物流平台、生产物流平台、销售物流平台、回收物流平台和废弃物物流平台。

随着物流服务云平台的推广，平台的用户快速增加，在物流服务平台发布的物流 Web 服务数量日益增多，如何从功能相似的海量服务中，选出满足客户个性化需求的客观优秀的服务组合方案，是值得关注的研究问题。从众多的功能相同、服务质量各异的物流服务中，选择并组合总体效用最优的组合方案，是现代物流环境下拟解决的关键问题之一。

Web 服务助力网络货运

网络货运是运用互联网技术实现车货匹配，促进货运全网互联互通，运力资源高效调配的一种有效运营模式。福佑卡车网络货运平台是南京福佑在线电子商务有限公司打造的一个整车运输业务服务平台。平台通过信息化、数字化实现服务上线上网，交易透明，通过标准化服务赢得市场，掌握货源分配权，通过基于数据的决策调度，实现效率和效益的跃迁。平台打破原有固定线路运营模式，有效降低了车辆空驶里程，车辆运行效率提升 24%，司机毛收入提升 30%。图 6-4 所示为福佑卡车网络货运平台的网站界面。

（资料来源：http://www.chinawuliu.com.cn/xsyj/202107/26/555376.shtml。）

图 6-4　福佑卡车网络货运平台

【思考】Web 服务如何促进车货匹配？

第三节 物流云服务平台

一、物流云服务的相关概念

1. 物流云的概念

物流云有时也称为云物流,是在云计算技术的支持下,对虚拟物流资源进行云化管理、分配、调度、决策的一种物流解决方案。物流云是一种网络环境支持下的物流运营模式。

2. 物流云服务的概念

物流云服务是一种以云服务的方式构建开放、透明、协同、柔性、高效高品质物流服务的运营方式。它通过物流云服务平台整合物流资源和客户资源,并按照客户需求智能管理和调配物流资源,为客户定制提供安全、高效、优质廉价、灵活可变的个性化物流服务的新型物流服务模式,为实现物流供应链企业资源协同与优化提供强有力的支持。

3. 物流云服务平台的概念

物流云服务(logistics cloud service,LCS)平台是一种提供物流云服务的云计算环境。它有效封装并集成各类物流企业、物流枢纽中心及各类型物流企业的优质物流资源;依托这些物流资源构建物流云及其服务接口;通过友好界面收集物流服务需求方的需求信息;依靠大规模云计算处理能力、标准的作业流程、灵活的业务覆盖、精确的环节控制、智能的决策支持及深度的信息共享实现对物流需求的精准匹配和廉价优质服务。

二、物流云服务的特征

在云计算环境下,物流资源与物流能力以云服务的形式封装和运作,形成物流云。在物流云服务模式下,物流服务具有不同于传统服务模式的特征,主要表现在以下几个方面。

(1)物流服务环境的开放性,使用户根据需要获取服务。在云计算环境中,物流服务可以上网注册、分布和更新,形成物流云服务的资源池。这些物流服务可以根据用户需求进行定制、分配和组合,提供弹性的、可计量的物流服务。因此,物流服务更为个性化、柔性化,服务更为精准高效。

(2)物流资源的虚拟性,使物流资源可以泛在接入,并以云服务的方式运作。云计算把各类物流资源和客户资源虚拟化,进行服务化封装、发布及注册,形成物流云服务,放在分布在不同服务器上的资源池中,以一种云服务的方式提供给决策者和用户。同时,这些虚拟物流资源又通过物联网与物理物流资源对接,更新其状态。决策者和用户可以在云环境中随时获取并使用这些云服务,而无须知道其具体的位置和权属。

(3)物流云服务的协同便捷,方便形成物流链/物流联盟,承担更大更复杂的物流任务。物流任务往往时空跨度较大,对物流资源的种类和数量需求量较大,单个物流模块或者机构/组织很难独立地满足复杂物流任务的要求,需要多种不同层次的物流服务通过组合协同地求解。在云计算环境中,物流资源被模块化、标准化地封装成服务单元,可以按照一定的规则动态地被发现,并组装成为一个增值的、更大粒度的服务或系统,有效克服了传统物流在寻求物流合作伙伴方面存在的技术瓶颈。

（4）实现了物流即服务的运营模式重大转变。在云计算技术的支持下，物流服务提供商和客户的各类资源都被封装成云，并具有集成管理、调配和组合的能力，可以通过网络按需为用户透明地提供可选的不同的物流服务，具有多对多的物流服务能力。

（5）面向物流服务全生命周期的 QoS 全程监控与管理。在云计算的标准协议和规范化服务的支持下，物流服务的质量体系更健全，评价方法更精准，在 GPS、RFID 等物联网技术的支持下，可实时监控物流服务的执行情况，反馈物理数据并进行 QoS 评价和优化，同时可为服务双方提供历史信用记录。

三、物流云服务平台的体系结构

物流云服务平台的体系结构可以从不同的侧面来描述。图 6-5 从技术角度描述了其结构，主要包括云资源提供端、云虚拟层、云业务服务层和云服务请求端等几个部分。

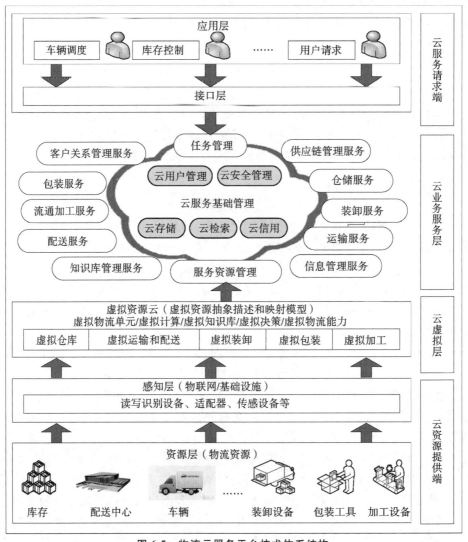

图 6-5　物流云服务平台技术体系结构

云资源提供端包括物流资源层和感知层。物流资源层包含物流服务过程中所需的各种资源(物流设施资源、物流设备资源、计算资源、智力资源和其他资源)。感知层采用各种感知设备和适配器,实现对分布异构的物流资源的全面感知和互联,为云物流资源的智能识别和管理提供支撑。

云虚拟层通过解除物流硬资源和软管理的紧密耦合,将接入平台中的各种物流资源和能力汇聚成虚拟资源云。云虚拟层实现了对物流资源的建模、服务接口、虚拟化、封装管理、分布管理以及质量管理等。

云业务服务层是物流云服务平台的核心层。为平台提供云服务基础管理和物流业务服务。主要包括:①云用户管理,如账号管理、交互管理、认证管理等;②云安全管理,如访问授权、访问控制、安全监控等;③云基础管理,如云发布、云存储、云检索、云匹配、云调度、云信用、云交易等。物流业务服务主要包括仓储服务、装卸服务、配送服务、运输服务、知识库管理服务、供应链管理服务等。

云服务请求端主要连接物流上下游客户,为客户提供统一的入口和访问界面。客户可以通过平台获得最适合的单个物流云服务或者一套物流服务解决方案,如车辆调度、库存控制等。物流服务供应链上的用户也可以通过平台整合各类物流资源,协同为客户提供高效、优质、廉价的个性化物流服务。

第四节 典型物流云服务

基于云计算的物流云服务,同样可以分为三种不同的服务模式。

(1) 物流基础设施即服务(IaaS):客户可以应用云环境中的物流供应提供的虚拟物流资源开展物流组织与管理,获得相应的物流服务。而物流服务供应商要提供 IaaS 服务,需要构建云环境,实现物流资源抽象和部署、资源监控、负载管理、数据管理、安全管理、计费管理。

(2) 物流云平台即服务(PaaS):客户通过物流云平台获取物流服务,根据需要进行物流业务的定义、组织与调度。而物流服务供应商在提供丰富的物流基础服务、精细的物流资源调度、管理与监控等功能的基础上,进一步提供强大的物流业务开发环境。

(3) 物流软件即服务(SaaS):客户通过物流云平台获取各类专业的物流业务服务,并按需使用及付费,而无须考虑物流服务所需的专业细节。

随着智慧物流的发展,物流云服务的应用越来越广泛,越来越深入。物流服务提供商不断探索云服务技术的深度应用,以覆盖更多的物流环节,封装复杂多样的物流设施设备,推进物流作业和物流服务标准化、模块化,满足日益个性化的物流需求,惠及广大中小企业和消费者。目前物流云服务的典型模式很多,这里从仓储和配送两个方面做简要介绍。

一、云仓储服务模式

1. 云仓储的概念

云仓是指通过云计算技术将分布在不同地域的物理仓库集中起来并统一运营的一种仓储网络。云仓拥有数量可观的分散在不同地方的物理仓库,这些仓库的容量,甚至结构和主体可以不同,但是需要按照统一的标准和系统运营。他们在网络信息平台的支持下共享库存信息,进行资源整合,以期扩大仓储的覆盖范围,并有效降低系统风险和运营的总体成本。云仓同时具有大容量、宽覆盖、低成本,以及信息透明共享和灵活仓储服务等优势,可以支持客户多样化小批量、方便快捷的仓储服务需求。

云仓储是指利用云计算强大的大数据技术对云仓进行运营的一种新型的联合仓储服务模式。在云仓储模式下,物流企业可以针对商品在不同区域、时段的销量提前预测,根据需要在云仓的不同仓库间调节库存,将相应数量的商品提前备货到距离消费者最近的仓库,以便减少物流流程,实现就近高效配送。

云仓储是物流云服务的一个分支,它使得物理上分散的云仓库可以在云平台上统一规划、管理和运营库存,使得仓储供应链上企业能共同参与,协同运营,在竞争中拥有:①信息优势;②成本优势;③协同优势。图 6-6 为云仓储系统结构图。

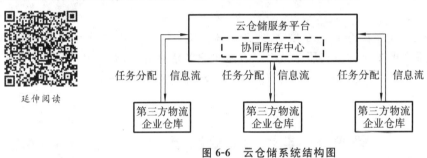

图 6-6 云仓储系统结构图

2. 典型的云仓储物流

云仓储是互联网+物流背景下物流的重要创新,也是推进智慧物流发展的重要途径。为此,国内外物流企业开展了多种尝试和实践,产生了许多经典的云仓储案例。

1) 菜鸟云仓

菜鸟网络科技有限公司成立于 2013 年,是阿里巴巴"电商帝国"为破解电商物流瓶颈而成立的一家物流网络平台公司。通过几年的发展,到 2018 年,菜鸟网络已经覆盖了全球 220 多个国家和地区,深入中国 2900 多个区县,实现了电子订单在线化、快递当日达和次日达,形成了全球通关一体化的平台。菜鸟网络共有五大业务板块,其中菜鸟云仓是其智慧物流体系的最为关键的一环,形成了实现全局供应链的优化仓配网络。

菜鸟云仓主要包括两部分——骨干仓和加盟仓。菜鸟物流在全国建立了华北、华中、华东、华南、西南五大区域大型的区域仓,形成了菜鸟的物流地产资源。而在加盟仓方面,菜鸟采用开放生态构建方式,只要通过菜鸟认证的水花云仓公司,都可以线上入驻菜鸟仓储联盟平台,线下仓库现场使用菜鸟云仓 logo。甚至在仓储 WMS 系统方面也不限制第三方厂商,只要按照仓储联盟接口标准上传数据给菜鸟即可。

目前,菜鸟云仓(菜鸟仓配网络)具有仓储面积(峰值)1000 多万平方米,支持电器、生鲜、快消等多行业不同产品的专业仓配管理服务,在大数据的支持下,可以根据商家的商品属性、销售趋势提供分仓/补货建议,并对物流运营能力较弱的商家提供全程托管服务。同时,菜鸟云仓通过打造多样、个性化的服务,为消费者提供优质的物流服务体验(https://www.taobao.com/markets/cnwww/cangpei-landing)。

2) 京东云仓

和菜鸟云仓一样,京东云仓也是以服务于京东电商平台为主要目的。作为一家自建物流的电商巨头,京东在北京、上海、沈阳、武汉、西安、成都和德州布局了自营的物流中心,拥有自动化、现代化的大型仓库。京东采用合作建仓模式,整合国内闲置仓储资源。其中,云仓平台、仓储管理系统 WMS、运输管理系统 TMS、计费管理系统 BMS 和仓储作业规划等都是由京东提供,而合作方只需具有仓库和仓内运营设备及团队。京东云仓以系统和数据为核心,输出标准化的物流运作、行业解决方案和京东品牌,赋能商家和合作商,提升仓内运作效率和商品流通效率(https://www.jdl.cn/CloudWarehouse/)。

京东一小时达

3) 顺丰云仓

作为快递行业企业建立云仓的代表,顺丰云仓建立在其强大的快递网络和用户大数据的基础之上,以"信息网+仓储网+干线网+零担网+宅配网"组成其云仓网络。截至2017年12月,顺丰在全国拥有各类自建客户服务仓136个,面积约140万平方米,业务覆盖国内100多个城市。拥有自营和外包末端收派车辆6.3万辆,收派员约21.3万人,自营网点约1.3万个,覆盖2672个县区级城市。

顺丰云仓为各类小规模电商提供了高品质的仓配一体化服务(https://www.sf-dsc.com/)。

4) 亚马逊云仓

作为全球最大的电商企业,亚马逊的全球物流网络是现代物流发展过程中的一个典型案例。这个国际化的物流网络遍布全球的近两百个国家,在中国,亚马逊拥有10多个平行仓。而亚马逊的云仓平台是构筑其高效物流体系的重要成分。

亚马逊云仓平台在仓储管理、数据共享和大数据运用方面独具特色。亚马逊云仓的每一个库位都具有独特的编码,类似于货位的身份证。在其全球运营中心,可以通过这个编码精准地实现全球货物定位,并实现对其全球仓库的连续动态盘点,库存精准率达到了99.99%。在业务高峰期,亚马逊通过大数据分析可以做到对库存需求精准预测,从配货规划、运力调配,以及末端配送等方面做好准备,平衡了订单运营能力,大大降低爆仓的风险。通过亚马逊独特的供应链智能大数据管理体系,亚马逊云仓平台实现了智能分仓、就近备货和预测式智能调拨,可以根据预测用户的实际需求进行库与库之间的调拨。此外,该公司还提出了全球云库存的理念,将世界各个角落的货物在全球范围内流通,在中国就能看到来自大洋彼岸的库存,并在中国实现供应链管理的全球可视化。

二、云配送服务模式

1. 云配送服务概念

云配送是另一种典型的物流云服务模式,它通过云计算技术实现物流配送软件、硬件资源的组织、管理与共享,通过物联网和嵌入式技术等实现物流配送资源的全面互联、感知与反馈控制、管理、监控和共享,并通过虚拟化技术将物流的配送资源转化为虚拟配送资源池,形成一个自治的、动态扩展的配送服务云体系,并在高性能计算技术的支持下,实现配送云服务的自动搜索、智能匹配、成本优化、智能结算、数据安全等管理,通过任务匹配、动态结合与分解为终端用户提供按需快捷配送。

云配送模式通过云配送服务平台能够很好地沟通配送资源供给者和配送需求者之间的联系,实现基于知识的配送资源、配送能力、配送知识的共享与按需使用,提高配送资源的利用效率,满足使用者对服务的个性化需求。云配送可以有效盘活社会配送资源的存量,提高社会配送资源的利用效率,降低社会整体的配送成本,进而促进节能减排,实现绿色和低碳物流。云配送的基本原理如图6-7所示。

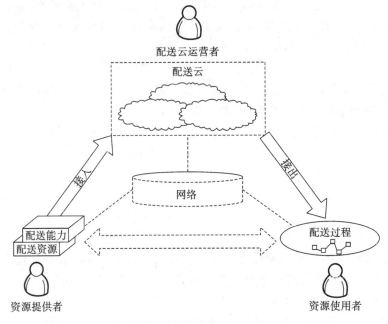

图6-7 云配送的基本原理

2. 基于云配送的物流管理模式

基于云配送的物流管理模式主要由订单管理系统、库存管理体系和运输管理系统这三部分构成,如图6-8所示。

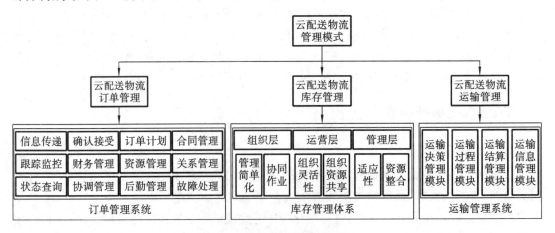

图6-8 云配送物流管理模式

1）云配送模式下的订单管理

订单管理是基于云配送的物流管理的初始环节,客户需求及内部物流、资源状况、任务完成情况等都是通过订单来描述的,云配送系统的行为表现为围绕订单而进行的一个协调配置过程。如何有效管理订单,协调订单计划的完成过程,是关系云配送组织能否盈利的关键。

所谓订单是需方与供方之间的供需协议,包括需求的项目、数量、价格、交货时间、交货地点、结算方式、运输方式等。任何两个具有供需关系的实体间的供需要求都可以由订单来描述。制订订单计划需要综合考虑库存、供货、运输、资金等多种资源,要明确订单的执行过程具体包括哪些行为及活动,活动之间的逻辑与时序关系如何。

2）云配送模式下的库存管理

云配送库存管理的最大特点在于它的灵活性和协调性。通过将库存信息上传到云配送平台进行信息共享来合理分配库存,降低库存管理的成本和风险。在云配送库存管理模式下,以核心层企业为主,与外围层企业的合作形成一个库存网络,这不仅减少了核心层企业的库存压力,同时也对库存管理风险在云配送物流组织网络内部进行了分摊。这种对物流职能的分散处理,实际上提高了物流组织网络的灵活性和效率。

在云配送库存管理模式下,核心层企业的作用更多地体现在对整个物流组织网络中企业的管理协调、监督和对市场机会的关注上。同时,核心企业对库存量的预测可以进行统一管理,也可以根据情况分配到各个成员企业,降低库存管理的风险。

3）云配送模式下的运输管理

运输环节是供应链运作中的基本环节,也是体现服务水平的重要环节,运输功能的实现和完成的质量及其达到的服务水平,直接而具体地体现了云配送系统对市场需求的满足程度。高效合理的运输管理是云配送系统完成配送活动的基础,也是其在对现有资源的整合和共享下,增大配送规模,提高配送服务水平,降低配送成本的前提条件。

同步案例 6-2

"云订货""云配送"农资服务有新招

3月8日,枝江市顾家店供销社主任熊明星将农户线上订购的农资送到家门口,服务农民,抢抓农时。目前,全市一半以上农户通过电话或微信预约购买化肥、农药等5000余吨。

城乡高效配送

附录

枝江市供销社所属网点采取电话预约、网上销售、送货上门等方式,减少人员流动,配送人员在做好防护的前提下,直接将农资商品送到家门口或指定位置,"云订货云配送"的新模式为农民提供了便利服务。农资到家的同时,"线上+线下"技术服务也同步展开。线上通过聘请农技专家线上与农户互动,开展"云上问诊",在线答疑解惑,村民足不出户享受专家一对一指导。线下组织农技人员深入田间地头为农作物"把脉问诊",指导农户科学种植、施肥、病虫害防治,解决他们在农业生产中所遇到的实际困难,有针对性地指导广大农户做好春耕、春种春管,促进农业增产、农户增收,受到农民群众高度赞扬。据统计,已通过微信群累计发布技术信息1万余条,解答技术咨询1600余人次。

截至目前,市供销社依托系统内2家农资经营企业、200余家农资经营网点,储备调运各类化肥50000吨、农药850吨(其中杀虫剂340吨、杀菌剂200吨、除草剂310吨)、农膜135吨、中小农具5600余套。春耕物资货源充足、物流畅通、价格稳定。同时,为确保农民买到放心农资,市供销社所属网点严把质量关、价格关,杜绝假农资和高抬物价,切实维护农民利益。

(资料来源:《九派新闻》。)

【思考】 云配送服务有哪些关键技术?

本章小结

在信息化时代,云计算的出现代表着一种信息技术机遇。当云计算的行业应用初现峥嵘,商业模式逐步发展,创造出新的市场机会,也掀起了新一轮的行业竞争力。物流业在"云"潮席卷的信息时代,与时俱进地衍生出"物流云",成为现代物流的一个重要特色,也为物流的数字化、网络化和智慧化发展奠定了坚实的基础。本章在简要介绍云计算和Web服务的概念、发展历程和技术特点的基础上,论述了物流Web服务和物流云服务的概念、行业需求及技术特点,介绍了几种典型物流云服务模式及相关典型案例。

练习与思考

1. 讨论并表述物流云服务的定义,你应如何理解物流云服务的内涵?
2. 试简述有关物流Web服务的关键技术,并讨论物流Web服务与物流云服务的关系。
3. 简述物流云服务平台的特点和类型。
4. 列举物流云服务技术的主要发展趋势,并查询典型的物流云服务模式。
5. 和传统仓储与配送相比,云仓储与云配送各有什么特点?

第七章
物流大数据与人工智能

掌握物流大数据与人工智能的定义及基本内涵;了解物流大数据及人工智能理论与技术;学习人工智能相关语言与工具;了解大数据与人工智能技术在物流中的应用。

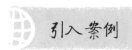

"双11"快递包裹持续增长

2019年"双11"当天,天猫平台为物流行业贡献了超10亿包裹,"中国快递进入10亿时代"成真。"兵马未动,粮草先行。"那么,电商平台和快递公司放出了哪些"大招"来准备打好"双11"这场"硬仗"呢?

电商平台:京东物流"亚洲一号"智能仓群迎来新升级,位于成都亚洲一号和武汉亚洲一号的两个超大型分拣中心正式投用,两大智能分拣中心日订单处理能力均达到100万件以上。在配送速度方面,2019年"双11"京东物流在全国十余个城市群范围内实现"半日达"服务;同时,京东物流还重点针对低线城市城区、县城以及周边乡镇,发起"千县万镇24小时达"时效提速计划。

阿里巴巴方面,"电商平台需要与物流行业打通上下游,才能共赢'双11'"。在商家供应链、仓库发货、枢纽中转、末公里派送、首公里寄件等方面,都有数智技术为消费者提供更好的物流体验,为商家进一步降本增效。

对电商平台来说,利用大数据进行铺货,可提前预测货量,提前进行备货、运货,从源头来减少爆仓压力。电商平台可以根据消费者浏览商品、添加购物车、添加收藏夹、参加商品预售等行为,预测某一商品在某一地区的销售量,从而可以联合快递公司把货量多的商品提前运到快递公司仓库,或者距离消费者更近一点的仓里。另外,电商平台可以联合仓储企业盘点库存,调整货架摆放,优化仓内布置。

快递公司:9月27日,中国邮政、中通、申通、圆通、韵达、百世、顺丰等中国11家主流快递公司联合宣布,与天猫、菜鸟一起正式启动2019天猫"双11"全球物流备战,将运用数智化技术提升配送速度,加大快递绿色化,在第11个天猫"双11"创造新的世界物流纪录。

"菜鸟天地"平台可以通过大数据分析,提前预估"双11"的包裹数量以及所需资源,提前为各大快递网点发布预警信息,快递公司可以实时了解包裹动态。菜鸟智能供应链也将加持"双11",快递分拨中心还会实现IoT智能管理;升级后的落地配品牌"丹鸟"再一次大展身手,与快递公司一起协同作战。而菜鸟驿站还将打造免费保管、刷脸取件、专人上门的多元服务。

圆通在上海转运中心上线三套双层、两套单层交叉带智能分拣设备,进出港小件包裹可达16万单/小时。中通的24个转运中心上线了双层自动分拣系统。

德邦快递对全国57个场地进行了分拣系统的升级改造,并创新性地应用能够融合大件商品和小件商品拣选的多层立体分拣系统。

百世快递10月11日在转运中心推广使用可循环集包袋,该集包袋具有芯片识别、路由追踪功能,其群感应RFID芯片技术实现包裹中转、区域流向、稽核等信息收集。

(资料来源:《2019年双十一快递包裹量预计将持续增长,有望突破22.5亿件》。)

【思考】 快递业为什么需要大数据和人工智能技术?

第一节 物流大数据概述

近些年,互联网和物联网技术的迅速普及带来了数据的井喷式增长,物流行业也不例外。物流企业基于自身的运营管理及业务需求,每天都会采集和产生大量数据信息,包括订单信息、货物信息、运输信息、仓储信息、客户信息等一系列数据。大数据时代的到来,使得物流行业的信息化和数字化建设水平迅速提高,从而推动了整个行业的转型升级和快速发展。

一、大数据的定义与特征

大数据已成为国家基础性战略资源,大数据对全球生产、流通、分配、消费活动、经济运行机制、社会生活方式和国家治理能力等,正产生日益重要的影响。

大数据作为一种概念和思潮源于计算领域,之后逐渐延伸到科学和商业领域。早在1998年,美国高性能计算公司的首席科学家约翰·马西在一个国际会议报告中就指出,随着数据量的快速增长,必将出现数据难理解、难获取、难处理和难组织这四个难题,并用"大数据"来描述这一挑战,这在计算领域引发思考。

大数据是一个较为抽象的概念,各个领域对大数据的定义不尽相同。

麦肯锡全球研究院(MGI)在其发布的研究报告 *Big data:The next frontier for innovation,competition,and productivity* 中给出的大数据定义:大数据指的是大小超出常规的数据库工具获取、存储、管理和分析能力的数据集。但它同时强调,并不是说一定要超过特定TB值的数据集才能算是大数据。

亚马逊的大数据科学家 John Rauser 给出了一个简单的定义：大数据是任何超过了一台计算机处理能力的数据量。

维基百科对大数据的定义：巨量资料（big data），或称大数据，指的是所涉及的数据量规模巨大到无法通过目前主流软件工具，在合理时间内达到撷取、管理、处理并整理成为帮助企业经营决策更积极目的的资讯。

研究机构 Gartner 给出了这样的定义。大数据是需要新处理模式才能具有更强的决策力、洞察发现力和流程优化能力的一类海量、高增长率和多样化的信息资产。

大数据的特征可以归纳为 4 个"V"。

（1）数据体量巨大（volume）。

数据数量急剧增长，数据集已从 TB 级别转向 PB 级别，并且不可避免地会转向 ZB 级别。

（2）数据类型繁多（variety）。

随着传感器、智能设备及社交协作技术的激增，企业中的数据也变得更加复杂，因为它不仅包含了传统的关系型数据，还包括来自网页、互联网日志、搜索索引、社交媒体论坛、电子邮件、文档、主动和被动系统的传感器数据等原始半结构化和非结构化数据。

（3）价值密度低（value）。

随着物联网的广泛应用，信息感知无处不在，信息海量，价值密度低，如何通过强大的机器学习算法更迅速地完成数据的价值提纯，是大数据时代亟待解决的难题。

（4）处理速度快（velocity）。

数据生成和需要处理数据的速度提升，有效处理大数据需要在数据变化的过程中对它的数量和种类进行分析。

二、物流大数据的定义与特征

物流大数据，即在各个物流环节（运输、仓储、搬运装卸、包装及流通加工等）中产生的海量数据。通过大数据技术，物流大数据可以应用到许多实际场景。例如，它可以根据市场进行数据分析，提高物流运营管理效率，合理规划分配物流资源，调整物流业务结构，确保每个业务均可赢利。此外，物流大数据的预测技术可根据消费者的消费偏好及习惯，预测消费者需求，将商品物流环节和客户的需求同步进行，并规划运输路线和配送路线，以缓解运输高峰期的物流压力，提高客户的满意度，提高客户黏度。图 7-1 列举了六种典型的物流数据。

物流大数据具备如下 6 个特征。

（1）多主体、多形态。由于物流服务会涉及多个业务主体（如甲、乙方及物流服务提供方），也会涉及多种类货物及多种物流作业方式和设备（如仓储、运输、装卸等），因此物流数据的来源广泛，物流数据的表现形态和方式多样。比如，在同一个仓库，货物可能来自众多的货主，他们对仓储数据的需求及供给都不一样。

（2）时空关联。物流服务涉及从供应地到送达地的仓储、运输、装卸、配送等多个环节，是一个时空动态变化的连续过程，在此期间产生的数据，也必然是和时空密切关联的，也只有和时空关联，这些数据才有意义。

(a) 货物、容器、载具数据　　　　(b) 作业、商务数据　　　　(c) 时空地理数据

图 7-1　各类物流数据

（3）移动多载体。物流是物的流通，而其过程中会涉及多种移动装置，包括各种载运工具和运载单元体。因此，物流数据必然是和多种移动载体密切相关的。

（4）多层次嵌套。为方便物流的装卸搬运、运输与储存，货物需要包装、堆码垛以及装箱装托等，物流数据还会有多种属性。因此，物流数据必然是多层次嵌套的，可以按照面向对象的方法进行封装和继承。

（5）暗藏机理、规律。物流与供应链密切相关，和所服务的行业、企业的生产经营密切相关，物流数据也就能反映关联行业、企业的生产经营状况和走势规律，甚至市场的变化。比如，中国物流与采购联合会定期发布的中国物流业景气指数（LPI）以及快递物流指数等，都能很好地反映我国的区域和行业的发展动态。

（6）真实性。作为一种商业服务，物流涉及货物及资金的流动，和商流及物权转移密切相关。因此，由物流产生的数据具有独特的真实性和可靠性，是一类重要的工业大数据。

三、智慧物流数据分类

数据的分类与整理是大数据应用的重要基础，在智慧物流中，对于智慧物流数据的分类与整理也是智慧物流发展与应用的重要部分。智慧物流数据的分类如图 7-2 所示。将智慧物流数据按照商物管控数据、供应链物流数据和物流业务数据进行分类，从而实现对智慧物流数据进行分析整理的目的。

智慧物流的作业对象是商品，智慧物流是商品的物流，智慧物流数据是流通的商品的数据。流通商品的物流即为商物，从流通商品物流这个宏观角度来分析智慧物流数据，能够得到各商品类的流量、流向数据，并从宏观上了解智慧物流数据的大体情况，从而能在宏观上对智慧物流数据进行分析。

供应链物流是将物流从供应链物流层面进行分析，是为了顺利实现与社会经济活动相关的物流系统，协调运作生产、供应活动、销售活动和物流活动，进行综合性管理的战略机能。将供应链物流作为智慧物流分类的中观标准，是将智慧物流放在供应链网络中进行分析，是从中观上对智慧物流的数据进行进一步的梳理。

智慧物流也是由基本的物流业务组成，将智慧物流业务作为微观分类标准，可以从基础的物流业务出发，了解智慧物流的数据情况，得到每个业务的数据结果，从而从微观的角度得到智慧物流的基本数据。

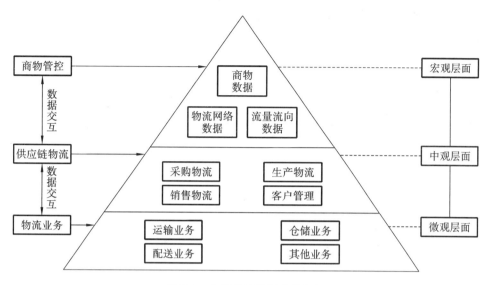

图 7-2 智慧物流数据分类框架

第二节 物流大数据技术

智慧物流要求具备信息化、数字化、网络化、集成化、可视化等先进技术特征。物流大数据贯穿物流全过程,如何挖掘和分析这些海量数据,挖掘有价值的数据,提高智慧物流效率,是智慧物流大数据战略的核心所在。物流大数据的关键技术主要包括物流大数据采集技术、物流大数据存储技术、物流大数据分析技术。

一、物流大数据采集技术

数据采集技术是数据处理的必备条件,及时、准确地掌握货物在物流链中的相关信息是智慧物流实现的关键技术之一,物流信息能否实时、方便、准确地捕捉并且及时有效地进行传递,将直接影响整个物流系统的效率。本节将从供应链角度、商物管控和物流业务角度分别介绍物流大数据采集技术。

1. 基于供应链的大数据采集

基于供应链的数据采集,主要包括各类传感器、条码技术、RFID、GPS、GIS 技术等。条码技术实现了物流信息的自动扫描,为供应链管理、企业物流信息系统管理提供了有力的技术支持。RFID 技术为物流全程感知奠定了基础,它的发展和推广应用是自动识别行业的一场技术革命,同时它在智慧物流领域中的运用为物流行业的发展带来巨大变化。GPS、GIS 技术通过采集车辆的轨迹数据,完成车辆调度与路线规划、车辆的路径导航以及车辆的实时监控,并根据终端反馈的信息,对订单来源、客户分布规律等进行分析,挖掘潜在客户,对车辆的历史轨迹、行车里程、油耗等进行分析,为决策管理提供依据。

2. 基于商物管控和物流业务的大数据采集

基于商物管控和物流业务的数据采集是针对更广域的超大体量数据环境下,如企业营销数据、信息检索与 Web 搜索数据等,对物流中的商品数量分布、需求分布、商品来源等海量信息进行采集。

企业营销数据主要来自企业内部,包括联机交易数据和联机分析数据等。传统的企业营销数据价值密度高,是历史的、静态的数据,但利用先进的大数据技术可以完成对数据的实时采集。依托大型企业营销平台,通过对实时数据源的处理和存储,充分掌握并利用其商流、货流信息,对商品物品的交易数量、地域分布、销售额等信息进行捕捉,为可视化大数据条件下的智慧物流现状分析及未来趋势预测奠定基础。企业营销数据采集技术框架如图 7-3 所示。

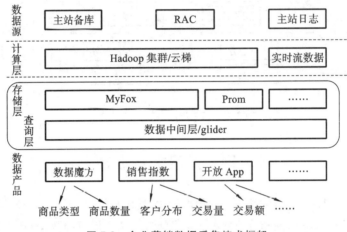

图 7-3 企业营销数据采集技术框架

通过对企业营销数据源的实时流数据进行计算、存储、查询等,形成商品类型、商品数量、客户分布、交易量、交易额等基于企业营销的数据产品。

信息检索与 Web 搜索数据主要来自网络搜索引擎、社交网站等,是海量的、鲜活的,代表了一个个潜在客户的想法。信息检索和 Web 搜索是广域数据环境下数据捕捉的基础,通过利用网络自动索引、网络爬虫等技术,根据既定的抓取目标和搜索策略,有选择地访问互联网网页与相关链接,最终获取所需要的信息。智慧物流环境下,随着社交网站的普及,以及各种传感网的建立(物联网、车联网等),物流信息数据呈现更多的动态性,网络爬虫的范畴也逐步扩展到面对数据流的监视、过滤等。

通过信息检索与 Web 搜索对物流数据进行采集,对海量的互联网信息进行搜索和筛选,其一般流程如下:从一个或若干初始网页的 URL 开始,获得初始网页上的 URL;在抓取网页的过程中,不断从当前页面上抽取新的 URL 放入队列,直到满足系统的一定停止条件。物流信息采集流程如图 7-4 所示。

二、物流大数据存储技术

数据经过采集和转换之后,需要存储归档。物流大数据的存储技术主要为智慧物流数据仓库技术,保证了海量数据的存储,进而为物流大数据分析奠定基础。

数据仓库技术主要是对数据进行集成化收集和处理,不断地对信息系统中的数据进行整理,为决策者提供决策支持。数据仓库技术主要解决数据的提取、集成及数据的性能优化

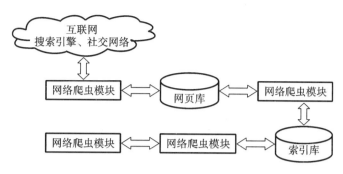

图 7-4 物流信息采集流程

等问题。大数据背景下的数据仓库技术主要包括 Hive、Hadoop DB、Hadapt 等。

在物流管理数据仓库技术结构中,其底层是多个信息源,包括一般的数据库、平面文件、HTML 文档等,内容为以文件方式提供企业在日常活动中收集的包括订单、存货单、应付账、交易条款、客户情况等在内的大量数据资料、报表及大量的外部信息等数据;在包装器/监视器模块中,包装器负责把物流信息从原信息源的数据格式转换成数据仓库系统使用的格式,而监视器则负责对本地信息源中需要提取的数据及其变化做自动探测,并把结果报告给集成器;集成器负责把物流信息安装到仓库中,其间还要进行过滤、汇总或与其他数据源的信息合并,最后将新的物流信息正确地放到物流管理数据仓库中。在完成企业级的信息数据仓库之后,可以基于这个数据仓库平台进行数据挖掘工作。

三、物流大数据分析技术

物流大数据分析技术的关键是数据挖掘。数据挖掘就是对观测到的数据集(经常是很庞大的)进行分析,目的是发现未知的关系和以数据拥有者可以理解并对其有价值的新颖方式来总结数据。从技术上看,数据挖掘是指从大量、有噪声、不完全、模糊以及随机的应用数据中,提取隐含在其中的、人们事先不知道的但潜在有用的信息和知识的过程。

数据挖掘常用的技术有关联分析、聚类分析、分类、预测、时序模式和偏差分析等。通过对大数据进行高度自动化的分析,做出归纳性的推理,从中挖掘出潜在的模式,可以帮助企业、商家、用户调整市场政策、减少风险、理性面对市场,并做出正确的决策。数据挖掘流程如图 7-5 所示。数据挖掘技术能够帮助企业及时、准确地收集、处理和运用客户、市场、销售及整个企业内部的各种信息,对客户的行为及市场趋势进行有效的分析和辨识,了解不同客户的爱好,从而可以为客户提供有针对性的产品和服务,大大提高各类客户对企业和产品的满意度。

物流大数据分析技术可以广泛地应用于仓储管理、运输管理、客户关系管理等领域,是大数据背景下智慧物流的发展核心。

1. 仓储预测与动态管理

大数据预测是大数据分析技术的重要技术之一,通过大数据预测技术,可以挖掘出客户的消费偏好及习惯,预测客户需求,从而将商品物流环节和客户需求同步进行,将商品提前布局到消费需求周围,并预计运输路线和配送路线,有效规避运输高峰期的物流压力。另一方面,通过敏捷和准确地响应客户需求,提高客户的满意度和黏度。

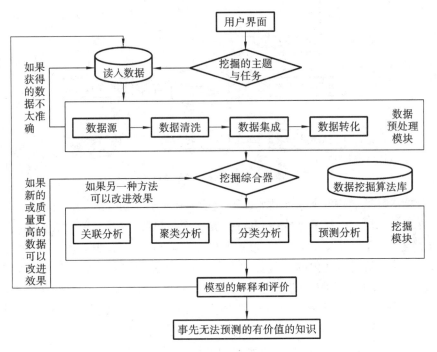

图 7-5 数据挖掘流程

目前京东已经将销售预测和销售计划相结合,建立了一套独有的智能单量预测系统。该系统基于实时计算的大数据平台,主要通过对历史销售数据的学习,自动抓取营销方案,可预测某商品在未来的销售单量,输出叠加的单量预测。通过大数据支撑的智能单量预测系统能够支持京东全品类千万级自营 SKU 的需求预测,单量预测品类仓维度准确率达到 85%,是库存管控相关系统重要的基础数据来源,也是京东数字化驱动智慧运营的基础。

2. 预测性运输

大数据时代使根据海量客户数据去预测客户的购买行为成为可能,预测客户购买行为可以提前配货运输,有效缩减商品到达时间。"预测性物流"的专利技术由亚马逊在 2013 年 12 月申请,这项专利可以让亚马逊根据海量客户数据去预判客户的购买行为,提前将这些商品运出仓库,放到托运中心寄存,等客户确认下单时,立即装车送达客户。

"预测性物流"作业流程如图 7-6 所示。在大数据环境中,企业通过搜索引擎、云计算、SVM 等技术,分析客户的历史订单、商品搜索记录、愿望清单、购物车,甚至包括客户的鼠标在某件商品上悬停的时间等大量信息后,在他们实际下单前便填好大概地址或邮政编码,以便将商品运送到接近客户的地方,将包裹提前从亚马逊发出,之后在运输途中将这些信息填写完整,但在客户正式下单前,这些包裹仍会暂存在快递公司的转运中心或卡车里。

亚马逊通过"预测性物流"技术,强化对客户及人口分布的了解、对趋势的预测,快速匹配仓储和运输等业务,实现了智慧物流时代下的抢先布局。

3. 商品关联分析

商品的合理储位对仓容利用率、储存搬运分拣效率的提高具有重要的意义。在大数据

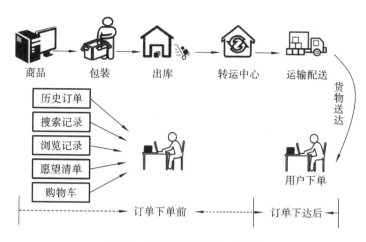

图 7-6 "预测性物流"作业流程

环境中,对于商品量大、出货频率快的物流中心来讲,商品储位就意味着工作效率和效益,利用数据挖掘技术对海量货品信息间的联系进行管理分析,进而合理安排货架与储位,能够有效提高分拣效率,同时有助于企业制定营销策略。

关联分析又称为关联挖掘,就是在交易数据、关系数据或其他信息载体中,查找存在于项目集合或对象集合之间的频繁模式、关联、相关性或因果结构,即关联分析是发现交易数据库中不同商品(项)之间的联系或相关性,从而描述一个事物中某些属性同时出现的规律和模式。关联分析是一种简单、实用的分析技术。

关联模式分析的目的就是挖掘出隐藏在数据间的相互关系,即通过量化的数字,描述 A 类产品的出现对 B 类产品的出现有多大影响,可以用以下属性来描述关联规则。

①可信度:在产品集 A 出现的前提下,B 出现的概率。

②支持度:产品集 A、B 同时出现的概率。

③期望可信度:产品集 B 出现的概率。

④作用度可信度:两类产品期望可信度的比值。

在物流信息化的今天,通过挖掘客户放入购物车中和历史订单中不同商品间的联系,分析客户的购买习惯,得出一个客户可能同时购买商品的简单规则。这种关联规则的挖掘可以帮助企业合理安排货架、决定这两种货品在货架上的位置,甚至战略性地布置货品在仓库中的位置,同时也可以帮助企业制定商品策略、完成价目表设计、实现商品促销和进行基于购买模式的客户划分等。

4. 客户关系挖掘

针对已有海量客户与商品数据,物流提供商在设法留住老客户的同时,还要尽可能挖掘潜在的新客户。传统信息系统的客户管理方式陈旧,并不能很好地吸引和调动客户积极性,因此用传统的方法并不能满足需求。而拥有处理海量数据能力及自我学习能力的数据挖掘技术与物流信息系统相结合,能够为物流企业提供强有力的支持。

智慧物流

拓展阅读

《京东大数据技术白皮书》

　　京东作为一家业内领先的互联网科技公司,完整的产业链条带来了价值可沽的海量大数据,丰富的业务场景也为技术发展提供了最佳创新土壤。京东拥有全渠道零售和端到端的高质量大数据,包含了用户的浏览和消费行为、商品制造和销售、物流仓储配送以及客服与售后等丰富完整的信息。同时,京东业务中包含有大量丰富的大数据应用场景。京东大数据平台作为京东集团的数据中台,支撑了京东无界零售的数据运营和创新。《京东大数据技术白皮书》总结了大数据技术在京东的落地和成长,分享了大数据技术体系和管理架构,阐述了大数据在京东的典型业务应用场景,并对大数据的技术方向进行了展望。

同步案例 7-1

沃尔玛商品摆放的秘密

　　在大数据背景下,收集并处理大量的顾客购物信息给沃尔玛带来了更多的商机,使其在销售业中处于领先地位。

　　沃尔玛是世界上最大的零售商,拥有超过200万员工,销售额约4500亿美元,比大多数国家的国内生产总值还多。在网络带来很多数据之前,沃尔玛在美国企业中拥有的数据资源应该是最多的。

　　在20世纪90年代,零售链通过把每一个产品记录转为数据而彻底改变了零售行业。沃尔玛可以让供应商监控销售速率、数量以及存货的情况。沃尔玛通过打造透明度来迫使供应商照顾好自己的物流。在许多情况下,沃尔玛不接受产品的"所有权",除非产品已经开始销售,这样就避免了存货的风险也降低了成本。实际上,沃尔玛运用这些数据使其成为世界上最大的"寄售店"。

　　倘若得到正确分析,历史数据能够解释什么呢?零售商与天睿资(Teradata)专业的数字统计员一起研究发现了有趣的相关关系。2004年,沃尔玛对历史交易记录这个庞大的数据库进行了观察,这个数据库记录的不仅包括每一个顾客的购物清单以及消费额,还包括购物篮中的物品、具体购买时间,甚至购买当日的天气。

　　沃尔玛公司注意到,每当在季节性飓风来临之前,不仅手电筒销售量增加了,而且POP-Tarts蛋挞(美式含糖早餐零食)的销量也增加了。因此,当季节性风暴来临时,沃尔玛会把库存的蛋挞放在靠近飓风用品的位置以方便行色匆匆的顾客从而增加销量。

　　过去,沃尔玛总部的人员需要先有了想法,然后才能收集数据来测试这个想法的可行性。如今,有了如此之多的数据和更好的工具,要找到相关性变得更快、更容易了。

　　沃尔玛是最早开始投资和部署大数据应用的传统企业巨头之一,不仅是大数据应用的"吃螃蟹"者,还设立沃尔玛大数据实验室投入大数据技术相关的研发工作。如今,沃尔玛在大数据上的投资开始产生回报。

第七章
物流大数据与人工智能

沃尔玛采用了一些奇特的大数据采集技术。例如,在服装人体假模的眼睛里安装摄像头,通过图像识别技术判断顾客的停留时间、目光关注热区,高矮胖瘦,甚至消费者是否怀孕。

沃尔玛还通过先进的大数据预测分析技术发现两个电子产品连锁店 Source 和 Carlie Brown 的顾客的购买意向正在向高档产品转移,并及时调整了两家店的库存,一举将销售业绩提升了40%。大数据分析技术使得沃尔玛能够实时对市场动态做出积极响应。

(案例来源:《大数据技术与应用》。)

【思考】
1. 沃尔玛主要应用了哪些大数据分析技术?
2. 沃尔玛采集了哪些数据来分析商品间的相关关系?主要采集途径有哪些?

第三节 人工智能概述

人工智能涉及计算机科学、认知科学、神经生理学、仿生学、心理学、哲学、数学、信息论、控制论等多个学科,是在这些学科研究的基础上发展起来的综合性很强的交叉性学科,是当前计算机科学中最活跃的分支之一。随着互联网技术和硬件设备的不断进步,人工智能在多个领域得到了迅速发展,并渗透到人类生活的方方面面。

一、人工智能的定义

作为计算机科学的一个分支,人工智能是研究、开发用于模拟、延伸和扩展人的智能的理论、方法、技术及应用系统的一门新的技术科学,是一门自然科学、社会科学和技术科学交叉的边缘学科。它涉及的学科内容包括哲学和认知科学、数学、神经生理学、心理学、计算机科学、信息论、控制论、不定性论、仿生学、社会结构学等。图7-7描述了人工智能的学科综合性及其类人智能研究。

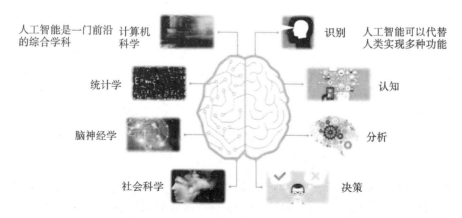

图 7-7 人工智能相关学科

一种观点认为,人工智能是对人的意识、思维的信息过程的模拟。人工智能不是人的智能,但能像人那样思考,甚至在某些方面可能超过人的智能。人工智能企图了解智能的实质,并生产出一种新的能以与人类智能相似的方式做出反应的智能机器。自从诞生以来,人工智能的理论和技术日益成熟,应用领域也不断扩大,可以预期,人工智能所带来的科技产品将会是人类智慧的"容器"。因此,人工智能是一门极富挑战性的学科。

人工智能的定义可以分为两个部分,即"人工"和"智能"。所谓"人工",是考虑人力或人的智力所能制造的,而"智能"则涉及诸如意识、自我、思维等问题。但事实上,人对于人类自身智能的理解有限,对构成人的智能的必要元素了解也有限,很难准确定义出什么是"人工"制造的"智能"。对人工智能的研究往往涉及对人的智能本身的研究,其他关于动物或人造系统的智能也普遍被认为是与人工智能相关的研究课题。

事实上,有关人工智能的定义,一直在争议和发展之中。比如,尼尔逊教授对人工智能的定义:"人工智能是关于知识的学科——怎样表示知识以及怎样获得知识并使用知识的科学。"而温斯顿教授认为:"人工智能就是研究如何使计算机去做过去只有人才能做的智能工作。"这些说法反映了人工智能学科的基本思想和基本内容。

二、人工智能的发展历程与流派

现代人工智能的起源公认是 1956 年的达特茅斯会议。达特茅斯会议主要参加者有 10 人,分别是麦卡锡、明斯基、香农、罗切斯特、纽厄尔、西蒙、塞缪尔、塞弗里奇、摩尔、所罗门诺夫,其中前四位是发起人。达特茅斯会议的最主要成就是使人工智能成了一个独立的研究学科。人工智能的英文名称是"artificial intelligence",有文献可考的记录是出自 1956 年的达特茅斯会议。

随着人工智能研究的跌宕起伏,先后出现了一些研究学派,其中影响较大的学派主要有符号主义、联结主义和行为主义这三大学派。

1. 符号主义(symbolicism)

符号主义又称为逻辑主义(logicism)、心理学派(psychologism)或计算机学派(computerism),其原理主要为物理符号系统(即符号操作系统)假设和有限合理性原理。该学派认为人工智能源于数理逻辑。数理逻辑从 19 世纪末起得以迅速发展,20 世纪 30 年代开始用于描述智能行为。计算机出现后,又在计算机上实现了逻辑演绎系统。该学派认为人类认知和思维的基本单元是符号,而认知过程就是在符号表示上的一种运算。符号主义致力于用计算机的符号操作来模拟人的认知过程,其实质就是模拟人的左脑抽象逻辑思维,通过研究人类认知系统的功能机理,用某种符号来描述人类的认知过程,并把这种符号输入能处理符号的计算机中,从而模拟人类的认知过程,实现人工智能。

符合主义最有代表性的成就,就是在 20 世纪 70 年代中期专家系统的出现和流行。

2. 联结主义(connectionism)

联结主义又称为仿生学派(bionicsism)或生理学派(physiologism),其主要原理为神经网络及神经网络间的连接机制与学习算法。这一学派认为人工智能源于仿生学,特别是人脑模型的研究。联结主义学派从神经生理学和认知科学的研究成果出发,把人的智能归结为人脑的高层活动的结果,强调智能活动是由大量简单的单元通过复杂的相互连接后并列运行的结果。其中人工神经网络是其典型代表性技术。

1982 年,霍普菲尔德提出了一种新的神经网络——Hopfield 模型,可以解决一大类模式识别问题,还可以给出一类组合优化问题的最优解。1986年,鲁梅尔哈特等人提出多层网络中的反向传播(BP)算法。

3. 行为主义(actionism)

行为主义又称为进化主义(evolutionism)或控制论学派(cyberneticsism),其原理为控制论及感知-动作型控制系统。控制论思想早在20世纪40—50年代就成为时代思潮的重要部分,影响了早期的人工智能工作者。维纳和麦克洛克等人提出的控制论和自组织系统以及钱学森等人提出的工程控制论和生物控制论,影响了许多领域。控制论把神经系统的工作原理与信息理论、控制理论、逻辑以及计算机联系起来。早期的研究工作重点是模拟人在控制过程中的智能行为和作用,如对自寻优、自适应、自镇定、自组织和自学习等控制论系统的研究,并进行"控制论动物"的研制。到20世纪60—70年代,上述这些控制论系统的研究取得一定进展,播下智能控制和智能机器人的种子,并在20世纪80年代诞生了智能控制和智能机器人系统。行为主义是20世纪末才以人工智能新学派的面孔出现的,引起许多人的兴趣。这一学派的代表作首推布鲁克斯的六足行走机器人,它被看作新一代的"控制论动物",是一个基于感知-动作模式模拟昆虫行为的控制系统。

应该说,各大流派都有自己的学术理论体系,在人工智能的发展历史上都做出了卓越的贡献。随着人工智能领域的不断拓展,不同的学术流派也开始日益脱离原先各自独立发展的轨道,逐渐走上了协同并进的新道路。如今,深度学习、强化学习等人工智能技术获得了迅速发展,在很多领域(包括物流领域)都获得了广泛应用,取得了丰硕成果。

三、人工智能的研究

人工智能的研究范畴包括自然语言学习与处理、知识表现、智能搜索、推理、规划、机器学习、知识获取、组合调度、感知、模式识别、逻辑程序设计、软计算、不精确和不确定的管理、人工生命、神经网络、复杂系统、遗传算法、人类思维方式等。一般认为,人工智能最关键的难题还是机器自主创造性思维能力的塑造与提升。

1. 人工智能的研究领域

用来研究人工智能的主要物质基础以及能够实现人工智能技术平台的机器就是计算机,人工智能的发展是和计算机科学技术以及其他相关学科的发展联系在一起的。人工智能学科研究的主要内容包括知识表示、自动推理和搜索方法、机器学习(深度学习)和知识获取、知识处理系统、自然语言处理、计算机视觉、智能机器人、自动程序设计、数据挖掘等方面。

(1)深度学习。这是无监督学习的一种,是基于现有的数据进行学习操作,是机器学习研究中的一个新的领域,其动机在于建立、模拟人脑进行分析学习的神经网络,它模仿人脑的机制来解释数据,例如图像、声音和文本。

现实生活中常常会有这样的问题:缺乏足够的先验知识,因此难以人工标注类别或进行人工类别标注的成本太高。很自然地,我们希望计算机能代替我们完成这些工作,或至少提供一些帮助。根据类别未知(没有被标记)的训练样本解决模式识别中的各种问题,称为无监督学习。

(2)自然语言处理。这是用自然语言同计算机进行通信的一种技术。作为人工智能的分支学科,自然语言处理研究用电子计算机模拟人的语言交际过程,使计算机能理解和运用人类社会的自然语言如汉语、英语等,实现人机之间的自然语言通信,以代替人的部分脑力劳动,包括查询资料、解答问题、摘录文献、汇编资料以及一切有关自然语言信息的加工处理。

(3) 机器视觉。它又称计算机视觉,是指用摄影机等各种成像系统代替人眼等视觉器官作为输入感知手段,由计算机来代替大脑对目标进行识别、跟踪和测量,并进一步做图形处理和解释。机器视觉的最终研究目标就是使计算机能像人那样通过视觉观察和理解世界,具有自主适应环境的能力,它的应用包括控制过程、导航、自动检测等方面。

(4) 智能机器人。如今我们的身边逐渐出现很多智能机器人,它们具备形形色色的内、外部信息传感器,如视觉、听觉、触觉、嗅觉。除具有感受器外,它们还有效应器,作为作用于周围环境的手段。这些机器人都离不开人工智能的技术支持。科学家们认为,智能机器人的研发方向是给机器人装上"大脑芯片",从而使其智能性更强,在认知学习、自动组织、对模糊信息的综合处理等方面将会前进一大步。

(5) 自动程序设计。它是指根据给定问题的原始描述,自动生成满足要求的程序。它是软件工程和人工智能相结合的研究课题。自动程序设计主要包含程序综合和程序验证两个方面内容。前者实现自动编程,即用户只须告知机器"做什么",无须告诉它"怎么做",后一步的工作由机器自动完成;后者是程序的自动验证,自动完成正确性的检查。其目的是提高软件生产率和软件产品质量。

自动程序设计的任务是设计一个程序系统,接受关于所设计的程序要求实现某个目标非常高级描述作为其输入,然后自动生成一个能完成这个目标的具体程序。该研究的重大贡献之一是把程序调试的概念作为问题求解的策略来使用。

(6) 数据挖掘。数据挖掘一般是指从大量的数据中通过算法搜索隐藏于其中信息的过程。它通常与计算机科学有关,并通过统计、在线分析处理、情报检索、机器学习、专家系统(依靠过去的经验法则)和模式识别等诸多方法来实现数据挖掘目标。它的分析方法包括分类、估计、预测、相关性分组或关联规则、聚类和复杂数据类型挖掘。

人工智能技术的三大结合领域分别是大数据、物联网和边缘计算(云计算)。经过多年的发展,大数据目前在技术体系上已经趋于成熟,而且机器学习也是大数据分析比较常见的方式。物联网是人工智能的基础,也是未来智能体重要的落地应用场景,所以学习人工智能技术也离不开物联网知识。人工智能领域的研发对数学基础的要求比较高,具有扎实的数学基础对掌握人工智能技术很有帮助。

2. 人工智能的技术领域

人工智能技术的主要技术领域包括数理逻辑方法与专家系统、模糊控制技术、计算智能与进化计算及遗传算法、分布式人工智能与多智能体技术、神经网络等方面。

1) 数理逻辑方法与专家系统

用符号描述逻辑推理过程,并由此构成专家系统,用以进行问题求解、逻辑推理和定理证明、自然语言理解、自动程序设计以及智能规划、调度与指挥等工作。

2) 模糊控制技术

以数学的模糊集合理论为基础,用以研究模式识别、机器视觉、智能控制等问题。

3）计算智能与进化计算及遗传算法

模拟生物进化与遗传过程,探索生物进化与遗传过程中显现出来的结构不断优化、复杂等级不断提升、种类不断多样化、对环境的变化不断适应等现象,用以探索问题求解、机器学习、模式识别、智能规划、智能控制、智能机器人、人工生命等方面的问题。

4）分布式人工智能与多智能体技术

随着计算机和网络技术的不断发展,分布式智能系统得到重视,用以研究大系统中的智能分布性、连接性、协作性、开放性、容错性、独立性。

5）神经网络

以连接主义的思路模拟大脑神经系统处理信息的方式,构建人工神经网络,用以完成问题求解、自然语言理解、自动程序设计、机器学习、模式识别、机器视觉、智能规划、智能控制等工作。

每个技术领域都能实现多种问题的研究与解决,功能有交叉,且各自擅长不同的应用场景。人工智能技术的主要实现方法有软件方法(专用程序、开发工具与开发平台、通用程序开发工具)、控制硬件电路方法、其他硬件实现方法(生物体、机械结构等)。

四、人工智能与物流

人工智能技术在物流领域的应用正由点到面展开,悄然改变着传统物流业,并且将对未来物流业的发展有着重要影响。一些主要的人工智能技术,包括智能搜索、推理规划、机器视觉、智能仓储机器人等,在物流业取得了令人印象深刻的应用效果,极大减小了物流对于人的依赖,提高了物流作业的效率和精准度,甚至颠覆了原有的物流作业流程和业态。以下结合几个典型的物流场景做简要介绍。

1. 仓库选址优化

仓库的位置将对后续的运输、配送环节产生非常大的影响,因此仓库的选址至关重要。现代的物流业务不是在订单来了之后才开始,而是在客户下订单之前就开始了。因此,首先在客户下订单之前要进行需求预测、评估订单的数量规模及位置;其次是对供应商和生产商的地理位置进行分析。有了供需的基本信息之后,结合地图和地理数据、运输量、运输的经济性、劳动力的经济性和可获得性、库房建造或租赁成本、税收优惠制度等大量数据,运用人工智能技术进行充分的学习和优化,找出选址的最优解。运用人工智能技术进行仓库的选址优化可以在最大限度上减少人为因素的干预,使选址更加优化,从而便于后续业务的展开,降低企业成本,提高企业的运营效率。

2. 仓储智能化

传统的仓储管理在一定程度上依赖有经验的工作人员,需要熟悉物料的储存货位、出入库周期等信息。人工智能技术的应用可以帮助管理人员实时分析各种商品的历史消费数据、历史出入库信息,有效地控制和调整库存,保证企业存货的有序平衡,避免货物积压及供应不及时。借助人工智能技术可以在仓储管理的过程中,在不影响企业正常作业和提升消费者满意度的同时,合理控制企业库存,降低物流成本,提高企业利润率。

此外,搬运机器人、分拣机器人、货架穿梭机等装备正走入仓储现场,代替人工作业。与人工拣货不同,机器人可以按照预设的程序,有序协调地进行货物的出入库、拣选,可大大提高仓储作业的效率、拣货准确度和存储密度。例如科捷的智慧旗舰仓,该仓通过使用基于仓储机器人的智能仓储系统,实现了入库、上架、下架、订单分拣、复核、质检包装、交接出货的一体化运作,大幅节约了人力,提高了仓储作业效率。

3. 运输配送智能化

配送是物流的重要组成部分,配送路径直接关系配送效率和配送成本以及对客户的服务能力。人工智能技术可以运用数据、场景、技术和算法对人员、车辆、包裹等进行合理调度,并规划出适合快递配送员的最佳路径。在路径优化的基础之上实现车货高效匹配,减少空驶损耗,优化运输线路,减少污染,降低成本;同时可以帮助企业塑造更好的服务能力,提升客户的体验感。

延伸阅读

艾瑞咨询《中国人工智能＋物流发展研究报告》

相关报告显示,目前人工智能在全球范围内的发展如火如荼,并且大量技术已被运用到传统的物流行业。如能听懂人类语言的智能语音助手,目前可以和工作人员自如交流,借助电话能够协助工作人员进行部分电话沟通工作,有效解决了快递员因为拨打收件电话而造成的工作效率降低的问题;通过摄像头对站场货物堆积、人员作业情况等进行实时智能识别监控,帮助物流站场加速流转,进而为企业节约成本。

智慧物流的核心目标是提高企业的生产效率,降低生产成本,提升竞争力;人工智能技术的应用将助力企业的发展以及智慧物流的实现。

第四节　经典人工智能技术

一、模糊推理

模糊是人类感知万物、获取知识、思维推理、实施决策的重要特征。模糊比清晰所拥有的信息容量更大,内涵更丰富,更符合客观世界。为了用数学方法描述和处理自然界出现的不精确、不完整的信息,1965年,美国著名学者扎德发表了名为 *Fuzzy Set* 的论文,首次提出了模糊理论。而在人工智能领域里,特别是在知识表示方面,模糊逻辑有相当广阔的应用前景。目前在自动控制、模式识别、自然语言理解、机器人及专家系统研制等方面,应用模糊逻辑取得了一定的成果,引起了计算机科学界越来越多的关注。

1. 模糊集合的定义

模糊集合(fuzzy set)是经典集合的扩充。下面首先介绍集合论中的几个名词。

(1) 论域:要讨论的全体对象称为论域,用 U、E 等大写字母表示。

(2) 元素:论域中的每个对象,常用 a、b 等小写字母表示。

(3) 集合:论域中具有某种相同属性的确定的、可以彼此区别的元素的全体,常用 A、B、C、X、Y、Z 等表示,如 $A=\{x\,|\,f(x)>0\}$。

在经典集合中,元素 a 和集合 A 的关系只有两种:a 属于 A 或 a 不属于 A,即只有两个真值——"真"和"假"。例如,若定义年龄不小于 18 岁的所有人为"成年人"集合,则一位超过 18 岁的人属于"成年人"集合,而另外一位不足 18 岁的人(哪怕只差一天)则不属于该集合。

经典集合可用特征函数表示。例如,"成年人"集合可以表示为

$$\mu(x) = \begin{cases} 1, x \geqslant 18 \\ 0, x < 18 \end{cases}$$

这是一种对事物的二值描述,即二值逻辑。经典集合只能描述确定性的概念,而不能描述现实世界中模糊的概念。

模糊概念在生活中广泛存在,不胜枚举。例如,"天气很热""很年轻""个子很高""成绩很好"等都是模糊概念。人们经常说的"年轻人"就是一个大家熟知的模糊概念。20 岁算年轻人,25 岁算年轻人,30 岁算年轻人,35 岁还是算年轻人,甚至 40 岁也算年轻人,但他们年轻的程度显然是不一样的。可以用一个数来表示一个人属于"年轻人"集合的程度,这个数就是所谓的隶属度(degree of membership)。

模糊逻辑模仿人类的智慧,引入隶属度的概念,描述介于"真"与"假"之间的过程。给集合中每一个元素赋予一个介于 0 和 1 之间的实数,描述其属于一个集合的程度,该实数称为该元素属于一个集合的隶属度。集合中所有元素的隶属度全体构成集合的隶属函数(membership function)。

2. 模糊集合的表示方法

当论域汇总的元素数目有限时,经典集合 A 的数学描述为

$$A = \{x, x \in X\}$$

当论域中的元素数目有限时,模糊集合 A 的数学描述为

$$A = \{(x, \mu_A(x)), x \in X\}$$

其中,$\mu_A(x)$ 为元素 x 属于模糊集 A 的隶属度,X 是元素 x 的论域。

可见,经典集合是模糊集合的特例,即如果模糊集合中所有元素的隶属度只取值 0 和 1,就会成为经典集合。经典集合中只写隶属度为 1 的那些元素,所以,隶属度就省略了。

模糊集合可以采用以下 3 种表示方法。

(1) 扎德表示法。

扎德表示法是美国自动控制专家扎德提出的。当论域是离散的且元素数目有限时,常采用模糊集合的扎德表示法:

$$A = \mu_A(x_1)/x_1 + \mu_A(x_2)/x_2 + \cdots + \mu_A(x_n)/x_n = \sum_{i=1}^{n} \mu_A(x_i)/x_i$$

其中,x_i 表示模糊集合所对应的论域中的元素,而 $\mu_A(x_i)$ 表示相应的隶属度。式中"/"只是一个分割符号,并不表示除法;符号 $+$ 和 $\sum$ 也不代表加法和累加求和,而是表示各元素之间的并列关系和模糊集合在论域上的整体。

上式也可以等价表示为:

$$A = \{\mu_A(x_1)/x_1, \mu_A(x_2)/x_2, \cdots, \mu_A(x_n)/x_n\}$$

(2) 序偶表示法。
$$A = \{[\mu_A(x_1), x_1], [\mu_A(x_2), x_2], \cdots, [\mu_A(x_n), x_n]\}$$
(3) 向量表示法。
$$A = [\mu_A(x_1), \mu_A(x_2), \cdots, \mu_A(x_n)]$$
在向量表示法中,隶属度为 0 的项不能省略。

3. 隶属函数

如果要给模糊集合中的每一个元素确定一个合理的隶属度,在许多时候是很困难的。可以用一个函数从总体上刻画隶属度和元素之间的关系。这个函数称为隶属函数。正确地确定隶属函数是运用模糊集合理论解决实际问题的基础。隶属函数是对模糊概念的定量描述。人们能够遇到的模糊概念不胜枚举,却无法找到准确地反映模糊集合的隶属函数的统一模式。

隶属函数的确定过程本质上是客观的。但每个人对同一个模糊概念的认识和理解是有差异的,因此,隶属函数的确定又带有主观性。隶属函数一般根据经验或统计确定,也可由专家给出。对于同一个模糊概念,不同的人会建立不完全相同的隶属函数。尽管如此,只要它们能反映同一模糊概念,在解决和处理实际模糊信息的问题中仍然殊途同归。

例如,以年龄作为论域,取 $u = [0, 200]$,扎德给出了"年老"(用 O 表示)与"年轻"(用 Y 表示)两个模糊集合的隶属度函数:

$$\mu_O(u) = \begin{cases} 0, & 0 \leqslant u \leqslant 50 \\ \left[1 + \left(\frac{5}{u-50}\right)^2\right]^{-1}, & 50 < u < 200 \end{cases}$$

$$\mu_Y(u) = \begin{cases} 1, & 0 \leqslant u \leqslant 25 \\ \left[1 + \left(\frac{u-25}{5}\right)^2\right]^{-1}, & 25 < u < 200 \end{cases}$$

常见模糊隶属函数的分布有正态分布、三角分布、梯形分布等。

4. 模糊关系与模糊关系的合成

用同一种金属制造 10 个物件。这 10 个物件的体积构成一个包含 10 个元素的集合 X,而这 10 个物件的重量也构成一个包含 10 个元素的集合 Y。显然,这两个集合的元素存在一一对应的关系。再看另一种情况,有 10 个人,这 10 个人的身高构成一个包含 10 个元素的集合 X,而这 10 个人的体重也构成一个包含 10 个元素的集合 Y。显然,这两个集合的元素既存在关系,但又不是确定的关系。一般来讲,个子高的人体重会大一些,但体重还和胖瘦有关。同一种金属制造的 10 个物件的体积集合和重量集合之间的关系是普通关系,而 10 个人的身高集合和体重集合之间的关系是模糊关系。

在模糊集合论中,模糊关系占有重要地位。模糊关系是普通关系的推广。普通关系描述两个集合中的元素之间是否有关联,而模糊关系则描述两个模糊集合中的元素之间的关联程度。对于有限论域,可以采用模糊矩阵表示模糊关系。

例 7.1 某地区人的身高论域 $X = \{140, 150, 160, 170, 180\}$(单位:cm),体重论域 $Y = \{40, 50, 60, 70, 80\}$(单位:kg)。身高与体重的模糊关系如表 7-1 所示。

表 7-1 身高与体重的模糊关系

身高(cm)	体重(kg)				
	40	50	60	70	80
140	1.0	0.8	0.2	0.1	0.0
150	0.8	1.0	0.8	0.2	0.1
160	0.2	0.8	1.0	0.8	0.2
170	0.1	0.2	0.8	1.0	0.8
180	0.0	0.1	0.2	0.8	1.0

X 到 Y 的模糊关系 R 可用模糊矩阵表示为

$$R = \begin{pmatrix} 1.0 & 0.8 & 0.2 & 0.1 & 0.0 \\ 0.8 & 1.0 & 0.8 & 0.2 & 0.1 \\ 0.2 & 0.8 & 1.0 & 0.8 & 0.2 \\ 0.1 & 0.2 & 0.8 & 1.0 & 0.8 \\ 0.0 & 0.1 & 0.2 & 0.8 & 1.0 \end{pmatrix}$$

模糊关系可以由模糊向量之间的叉积运算得到。下面举例说明。

例 7.2 已知输入的模糊集合 A 和输出的模糊集合 B 分别为

$$A = 1.0/a_1 + 0.8/a_2 + 0.5/a_3 + 0.2/a_4 + 0.0/a_5$$
$$B = 0.7/b_1 + 1.0/b_2 + 0.6/b_3 + 0.0/b_4$$

其中,$a_1 \sim a_5$ 为 A 中的元素,$b_1 \sim b_4$ 为 B 中的元素。求 A 到 B 的模糊关系 R。

解: 首先把两个模糊集合表示成模糊向量形式

$$A = [1.0 \quad 0.8 \quad 0.5 \quad 0.2 \quad 0.0]$$
$$B = [0.7 \quad 1.0 \quad 0.6 \quad 0.0]$$

然后,对 A 和 B 进行叉积运算。两个向量的叉积运算和两个向量的乘积运算类似,只是将其中的乘运算替换为小($\wedge$)运算。例如:

$$R = A \times B = \boldsymbol{\mu}_A^T \cdot \boldsymbol{\mu}_B = \begin{pmatrix} 1.0 \\ 0.8 \\ 0.5 \\ 0.2 \\ 0.0 \end{pmatrix} \cdot (0.7 \quad 1.0 \quad 0.6 \quad 0.0)$$

$$= \begin{pmatrix} 1.0 \wedge 0.7 & 1.0 \wedge 1.0 & 1.0 \wedge 0.6 & 1.0 \wedge 0.0 \\ 0.8 \wedge 0.7 & 0.8 \wedge 1.0 & 0.8 \wedge 0.6 & 0.8 \wedge 0.0 \\ 0.5 \wedge 0.7 & 0.5 \wedge 1.0 & 0.5 \wedge 0.6 & 0.5 \wedge 0.0 \\ 0.2 \wedge 0.7 & 0.2 \wedge 1.0 & 0.2 \wedge 0.6 & 0.2 \wedge 0.0 \\ 0.0 \wedge 0.7 & 0.0 \wedge 1.0 & 0.0 \wedge 0.6 & 0.0 \wedge 0.0 \end{pmatrix}$$

$$= \begin{pmatrix} 0.7 & 1.0 & 0.6 & 0.0 \\ 0.7 & 0.8 & 0.6 & 0.0 \\ 0.5 & 0.5 & 0.5 & 0.0 \\ 0.2 & 0.2 & 0.2 & 0.0 \\ 0.0 & 0.0 & 0.0 & 0.0 \end{pmatrix}$$

设 U、V、W 是论域，Q 是 U 到 V 的一个模糊关系，R 是 V 到 W 的一个模糊关系，则 U 到 W 的一个模糊关系是模糊关系 Q 与模糊关系 R 的合成 $Q \cdot R$。

模糊矩阵的合成可以由多种计算方式得到。最常用的是最大-最小合成法，即写出矩阵乘积 QR 中的每个元素，然后将其中的乘积运算用取小运算代替，将其中的求和运算用取大（∨）运算代替。

例 7.3 设模糊集 X、Y、Z 分别为 $X=\{x_1,x_2,x_3,x_4\}$，$Y=\{y_1,y_2,y_3\}$，$Z=\{z_1,z_2\}$。设 $Q \in X \times Y, R \in Y \times Z, S \in X \times Z$，求 S。

$$Q = \begin{pmatrix} 0.5 & 0.6 & 0.3 \\ 0.7 & 0.4 & 1 \\ 0 & 0.8 & 0 \\ 1 & 0.2 & 0.9 \end{pmatrix}, \quad R = \begin{pmatrix} 0.2 & 1 \\ 0.8 & 0.4 \\ 0.5 & 0.3 \end{pmatrix}$$

解：

$$S = Q \cdot R = \begin{pmatrix} 0.5 & 0.6 & 0.3 \\ 0.7 & 0.4 & 1 \\ 0 & 0.8 & 0 \\ 1 & 0.2 & 0.9 \end{pmatrix} \cdot \begin{pmatrix} 0.2 & 1 \\ 0.8 & 0.4 \\ 0.5 & 0.3 \end{pmatrix}$$

$$= \begin{pmatrix} (0.5 \wedge 0.2) \vee (0.6 \wedge 0.8) \vee (0.3 \wedge 0.5) & (0.5 \wedge 1) \vee (0.6 \wedge 0.4) \vee (0.3 \wedge 0.3) \\ (0.7 \wedge 0.2) \vee (0.4 \wedge 0.8) \vee (1 \wedge 0.5) & (0.7 \wedge 1) \vee (0.4 \wedge 0.4) \vee (1 \wedge 0.3) \\ (0 \wedge 0.2) \vee (0.8 \wedge 0.8) \vee (0 \wedge 0.5) & (0 \wedge 1) \vee (0.8 \wedge 0.4) \vee (0 \wedge 0.3) \\ (1 \wedge 0.2) \vee (0.2 \wedge 0.8) \vee (0.9 \wedge 0.5) & (1 \wedge 1) \vee (0.2 \wedge 0.4) \vee (0.9 \wedge 0.3) \end{pmatrix}$$

$$= \begin{pmatrix} 0.6 & 0.5 \\ 0.5 & 0.7 \\ 0.8 & 0.4 \\ 0.5 & 1 \end{pmatrix}$$

二、感知机

从平面直角坐标系及其直线开始。x 轴即直线 $y=0$，将平面分成上、下两个半平面，上半平面中点 (x,y) 的纵坐标都满足 $y \geq 0$，下半平面中点 (x,y) 的纵坐标都满足 $y<0$；y 轴即直线 $x=0$，将平面分成左、右两个半平面，右半平面中点 (x,y) 的横坐标都满足 $x \geq 0$，左半平面中点 (x,y) 的横坐标都满足 $x<0$。

一般地，任一条直线 $w_1 x_1 + w_2 x_2 + b = 0$（$w_1$、$w_2$、$b$ 是实数）都将平面分成两部分。如果令 $f(x_1,x_2) = w_1 x_1 + w_2 x_2 + b$，那么直线上半部分的点 (x_1,x_2) 都满足 $f(x_1,x_2) \geq 0$，直线下半部分的点 (x_1,x_2) 都满足 $f(x_1,x_2) < 0$。

习惯做法将直线上的点归在直线大于或等于 0 的部分。

引进符号函数 $\mathrm{sign}(x) = \begin{cases} 1, & x \geq 0 \\ -1, & x < 0 \end{cases}$，那么

$$g(x) = \mathrm{sign}(w_1 x_1 + w_2 x_2 + b) = \begin{cases} 1, & w_1 x_1 + w_2 x_2 + b \geq 0 \\ -1, & w_1 x_1 + w_2 x_2 + b < 0 \end{cases}$$

这样直线 $w_1x_1+w_2x_2+b=0$ 就将平面分成两部分，$g(x)=\text{sign}(w_1x_1+w_2x_2+b)$ 将其中的一部分对应于 1，将另一部分对应于 -1。以后简单地直说 $w_1x_1+w_2x_2+b=0$ 将平面上的点划分为正、负两类，正类用{1}表示，负类用{-1}表示，这就是分类问题。

反过来，任意给定平面上的一个点，该点必在这条直线的上方（包括直线上的点）或者下方。也就是说，该点或者属于正类{1}，或者属于负类{-1}。这样将平面上的点分类后，我们就可以预测平面上的点属于哪一类了。这就是预测问题。

1. 感知机模型

以鸢尾花样本数据集为例。

鸢尾花样本数据集是人工智能领域著名的公开数据集，它是植物学家埃德加·安德森在加拿大加斯帕半岛仔细观察并记录的 150 株鸢尾花的数据。埃德加·安德森用鸢尾花花瓣的长度和宽度区分不同类的鸢尾花。而鸢尾花的颜色、植株高矮、粗细与鸢尾花的品种则没有直接关系，这有点像人的肤色与高矮胖瘦对区分男性与女性没有什么帮助。由于鸢尾花花瓣的长度和宽度可作为判断不同鸢尾花品种的依据，于是我们将花瓣的长度和宽度称为鸢尾花的特征，这特征可以反映鸢尾花的本质特点。

埃德加·安德森用尺子精确测量并记录下 150 株鸢尾花花瓣的长度和宽度，并根据自己的专业知识，为每株鸢尾花进行品种标注，即标明该株鸢尾花属于山鸢尾类还是变色鸢尾类（见表 7-2）。

表 7-2 鸢尾花部分样本数据集

鸢 尾 花	花瓣长度(cm)	花瓣宽度(cm)	类　　别
1	1.1	0.2	*Iris setosa*（山鸢尾）
2	1.3	0.3	*Iris setosa*（山鸢尾）
3	1.5	0.4	*Iris setosa*（山鸢尾）
4	1.6	0.4	*Iris setosa*（山鸢尾）
5	3.5	1.0	*Iris versicolor*（变色鸢尾）
6	4.0	1.3	*Iris versicolor*（变色鸢尾）
7	4.7	1.6	*Iris versicolor*（变色鸢尾）
8	5.1	1.6	*Iris versicolor*（变色鸢尾）

用 x_1 表示花瓣的长度，用 x_2 表示花瓣的宽度，一方面，(x_1,x_2) 是平面直角坐标系中的一个点，另一方面，花瓣的长度、宽度是鸢尾花的特征，因此，称 (x_1,x_2) 为特征点。由于平面上的点同时也是一个向量，因而也称 (x_1,x_2) 为特征向量。由于每株鸢尾花是我们研究对象中的一个实例，这样就称 (x_1,x_2) 为一个实例的特征点或特征向量。

根据表 7-2，在平面直角坐标系中画出鸢尾花数据集中的一些实例样本的特征点，如图 7-8 所示。

从图 7-8 中可以直观地发现，变色鸢尾花的特征点靠近平面左下方，中间能有一条直线 $w_1x_1+w_2x_2+b=0$ 将这两部分特征点分开，对应着将实例样本分成变色鸢尾、山鸢尾两类，用{1,-1}表示这两个类别。那么函数

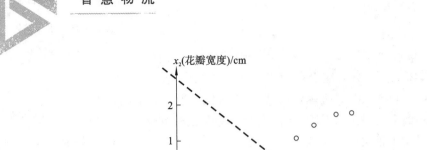

图 7-8 标注样本的特征点

$$g(x) = \text{sign}(w_1x_1 + w_2x_2 + b) = \begin{cases} 1, & w_1x_1 + w_2x_2 + b \geqslant 0 \\ -1, & w_1x_1 + w_2x_2 + b < 0 \end{cases}$$

就称为感知机(perceptron),它实现了从实例的特征点到实例类别的对应,完成了实例的分类。其中 w_1、w_2、b 为感知机模型参数,w_1、w_2 叫作权值(weight),b 叫作偏置(bias)。求解感知机模型的过程就是根据实例样本的数据求解模型参数 w_1、w_2、b 的过程。

感知机学习策略:人工智能利用实例样本数据,依算法自动运算,优化出参数 w_1、w_2、b,为此需要为机器确定一个学习策略。最常见的一种学习策略就是定义一个损失函数并优化该函数。

为定义损失函数,先看任意一个样本(x_1,x_2),它的样本标注信息为 y;$y=1$ 表示该实例是变色鸢尾花,$y=-1$ 表示该实例是山鸢尾花。

假设直线 $w_1x_1+w_2x_2+b=0$ 是我们要找的分类直线,那么,对任一个样本点(x_1,x_2),$y\cdot(w_1x_1+w_2x_2+b=0)>0$ 总成立。以图 7-8 为例,直线右上方的点(x_1,x_2) 满足 $w_1x_1+w_2x_2+b>0$,因为直线右上方的点是变色鸢尾花,所以 $y=1$,所以 $y\cdot(w_1x_1+w_2x_2+b=0)>0$;直线左下方的点$(x_1,x_2)$ 满足 $w_1x_1+w_2x_2+b<0$,因为直线左下方的点是山鸢尾花,所以 $y=-1$,所以 $y\cdot(w_1x_1+w_2x_2+b=0)>0$。

反之,如果存在一个样本点(x_1,x_2),标注为 y,不满足 $y\cdot(w_1x_1+w_2x_2+b=0)>0$,即 $y\cdot(w_1x_1+w_2x_2+b=0)<0$,或者说$-y\cdot(w_1x_1+w_2x_2+b=0)>0$,那么称该样本点被误分类了。因为此时若 $y=1$,样本点(x_1,x_2) 必须在直线的右上方,但根据$-y\cdot(w_1x_1+w_2x_2+b=0)>0$,有 $w_1x_1+w_2x_2+b<0$,这意味着点(x_1,x_2) 在直线 $w_1x_1+w_2x_2+b=0$ 的左下方。这个矛盾说明,样本点(x_1,x_2) 被错误分类了,这个错误是由直线 $w_1x_1+w_2x_2+b=0$ 造成的,必须调整参数 w_1、w_2、b,继而修正直线,改正被误分类的点。若 $y=-1$,道理是一样的。以 M 为误分类点的集合,对$(x_1,x_2)\in M$,定义损失函数为

$$L(w_1,w_2,b) = -\sum_{(x_1,x_2)\in M} y\cdot(w_1x_1+w_2x_2+b)$$

其中,$y=1$ 或 $y=-1$ 是对应的点(x_1,x_2) 的分类标注。

例 7.4 根据表 7-2 中的数据集,假设分类直线是 $0.5x_1+x_2-4=0$(见图 7-9),求损失函数值。

解:点$(1.1,0.2)$、$(1.3,0.3)$、$(1.5,0.4)$、$(1.6,0.4)$ 标注 $y=-1$,是负实例点,在直线 $0.5x_1+x_2-4=0$ 的左下方,分类正确。

点$(5.1,1.6)$ 标注 $y=1$,是正实例点,在直线 $0.5x_1+x_2-4=0$ 的右上方,分类正确。

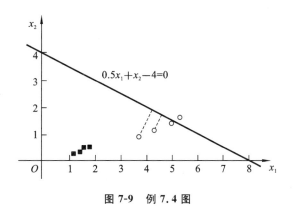

图 7-9 例 7.4 图

点 $(3.5,1.0)$、$(4.0,1.3)$、$(4.7,1.6)$ 标注 $y=1$，是正实例点，在直线 $0.5x_1+x_2-4=0$ 的左下方，被误分类。

对点 $(3.5,1.0)$，$0.5\times3.5+1.0-4=-1.25$；

对点 $(4.0,1.3)$，$0.5\times4.0+1.3-4=-0.7$；

对点 $(4.7,1.6)$，$0.5\times4.7+1.6-4=-0.05$；

代入损失函数公式，损失函数值为 $1.25+0.7+0.05=2$。

2. 感知机学习算法

确定了感知机损失函数，需要进一步给出优化该损失函数的具体计算方法，即感知机学习算法，从而最终确定模型参数 w_1、w_2、b。

损失函数 $L(w_1,w_2,b)$ 是非负的，每消除一个误分类点，损失函数值就变小一点，因此感知机学习算法就是极小化损失函数，即

$$\min_{w_1,w_2,b} L(w_1,w_2,b) = -\sum_{(x_1,x_2)\in M} y\cdot(w_1x_1+w_2x_2+b)$$

随机选取一个误分类点 (x_1,x_2)，对 w_1,w_2,b 按下式进行更新：

$$\begin{cases} w_1 \leftarrow w_1+\eta y x_1 \\ w_2 \leftarrow w_2+\eta y x_2 \\ b \leftarrow b+\eta y \end{cases}$$

其中，$\eta(0<\eta\leqslant1)$ 是步长，称为学习率（learning rate），是指每一次更新参数的程度大小；y 是误分类点 (x_1,x_2) 的标注信息，$y=1$ 或 $y=-1$。

上式的直观意思是，若一个实例点被误分类，通过这样调整 w_1,w_2,b 的值，使直线 $w_1x_1+w_2x_2+b=0$ 向该误分类点的一侧移动，损失函数 $L(w_1,w_2,b)$ 的值不断变小，直到该直线越过这个误分类点使其被正确分类，如此循环，直至全部误分类点被正确分类。这也是感知机模型的学习过程，具体算法如下。

第一步：选取初始分类参数 w_1、w_2、b。

第二步：在训练集中选取一个训练数据，如果这个训练数据被误分类，即 $y\cdot(w_1x_1+w_2x_2+b)<0$，则更新参数（将箭头右边更新后的值赋给左边的参数）。

第三步：回到第二步，直到训练数据中没有误分类的数据为止。

例 7.5 已知两类数据集如图 7-10 所示，其中正实例点 $a_1(2.5,2.5)$ 和 $a_2(4,3)$，负实例点是 $a_3(1,1)$。使用感知机学习算法求感知机模型 $g(x)=\text{sign}(w_1x_1+w_2x_2+b)$。

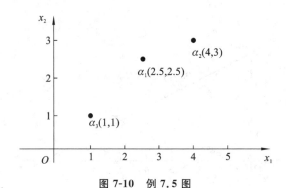

图 7-10 例 7.5 图

解：构建最优化问题：

$$\min_{w_1,w_2,b} L(w_1,w_2,b) = -\sum_{(x_1,x_2)\in M} y \cdot (w_1 x_1 + w_2 x_2 + b),$$

取学习率 $\eta = 1$。

(1) 取初始值：$w_1 = 0, w_2 = 0, b = 0$。

(2) 对点 $(2.5, 2.5)$，$y \cdot (w_1 x_1 + w_2 x_2 + b) = 1 \times (0 \times 2.5 + 0 \times 2.5 + 0) = 0$。

点 $(2.5, 2.5)$ 被误分类，更新 w_1, w_2, b：

$w_1 \leftarrow w_1 + \eta y x_1 = 0 + 1 \times 1 \times 2.5 = 2.5$；

$w_2 \leftarrow w_2 + \eta y x_2 = 0 + 1 \times 1 \times 2.5 = 2.5$；

$b \leftarrow b + \eta y = 0 + 1 \times 1 = 1$。

更新后的线性模型是 $w_1 x_1 + w_2 x_2 + b = 2.5 x_1 + 2.5 x_2 + 1$。

(3) 对点 $(2.5, 2.5), (4, 3)$，$y \cdot (2.5 x_1 + 2.5 x_2 + 1) > 0$，被正确分类，不调整参数。

对点 $(1, 1)$，$y \cdot (2.5 x_1 + 2.5 x_2 + 1) = -6 < 0$，被错误分类，更新参数：

$w_1 \leftarrow w_1 + \eta y x_1 = 2.5 + 1 \times (-1) \times 1 = 1.5$；

$w_2 \leftarrow w_2 + \eta y x_2 = 2.5 + 1 \times (-1) \times 1 = 1.5$；

$b \leftarrow b + \eta y = 1 + 1 \times (-1) = 0$。

(4) 重复上述过程，直到 $w_1 = 1.5, w_2 = 0.5, b = -3$。

对所有数据点，$y \cdot (1.5 x_1 + 0.5 x_2 - 3) > 0$，没有误分类点。故所求的感知机模型为 $g(x) = \text{sign}(1.5 x_1 + 0.5 x_2 - 3)$，迭代过程如表 7-3 所示。

表 7-3 例 7.5 求解的迭代过程

迭代次数	参数 w_1	参数 w_2	参数 b	$w_1 x_1 + w_2 x_2 + b$	误分类点	任取误分类点
0	0	0	0	0	a_1, a_2, a_3	a_1
1	2.5	2.5	1	$2.5 x_1 + 2.5 x_2 + 1$	a_3	a_3
2	1.5	1.5	0	$1.5 x_1 + 1.5 x_2 + 0$	a_3	a_3
3	0.5	0.5	-1	$0.5 x_1 + 0.5 x_2 - 1$	a_3	a_3
4	-0.5	-0.5	-2	$-0.5 x_1 - 0.5 x_2 - 2$	a_1, a_2	a_2
5	3.5	2.5	-1	$3.5 x_1 + 2.5 x_2 - 1$	a_3	a_3
6	2.5	1.5	-2	$2.5 x_1 + 1.5 x_2 - 2$	a_3	a_3
7	1.5	0.5	-3	$1.5 x_1 + 0.5 x_2 - 3$	无	

三、盲目搜索策略

盲目搜索策略又称为无信息搜索策略,也就是说,在搜索过程中,只按照预先规定的搜索策略进行搜索,而没有任何中间信息来改变这些策略。常用的盲目搜索策略有宽度优先搜索、深度优先搜索和等价搜索等。

宽度优先搜索又称为广度优先搜索,其基本思想是从起始节点开始,逐层对节点进行依次扩展(或搜索),同时考察它是否为目标节点。例如,如图 7-11 所示的搜索树,其搜索顺序应为 $A \to B \to C \to D \to E \to F \to G \to H$。这种搜索策略要求:在对下层节点进行扩展(或搜索)之前,必须完成对当前层所有节点的扩展(或搜索)。

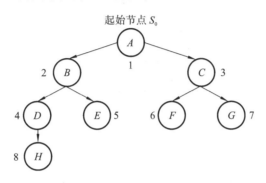

图 7-11　宽度优先搜索树(一)

宽度优先搜索的搜索过程可用图 7-12 所示的算法描述。

例 7.6　猫捉老鼠问题,猫位于 A 处,它发现 K 处有一只老鼠(见图 7-13),请用宽度优先搜索算法帮猫寻找捕捉路线。

解:使用宽度优先搜索算法解决猫捉老鼠问题的步骤如下。

(1) 猫所在的位置 A 是起始节点,将放入 OPEN 表中。

(2) 判断该起始节点 A 是否为一目标节点,若是,则求得一个解并成功退出;否则继续。此时节点 A 不是老鼠所在的位置,所以不是目标节点。

(3) 判断 OPEN 表是否为空表,若是空表,则没有解,失败退出;否则继续。此时 OPEN 表中有节点 A,非空,继续执行。

(4) 把 OPEN 表中的第一个节点(记为节点 n)移出,并放入 CLOSED 表中。将节点 A 从 OPEN 表中移出,并放入 CLOSED 表中。

(5) 判断节点 n 是否有后继节点,若有,则继续;否则,转向(3)。节点 A 有后继节点,继续执行。

(6) 扩展节点 n,把节点 n 的所有后继节点放入 OPEN 表的末端,并提供从这些后继节点回到父节点 n 的指针。即扩展节点 A,其后继节点有 B 和 C,将它们放入 OPEN 表的末端,并提供回到父节点 A 的指针。

(7) 判断刚产生的这些后继节点中是否存在一个目标节点,若存在,则找到一个解,成功退出。解可从目标节点到起始节点的返回指针中得到。否则转向(3)。后继节点 B 和 C 都不是目标节点,转向(3)。

循环执行上述操作,其 OPEN 表和 CLOSED 表的状态变化如表 7-4 所示。

智慧物流

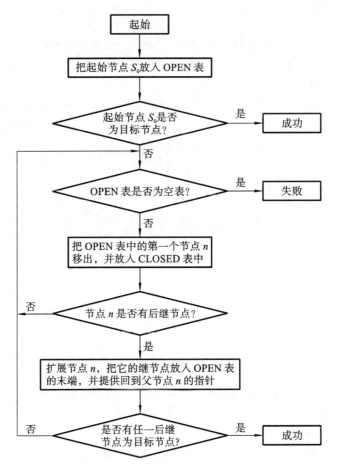

图 7-12 宽度优先搜索算法

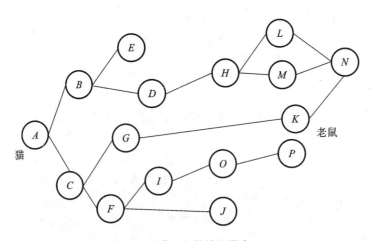

图 7-13 猫和老鼠的位置表示

表 7-4　OPEN 表和 CLOSED 表的状态变化

循 环 次 数	OPEN 表	CLOSED 表
0(初始化)	A	空
1	B、C	A
2	C、D、E	A、B
3	D、E、F、G	A、B、C
4	E、F、G、H	A、B、C、D
5	F、G、H	A、B、C、D、E
6	G、H、I、J	A、B、C、D、E、F
7	H、I、J、K	A、B、C、D、E、F、G

在搜索过程中,OPEN 表中的节点排序准则是后进入的节点排在先进入的节点后面。例如,表 7-4 的第 3 次循环中,节点 F、G 在节点 D、E 之后进入 OPEN 表中,所以节点 F、G 排在节点 D、E 的后面。因此,OPEN 表是一个队列结构,节点进出 OPEN 表的顺序是先进先出。

CLOSED 表是一个顺序表,表中各节点按顺序标号,正在考察的节点在表中编号最大。例如,表 7-4 的第 7 次循环后得到的 CLOSED 表中的节点按照从 1 至 7 的顺序编号,其中正在考察的节点 G 的编号 7。

从表 7-4 可以看出,在第 7 次循环中,步骤(7)判断 G 产生的后继节点 K 是目标节点。此时,找到一个解,成功退出。便可得到猫捉老鼠的捕捉路线为 A→C→G→K。该搜索结束后得到的搜索树如图 7-14 所示。

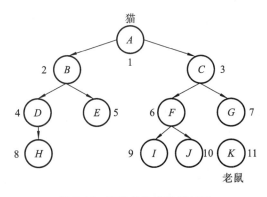

图 7-14　宽度优先搜索树(二)

宽度优先搜索是一个通用的与问题无关的方法,其性质有如下两点。
(1) 当问题有解时,一定能找到解,且得到的是路径最短的解。
(2) 当目标节点和起始节点较远时将会产生许多无用节点,搜索效率低。

第五节　计算机语言与工具

一、Python 简介

Python 被誉为最好的人工智能的语言之一。首先,它在数据科学和 AI 中占据主导地位;其次,它拥有优质的文档和丰富的库,对于科学用途的广泛编程任务都很有用;再次,它设计得非常好,快速,坚固,可移植,可扩展;最后,它是开源的,而且拥有一个健康、活跃、支持度高的社区。一些大公司赞助商如 YouTube、谷歌、Yahoo!、NASA 都在内部大量使用 Python。

五大编程语言

Python 自 1991 年诞生,至今已有三十多年的历史,其实在国内,豆瓣是最早使用 Python 作为编程语言的网站,其创始人仅用了 3 个月使用基于 Python 的 Quixote 框架开发搭建了最初的豆瓣社区的框架。此外,网易的多款游戏、搜狐的邮箱、金山的测试框架等使用的都是 Python。在国外,Google、IBM、Meta、Yelp 等企业均广泛使用了 Python。除了应用于人工智能领域,Python 也可用于 Web 开发。Python 为 Web 编程提供了多种选择。它有一个用于开发 Web 的框架集,包括 Pylons、Zope2、Web.py、Django、TurboGears、Web2py 以及 Grok,其中 Django 是 Python 开发最受欢迎和流行的框架。

除了 Python 语言之外,其他的编程语言包含 java、C/C++、R 等也非常适合人工智能与大数据算法的编程实现。

二、Python 的 IDE

集成开发环境(integrated development environment,IDE)是用于提供程序开发环境的应用程序,一般包括代码编辑器、编译器、调试器和图形用户界面等工具。集成了代码编写功能、分析功能、编译功能、调试功能等一体化的开发软件服务套。所有具备这一特性的软件或者软件套(组)都可以叫集成开发环境,如微软的 Visual Studio 系列。本节介绍三种 Python 主流的 IDE。

1. PyCharm

PyCharm 是由 JetBrains 打造的一款 Python IDE。PyCharm 具备一般 Python IDE 的功能,如调试、语法高亮、项目管理、代码跳转、智能提示、自动完成、单元测试、版本控制等。另外,PyCharm 还提供了一些很好的功能用于 Django 开发,同时支持 Google App Engine 和 IronPython。效果图如图 7-15 所示。

2. Sublime Text

Sublime Text 具有漂亮的用户界面和强大的功能,例如代码缩略图、Python 的插件、代码段等。还可自定义键绑定菜单和工具栏。Sublime Text 的主要功能包括拼写检查、书签、完整的 Python API、Goto 功能、即时项目切换、多选择、多窗口等。Sublime Text 是一个跨平台的编辑器,同时支持 Windows、Linux、Mac OS X 等操作系统。使用 Sublime Text 2 的

图 7-15　Pycharm 软件界面

插件扩展功能,可以轻松打造一款不错的 Python IDE。

3. Eclipse 和 PyDev

Eclipse 拥有庞大的开发者社区和无数的插件,可通过对它自定义,以满足用户几乎可以想象的任何需求。PyDev 向 Eclipse 添加了大量功能,远远超出了简单的代码突出显示。它处理代码完成、集成 Python 调试、添加令牌浏览器、重构工具等。对于那些使用流行的 Django Python 网络框架的人,PyDev 将允许创建新的 Django 项目,通过热键执行 Django 操作,并为 Django 使用单独的运行配置。Eclipse 和 PyDev 都可以在 Eclipse 公共许可证下使用。

三、重要的 Python 库

了解 Python 数据分析相关的主要扩展库,如 Numpy、Pandas、MatplotLib、Scipy 等,详细内容见表 7-5。

表 7-5　Python 主要扩展库详表

编号	Python 库	概　念	功　能
1	Numpy	Python 科学计算的基础包	快速高效的多维数组对象 ndarray;用于对数组执行元素级别的计算以及直接对数组执行数学运算的函数;线性代数运算,傅里叶变换,以及随机数生成;用于将 C、C++、Fortran 代码集成到 Python 的工具;作为在算法之间传递数据的容器
2	Pandas	基于 Numpy 的工具,该工具是为了解决数据分析任务而创建的	提供了大量能使我们快速便捷地处理数据的函数和方法。Pandas 兼具 Numpy 高性能的数组计算功能以及电子表格和关系型数据库的灵活的数据处理功能。它能提供复杂精细的索引功能,以便能更便捷地完成重塑、切片、切块、聚合以及选取子集的功能

续表

编号	Python库	概　念	功　能
3	MatplotLib	用于绘制数据图表的Python库	一个二维的绘图库,通过MatplotLib,开发者可以仅需要几行代码,便可生成绘图、直方图、条形图、散点图等
4	Ipython	增强版的Python Shell,目的是提高编写、测试、调试Python代码的能力	主要用于交互式数据处理和利用MatplotLib对数据进行可视化处理。Ipython notebook目前已经整合为Jupyter notebook
5	Scipy	一组专门解决科学运算中各种标准问题域包的集合	标准问题域包包括:scipy. integrate数值积分和微分方程求解器;scipy. linalg扩展了由numpy. linalg提供的线性代数例程和矩阵分解功能;scipy. optimize函数优化器;scipy. signal信号处理工具;scipy. sparse稀疏矩阵和稀疏线性矩阵求解器;scipy. special SPECFUN的包装器;scipy. stats标准连续和离散概率分布,各种统计校验方法,以及更好地描述统计方法;scipy. weave利用内联C++代码加速数组计算的工具;Numpy和Scipy的有机集合可以替代Matlab的计算功能
6	Seaborn	统计图形库,Seaborn简化了很多常用可视化类型的生成	导入Seaborn会修改默认的MatplotLib配色方案和绘图样式,可以提高图表的可读性和美观性
7	Scikit-Learn	机器学习相关的库	主要包含以下子模块。①分类:SVM,最近邻,随机森林,逻辑回归等。②回归:Lasso,岭回归等。③聚类:K-means,谱聚类等。④降维:PCA,特征选择,矩阵分解等。⑤模型选择:网格搜索,交叉验证,指标矩阵。⑥预处理:特征提取,正态化
8	TensorFlow	Google开发的一个机器学习的框架	Flow是流的意思,机器学习就是对数据的处理,Tensor的是"张量"的意思,那么TensorFlow就是"张量流"

第六节　物流大数据与人工智能技术案例

一、大数据在物流领域的应用——京东一小时达

物流大数据

京东移动商店依托海量交易数据,对不同小区的消费能力和消费习惯进行分析,描绘出不同小区的具体画像,然后通过小区画像实现未买先送的精准营销。该模式将库存前置到终端的移动商店,缩短商品与顾客的距离,从而实现京东一小时达。

第七章
物流大数据与人工智能

在大数据时代,数据被看作一种资源和财富,尤其对于电子商务和物流快递行业来说,对数据的挖掘、处理和分析,对于企业满足日趋个性化的顾客需求、适应动态多变的市场环境、应对激烈的市场竞争都具有重要意义。

1. 一小时达的诞生背景

京东经过十几年的飞速发展,积累了海量的交易数据和大量的顾客群体,同时搭建了全国高效的仓储配送网络。更好地服务顾客,为顾客提供极致的物流体验,一直是京东追求的方向。通过对市场的调研和分析,发现顾客对"运费、时效"敏感,对"加急配送"的诉求占20%。为了充分适应瞬息万变的电商市场,满足顾客多维度的物流需求,京东于2014年成立了移动商店项目组,旨在提升顾客体验的同时,将物流服务水平提升到新阶段。

2. 一小时达的业务模式

京东有丰富的自营物流资源,依赖海量交易数据实现精准营销,再通过庞大的自营物流资源将库存前置,进而离顾客更近,形成前置的"移动商店",从而实现物流费用更低、时效更快。

业务实现流程如下:

(1) 采销部门下采购单,供应商送货到指定库房,上架形成库存(图7-16 步骤①);

(2) 顾客下单前,通过分析顾客的购买习惯和能力,大数据预测得知顾客购买力强的商品,通过现有的物流体系(图7-16 步骤②、③、④)将实物铺到指定的前置仓库(移动商店);

(3) 基于LBS(location based service,移动位置服务)定位顾客位置,展示给顾客就近移动商店库存,顾客下单后,订单下传到移动商店;

(4) 移动商店的配送员获取订单,上门送货(图7-16 步骤⑤、⑥)。

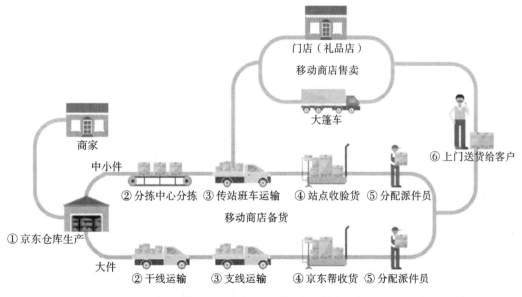

图7-16 京东一小时达业务模式

3. 一小时达的系统方案

1) 小区画像实现精准营销

在京东的大数据平台上,通过生产数据(包括主数据与交易数据)可以产生四种派生数据:顾客画像、小区画像、商品画像和商家画像。通过对派生数据的分析与预测为销售、运营等业务提供服务。小区画像是指通过大数据平台对不同小区顾客数量、活跃时段、促销敏感度、信用水平、消费能力、商品偏好、品牌偏好、忠诚度等维度的分析,挖掘出居民小区的基本属性和购买属性,可以按人群、品类预测复购率,筛选出以小区为单位的消费族群青睐的商品。

2) 小区雷达实现精准定位

京东配送系统(青龙系统)的核心子系统——预分拣系统,采用了深度神经网络、机器学习、搜索引擎、地图区域划分、信息抽取与知识挖掘等技术,并利用大数据对地址库、关键字库、特殊配置库、GIS 地图库等数据进行分析并使用,使订单能够快速处理,自动分拣,满足各类型订单的接入。移动商店利用青龙预分拣技术,可根据每个移动商店的配送能力在地图中画出一小时达配送的覆盖范围,并基于 LBS,快速定位出覆盖范围内距离顾客最近的移动商店。

4. 一小时达的应用模式及规划

首发类:品类以 3C 类为主,人群定位为白领、学生。根据小区画像事先布局,通过算法来预测消费者所处的小区对首发产品(如手机)的潜在需求,并提前把相应数量的产品推送到最近的移动商店。

地推类:品类以日百类为主,人群定位为社区百姓。根据小区画像判断某些小区、某类商品的购买力稳定,将这些品类按照预测铺到移动商店。顾客可通过京东 App 百宝箱中的移动商店入口购买,也可以现场扫码购买。

线下体验店:无特定品类,人群以集中购物人群为主。

未来的移动商店将沿着科技智能化、商家开放化的方向继续前进,如与智能家电相结合,实现顾客在家中一键下单,打造"品牌营销+智能生活+移动商店"的新生活模式。移动商店将逐步开放,为外部商家提供"销量预测+一小时达"的一站式解决方案。

二、人工智能在物流领域的应用——顺丰科技慧眼神瞳

人工智能与物流

顺丰科技有限公司隶属于顺丰速运,成立于 2009 年,负责研发与人工智能、物联网、云计算等新技术相关的应用。在人工智能方面,顺丰科技通过业务积累和技术创新,将机器学习、计算机视觉、运筹优化等 AI 技术融合到实际业务场景中,力图实现物流系统状态感知、实时分析、科学决策和精准执行,构建顺丰物流体系的"智慧大脑"。

在 2019 年全球物流技术大会上,顺丰科技的 AI Argus 慧眼神瞳首次亮相,并获得了 2019 物流技术创新奖。这也标志着顺丰科技人工智能计算机视觉成果在业务场景的落地突破。慧眼神瞳系统用于园区、中转场、营业网点等场地的现场管理,通过摄像头采集视频及图片信息实时监测运营场地的各类违规事件,为全网提供货物追溯、车辆装载率、车辆调度、运力监测和场地人员能效等基础数据,实现全网标准化业务管理,消除管理黑洞。

1. AI Argus 慧眼神瞳的构成

1) AI Argus 视频结构化分析平台

视频结构化分析平台的作用是让计算机看懂物流,通过计算机视觉识别配合深度学习

能够:实时监测各场地各类违规操作,有效降低破损件和丢失件概率,据了解,该系统在顺丰内部应用后,破损率跟原来相比降低了 30%;为全网提供货物追溯、车辆装载率、车辆调度、运力监测和场地人员能效等基础数据;持续反馈各场地实时装载率数据,优化运力成本;实现全网标准化业务管理,以及 6S 管理,即整理(seiri)、整顿(seiton)、清扫(seiso)、清洁(seiketsu)、素养(shitsuke)、安全(security),消除管理黑洞。

2) AI Argus 慧眼神瞳 VAPD 子系统

VAPD 子系统主要针对中转场、分点部的日常作业场景:对违规操作、暴力操作的实时监测(见图 7-17),人员动作评级处理,区别包裹类型,三维测算空间距离,多维度预警暴力抛扔踢甩包裹行为,降低破损件及丢失件的发生概率;自浮框、做件台、灭火器等工具定置定位监测;每日晨会的检测,标准化着装检测;非工作时间段人员入侵监测,全时段儿童入侵监测,防火(IoT 烟雾报警器)、防盗监测。

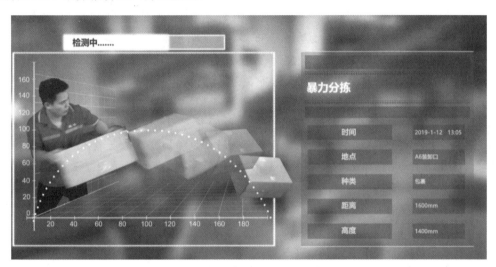

图 7-17　暴力操作实时监测

3) AI Argus 慧眼神瞳 LPSS 子系统

LPSS 子系统针对的是中转场装卸口的作业场景:车牌识别,克服光照不均、遮挡缺失、运动模糊、车牌扭曲/脏污等恶劣情况,智能识别蓝牌、黄牌、新能源车牌,可关联得到车型/吨位信息;即刻装载率识别和过程装载率识别,可结合装卸能效交叉分析;车辆事件判定,对 T1 车辆到卡时间、T2 装卸货开始时间、T3 装卸货结束时间、T4 车辆离卡时间的判定;人员能效分析,包括装卸工作状态时间轴分析、后端业务系统多角度分析。

2. AI Argus Cloud 云平台

云平台可以做到事件实时推送、历史记录可查询、数据可视化展示及导出,为用户提供即时事件掌控能力。

此外,慧眼神瞳还涵盖了快件全流程追溯(PLTS)、6S 管理系统(6SPD)、服务形象视频识别系统(EIAS)、快测(insta 3D)等多个子产品的产品矩阵。慧眼神瞳实际上就是将作业场景数字化,并通过数据分析、处理,持续优化各项运营成本,提高运转效率,就像润滑油让"人""货""场""车"等齿轮高速运转,慧眼神瞳让整台物流"机器"得以高速运转。顺丰科技将人工智能产品融入顺丰庞大的业务场景中,通过不断的数据积累,反过来让人工智能进行深度学习，不断迭代，不断优化。未来，慧眼神瞳应用范围将突破快递物流企业，其设计团队针对实际场景研发出一款专用硬件设备，该设备可以和现场其他联网设备共同组成局域网，来处理监控视频流，在提升效率的同时，降低成本和网络带宽要求。

G7 开启网络货运物联网时代

G7 是行业领先的物联网科技公司、公路物流产业的数字化基础设施和产业链接平台。一直以来，G7 都在致力于推动中国公路物流行业的数字化转型。为了克服物联网技术链条长、迭代反射弧长的困难，G7 综合运用了物联网、大数据和人工智能技术，将货主、运力、安全管理、装备运营、能源消费等公路货运全链条有机整合，极大提升了 G7 方案、数据及算法的迭代速度，也大幅度提升了 G7 的客户价值。目前 G7 已有数字货运、安全管家及智能装备三大核心业务，以及网络货运、卡车宝贝、数字货舱等相关子业务，利用 AIoT 技术开启网络货运物联网时代，让公路货运更安全、更高效、更低成本。

1. G7 网络货运

G7 的产品架构是"物联网 SaaS 平台+三大核心数据服务（G7 网络货运、G7 安全管家和 G7 数字货舱）"，其中，G7 网络货运信息系统是一个以 AIoT、大数据技术赋能的科技型网络货运服务平台。G7 网络货运信息系统具有可独立部署的特点，G7 网络货运的中台可以接入开放接口，其服务功能模块众多，可以为司机端、客户端以及平台运营系统的核心业务系统提供技术支撑。G7 网络货运平台连接了后市场服务企业、银行、保险公司、资产管理机构、装备制造商、监管机构等各种物流生产要素提供方，实现了智能车货匹配、过程安全可控、全流程数字结算三大主要目标。在智能车货匹配方面，G7 基于 AIoT 技术，连接百万车辆，实现全国覆盖，帮助广大货主与卡车运力完成智能匹配。在过程安全可控方面，G7 网络货运平台实现日均 6.8T 的车辆数据秒级上传，货运全程清晰可见，保证货物安全。在全流程数字结算方面，覆盖加油、ETC、轮胎等消费全场景，实现了在线支付、账目清晰、票据合规。G7 网络货运平台通过物流全链条场景的可视化以及结算线上化，可以帮助企业实现供应链能力优化和降本增效。G7 网络货运平台流程如图 7-18 所示。

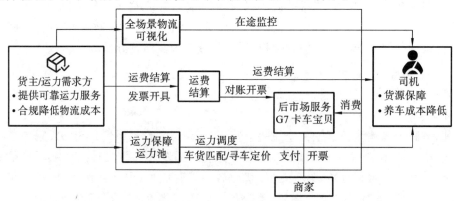

图 7-18　G7 网络货运平台流程

2. G7 安全管家

G7 安全管家基于 AIoT、算法和大数据等针对司机危险驾驶行为进行实时干预,并与保险公司合作,通过技术手段降低事故发生率,实现保费的完整闭环。G7 安全管家依托 G7 网络货运平台,借助人工智能和物联网技术,贯穿物流活动全流程,尤其是在在途环节中对人、货、车管控发挥着重要作用,实现货物运输过程中对司机、货物、车辆、轨迹等信息的实时监控,提高在途监管能力,保障运输安全。AIoT 应用的场景是通过在车身上安装 IoT 设备,使得车辆变得智能、具有传感和控制的功能。在车辆行驶过程中,G7 安全管家能够灵敏地识别并分析车辆运行状态,发现异常时及时主动发出提醒,保证货主和平台可以实时监管汽车运行状态;在驾驶舱内,G7 安全管家能够识别司机驾驶行为,能有效纠正疲劳、闭眼或注意力不集中等主观因素,防止意外发生;在驾驶舱外,G7 安全管家能对出现车距过近或右侧、后侧盲区范围等风险因素及时向司机预警,防范客观风险。

3. G7 数字货舱

G7 数字货舱也是 G7 打造的三大核心数据服务之一。作为全球首款智能挂车,G7 数字货舱可以说是重型物流装备数字化和智能化的代表作。

1) 货物量方,自我感知

传统货物量方多使用激光尺进行测量、估算,还有拍照上传货物照片、运营人员统计数据等步骤,流程十分烦琐且不够精准。G7 数字货舱是基于大数据积累和 AI 深度学习算法,通过 AI 摄像头和高精度传感器,实时感知货物量方,并将数据自动呈现。货物在舱内的位置、摆放状态、货物体积都能被精准识别并计算相应数据。同时,货物的每一次装卸都将自动记录,形成量方变化曲线。

2) 装载效果,自动评估

装载率优化一直都是物流行业中的难题,它直接影响着物流运输的效率和成本。导致装载率低下的因素有很多,比如货物摆放不整齐、空间利用不合理等。目前装载率大多只能靠人工估算,无法保证车辆的满载率,很容易导致运输趟数增多、运输成本直线上升。G7 数字货舱通过传感器和多种 AI 算法,对舱内货物进行高精度扫描和三维图像建模,自动计算货舱容积占用百分比。对于货舱装载过程中的变化情况和货物摆放状态,G7 数字货舱都将以 3D 方式呈现,通过对货舱空间的更合理利用,时刻保证车辆的满载率。

3) 运输可视,高精定位

G7 数字货舱支持实时查看货物在运输途中的状态,云平台每 10 分钟自动上传一次货舱内的高清图像信息。用户还可以查看任意时间段舱内货物状况,实时获取货物的量方变化曲线。G7 数字货舱还搭载了全新的高精度 GPS,可实现误差 0.5 米内的高精度定位,大幅提升车辆动态管理和货物调配能力。在接近装卸区域时,G7 数字货舱可以自动感知场站、月台位置,并按照指定线路准确停靠指定场站、月台;在与车头分离之后,G7 数字货舱还可以独立、持续地精准定位,为甩挂运输提供了便利。

本章小结

物流大数据与人工智能技术从海量的物流数据,即运输、仓储、搬运装卸、包装及流通加工等物流环节中涉及的数据挖掘出新的增值价值,提高运输与配送效率,降低物流成本,更有效地满足客户服务要求。本章系统介绍了物流大数据与人工智能技术基础知识,阐述了物流大数据采集与存储技术、人工智能概念与理论以及所需使用的实现工具,并且通过典型案例展示物流大数据与人工智能技术在物流实践中的应用。

练习与思考

1. 大数据采集技术包含哪些方法?请就其中一种举例说明其应用场景。
2. 阅读扩展资料《京东大数据技术白皮书》,简述京东大数据平台采用了什么大数据分析技术,解决了什么问题。
3. 什么是人工智能?
4. 请谈谈大数据与人工智能的联系与区别。
5. 人工智能主要的应用领域有哪些?你认为人工智能还可以应用于哪些领域?
6. 什么是模糊性?试举出几个日常生活中的模糊概念。
7. 设有如下两个模糊关系:

$$A = \begin{pmatrix} 0.7 & 0.6 & 0.3 \\ 0.7 & 0.6 & 0.2 \\ 0.5 & 0.5 & 0.2 \end{pmatrix}, \quad B = \begin{pmatrix} 0.8 & 0.4 \\ 0.6 & 0.2 \\ 0.9 & 0.4 \end{pmatrix},$$

求 $A \cdot B$。

8. 具体说明物流大数据与人工智能的作用。

第八章
智慧物流网络

学习目标

掌握物流网络的基本概念和物流网络对智慧物流的重要支撑作用;理解物流网络的分析方法和优化建模,重点学习物流网络结构和形成机理;学习智能物流网基本概念及模型,从物流功能和领域角度理解开放式物流网络互联互通模型和基于 Physical Internet 的互联互通网络模型;了解物流超网络系统结构和特征分析,最后学习多式联运物流网络。

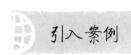

菜鸟智慧物流之路

菜鸟成立后,着力打造了五张网络——通过数据为快递公司赋能的快递网络、为商家提供端到端的智能仓配供应链解决方案的仓配网络、通过共享末端服务来解决最后一百米消费体验的末端网络、下沉到村级的乡村网络,以及联合全球合作伙伴搭建的全球配送供应链网络。这五张网络都是围绕大数据、智能和协同这三个非常重要的关键词来搭建的。

在智慧物流方面的实践,第一个案例是 2013 年开始与日日顺共建的一张基于全国最大的大家电智能配送网络,这不仅仅是智能配送网络,而且是一个针对大家电的整体供应链解决方案,它使所有的中小企业都能享受与海尔一样的全链路优化之后的供应链服务,使这些中小企业从最初库存的分配、订单的预测到最后的订单履行,都能享有海尔这样的大企业才能够享有的体验、效率与成本。

第二个案例是 2016 年推出的菜鸟联盟当日达和次日达服务。提供当日达和次日达服务,对整体供应链的能力、整体物流仓储的布局提出了更高要求,原来简单的单点发全国的模式已经不能满足这个需求。当日达和次日达服务涉及分仓,而且是多地分仓,整个网络的复杂程度提高了很多,涉及整体供应链、整体物流履行能力的提升。菜鸟打造的一张服务于全国千千万万商家、以中小商家为主的仓储网络,就是来支持当日达、次日达的服务。

第三个案例是共享仓配网络。在线上线下的融合中,B2C 和 B2B 的融合是一个非常明显的趋势,很多卖家以各种各样的渠道销售同一个品牌的货源。传统模式是分销商不管通过哪个渠道,都要从品牌商那里把货物买走之后拉回自己的仓库,然后再去网上销售,各地消费者下了订单之后,用包裹形式将它送达。而如今,通过全国的共享仓配网络,菜鸟基于对消费者的预测,会把货物预先分配到离消费者最近的地方,无论是哪个渠道、哪个分销商卖出去的货物,通过菜鸟库内的分销,最终都能从离消费者最近的仓库发货。由此减少了库存,加快了现金流。

第四个案例是末端的共享网点。菜鸟依托线上的裹裹平台来连接所有末端的基础设施和服务点,不管是自提柜还是自提点,都通过裹裹平台来实现一站式服务,同时在末端的线下用菜鸟驿站网络为社区进行"最后一百米"服务。这就是菜鸟基于线上线下融合来实现基于社区化的快递包裹服务。

第五个案例是国际化。国际化也是菜鸟智慧物流的一部分。2017 年,由菜鸟网络和来赞达(Lazada)牵头,在吉隆坡国际机场打造了一个国际超级物流枢纽,为马来西亚中小企业跨境贸易提供物流、仓储、通关、贸易、金融等一系列供应链设施和商业服务。菜鸟探索跨境电子商务贸易新规则,提供"一站式"外贸综合服务,帮助中小企业更方便、高效地进行贸易;提供支付和普惠金融服务,促进 B2B 贸易。

[资料来源:李冰漪.菜鸟的智慧物流——专访菜鸟网络科技有限公司总裁万霖.中国储运,2017(7).]

【思考】 菜鸟的物流网络策略是什么?它对菜鸟的智慧物流服务起到了什么作用?

随着科学技术的飞速进步,以及商业模式的持续升级,消费者的购买行为和消费习惯也发生了转变,新零售走进了人们的生活。这激发了物流业对物流网络数字化与智慧化的需求。物流网络涵盖物流及供应链中的各个环节,是物流活动的基础,也是智慧物流的重要支撑。而各种智能高效的全自动物流配送中心、物流运输设备,以及物流运营调度与决策系统及平台的广泛应用,加速了物流网络智慧化转型和创新发展。

第一节 物流网络基本概念

几类典型的复杂网络

网络的类型很多,如计算机网络、交通运输网络、区域经济网络、社会网络等。从概念上讲,它们都具有相似性。物流网络是物流与供应链布局、构建、组织运营的重要载体或基础设施,具有其独特性,需要从网络的角度研究其特点、规律、理论和方法,以便为物流与供应链服务提供技术支撑。

一、物流网络概念

从物流网络功能构成的角度来看,物流网络是物流服务网络化的一种具体形态。物流网络可定义为"物流过程中相互联系的组织与设施的集合,一个完整的物流网络是由各种不同运输方式的运输线路和物流节点共同组成的"。物流网络可以是隶属一家企业的在一定区域内分散的物流资源,也可以是社会化的外部物流网络。更多的情况下,物流网络是一个综合的联盟体,将社会化的、专用或公用物流资源以网络形式组织起来,具有开放性。

从网络的性质角度来看,物流网络是"一种社会网络,具备服务性、开放性、信息先导性和外部性"。因此,社会网络的理论和分析方法,都可以用于物流网络的研究与规划。

在社会需求和技术的双重驱动下,现代物流的网络特征越来越成为其基础特征。业界也十分重视物流网络的构建,把它作为提升物流覆盖辐射面和综合服务能力的企业顶层规划。现代社会中广泛存在各种各样的物流网络,如仓储网络、配送网络、冷链物流网络、大件物流网络等。表8-1列出了一些分类情况。

表 8-1 物流网络的类型

同质网络		异质网络			
服务功能	运输形态	服务范围	地域	权属	运营方式
配送网络	水运网络	冷链物流网络	国际物流网络	企业网络	虚拟网络
运输网络	铁路运输网络	大件物流网络	区域物流网络	社会化网络	实体网络
仓储网络	航空运输网络	综合物流网络	城乡物流网络	联盟网络	智慧网络
……	……	……	……	……	……

二、物流网络要素

物流网络是物流系统的结构化,是将纷繁复杂的物流资源以网络的形式聚合。因此,物流网络要素从网络运行角度可划分为五大基本要素:人、流体、载体、节点和线路。

(1) 人:参加物流活动的所有相关人员。

(2) 流体:被运物资。流体的运动需求使物流网络有了动态的组织,流体的运动形成了物流网络的动态性,伴随产生的还有信息流和资金流。流体具有流向、流量和流程等属性,可作为物流网络优化的重要参数。

(3) 载体:在物流网络要素中,载体不是指具体的运输工具,而是指具有运输能力的物流企业、企业物流部门等,将这些企业或部门看成具有装载运输能力的载体,在特定需求下可分解为若干对应物流需求的运输能力。

(4) 节点:节点分为中转节点和供需节点。中转节点是有运输需求的货物在从货源地到目的地的过程中所有经过的中转设施,是物流基础设施的集合(如车站、港口、仓库、物流中心等)。每个中转节点都是物流网络的一个子系统,有各自的功能,货物到达这些节点后会有很明确的下一步运送目的地。供需节点由供应节点和需求节点组成,包括供应商、制造商、分销商、零售商和目标客户(物流终端),除供应商和目标客户外的其他节点既是供应节点又是需求节点,这些节点都是某物流需求下货物运输过程中阶段性的起始点或终止点。中转节点和供需节点在物流网络中共同构成了物流网络的节点集合,供应商、制造商、零售商和目标客户等供需节点是物流配送链和供应链的交叉节点。

(5) 线路:物流网络节点间相互连接的线路集合,也是货物在运输过程中所有经过的线路集合,主要有铁路线路、公路线路、海运线路、空运线路、管道线路等。

三、物流网络节点

物流节点是物流网络中非常重要的部分,它具有许多物流职能,很多的物流活动如包装、流通加工、装卸、分拣等都是在节点处完成的。所以,在有的场合,物流节点也称为物流据点。不少物流节点还具有指挥调度、信息汇聚与处理等神经中枢的职能,是整个物流网络的灵魂所在,因而更加受到人们的重视。这些执行中枢功能的物流节点,又被称为物流中枢或物流枢纽。实际上,物流线路上的运输活动也是靠节点来组织、联系和调度的,如果离开了节点,物流线路上的运动必然陷入瘫痪。

1. 物流节点的功能

(1) 衔接功能:节点将各个物流线路联结成系统,使各个线路通过节点相通而不是互不相干。

(2) 信息功能:节点是整个物流系统或与节点相接物流的信息传递、收集、发送的集中地。

(3) 管理功能:物流管理设施和指挥机构往往集中于物流节点上。

(4) 结算功能:进行物流的账务结算。

(5) 需求预测功能:根据节点处商品的进出来预测市场未来的需求。

(6) 物流系统设计咨询功能:为货主或车主提供咨询信息。

(7) 物流教育与培训功能:为货主或车主提供相关的物流培训服务,提升物流服务水平。

2. 物流节点的分类

1) 按节点的主要功能划分

(1) 转运型节点:以连接运输方式为主要职能,停留时间短,包括铁路货运站、海运码头港口、公路货场、航运机场等,以及不同运输方式之间的转运站、终点站和口岸等。

(2) 储存型节点:以货物储存为主要职能,停留时间长,包括储备仓库、营业仓库、中转仓库、港口和口岸仓库等。

(3) 流通型节点:以组织国际货物在物流系统中的运动为主要职能,包括流通仓库、配送中心和流通中心等。

(4) 综合型节点:将若干功能有机结合在一体的集约型节点。国际物流中心、自由贸易区、保税区、出口加工区有综合型物流节点的功能;港口码头、保税仓库、外贸仓库也可以成为物流中心。

2) 按节点辐射范围和影响力的大小划分

(1) 物流枢纽:处于物流园区的上一层次,在物流网络系统中具有特殊、重要的地位和作用。它是物流网络中货流的重要集散中心,是保证物流网络畅通、实施宏观调控的关键,同时是物流网络中各节点设施相互联系、相互配合的重要环节和支持经济、社会发展的重要基础设施。

(2) 物流基地(物流园区):介于物流枢纽和物流中心之间,它可以包含多个具有不同功能和服务范围的物流中心,集约多种物流设施,相对集中地管理货物的集散,是综合性非常强的物流节点。

(3) 物流中心:处于中间层次,主要作为物流网络上城市之间货物及其信息交流的枢纽,是向下一级物流节点发送货物的源头,是保障货物在供应链上有效衔接的设施和机构,一般建立在城市货物进出主要方向上的城市边缘地区且有高速度、大通行能力的运输通道。区域范围的物流网络上物流中心的数量不宜太多。

（4）配送中心：属第四层次的物流节点，上游是物流园区或物流中心，下游是零售店或货运场站，其辐射范围较小，主要职能是联络物流中心，实现物流中心与城市内企业、居民消费区之间的小批量、多批次、多品种的货物配送。其数量较多、规模较小，更接近于所服务的区域及对象。

四、智慧物流网络的兴起

传统的物流与供应链网络规模相对较小、涉及主体不多，相对封闭。但处于互联网时代的今天，企业的商业模式、营销战略和服务范畴已经发生很大的变化。在全球经济的推动下，买全球、卖全球、区域交融的趋势越来越明显，物流服务链条越来越长，服务需求的种类越来越多。因此，物流服务或者往大覆盖发展，覆盖越广、越全面，物流服务能力越强；或者向深度专业服务挖掘，建立无可替代的高品质专精服务功能。而通过物流网络建设，可以低成本、高效益地实现物流资源的整合、共享与协同，推进物流业的规模化、标准化发展，同时满足市场日益增长的高频度个性化服务需求。

同时，在互联网时代，物联网、云计算、大数据、区块链等新一代信息技术在物流领域加快应用，无人机、无人车、无人仓、无人码头等智能装备使用场景增多，人工智能技术在物流领域逐步落地，也加速了物流网络的智能化。物流平台经济日益兴起，整车运输、城市配送、航运货代等领域涌现出一批整合零散资源、活跃用户数领先的平台型企业。物流业务正逐步走向全链路在线化、数字化、协同化。

因此，在互联网时代，智慧物流趋势下的物流网络必然是开放的、上下游协同的、数字化的开放协同型智慧物流网络。

与传统物流网络相比，智慧物流网络存在三个子网络：物流组织网络、物流基础设施网络和物流信息网络。所不同的是，在物联网、大数据和人工智能等技术的支持下，这三个子网络的数字化能力、网络化规模、自动化水平及智能化程度都得到了极大提升，从而推进了物流的标准化和透明化，也促进了物流服务的安全性和信用保障，为物流云服务提供了坚实的基础。

智慧物流网络还表现出强大的复用性和重用性，可以根据物流服务的模式策划出多样的物流网络形态。

（1）智能仓配网络。智能仓配网络是将一定区域内满足一定条件的仓储资源和配送资源进行整合，形成一体化的服务网络，以便合理调配仓储能力和配送能力，"以储代运"或"以运代储"，在高质量快速响应市场需求的同时，最大限度地降低物流成本。智能仓配网络已经成为大型物流企业全力打造的基础服务网络。

（2）多式联运网络。多式联运网络是在多模式运输网络的基础上构建的一种物流服务网络，以便以一种更为绿色、节能、高效的方式实现"一票制"多式联运物流服务。其中，标准化如集装箱化，是多式联运的重要特征。

智 慧 物 流

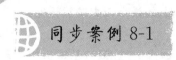
同步案例 8-1

中国邮政物流网络

中国邮政,即中国邮政集团有限公司,是一家国有独资公司,主营邮政、快递物流、金融和电子商务等,在 2021 年《财富》世界五百强企业中排名第 74 位,在世界邮政企业中排名第 2 位。借助于自身的组织网络、邮政网络和通信网络,中国邮政拥有 236 个物流配送中心、8.4 万个邮政局所,是我国覆盖最广最深,规模最大的物流网络,并与 150 个国家和地区建立了通邮关系,特快专递可通达约 200 个国家和地区。

从横向看,中国邮政具有遍布城乡的实物传递网。

目前,中国邮政在全国大中城市建设有多个较大规模的物流配送中心,连接并覆盖全国大部分县及以上城市,农村乡镇局所覆盖率达 100%,构成了一个布局基本合理、覆盖全国的物流配送网络。

在资金流通方面,中国邮政具有能进行多种结算业务的邮政绿卡金融网。

在信息流通方面,中国邮政综合计算机网络是支持全国邮政信息化的骨干网络系统,可以实时提供数据、语言和图像信息的传输服务。

因此,中国邮政是信息流、资金流和实物流集于一身的企业,具有发展第三方物流的得天独厚的优势。

从纵向看,中国邮政物流网由省际干线、省内干线和同城配送三个不同层次的网络组成。

省际干线物流网络由国家邮政局统一规划,由中邮物流有限责任公司统一调度。

省内干线物流网络由各省邮政局组织规划和实施,结合国家邮政物流网络的总体计划,对物流基地、物流中心、配送中心三个层次的物流节点做合理的规划和建设,在保障邮件传递的情况下,由省邮政物流公司利用富余运能,提高运行效率,开展物流配送,并可根据邮政物流业务的发展需求,增加运能,优化网络。

同城物流网络由各地市邮政物流分公司组织,在完善邮政社区网建设的基础上,把邮政物流配送网络连接到千家万户,同时充分利用县、乡镇的邮政网络,开拓农村物流市场,将邮政物流配送网延伸到广大农村。

(资料来源:物流系统网络结构,MBA 智库文档,2022-04-16。)

【思考】 中国邮政的物流网络有什么特点,主要目标是什么?

第二节 物流网络分析

一、物流网络结构

物流网络也是一种网络,是由一系列的节点和联系节点的连接(线路)共同构成的空间网状配置系统,网络中各节点之间相互合作、互为支撑。在物流网络中,线路上进行的物流活动主要是运输——包括集货运输、干线运输、配送运输等,物流功能要素中的其他功能要素,如包装、装卸搬运、保管、分货、配货、流通加工等,都是在节点上完成的,信息处理则贯穿整个物流网络。

因此,在对复杂的物流网络进行分类时,可以根据网络的一般概念进行分类,如:根据边的方向,可分为有向网络和无向网络;根据边有无权重,可分为加权网络和无权网络;根据生成方式差异,可分为随机网络和确定性网络;根据边的数量,可分为密集网络和稀疏网络。综合来看,目前主要还是根据网络拓扑结构的不同,将其划分为规则网络、随机网络、小世界网络以及无标度网络。

1. 规则网络

最初的复杂网络研究集中在规则网络,而对规则网络的研究则集中在全局耦合、最近邻耦合和星形耦合三类网络。如图 8-1 所示。

(a) 全局耦合网络　　(b) 最近邻耦合网络　　(c) 星形耦合网络

图 8-1　三种规则网络

如图 8-1(a)所示,全局耦合网络拥有最小平均距离和最大集聚系数,故又被称为全连通网络。如图 8-1(b)所示,最近邻耦合网络的每个节点都只与它周围的各 $k/2$ 个相邻节点进行相连(k 为偶数)。如图 8-1(c)所示,星形耦合网络中仅存在一个节点度最大的中心节点,而其余的节点都与这个中心节点进行连接。当复杂网络的节点总数为 N 时,该中心节点的度为 $N-1$,而其余节点的度则均为 1。

2. 随机网络

假设网络模型中有 N 个网络节点,且任意两个节点间的随机连接概率为 P。因此,在随机网络中,最多可能产生的连接边总数量为 $PN(N-1)/2$。随机网络在不同的连接概率下的演化过程如图 8-2 所示。

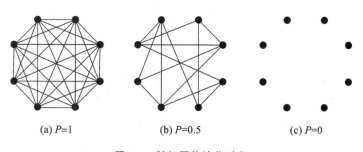

(a) $P=1$　　　　(b) $P=0.5$　　　　(c) $P=0$

图 8-2　随机网络演化过程

如图 8-2 所示,当两个节点间的随机连接概率 $P=1$ 时,随机网络会变成规则的全局耦合网络;当 $P=0.5$ 时,随机网络有 14 条连接边;而当 $P=0$ 时,网络中没有连接边,仅存在孤立的节点。

3. 小世界网络

小世界网络描述的是具有较短的节点距离、较大的聚集系数和庞大节点规模的复杂网络,大量的实证表明现实生活中的很多网络都具有小世界网络的特征,如表 8-2 所示。

表 8-2　几种代表性网络的结构特征

网　络	类　型	N	M	$\langle K \rangle$	L	C
电影演员	无向	449913	25516482	113	3.48	0.78
电子邮件	有向	59912	86300	1.44	4.95	0.16
WWW	有向	269504	1497135	5.55	11.3	0.29
维基百科	有向	26195	504260	19.3	4.3	0.25
代谢网络	无向	765	3686	9.64	2.56	0.67
神经网络	有向	307	2359	7.68	3.97	0.28

表 8-2 中,N 为网络规模,表示网络中节点的数量;M 为网络中边的数量;$\langle K \rangle$ 为平均度,节点与其他节点的连接边的条数称为该点的度,平均度 $\langle K \rangle$ 表示网络中所有节点度的平均值;L 为特征路径长度,又称为平均路径长度,网络中任意两点的最短连通路径距离称为两点的特征路径长度,网络中任意两节点最短路径的平均值称为网络的特征路径长度;C 为聚类系数,指网络中所有节点聚集系数的平均值,代表网络中节点的聚集情况即网络的聚集性,也就是同一个节点的两个相邻节点仍然是相邻节点的概率有多大,它反映了网络的局部特性。

1998 年,瓦茨和斯特罗加兹首次提出 WS 小世界网络模型,它被认为是从规则网络到随机网络的一种过渡型网络。WS 小世界网络模型的演化过程如图 8-3 所示。

(a) 最近邻耦合网络　　(b) WS 小世界网络　　(c) 随机网络
　$P=0$　　　　　　　　　$0<P<1$　　　　　　$P=1$

图 8-3　WS 小世界网络演化过程

图 8-3 中,当连接概率 $P=0$ 时,WS 小世界网络会变成最近邻耦合网络;而当 $P=1$ 时,WS 小世界网络将变成随机网络。由此可知,通过调节连接概率 P 值的大小,可以实现从规则网络到随机网络过渡的调整控制。

4. 无标度网络

无标度网络描述的是具有大量度值、较小节点和少量度值、较大节点的复杂网络。1999

年,Barabási 和 Albert 首次提出 BA 无标度网络模型,它被认为是基于网络的增长特征和优先连接特征而得到。

其构造算法:在具有 m_0 个已知节点的网络中,当新增加一个新节点时该新增节点会与网络中的 m 个既有节点进行连接($m \leqslant m_0$),连接的概率值 P_i 与现存节点 v_i 的度值 k_i 成正比,即

$$P_i = \frac{k_i}{\sum_j k_j}$$

其中,P_i 代表新增节点与现存节点 v_i 的连接概率值,j 表示在复杂网络中既有节点总数。

假设 $m = m_0 = 2$,BA 无标度网络的演化过程如图 8-4 所示。

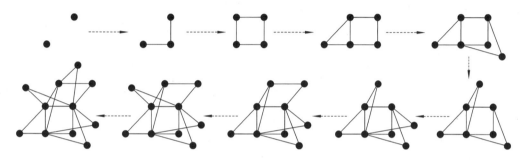

图 8-4 BA 无标度网络演化过程

综上所述,规则网络和随机网络在对现实网络的描述中存在一定的局限性,而 WS 小世界网络和 BA 无标度网络却能充分体现真实网络的特性,较好地反映真实网络的本质。目前,这三类网络模型是研究复杂网络问题时使用最为普遍的复杂网络模型。

二、物流网络形成机理

1. 物流网络的形成

物流网络的形成是一个随社会经济发展而不断演化的时空演变过程,如图 8-5 所示。

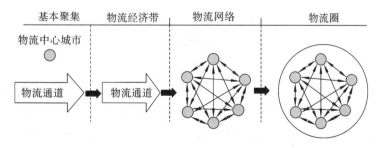

图 8-5 物流网络的形成

1)物流通道

区域经济发展的不平衡性,促使物流资源在空间上的集聚运行。根据物流经济活动集中的区域特征,可将物流资源在空间上的集聚形式分为点状集聚和线性集聚两类,这是组成区域物流网络空间的基本形式。物流资源点状集聚的特征是物流活动集中区域为面积狭小

的城市区域,如物流中心城市。而物流资源线性集聚,则是由于物流资源及其带动的相关产业沿着物流资源流动路线进行集聚,从而集聚区域呈现线性通道特征,即物流通道。

2）物流经济带

物流经济带是在物流资源点状或线性集聚的基础上,结合与其他经济要素的集聚,依托于物流中心城市及其经济腹地,形成的以物流经济为特色的区域经济有机整体。这是区域物流经济集聚活动的升级,也是区域物流经济不平衡的体现。

3）物流网络

物流资源网络集聚模式的形成是随着物流经济要素在地域内不断地集聚和扩散而实现的。随着区域物流经济的发展,物流资源的点状集聚点逐渐连接而成为线状集聚地带上的一部分,即物流中心城市和物流经济带联系更为紧密,使得区域内物流资源集聚通过点-线的连接而成为一体,最终进化形成网络体系。物流网络具有复杂、交错、便利的物流资源流动通道,扩大了物流资源的覆盖面和辐射效应。

4）物流圈

物流圈的形成是以物流网络的完善为基础,通过加深物流资源点状集聚和线性集聚的程度,区域内物流经济要素运动趋向于多方向性的扩散与辐射。物流圈具有巨大的物流经济吸引力和辐射力,能达到相应地区经济发展的最大地域范围,能提高区域物流经济水平,使区域物流经济呈现出高级化平衡发展。

2. 物流网络系统化

物流网络系统化是一个动态的发展过程,深刻地影响着工农业生产、居民生活和区域经济社会的正常运行。不同区域在不同发展阶段有不同的表现内容,一般来说包括点辐射、线辐射、面辐射三种形式。物流网络的演化过程如图 8-6 所示。

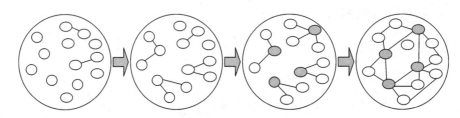

图 8-6　物流网络的演化过程

1）点辐射

点辐射一般以区域中心区（大中城市）为中心向周围地区推开。中心区的现代化水平和经济社会发展程度相对较高,商品各要素比较充分,但自然资源或劳动力相对匮乏,能与其周围地区实现优势互补,促进中心区和周围地区之间的物资流通,加快以中心区为核心的区域物流发展速度。点辐射的有效进行必须依靠良好的辐射媒介,如交通基础设施、信息传递手段和市场流通机制。

2）线辐射

线辐射一般以辐射干线（如铁路干线、公路干线、大江大河以及大湖沿边航道和濒临沿海的陆地带）为辐射的带状源,向"两翼"地区和上下游地区推开。相对辐射干线"两翼"来说,辐射干线上的地区经济发展水平和现代化程度较高,两者之间的物资流通可以实现优势互补,推动区域经济一体化发展。线辐射通过辐射干线向"两翼"的辐射、辐射干线上下游之间的辐射,构成一个有效的线辐射体系。

3)面辐射

点辐射和线辐射大大加快了辐射区域经济社会的发展,形成了以中心区为核心,以辐射干线为骨架,各地区相互衔接、合理分开的面状辐射体系。面辐射可以分为摊饼式辐射和跳跃式辐射。摊饼式辐射是指经济发展水平和现代化水平较高的地区向周围的物资流动过程,使周围地区发展速度加快,并逐渐向外推移;跳跃式辐射是指经济发展水平和现代化程度较高的地区跨过一些地区,直接与落后地区发生物流联系,使落后地区进一步发展。与跳跃式辐射相比,摊饼式辐射的辐射距离短、阻力小、物流成本低、物流效率高。

在物流网络系统化过程中,点辐射、线辐射和面辐射没有特定的顺序,三者相互交叉、相互作用、相互联系,促进区域物流各要素一体化、物流基础设施一体化、物流市场一体化,形成了点线面有机结合、协调发展的物流网络系统。

三、物流网络优化问题及模型分析

物流网络是物流系统的基础设施,一个先进高效的物流系统都是基于一个具体的物流网络,如何搭建现代化的物流网络已经成为物流系统研究的核心问题。物流网络布局的合理性对整个物流系统的运营效率有着最直接的影响。图 8-7 列出了物流网络优化问题及优化方法。

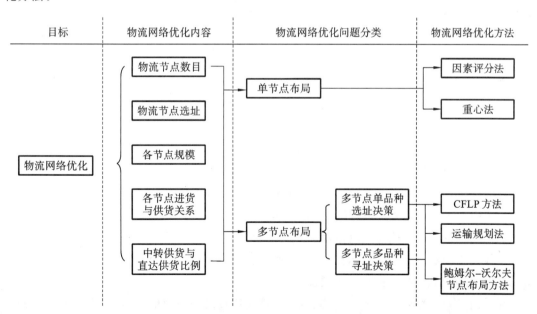

图 8-7　物流网络优化问题及优化方法

1. 物流节点布局

物流节点是组织物流活动的基础条件。受物资资源的分布、需求状况、运输条件和自然环境等因素的影响,不同物流节点布局方案(如选点、节点规模和服务范围等)的运营效率和经济效益不同,有时差别甚至很大。那么,在已有的客观条件下,如何设置物流节点才能使物流费用最少,社会经济效益最佳,对用户的服务质量最好呢?这就是物流节点的合理布局问题。概括地讲,物流节点的合理布局,或称物流网络合理布局,是指以物流系统和社会的经济效益为目标,用系统学的理论和系统工程的方法,综合考虑物资的供需状况、运输条件、自然环境等因素,对物流节点的设置位置、规模、供货范围等进行研究和设计,做出恰当的布局。

物流节点布局主要讨论以下几个方面的问题。

(1) 计划区域内应设置物流节点的数目。

(2) 节点的地理位置。

(3) 各节点的规模(吞吐能力)。

(4) 各节点的进货与供货关系,即从哪些资源厂进货,向哪些用户供货。

(5) 计划区域内中转供货与直达供货的比例。

建立节点布局模型通常以系统总成本最低为目标函数,主要考虑以下几项费用。

(1) 节点建设投资。节点建设投资包括建筑物、设备和土地征用等的费用。此项费用一般与节点的位置和规模有关。

(2) 节点内部的固定管理费用。节点设置以后的人员工资、固定资产折旧以及行政支出等与经营状态无关的费用,称为节点内部的固定管理费用,它与节点的位置无关。

(3) 节点经营费用。经营费用是节点在经营过程中发生的费用,如进出库费、保管维护费等。它是与经营状态直接相关的费用,即与节点的中转量大小有关。

(4) 运杂费。运杂费是物资运输过程中所发生的费用,主要包括运价、途中换乘转装以及苫垫物资等发生的费用。它与运输路线,即与节点位置有关。

为了使问题简化,一般将上述各类费用分成两个大类:固定费用和可变费用。如建设投资、固定管理费等属于固定费用,经营费用和运杂费则为可变费用。

物流节点布局模型,其目标是系统总成本最低,约束条件主要有以下几点。

(1) 资源点向外提供的资源量不超过其生产能力。

(2) 运达用户的物资等于它的需求。

(3) 各节点中转物资的数量不超过节点的设置规模(吞吐能力)。

(4) 用户采取直达方式进货时,每笔调运量不低于订发货起点的限制。

(5) 用户中转进货的物资应尽量集中在一个节点,以便提高转运效率。

为了对节点布局进行更深入的研究,根据储放货品的品类数量可以将物流节点布局划分为单品种节点和多品种节点两种类型。

单品种节点只中转一个种类的物资,而且该类物资的品种规格简单,互相之间的可替代性也比较强,如煤炭、水泥等;多品种节点中转多种类型的物资,或者虽然只中转一种类型的物资,但品种规格复杂,如机电产品、化工原料、金属材料等。严格地讲,物流节点都应是多品种的,因为同类货品一般都有不同的品种规格,质量上的好坏和性能上的差异总是存在的,它们的用途和使用方向也会有所不同。

2. 物流网络分析方法

虽然可用于网络分析的方法有许多,但可以把它们分为很少的几类:①数学分析技术;②仿真;③启发式方法;④建模优化法;⑤专家系统法。

1) 数学分析技术

数学分析技术泛指各种只借助简单数学分析技术的方法,包括统计图表、制图技术和表格对比等几种方法。但是,这类技术的分析结果不一定是低质量的,洞察力、经验和对网络规划的良好理解使得人们能够做出满意的设计。这类方法能够考虑主观因素、例外情况、成本和限制条件等许多数学模型所不能包括的因素,这使得其分析内容更丰富,并且有可能得出能直接用于实施的设计方案。

例如,某生产卡车刹车部件、分销各种卡车和公共汽车备件的公司打算将其生产厂及仓库转移到其他地区。已知满足条件的地点只有几个,可以很容易地用计算机来分析每个地点的成本。一旦确定了大致范围,就可以通过一些主观因素的比较选出最终位置,这些主观因素包括当地的教育质量、公众对公司的态度、运输和公共事业的可得性等。此外,与该地点相关的特殊成本也应该考虑在内,这些成本包括房地产和地方税、公共事业费和租金等。

2) 仿真

物流网络的仿真通常包括模拟成本结构、约束条件和其他能够合理地代表物流网络的要素和环境,并在随机变量的条件下,对系统的模型进行抽样试验。也就是说,将一定的网络结构表示为仿真模型,然后提供与系统方案运营相关的成本和其他数据,对同样的或不同的方案反复多次进行试验,就可以生成有助于比较不同设计方案的统计数据。由于模型关系非常复杂,所处理的信息量巨大,仿真通常是通过计算机进行的。

该方法可被用来处理物流管理中的各种规划问题。如利用仿真模型进行仓库选址、网络优化和选择运输策略等。

3) 启发式方法

欣克尔和库恩对启发式方法的定义如下:启发式方法是一个简化了的推理过程,寻求得到满意答案,而不是最优解。启发式方法包含一种规则或计算程序,可以限制问题的可行解的个数,它模拟人的一些行为准则,对无法求得最优解的问题得出一个可接受的解,从而缩短问题的求解时间。

启发式方法对物流中某些难以解决的问题来说是一种很实用的方法。如果人们建立模型的目的是要找到最佳答案,且利用优化法对问题求解要求的条件过多时,那么启发式方法会非常有用。我们常常在规划时使用启发式方法,它可以表现为某些准则或概念。以下是一些启发式方法的规则。

(1) 最适合建仓库的地点是那些需求最大的地区或临近这些地区的地方。

(2) 应该由供货点直接供货给那些按整车批量购买的客户,不应再经过仓储系统。

(3) 如果某产品出、入库运输成本的差异能够弥补仓储成本,就应该将该产品存放在仓库里。

(4) 生产线上最适合采用适时管理而不是采用统计库存管理方法的物料是那些需求和提前期波动最小的物料。

(5) 下一个进入分销系统的仓库就是那个节约成本最多的仓库。

(6) 从分销的立场来看,成本最高的客户就是那些以小批量购买且位于运输线末端的客户。

(7) 从分销网络的最远端开始,沿途搭载小批量货物直到装满整车,再回到运输起点的运输方法是最经济的。

4) 建模优化法

建模优化是依据精确的数学模型表达规划的目标和约束,并通过优化策略获取与评价各种可选方案,以便得到针对该问题的数学最优解(最佳选择)。许多确定性的运筹学模型或管理科学的模型都属于此种类型。这些模型包括数学规划(线性规划、非线性规划、动态规划和整数规划)、枚举模型、排序模型、各种各样的微积分模型和设备替换模型。许多最优模型已经过概括总结,可以使用相应的软件包。

5) 专家系统法

如果曾对某个规划问题(如网络规划问题)进行过多次求解,规划人员就会对该问题的解决方法积累一定的经验,这些经验往往胜过复杂的数学公式。如果能将这些知识或经验融入现有的模型或专家系统中,就能够比单独使用仿真技术、启发式方法或建模优化法得出的结果的总体质量更高。

专家系统法在辅助医疗诊断、探测矿物、设计海关计算机系统结构和在托盘上码放货箱等方面已经取得应用。物流管理的库存、运输和客户服务等领域也已开始应用专家系统模型。与传统的规划系统相比,专家系统法有以下几个明显的优点。

(1) 专家系统法既能处理定性的信息,也能处理定量的信息,使得某些关键性的主观因素(如管理人员的主观判断)可以很容易地成为决策过程的组成部分。

(2) 专家系统法能够处理不确定的信息,而且利用部分信息也能够对问题求解,这样就能够解决一些更复杂的、未能很好地组织起来的问题。

(3) 专家系统法解决问题时使用的信息少,因此解决问题的速度更快、成本更低。

(4) 专家系统法展示的是专家解决问题的逻辑方法,使得物流管理人员能够很快地提高决策能力。

(5) 专家系统法提供的知识可转移、可复制且具有文档化特征。

开发专家系统模型的最大困难就是指定专家、确定知识库和获得专家们的相关知识。专家系统法提出了通过掌握规划的技术和知识来弥补当前规划过程所使用的科学方法的不足,这种观点很有吸引力,专家系统法在将来无疑会得到更普遍的应用。

3. 物流网络节点选址

节点选址是物流网络规划布局的重要内容,一般有单节点选址和多节点选址。

1) 单节点选址

单节点选址,也称一元节点布局,是一类基础的物流网络布局,通常可以采用因素评分法和重心法。

重心法是将物流系统的需求点和资源点看成分布在某一平面范围内的物体系统,各点的需求量和资源量分别看作物体的重量,物体系统的重心将作为物流节点的最佳设置点,利用确定物体系统重心的方法来确定物流节点的位置。具体过程如下。

设在某计划区域内,有 n 个资源点和需求点,各点的资源量或需求量为 $W_j(j=1,2,\cdots,n)$,它们各自的坐标是 $(x_j,y_j)(j=1,2,\cdots,n)$。该网络用图 8-8 表示。

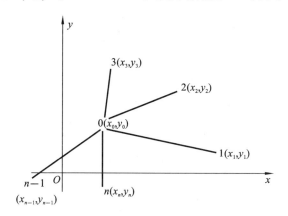

图 8-8 配送节点与资源点、需求点坐标网络

在计划区域内准备设置一个配送节点,设该配送节点的坐标是 (x_0,y_0),配送节点至资源点或需求点的运输费率是 C_j,运量是 W_j。根据求平面中物体系统重心的方法,可以得到:

$$\begin{cases} x_0 = \sum_{j=1}^{n} C_j W_j x_j \Big/ \sum_{j=1}^{n} C_j W_j \\ y_0 = \sum_{j=1}^{n} C_j W_j y_j \Big/ \sum_{j=1}^{n} C_j W_j \end{cases} \tag{8-1}$$

代入数值,实际求得 (x_0,y_0) 的值,即为所求配送节点位置的坐标。

必须指出的是,通过上述方法求得的配送节点坐标并不是最优的,因为它没有考虑设置一个配送节点后现有资源点和需求点之间将不再直接联系而要通过该配送节点中转,运输距离将发生变化,从而运输成本也将变化。考虑到这个因素,可以采用迭代优化方法,构建其优化模型。

2)多节点选址

多节点选址,又可以分为单品种选址和多品种选址。简化起见,这里介绍多节点单品种选址建模。其网络结构如图 8-9 所示。

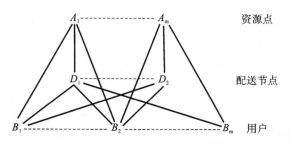

图 8-9 多节点单品种选址的网络结构

假设 F 为该网络节点布局方案的总成本,根据节点布局的概念,应使总成本最低,于是有目标函数:

$$\min F = \sum_{i=1}^{m}\sum_{k=1}^{q} C_{ik}^{x} X_{ik} + \sum_{k=1}^{q}\sum_{j=1}^{n} C_{kj}^{y} Y_{kj} + \sum_{i=1}^{m}\sum_{j=1}^{n} C_{ij}^{z} Z_{ij}$$
$$+ \sum_{k=1}^{q}(F_k W_k + C_k \sum_{i=1}^{m} X_{ik}) \quad (8-2)$$

式中　X_{ik}——备选节点 k 从资源点 i 进货的数量；

　　　Y_{kj}——用户 j 从备选节点 k 中转进货的数量；

　　　Z_{ij}——用户 j 从资源点 i 直达进货的数量；

　　　W_k——备选节点 k 是否被选中的决策变量；

　　　C_{ik}^{x}——备选节点 k 从资源点 i 进货的单位物资进货费率；

　　　C_{jk}^{y}——备选节点 k 向用户 j 供货的单位物资发送费率；

　　　C_{ij}^{z}——用户 j 从资源点 i 直达进货的单位物资进货费率；

　　　F_k——备选节点 k 选中后的基建投资费用；

　　　C_k——备选节点 k 中转单位物资的仓库管理费用。

在这个模型中，各个资源点调出的商品总量不大于该资源点的生产、供应能力，各个用户调运进来的商品总量不小于该用户的需求量，则有如下的约束条件存在：

$$\sum_{k=1}^{q} X_{ik} + \sum_{j=1}^{n} Z_{ij} \geqslant a_i, \quad i=1,2,\cdots,m \quad (8-3)$$

$$\sum_{k=1}^{q} Y_{kj} + \sum_{i=1}^{m} Z_{ij} \geqslant b_j, \quad j=1,2,\cdots,n \quad (8-4)$$

式中　a_i——各资源点的供应总量；

　　　b_j——各用户的需求总量。

对于任一物流网络节点，由于它既不能生产商品，也不消耗商品，因此每个物流网络节点调进的商品总量应等于调出商品的总量，根据这一点，有如下的约束条件存在：

$$\sum_{i=1}^{m} X_{ik} = \sum_{j=1}^{n} Y_{kj}, \quad k=1,2,\cdots,q \quad (8-5)$$

另外，节点布局经过优化求解后的结果，可能有的备选地址被选中，而另外的一些被淘汰。被淘汰的备选节点，经过它中转的商品数量为零。这一条件可由下面的约束条件满足：

$$\sum_{i=1}^{m} X_{ik} - MW_k \leqslant 0 \quad (8-6)$$

其中

$$W_k = \begin{cases} 1, & k \text{ 节点被选中} \\ 0, & k \text{ 节点被淘汰} \end{cases} \quad (8-7)$$

式中，M 是一个相当大的整数。由于 X_{ik} 是物资调运量，不可能小于零，故而当 W_k 为零时，$X_{ik}=0$ 成立；当 W_k 为 1 时，M 是一个相当大的整数，MW_k 足够大，X_{ik} 为一有限值，所以不等式成立。

4. 物流网络的覆盖

覆盖即物流网络服务的辐射面，是物流网络布局规划需要考量的另一个问题。覆盖半径和覆盖状态决定了选址的结果，这是非常重要的条件。覆盖半径是指配送节点能提供的以自己为圆心向外辐射的最远服务距离，覆盖状态是指配送节点和需求点之间的服务映射关系。传统的覆盖选址模型中覆盖状态只有两种:覆盖或者没有覆盖。若需求点在配送节点的覆盖半径内,且配送节点为其提供所有的需求,即为"覆盖";否则,"没有覆盖"。

如图 8-10 所示,用圆点表示两个配送节点,用三角符号表示 6 个需求点。配送节点 1 的覆盖半径为 R_1,可以覆盖需求点 1、2 和 3;配送节点 2 的覆盖半径为 R_2,可以覆盖需求点 3、4 和 5;需求点 6 在两个配送节点的覆盖半径之外,不能被任何配送节点覆盖;需求点 3 同时在配送节点 1 和 2 的覆盖半径之内,它的需求实际被哪个配送节点覆盖视当时具体的情况而定。

传统的网络覆盖模型是在节点数目和覆盖半径未知的前提下进行选址,要求覆盖全部的需求,目标是建站成本最低。在决策过程中,如果节点的覆盖半径过小,则势必会增加建站的数量;如果节点的覆盖半径过大,虽然能够减少建站的数量,但同时会带来单个节点建站成本的增加(因为覆盖半径增加了,会带来建站容量的增加和运输成本的增加)。

在物流云服务的背景下,物流网络可以实现基于协同库存的网络覆盖选址-分配模型的覆盖。该模型允许节点之间协同工作,为需求点提供部分服务覆盖。换句话说,该模型松弛了覆盖半径,改变了配送节点的覆盖状态。因此得到图 8-11 的选址结果,图中显示需求点 2、3、4、5 的需求可以由配送节点 1、2、3 来协同满足。和传统的网络覆盖模型中的选址结果相比,在所有的前提条件相同的情况下,图 8-11 中的三个配送节点的覆盖半径更小,总建站成本将会更低,结果更优。

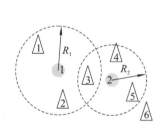

图 8-10 物流网络覆盖半径和覆盖状态

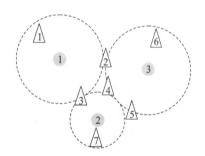

图 8-11 物流云服务下基于协同库存的网络覆盖选址-分配模型

第三节 智能物流网基本概念及模型

在信息通信网络高速发展并取得巨大成就的今天,世界正从高效、便捷、绿色、经济的信息流通中获得新的增长动力,其中也包括物流。物流、信息流、资金流"三流合一",得到了信息通信网络的有力支持。然而,代表实物流通的物流,在与信息通信网络的融合中,在标准化、模块化及开放性等方面还存在诸多不足。智能物流网的提出正是要促进物流的标准化、模块化及开放性,加速物流互联互通。

一、智能物流网概念

智能物流网(physical internet)是美国佐治亚理工大学供应链和物流学院班旺·蒙特尔教授受互联网产业发展启示而开创性提出的新一代物流体系构建理论。可以把它简要描述为:在物流网络世界中,由于在全球范围形成了统一的各种物流传输的协议和接口,物资能够在庞大的物流网络中无缝高效传输,极大地提升了物流效率,从而推动了物流的革命性变革。简单来说,智能物流网致力于将互联网原理应用于物流,建立一个全球开放、互联的物流网络,使用一组协作协议和标准化的智能接口,以发送和接收被标准载运单元运载的实体商品。

智能物流网的理论灵感源自互联网理论的发展和实践,因而该理论代表着物流行业未来发展的方向。智能物流网理论认为,数字互联网实际传输的是带有嵌入信息的数据包,改变了信息在世界各地的流动方式。但是互联网和物理世界之间曾经有一条清晰明确的界限,因为进入互联网的唯一入口/输出点是计算机。然而,随着 IoT(物联网)技术的发展,这个界限变得日益模糊,物理世界出现越来越多能够连接互联网的工具,如汽车、灯泡、手表等都可以联入互联网,互联网成为我们生活的一部分。然而,同样作为我们生活中关键一部分的物流,却存在诸多无法互联、无法共享的障碍。智能物流网就是期望跨越这些障碍的创新体系,是基于对未来世界的洞察预测,自上而下引导和构建的未来物流体系。

物流体系的规范化和标准化是未来物流能够高效运作的前提。在智能物流网理论中,定义了一种未来物流操作的容器,即 π-容器(以便将它们与当前的物流容器区分开)。正如信息网络中的数据包和数据帧一样,π-容器是实现智能物流网顺畅运作所必需的关键要素,需要从尺寸、功能和固定装置等方面构建全球统一的标准,形成智能化、绿色化和模块化的容器。从物理角度来看,π-容器必须易于处理、存储、运输、密封、固定、互锁、装载、卸载、构建和拆除。从信息角度来看,每个 π-容器都要有唯一的全球标识符,以确保识别效率。图8-12描述了 π-容器的模块化、标准化,以及可组装、可标记的特点。

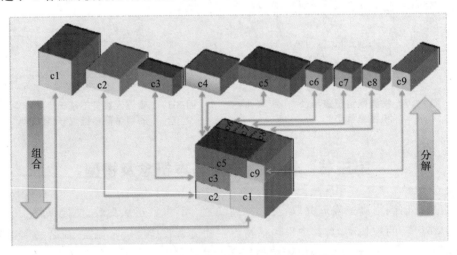

图 8-12 π-容器模块化与标准化等特点

可以预见,智能物流网理论将有效促进未来物流运作中物流衔接和协调操作环节的效率提升。随着货物集装的规格化和单元化的统一,在新兴 IT 技术的支持下,分拣、装卸、堆码与拆垛等物流作业能够实现高度机械化和自动化,从而大幅提升物流作业的效率。同时,由于大力提倡开放与共享理念,并积极制定开放、共享的标准和机制,智能物流网将从全局和整体上大大减少无效物流运作,从而有助于碳达峰和碳中和的实现。

第八章
智慧物流网络

智能物流网理论已经初具规模,美国以及欧洲地区已经建立研究机构,以推进理论的成熟与落地。在美国,班旺·蒙特尔所创建并任职的 Physical Internet 研究中心的研究表明,如果采用智能物流网运作模式,可能达到的预期年度效益将会是:和当前全球物流状况相比,物流运营成本将降低超过 100 亿美元,在物流运输过程中的二氧化碳排放量减少将超过 2 亿吨,同时还能至少减少 75% 的无效物流运转。

二、智能物流网的互联互通模型

借鉴和参照互联网的思想、工作原理、协议、节点和技术等,智能物流网构建了一种互联互通的网络模型,以便实现一个更大、开放和互联互通的物流网络,从而把物理世界不同地域、不同类型、不同公司、不同大小、独立和封闭的物流资源在智能物流网中无缝地连接和结合起来,使得货物可以像数据包/数据帧一样在物流网络中进行路由分发、组装和运输,最后按照需要从发货地(源)送到接收地(目的地)。图 8-13 所示是参考 ISO/OSI 网络模型构建的智能物流网络开放式互联互通模型(open logistics interconnection model)。该模型包含物理层、连接层、网络层、路由层、运输层、封装层和物流网络层。

图 8-13　智能物流网的互联互通模型

1. 物理层

物理层处理智能物流网中物理元素的移动和操作,包括 π-容器以及各种智能物流网传输方式,如车辆、承运人、传送带、商店和分类器。这一层根据规范操作来验证物理元素,例如 π-输送机确实允许在其入口点和出口点之间移动 π-容器。

2. 连接层

连接层的重点是通过检查物理层操作与其数字镜像之间的一致性,从而对物理层操作的突发事件进行检测和可能的修正。

3. 网络层

网络层关注的是智能物流网内网络的互联性、完整性以及互操作性。

网络层提供一种功能和过程方法，从而保证 π-容器可以在 π-网络内和 π-网络之间进行路由，同时保持路由层请求的服务平等。事实上，网络层提供了 π-容器分配到智能物流网网络上的手段（搬运工、车辆等）的协议，类似于数字互联网中的 TCP。它根据路由层提供的路由将 π-容器的三级分配与 π-链路上的 π-均值相关联。它监视 π-容器在智能物流网上的流动，识别路由错误并最大限度地减少其影响，并补充识别准时的路由机会并响应，以利用它们。这一层还定义了 π-容器的组合和分解，π-容器在 π-网络上的流量分配和控制。

4. 路由层

路由层提供一种有效、可靠的将一组 π-容器从出发地运到目的地的功能和过程方法。它根据上层的环境、经济和服务优先规定，实现和控制高效、可靠的节点间传输和处理服务，即它根据网络状态为一组容器定义它们的最佳路径。

5. 运输层

运输层提供 π-容器（如相应的订单）从托运人到最终收件人的高效和可靠运输的功能和过程方法。它设置、管理和关闭托运人和每个收件人之间的发货。它定义要交付的服务类型（普通、快递等），并确保对接收确认的管理。它制定和规定监测、核查、延期、终止和转移货物的程序和协议。

6. 封装层

封装层提供在接入智能物流网网络之前，将用户的产品有效封装在唯一标识的 π-容器中的功能和过程方法。

7. 物流网络层

物流网络层是智能物流网和物流服务用户之间的接口。它提供了功能和过程方法，使他们能够利用智能物流网，通过一个开放的和全球性的物流网络，就产品供应、分销和流动做出动态决策。在这里，产品包括材料、零件、部件、产成品等。用户表达物流服务需求、流程规划和建立供应合同等都是这一层的一部分。

开放式互联互通模型是智能物流网的核心，为构建全球化、开放、互联互通的物流网络奠定了坚实的基础。与 ISO/OSI 网络模型一样，开放式互联互通模型也只是一个概念的、理想的模型，在实际落地过程中，还需要诸多更为专业、易于落地的协议和模型，通过不断推进物流资源（容器、设备、设施等）的标准化、系列化、网络化、自动化与智能化，不断提升网络运营的安全保障能力，最终形成服务全球的智能物流网。

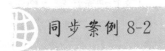

智能物流网试水动物物流服务

物界科技有限公司正在打造基于智能物流网理论的物界 πOS。物界 πOS 是适用于未来各类物流运作的一套操作系统，就如同能为各家手机公司安装使用的开放式操作系统（安卓)一般。物界科技把这个独特超前的创业项目称为"水镜"。

目前,"水镜"已经成功对接并正在孵化"一鸽"项目。一鸽是一家深耕赛鸽产业的体育竞技服务公司,也是一家科技公司,同时是一家新型供应链公司。一鸽公司先后推出了信鸽电商平台和"动物镖局"项目。

"动物镖局"项目的鸽友到了指定站点交付信鸽,信鸽被装入特制的纸笼中,纸笼在装鸽之前都进行过消毒预处理,如图8-14所示。在信鸽被装入纸笼之前,信鸽医生对信鸽进行了喂药、喂水、补充营养物质的标准流程工作,提高信鸽在运输途中的健康系数。

图8-14 "动物镖局"信鸽运输标准箱

此外,每个纸笼均贴有独立二维码,装笼后扫描二维码系统即可将笼内信鸽和鸽笼对应,有效保证了信息识别进而确保无虞。

装好信鸽的纸笼在装车前会被装入专用运输笼车,再将运输笼车装入改造过的运输车辆中固定。

在科技应用方面,除了可以让鸽友通过微信小程序下单并实时了解信鸽运送状态,"动物镖局"还引进了科研级别的车内环境监测系统,科学掌握、控制车内温度和光感。

一鸽科技的系统通过物界 πOS 系统的嫁接,具备了与各类物流资源和最新的物流技术之间无缝衔接的能力,从而使得一鸽系统能力进一步升级,极大提升了信鸽赛事的用户体验和比赛品质,并且能够用新供应链平台全面提升鸽友的用户体验和消费品质。

(资料来源:《"动物镖局"开张,欲做活体动物物流王者》,见 https://www.sohu.com/a/237364834_649545。)

【思考】 一鸽科技的系统是如何对接智能物流网,实现信鸽的安全高效物流的?

第四节 物流超网络系统

超网络是研究在已有网络之上的网络,即由多种网络耦合而成的网络。超网络的概念和方法为研究复杂系统中多个网络之间的相互作用提供了有效的途径。由于物流深度融入

智慧物流

社会经济生活和企业的生产活动,物流系统已演变成一个时空覆盖广,而且高度动态和复杂的系统,超网络现象广泛存在。图 8-15 展示了能源网络、交通网络和信息网络对物流网络的支持和约束。这些网络之间既相互独立,又相互关联、相互制约、相互促进,共同形成了一个复杂的超网络。超网络是我们经济社会巨大系统的重要组成,在国家或者区域规划中需要对其进行顶层设计、统筹考虑,并随着社会的发展不断演进。

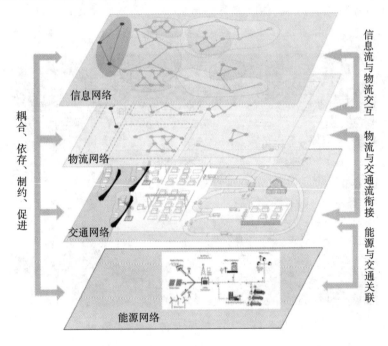

图 8-15 包含物流网络的一种超网络

事实上,物流网络通常也是一种超网络,物流超网络(logistics super-network,LSN),可以从超网络角度构建其模型,并运用复杂系统工程的理论与方法进行分析和研究。

一、物流超网络模型的构成要素及其关系

根据物流的运作特点,从超网络角度考虑,物流网络可以定义为:在网络经济和网络信息技术条件下,适应物流系统化和社会化的要求发展起来的,由物流组织网络、物流基础设施网络和物流信息网络三者有机结合而形成的物流服务网络体系的总称。

(1) 物流组织网络,指参与物流网络联系的物流机构。它是物流网络运行的组织保障。

(2) 物流基础设施网络,指物流网络上的物流设施设备。它是物流网络高效运作的基本前提和条件。

(3) 物流信息网络,指物流网络上的通信网络。它是物流网络运行的重要技术支撑。

因此,在综合物流服务网络体系的视角下,物流超网络模型的构成要素及其关系可以描述如下。

1. LSN 模型的构成要素

(1) O 要素:组织要素。具体指承担物流活动的主体,包括供应商、制造商、分销商、零售商、消费者以及物流管理和监管部门。

(2) S 要素：基础设施要素。具体指承担物流活动的客体，包括软件要素和硬件要素。软件要素包括体制、制度、法律、规章、行政、命令、标准化系统、组织及管理要素；硬件要素包括物流设施要素、物流装备要素、物流工具要素（即信息技术及网统、组织及管理要素）。

(3) I 要素：信息要素。泛指伴随物流业务而发生的信息交换、资金流动和人才流动等。

2. LSN 模型构成要素之间的关系

LSN 模型构成要素之间存在着各种类型的关系，既包括同种类型要素之间的纵向关系，亦包括不同类型要素之间的横向关系。

1) O 要素之间的关系

组织要素之间可能存在的关系是以即将发生或已经发生的物流活动为基础的。根据组织之间的网络化关联程度，组织要素之间的纵向关系发展见表 8-3。

表 8-3 组织关联程度及现实表现

组织关联程度	理论形式	现实表现
组织间关联较少	单一的企业内部物流，不考虑企业间的合作	集团物流只供应内部建材
弱稳定性合作关系	有限的物流组织间形成稳定关系，即物流联盟出现	例如，宝供物流强调在供应链诸节点间植入"利益共享、优势互补"的共生关系，实施联盟化战略
强稳定性合作关系		例如，中远物流与中国邮政、中国中铁等建立战略合作伙伴关系
组织间联盟	若干物流节点，通过一定的关联形成跨企业的组织间合作	例如，海尔集团目前已与全球近千家供应商形成稳定的业务联系，甚至将一些前期研发工作直接交给供应商

2) S 要素之间的关系

基础设施要素之间的关系包括软硬件之间的匹配关系、硬件之间的配置关系。软硬件之间的匹配关系是指不同的物流业务需要与之适应的硬件配备和软件支持。例如，国际多式联运运输既需要飞机、轮船、火车和集装箱等运输设备，又需要满足不同运输装备的装箱规范和尺寸系列标准要求。同时，国际多式联运受诸多因素的影响，如各国海洋运输条例，出口至他国的货物须接受相关国际货物检验检疫条约和法令的约束。硬件之间的配置关系是指受货物自身性质的要求、天气的影响或者特殊规定的约束，相互衔接的硬件之间要有效契合。例如，运输新鲜蔬菜的运输车辆内温度要求低于 21℃，运输时间不能超过 2 天，因此在长途运输蔬菜类物品时若中途发生转运，对运输车辆内温度和运输车辆的单位时间行驶里程数均有较高要求。

3) I 要素之间的关系

物流信息产生于物流服务过程，又服务并指导物流服务。物流信息包括订货信息、退货信息、补货信息、货物运输跟踪信息、货物条形码信息以及物流组织企业间因物流行为而发生的一切信息。在同一物流服务过程中，很多信息会相伴相生、淘汰、更新，信息的交换-执行是物流系统/物流企业间经常存在的联系形式。为保证物流服务过程中信息交换的及时性、准确性和高效性,各种信息技术和系统广泛应用于企业内部物流和企业间物流,例如苏宁电器从 20 世纪 90 年代开始,陆续购买并运行了 WMS、TMS、ERP、SCM、CRM 和 SAPERP 系统,逐步建成物流的"高效的神经系统"。

4) O 要素与 S 要素、O 要素与 I 要素之间的关系

物流信息、物流组织和物流基础设施紧密相连。以苏宁电器内部的物流网络为例,截至 2020 年 12 月 31 日,苏宁电器已在 48 个城市投入运营 67 个物流基地,在 15 个城市有 17 个物流基地在建、扩建,建立了收、发、存、运、送的供应链管理系统。可以看出,苏宁电器发展自身的物流网络是从建立自身基础设施、配置先进的信息系统和配备完整的供-产-销队伍入手。物流基础设施靠投入资金即可完成升级,但必须有先进的信息系统支撑和完整的组织队伍才能够发挥其效益。可见三者之间互为条件,互通有无。

二、LSN 模型特征分析

和单一物流网络模型不一样,物流超网络模型旨在描述和揭示物流网络的多层次、多维性、多级性、多属性和多目标等复杂网络特点,因而具有如下特征。

(1) 复杂性。由于物流超网络涉及的要素多,影响因素多,关系复杂、动态、非线性,子网络间的耦合度也较高,模型的复杂度不言而喻。也正因为如此,需要采用超网络模型来描述。

(2) 整体性与全面性。物流超网络模型可以从整体上对物流网络进行分析,既注重关键因素的主导作用,又兼顾次要因素的影响,还能反映各子网络之间复杂的关联,因而具有很好的整体性和全面性。比如,在 O-S-I 物流超网络模型中,组织网络、基础设施网络、信息网络的特点和关联耦合作用可以得到全面的分析和描述。这里,O 网络和 S 网络是实体网络,I 网络是由非实体构成的虚拟网络。三者通过网络连接的方式成为一个物流超网络整体。该模型对物流网络的规划与运营具有良好的指导作用。

(3) 可视性。超网络模型图可以直观方便地将物流网络中各要素及其相互关系、耦合及约束展示出来,并且和物流实际节点、环节和要素对应。

(4) 可控性。在物联网等信息技术的支持下,物流超网络的实际运行情况可以实时监测并展示,并通过参数调整进行物流服务资源的分配和控制。

(5) 协调性。在物流网络中常常存在各种冲突或者瓶颈。物流超网络模型揭示物流各要素、各子网络之间的耦合及约束,可以有效协调各要素之间的关系,推进物流网络的优化和进化。比如,在 O-S-I 物流超网络模型中,I 网络通常会依存于 O 网络和 S 网络,同时会反作用于这两个网络。O 网络的构建常常受到 S 网络的牵引,同时会促进 S 网络的发展和演化。

同步案例 8-3

电商物流超网络分析

电子商务平台的发展提高了供应链管理的便捷性,因此供应链群体也快速扩张,供应链各实体企业数量快速增加,供应链各层次参与者出现了多角色共存于一身的现象,传统供应

链的单链条方式已经不能清晰地描述各实体企业之间的商流与物流关系。在这样的背景下,产生了基于电子商务平台的各供应链参与者之间商流与物流的超网络模型,如图8-16所示。从图8-16中可以看出,B2C电子商务下的商流与物流关系已经不再局限于供应链内部范畴,而是逐渐扩展到不同供应链之间。而且,商流与物流的关系也存在于不同供应链的同一层级角色参与者之间,这种超网络关系在图8-16中供应商A与供应商1之间,以及消费者A与消费者1之间的业务往来中已经有所体现。

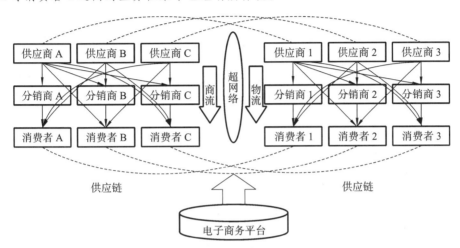

图8-16 电子商务商流与物流关系的超网络模型

(资料来源:曹江宁.基于B2C电子商务商流与物流超网络研究[J].商业时代,2014(35):71-72.)

【思考】 电子商务平台下的超网络关系是什么样的?

第五节 多式联运网络

一、多式联运概述

多式联运是指以两种或两种以上运输方式组合而成的一种现代运输方式,是一种高效、安全、快捷、绿色、节能的货运组织方式。多式联运是在集装箱运输发展的基础上逐渐产生发展起来的,将整个运输过程看作一个整体来安排,组合不同运输方式,形成连续的、优化的、综合的货物一体化运输。多式联运将不同运输方式进行有机组合,按照多式联运合同,一次托运、一次计费、一份单证、一次保险,由各运输区段的承运人和枢纽的运营商共同完成货物的全过程运输与中转过程。

多式联运按照运输区域的范围可分为国内多式联运和国际多式联运,按照运输组合方式可以分为海铁联运、公铁联运、海公联运、公空联运、公铁水联运等联运方式。

多式联运从20世纪60年代在美国出现并在全球范围内发展至今,代表了大宗货物运输的发展趋势,具有整合多种运输方式、提高运输组织管理水平以及满足客户多样化需求等方面的独特优势,可为客户提供便捷、经济、安全和高效的运输服务。

近年来,我国开始重视多式联运的发展,相关部门相继发布了《关于进一步鼓励开展多式联运工作的通知》《多式联运示范工程管理办法(暂行)》等文件。2021年2月国务院印发的《国家综合立体交通网规划纲要》明确指出,全国沿海、内河主要港口重点推进铁路直通港区,新进港区需同步规划进港铁路,推进港铁协同管理。2021年12月,国务院印发《推进多式联运发展优化调整运输结构工作方案(2021—2025年)》(以下简称《方案》),强调要大力发展多式联运,推动各种交通运输方式深度融合,进一步优化调整运输结构,提升综合运输效率,降低社会物流成本,促进节能减排降碳。目前,我国已先后建立近100个多式联运示范工程,多式联运网络越织越密,越来越便捷高效。多式联运正成为我国构建绿色、低碳、高效物流的重要部分。《方案》提出的工作目标是,到2025年,我国多式联运发展水平明显提升,基本形成大宗货物及集装箱中长距离运输以铁路和水路为主的发展格局,全国铁路和水路货运量比2020年分别增长10%和12%左右,集装箱铁水联运量年均增长15%以上。

二、多式联运物流网络

一般地,从网络构成要素角度看,可将多式联运物流网络描述为一种由网络节点、网络连接边以及相关外部环境构成,并具有复杂关联关系的系统结构形式,如图8-17所示。其中,多式联运网络节点不仅包含支撑货物运输业务的静态基础设施,如港口、机场、货运场站等,还包括具有独立决策意志的动态经营主体,如货物承运人、金融机构等。多式联运网络连接边不仅包含保障运输过程的静态运输线路,如公路线路、铁路线路、水运线路及航空线路等,还包括网络节点之间的动态关联关系,如技术服务关系、金融支持关系等。而多式联运网络外部环境则是在自然、经济、政治等多方面因素共同影响下所体现的复杂综合效应。

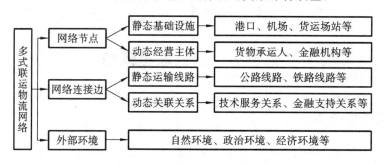

图8-17 多式联运物流网络结构

可见,多式联运物流网络是一个有机综合体,可大体分为两个部分:一是由枢纽、线路等交通运输固定设施组成的一个具有多个起讫点、多条线路并交叉组合所形成的复杂网络结构,也就是通常所指的多式联运基础网络,如图8-18所示;二是由一个多式联运经营人负责组织管理不同区段多种运输方式装卸、运输、仓储等环节形成的立体经营模式,也可以称其为多式联运运营服务网络。

此外,不同学者对多式联运网络有着不同角度的理解。从业务形式角度看,多式联运网络可以包括运输网络、仓储网络等;从运作范围角度看,多式联运网络可以包括内部网络、外部网络和综合网络等;从运作形态角度看,多式联运网络可以包括设施网络、信息网络和服务网络等。可以说,多式联运网络也是一种超网络。

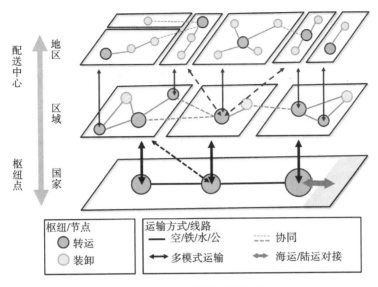

图 8-18　多式联运基础网络

三、多式联运组织运营

作为一种安全、便捷、高效、绿色、经济的现代物流方式，多式联运既需要完善通畅的基础设施，也需要可靠的运输组织，既需要先进高效的技术装备，也需要统一开放的市场环境。由于多式联运涉及多种多样的经营与运作主体，面对多种运输方式和层次及结构复杂的多式联运网络，多式联运的组织运营具有明显的复杂性、不确定性和动态性。图 8-19 描述了多式联运组织运营过程中的多主体协作需求。因此，在技术、规范、网络设施等强有力的支持下，多式联运的组织运营还需要多层次高效的规划、决策、管理和智能的风险预警与安全监控。

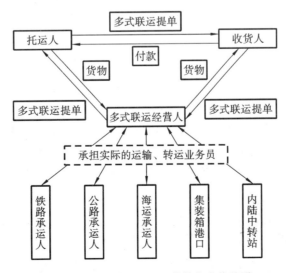

图 8-19　多式联运组织运营的多主体关联

智慧物流

同步案例 8-4

厦门象屿股份有限公司主营供应链管理及流通服务、物流平台开发运营,聚焦农产品、金属矿产、能源化工等产业链资源,提供综合物流、园区基地及供应链金融服务,通过整合商流、物流、资金流、信息流,打造"四流合一"的供应链综合服务平台。公司发展已进入3.0阶段,即"物流地网+数智天网"构建网络化、智能化、协同化的供应链新生态,降本增效,提升全产业链价值。

物流地网:构建多式联运物流服务网络。厦门象屿已搭建了多式联运物流服务网络:拥有自营仓储节点42个;服务产品覆盖化工、农产品、钢铁、木材、纸浆等;公路方面,拥有自有车辆超500辆,整合车辆超10万辆,年运力超1500万吨;铁路方面,拥有中西部铁路站点16个,铁路物流货运能力仅次于中铁集装箱运输有限责任公司;水路方面,与日照、青岛、连云港港口群、北部湾港,中远海集运、散运等港口及航运企业建立战略合作关系,沿"一带一路"通道构建国内、国际的水运运输网络;同时配套建设内陆公铁联运运输通道,实现粮食产区到北方港区、南方港区的全线贯通,围绕粮食产业链公司已形成集种植、收储、物流、贸易、深加工、园区运营为一体的现代化农业全产业链服务体系。

数智天网:物流技术创新及赋能,通过数字化标准连接,有效整合供应链管理的各个环节,把原来单点、单主体、单过程的控制,扩展到多点、多主体、全过程的控制与共识,形成生态联盟。资产数字化方面,公司推动供应链金融业务发展,通过物权溯源和仓单管理这两大供应链核心基础设施服务,实施标准化确权及追溯,实现供应链上下游及金融机构之间的互联互通,形成可应用于供应链金融及信用管理的数据体系。

物流智慧化网络货运平台推行后,可实现全程可视化监管,做实货权管控,降低货权风险;货物运输借助物联网设备确保货权时时可控;降本增效方面,公司完善多式联运体系,专注汽运资源整合,优化组织形式,实现物流、贸易单位降本增效。

(资料来源:《以智慧物流构建多式联运网络》。)

【思考】 厦门象屿股份有限公司的多式联运物流网络智慧化的措施是什么?

本章小结

本章主要学习了物流网络基本概念,物流网络发展趋势及智慧物流网络形成背景,物流网络分析相关理论及智慧物流网络结构,在此基础上介绍了智能物流网基本概念和开放式物流网络互联互通模型,分析了物流超网络特征,最后介绍了多式联运物流网络及其在多式联运运营中的应用。

练习与思考

1. 物流网络发展趋势是什么?
2. 智慧物流网络与传统物流网络的联系和区别是什么?

3. 选择一个物流企业,从超网络角度分析其物流网络的构成。
4. 试从物流网络角度分析多式联运发展的基础。
5. 结合当前物流企业服务创新,尝试分析其在物流网络规划方面的做法,并探讨其物流网络特征。
6. 在如图 8-8 所示的物流需求点分布中,假设有 5 个需求点,信息如下表所示。

需 求 点	商品需求量(吨)	运 输 费 率	坐标	
			x_j	y_j
1	2.0	5	2	−2
2	3.0	5	11	3
3	2.5	5	10	8
4	1.0	5	4	9
5	4.0	5	−3	−5

如果拟建一个物流网络节点覆盖所有需求,试采用重心法进行选址,并对选址进行迭代优化分析。如果拟建 2 个物流网络节点进行需求覆盖,试分析可能的选址方案。

第九章
智慧物流系统分析与建模方法

学习目标

学习物流复杂系统的概念和特点；了解物流复杂系统的建模过程；理解和掌握多智能体建模方法、系统动力学建模方法以及物流系统仿真建模技术；了解数字孪生技术的理念和应用场景。

引入案例

京东青龙系统

京东智慧物流系统称为青龙系统，定位为智慧物流，涵盖分拣中心（分拨中心）、运输干线，还有整个配送系统。京东智能化的分拣中心采用全智能化、机械化操作，通过完善的远程实时监控体系有效地实现整个业务操作流程的可视化。通过智能分拣机和龙门架、自动称重、视觉扫描、智能立体分拣、工位智能管理及AGV等技术的应用，分拣中心的日订单分拣能力已经达到30万单，包裹分拣正确率达到99%，与矩阵式分拣方式相比，人员投入比例减少了近70%，坪效提升了5倍。

京东在B2C自营和电商平台上采集和积累了大量的用户数据、商品数据和供应商数据，此外还有青龙系统积累的仓储和物流以及用户的地理数据和习惯数据，这些数据可以很好地支持一些精准的模型。通过大数据与青龙系统的结合，以智能分拣中心为例，管理人员可以实时看到每天几百万件包裹的处理情况。

京东是波次生产的，对各个时效的控制也是通过青龙系统实现的，在每个地区，有不同的接单时间，要求必须在这个时间内送完，对配送员都有快到接单时间的提醒。

预测性分析是大数据应用的一个重点。利用历史消费、浏览数据和仓储、物流数据建模，对单量进行预测，京东智能分拣中心能够提前知道未来一段时间内大约需要处理多少的单量，从而能够比较好地安排自动分拣。预测的一个典型应用，就是针对一些品牌手机首发做的"未买先送",对某个区域的具体手机销量进行建模预测,根据预测结果在手机首发之前就提前配送备货。

(资料来源:搜狐网,2016-07-29。)

【思考】

京东青龙系统为什么需要物流系统分析和建模技术支撑?

第一节 物流复杂系统

一、物流复杂系统概念

物流系统是指在一定的时间和空间内,由所需流动的物资与包装设备、搬运装卸机械、运输工具、仓储设备、人员和通信联系等若干相互制约的动态要素所构成的具有特定功能的有机整体。物流系统的目的是实现物资的空间和时间效用,在社会再生产顺利进行的前提条件下,实现各种物流环节的合理衔接,并取得最佳的经济效益。

现代物流学中比较认可的一个观点是物流的各环节之间存在着相互联系、相互制约的关系,并且它们之间的关联是非线性的,其对外输出特性具有"涌现性"。因此,从系统科学的角度看,这种物流系统具有"复杂系统"特征。进一步地,如果系统(内外部)事件表现为时而出现,时而消失,时而动作,时而停止,而出现和停止都发生在一些离散的时刻,并带有一定的随机性,则称该物流系统为离散事件动态复杂系统(discrete event dynamic complex systems)。常见的物流复杂系统都具有离散动态特征。智慧物流系统在传统物流的基础上,为提升物流作业与运营效能,促进物流服务宜人性、准确度和柔性,融入了大量智能元素和自治体,具有更为明显的分布式智能协同特征。因此,智慧物流系统也是一类典型的复杂系统。

二、物流复杂系统特点

1. 非线性和非平衡

一方面,物流系统由众多元素与子系统组成,它们之间以某种或多种方式发生复杂的非线性相互作用,这是物流系统产生复杂性的主要根源所在。另一方面,物流系统是一种社会性开放型系统,通过参与社会经济活动并受到社会经济活动源源不断的激励而形成一种远离(非)平衡态的宏观稳定有序的耗散结构(dissipative structure)。

2. 多样性和动态性

一方面,物流系统组成要素多且复杂,追求的目的和目标较多,功能要素间常展现出效益背反特性。另一方面,物流系统面对的服务需求多样,且随时空的变化而变化。因此,在内外因的共同驱动下,物流系统呈现出动态性和多样性特点,有序态、随机态和混沌态等多样性的特征可以共同出现在一个物流复杂系统中,并根据系统内外的不同参数条件随时间和空间变化而变化。

3. 整体性

物流系统的整体性并非子系统行为的简单叠加,而是会受到子系统间相互关系的影响。一般情况下,一个成熟高效的物流系统的整体功能要大于各子系统功能之和。我们必须从整体上去把握系统的特点及发展趋势。"涌现"是复杂系统整体性的一种表现形式,即在一定的内部联系和外部驱动下,复杂系统的各子系统表现出一致性行为,或者说"智能"。

4. 积累效应

积累效应,又称"蝴蝶效应"或初值敏感性,是指在复杂系统的运动过程中,只要起始状态稍微改变一点,那么随着系统的演化,这种变化就会被迅速积累和放大,最终导致系统行为发生巨大的变化。正是由于存在这种敏感性,我们无法对物流系统做出精确的长期预测。

5. 随机不确定性与统计性

一方面,系统的随机不确定性表现在系统对稳定状态的随机偏离,这种稳定状态具有一定的统计分布特征。另一方面,由于系统具有初值敏感性,在稳定状态下的随机不确定性也可能会使系统产生大的偏离,从而打破既有的稳定状态。为此,需要建立系统的内部机制,以便在外部激励作用下再次达到新的平衡状态,这就是物流系统自适应能力的体现。

第二节 物流复杂系统建模

一、物流复杂系统建模原则

物流复杂系统具有上述特点,其复杂性决定了物流系统建模的复杂性。

建立一个简明、适用的物流系统模型,将为物流系统的分析、评价和决策提供可靠的依据。一般而言,建立物流系统模型时,必须遵循以下几条基本原则。

(1)准确性。模型必须反映现实系统的本质规律。模型中包含各种变量、数据、公式和图表,一旦模型确定,就必须根据这些数据、公式和图表求解及研究模型。因此,数据必须可靠,公式和图表必须正确,有科学依据,合乎科学规律和经济规律。

(2)现实性。模型既然是实际系统的替代物,就必须能反映实际系统的本质,而且必须具有一定的精确度。如果一个模型不能在本质上反映实际系统,或者在某些关键部分缺乏一定的精确度,那么就会给系统的搭建带来潜在的危险。

(3)简明性。模型的表达方式应明确、简单、抓住本质。一个实际系统可能是相当复杂的,如果模型也很复杂,则构造和求解模型的费用太高,甚至由于因素太多,模型难以控制和操纵,从而失去建模的意义。

(4)规范性。模型必须能方便用户,因此要努力使模型标准化、规范化,要尽量采用已有的模型。在建立一个实际系统的模型时,如果已经有人建立过类似的模型,甚至已经有了标准模型,则应该尽量利用现有模型,这样既可以节省时间和精力,又可以节约建模费用。

(5)渐进性。人对系统的认识有一个由浅入深的过程,因此建模不是一件一蹴而就的事情。开始建模时,可以设计得粗一些,参数和变量不宜太多,但是要注意灵敏性问题,即关注哪些参数或变量的改变对模型影响特别敏感,然后逐步加进有关细节,逐渐增加参数和变

第九章

智慧物流系统分析与建模方法

量,最后达到一定的精度。

二、物流复杂系统建模过程

物流系统模型是对物流系统的特征要素及其相互关系和变化趋势的一种抽象描述。物流系统模型反映了物流系统的一些本质特征,用于描述物流系统要素之间的相互关系、系统与外部环境的相互作用等。建立了物流系统模型以后,就可以通过系统模型来代替现实的系统进行试验,用以解决物流系统实际运作中的某些问题,指导生产管理。

不同条件下建模方法虽然不同,但是建模的全过程始终离不开了解实际系统、掌握真实情况、抓住主要因素、弄清变量关系、构建模型、反馈使用效果、不断改进以逐渐向实际接近等环节。如图 9-1 所示,物流系统建模的步骤可以归纳如下。

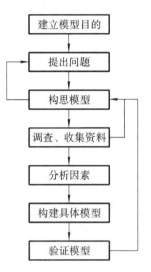

图 9-1 物流系统建模步骤

(1) 根据物流系统的目的和实际情况,提出建立模型的目的。

建立模型必须目的明确,要明确回答"为什么建立模型?"等一类问题。在物流各个环节中,每个子系统有着不同的模型要求。如对运输问题建立模型,目的可以是降低运输成本;对库存进行建模,其目的是保证生产的连续性,且使库存成本最低;对配送中心系统进行建模,其目的是探索如何提供更好、更快、更节约成本的配送服务。

(2) 根据建立模型的目的,提出要解决的具体问题。

在明确模型的目的之后,要将其具体化,实质上就是对物流系统中影响模型目的的各种要素进行详细分析的过程。如配送中心要提供更好、更快、更节约成本的服务,就必须分析接受订单、处理订单、装卸货物、车辆调度过程等环节的一些详细信息,从而提出需解决的问题。

(3) 根据所提出的问题,构思模型。

根据建模的目的和提出的问题,构思所要建立的模型类型及其关系。如配送中心系统建模中,需要建立订单处理模型和车辆调度模型。

构思模型与提出问题是一个反复修正的过程,提出问题是构思模型的基础,而构思模型过程中又有新问题提出,这样多次反馈,使问题更加全面、模型结构更加合理。

(4) 在构思的模型基础上,进行实际调查、收集资料。

通过实际调查,明确清晰地了解物流系统的规模、目的和范围以及判定准则,确定模型的输出输入(即影响因子和决策变量)及其表达形式。收集真实可靠的资料,掌握系统全面的资料,对资料进行分类,概括出本质内涵,分清主次变量。对已研究过或成熟的经验、知识或实例进行挑选,并将其作为基本资料供新模型选择和借鉴,将本质因素的数量关系尽可能地用数学语言表达。在这一步要注意确保信息资料的正确性和有效性,以反映出系统的真实情况。

(5) 分析物流系统中各因素之间关系。

对物流系统的本质因素,可以列出必要的表格、绘制图形和曲线等,来分清它们之间的关系。在因素多的情况下,要根据物流系统研究的目的对因素进行取舍,这需要建模人员具有丰富的经验。除了确定各因素之间的关系,还要分析因素的变动对实现物流系统目的的影响。

(6) 构建具体模型。

在充分掌握资料的基础上,根据模型和物流系统的服务对象,构建一个能代表所研究物流系统的数量变换数学模型。这个模型可能是初步的、简单的,但必须能对观测结果进行合理的解释,尽管这种解释是受某些假设条件约束的。

(7) 验证模型的正确性。

模型的正确性一般通过实验来进行验证,以确定模型在要求的精度范围内是否正确地反映了所研究的问题。如果模型不能在一定精度的约束下反映物流系统的问题,则要求找出原因,并根据原因对模型的结构进行调整,增加或减少一些变量,改变变量性质或变量间的关系以及约束条件等,使模型逐步完善,靠近实际。模型满足在可信度范围内可解、易解的要求后,方可投入使用。

三、智慧物流系统建模方法

智慧物流系统作为一种先进的物流复杂系统,具有社会性开放系统特征。同时,由于数字化、网络化、自动化及智能化技术的运用和渗透,智慧物流系统拥有大量的智能设备、设施或单元,以及很多分布式协同作业场景。因此,智慧物流系统建模具有如下特点。

(1) 模型复杂多元。伴随着人们日益增长的物质文化需求,外部物流个性化需求增多、频度增大,对智慧物流系统的柔性自适应能力和敏捷响应能力提出了更高要求。物流系统中智能模块很多,可调整参数增多。这就决定了智慧物流系统的模型更为复杂:参数更多,子系统/单元间的关系更为复杂。因此,我们在对智慧物流系统的建模过程中,要树立科学的建模思想,把握好真实性、简明性和标准化原则,分层次、渐进式构建系统模型。

(2) 数据、规则和知识相结合。一方面,由于智慧物流系统的复杂性和动态性,已很难用简单明确的知识或数理模型来描述一个物流系统了。另一方面,智慧物流系统强大的数字化能力可以提供大数据及其技术。因此,智慧物流系统的模型是在数据、规则和知识相结合的基础上构建的新型模型。

(3) 分布式协同模型。一方面,由于智慧物流系统的复杂性,集中式模型会导致模型复杂、控制难度增大。另一方面,智慧物流系统本身就是由多智能单元/子系统集成,具有分布式特征。因此,多采用分布式协同方式构建智慧物流系统模型。

(4) 虚拟仿真建模与分析。虚拟仿真技术通过在计算机内部构建一个与客观对象高保真的可视化模型,对复杂对象结构、内部模块及变量的相互作用进行多维度实验及分析评价,可以更直观准确地评价系统的不同设计方案以及动态演化情况,具有直观、真实、便捷且成本低廉等特点,是复杂动态系统建模的重要途径。因此,虚拟仿真建模技术也特别适合用于智慧物流系统的建模与分析。未来,结合智慧物流系统的大数据技术发展,基于数字孪生的虚拟仿真建模将有非常好的市场前景。

总体而言,智慧物流系统的常用建模与分析方法包括:数学建模法,如函数方程表示、概论表示、逻辑表示等;图形建模法,如Petri网、系统动力学流图、流程图、结构图等;面向对象建模技术,如基于多智能体的建模等;虚拟仿真建模技术,如离散系统仿真、流程系统仿真、数字孪生技术等;实物模型法,如实体模型、比例模型等。本章将重点介绍基于多智能体的建模、系统动力学建模、仿真建模,以及数字孪生技术。

第三节　基于多 Agent 的物流系统建模

一、多 Agent 建模技术

1. Agent 的概念

智能体(agent)的概念源于人工智能学科,最早出现于 20 世纪 70 年代并于 80 年代后期得到了深入研究。伴随着计算机网络的发展,Agent 引起了各界的广泛兴趣。在不同的学科领域,Agent 具有不同的含义和不同的理解,中文译名包括"代理""自治体""主体""智能体"或"智能主体"等。Agent 是一个运行于动态环境的、具有较高自治能力的实体,可以接收另外一个实体的委托并为之提供帮助和服务。Agent 与其服务主体之间具有较为松散和相对独立的关系。

Agent 在供应链仿真应用

Agent 具有反应性、自治性、社会性和自发性等特征,可以对环境进行实时感知,在经过恰当的处理后,通过个体的行为来改变环境。Agent 的基本结构如图 9-2 所示。

2. 多 Agent 系统的概念和特点

单个 Agent 往往面临着信息感知、分析、处理能力不足。因此,学者们从传统的人工智能出发,提出了多智能体系统(multi-agent system,MAS)的概念:多 Agent 系统是由多个同构或者异构的 Agent 节点交互作用组成的呈网链状的分布式系统。多 Agent 系统吸取了分布式人工智能和人工生命的理论,提供了解决复杂问题的分而治之的方法,能够解决单个 Agent 所不能解决的规模庞大、结构复杂的问题。多 Agent 系

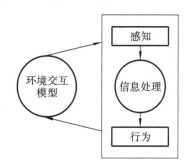

图 9-2　Agent 基本结构

统区别于其他方法的最大特点在于系统内 Agent 间的动态交互性,要求 Agent 个体及个体之间通过竞争或者协商来解决问题。所以在多 Agent 系统中,人们比较关心的是如何把 Agent 组织起来,发挥多 Agent 系统的优势,来解决单个 Agent 无法完成的问题。

多 Agent 系统既具有单个 Agent 的所有特性,又具有优于单个 Agent 的特性,包括社会性、自治性、协作性等。

1) 社会性

在多 Agent 系统中,代表着实体的 Agent 通常受到任务或者事件的驱动,自主独立地决策和运行。这些任务或者事件,可以来自对系统环境的感知或者外界需求的驱动,也可以来自通过通信和交流获取的其他 Agent 的请求。因此,这些 Agent 组成了一个社会群体,共同实现系统的目标,并很容易完成过程活动的同步。

2）自治性

在多 Agent 系统中，位于不同逻辑和结构上的 Agent，在接收到其他 Agent 的任务请求后，能够根据自身的能力属性，独立决策能否承接并完成，并及时回复和反馈执行结果和自身状态。

3）协作性

在多 Agent 系统中，Agent 之间通过分工合作和协商来共享知识库，解决目标问题。这大大提高了系统的有效作业能力，使系统具有可扩展性和灵活性，能够达成整体的任务目标。

在不同的应用场景中，多 Agent 系统的控制结构不同，对多 Agent 的执行效率也产生决定性的影响。常见的控制结构分为集中式控制、分布式控制和混合式控制。图 9-3 所示为三种控制结构的特点及逻辑结构。

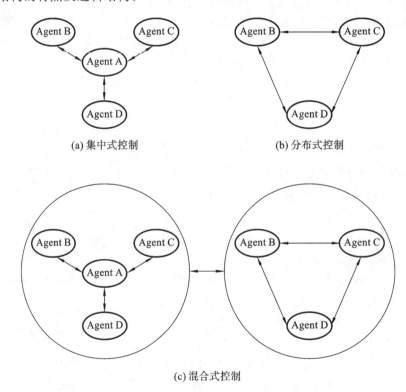

图 9-3　多 Agent 控制结构

3. 多 Agent 建模步骤

基于多 Agent 的建模是一种自下而上的建模方法，在构建系统的各个部分后将其组合为多 Agent 系统模型，多 Agent 建模的步骤如下。

（1）系统结构分析。首先根据所研究的问题，分析系统的主要组成部分，以及各个部分的目标、功能、特性以及相互关系，以此来确定 Agent 的种类、数量和主要功能。

（2）构建 Agent 模型。根据上一步所确定的 Agent 种类构建相应的 Agent 模型，确定 Agent 的内部结构和特征。

(3) 组成多 Agent 系统。在完成不同 Agent 模型构建后,通过定义各个 Agent 之间的交互方式,将分散的 Agent 联系在一起组成整个多 Agent 系统。

二、物流系统多 Agent 建模应用

智能仓储机器人移动执行系统(robotic mobile fulfillment system,RMFS)为类 KIVA 系统的一种智能存储拣选作业系统。智能仓储 RMFS 通过自动引导车(automatic guided vehicle,AGV)将带有待拣选商品的可移动货架运输至拣选工作台,由拣选工作台区的工作人员按照订单货品需求完成手动拣选。对比立体化仓库、大型的分拣机以及长距离的运输设备,智能仓储 RMFS 在系统构建初期无须投入大量的资金,对仓储场地面积要求较小,在系统柔性和灵活性方面具有突出的优势。

这里通过一个案例展示基于多 Agent 系统的物流系统建模方法。本案例的结构布局如图 9-4 所示。在本案例中,智能仓储 RMFS 的主要作业区域包含货架储存区和拣选工作台区,主要任务执行设备包括 AGV、货架以及拣选工作台。

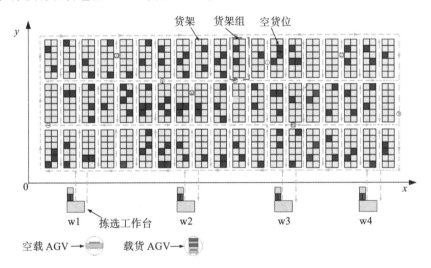

图 9-4　智能仓储 RMFS 的结构布局

在该案例场景中,AGV 是智能仓储 RMFS 中的运输设备,具备智能化、数量多的特点,是系统内重要的调度对象。优化 AGV 资源调度对提高 RMFS 拣选效率至关重要。在该多 Agent 系统模型中,每个 AGV 用一个 Agent 表示。AGV Agent 的主要功能是接收来自外部的指令,搬运指定货架至目标拣选工作台,待拣选作业完成后再将货架搬运回指定位置。AGV Agent 主要与货架以及拣选工作台 Agent 进行通信:通过与货架 Agent 的协商,将已优化搬运顺序的搬运任务放入执行任务列表中,完成货架的搬运;即将要到达拣选工作台时,与拣选工作台 Agent 进行协商,确保拣选工作台有剩余缓冲容量后,再进入缓冲区排队等待。

1) AGV Agent 属性和知识库定义

AGV Agent 基本属性和知识库包含的信息,如表 9-1 所示。

表 9-1　AGV Agent 基本属性和知识库信息

基础信息	AGV 编号
	AGV Agent 的运行状态，包含暂停、旋转、加速行驶、减速行驶及匀速行驶等
	AGV Agent 的其他运动，包含抬升装置升起、落下，以及充电等
	AGV Agent 的位置信息，通过二维码导航行进，通过扫描二维码获取当前位置信息
	剩余电量
时间信息	接收到搬运任务的时间
	拣选工作台前排队等待的时间
	从起始位置到达货架底端的时间
	到达拣选工作台的时间
调度信息	目标货架、目标拣选工作台位置信息
	多个 AGV 间协作调度规则
	异常扰动类别以及处理措施
其他信息	交互的 Agent ID

由于智能仓储 RMFS 中的 AGV 是实时运动的，为使得 AGV 按照最短路径行驶且多个 AGV 之间不产生碰撞，AGV 须遵循一定的运行规则，如表 9-2 所示。其中包含路径规划规则、协商避让规则以及移动规则，AGV Agent 在执行指令和相互通信的过程中会依据这些规则对当前搬运任务的行驶路径进行预测规划以及实时避碰，选择最佳路径完成运输货架任务。

表 9-2　AGV 的运行规则

AGV 状态	路径规划规则	协商避让规则	移动规则
空载状态	A*算法最短路径	滚动预测避让	匀速直行
载货状态	按照巷道通行方向行驶	动态时间避让	匀速直行

2）AGV Agent 行为和结构定义

AGV Agent 在运行时的行为包括接收搬运任务、优化任务顺序、行驶至指定货位、搬运货架至拣选工作台、等待被拣选以及搬运货架返回货位。AGV Agent 的结构模型如图 9-5 所示。

AGV Agent 的运行状态有等待搬运消息、规划搬运路线、执行搬运命令和完成搬运任务。其具体的状态转换如图 9-6 所示。

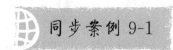

该模型的仿真动画

智能仓储 RMFS 的多 Agent 系统模型

针对图 9-4 所示的智能仓储 RMFS 系统，采用分布式多 Agent 系统混合控制结构进行系统模型构建，以便充分发挥 Agent 的自治性和协商性，突

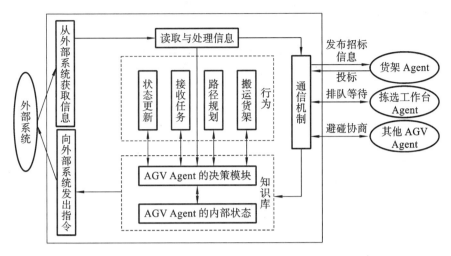

图 9-5 AGV Agent 的结构模型

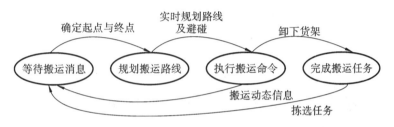

图 9-6 AGV Agent 的状态转换

出系统的可扩展性。根据智能仓储 RMFS 系统的特点,将 Agent 分为两大类:信息管理层,包括订单管理 Agent 和数据管理 Agent;执行层,包括拣选工作台 Agent、货架 Agent 以及 AGV Agent。如表 9-3 所示。各类 Agent 的构建过程和 AGV Agent 的构建过程类似。

表 9-3 Agent 类别与功能

层 次	类 型	功 能
信息管理层	订单管理 Agent	接收订单、派发订单、跟踪订单
	数据管理 Agent	实时收集、统计、反馈系统各环节数据信息
执行层	拣选工作台 Agent	执行货品拣选,分配拣选任务,反馈拣选进度
	货架 Agent	存储货品,调度 AGV 执行搬运任务
	AGV Agent	多 AGV Agent 间协商,路径规划、实时避碰

图 9-7 给出了该多 Agent 系统的信息交互和控制过程。在该分布式结构下,各类 Agent 接收目标任务后,进行协调与合作,共同完成智能仓储 RMFS 的多任务调度。

在基础的多 Agent 系统架构建立后,设计合适的协商机制就是至关重要的内容。这里采用了合同网协议机制,即系统中的 Agent 分为两种角色:产生任务分配需求的招标方,定义为招标者;执行任务的投标方,定义为投标者。

【思考】 多 Agent 系统模型中,Agent 的设计、控制结构,以及协商机制如何相互影响?

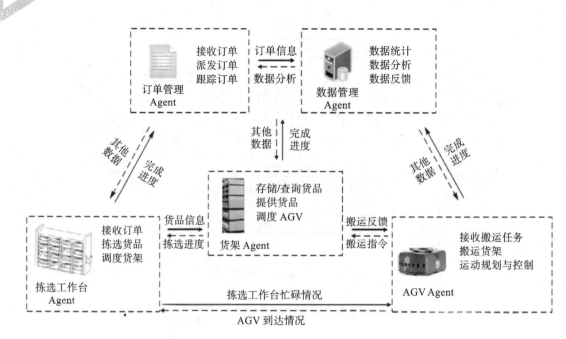

图 9-7 基于多 Agent 的智能仓储 RMFS 结构模型

第四节 基于系统动力学的物流系统建模

一、系统动力学建模理论

1. 系统动力学的基本概念

系统动力学(systems dynamics,SD)是美国麻省理工学院的福瑞斯特教授创立的一门新兴学科。系统动力学是一门分析研究信息反馈系统的学科。它是系统科学的一个分支。系统动力学能定量地分析各类复杂系统的结构与功能的内在关系及系统的各种特性,有望成为建成完整的系统论与系统学的一座桥梁和有力工具。它基于系统论,吸收了控制论、信息论的精髓,是一门认识系统问题和解决系统问题、沟通自然科学和社会科学等领域、综合自然科学和社会科学的交叉综合学科。按照系统动力学的理论、原理与方法论分析系统,建立系统动力学模型,并借助计算机模拟技术,可以定量地研究系统问题。

系统动力学将系统构建为结构与功能的因果关系图式模型,适用于分析研究信息反馈系统的结构、功能与行为之间动态的辩证统一关系。它利用反馈、调节和控制原理进一步设计反映系统行为的反馈回路,最终建立系统动态模型,再经过计算机模拟,对系统内部信息的反馈过程进行分析,可以深入了解系统的结构和行为特性。系统动力学模型本质上是带时滞的一阶微分方程组,但是这种方法在利用计算机建模时借助于系统流图(stock and flow diagram)能方便地处理非线性和时变现象,能进行长期的、动态的、战略性的仿真分析与研究。

2. 系统动力学的特点

(1) 系统动力学基于系统论,强调系统行为主要是由系统内部机制决定的,能对系统内部因素及系统内外因素的相互关系予以明确的认识和体现。

（2）系统动力学强调系统、联系、运动、发展的观点，能对系统的动态发展及其趋势进行考察。

（3）系统动力学以计算机仿真为辅助手段，擅长处理高阶、非线性的问题。

（4）系统动力学的模型结构是基于反馈环的，能明确认识和体现系统内隐含的反馈回路，使系统行为模式对很多参数不敏感，从而克服缺乏数据或参数估计不足带来的困难。

（5）系统动力学能对系统设定各种控制因素，以观测当输入的控制因素变化时系统的行为和状态所发生的变化。

（6）系统动力学可以通过输入不同的模型参数来模拟计算不同情况下的系统行为，起到模拟实验室的作用。

（7）系统动力学的建模过程便于实现建模人员、决策者和专家群体三者的结合，便于运用各种数据、资料、人们的经验与知识，也便于汲取、融合其他系统学科与其他科学理论的精髓。

（8）系统动力学研究解决问题的方法是一种定性与定量结合，系统思考、分析、综合与推理的方法，在螺旋上升逐步深化的建模过程中尽可能采用"白化"技术，把不良结构相对地"良化"。其模型模拟是结构-功能模拟。

（9）规范的模型。系统动力学模型总体上是规范的，便于人们清晰地沟通思想、对存在的问题进行剖析和对政策实验进行假设，也便于处理复杂的问题，能一步步可靠地把假设中隐含的凌乱与迷津追索出来，而不带有表述上的含糊、情绪上的偏颇或直观上的差错。

3. 系统动力学建模原理

系统动力学建模的最根本指导思想是系统动力学的系统观和方法论，系统动力学认为复杂的大系统都是由多个最基本的信息反馈回路按某种方式连接而成。基于此认识，系统动力学方法形成了它特有的由粗到精、由表及里、多次循环、不断深化地认识问题与解决问题的工作流程。

系统动力学模型是一种因果关系机理性模型，它强调系统与环境相互联系、相互作用（见图9-8）。系统动力学利用反馈控制原理，用因果关系图和系统流图来描述系统的内部联系，并用仿真语言来定量计算系统状态的动态变化。

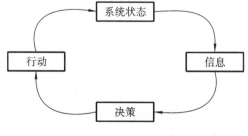

图9-8 系统动力学建模原理

利用系统动力学建模解决问题的主要工作步骤大体可分为五步：

第一步，用系统动力学的理论和方法对研究对象进行系统分析；

第二步，进行系统的结构分析，划分系统层次与子块，确定总体的与局部的反馈机制；

第三步,建立数学的、规范的模型;

第四步,以系统动力学理论为指导,借助模型进行模拟分析,进一步剖析系统,得到更多的信息,发现新的问题,然后反过来修改模型;

第五步,检验评估模型。

4. 系统动力学建模方法

系统动力学建模过程是一个由粗到精、由浅入深地将思维模型转化成数学模型和计算机仿真模型的过程。在这个转化过程中,可以先构建因果关系图和系统流图,从而方便而有效地将定性模型过渡到定量模型。

1) 因果关系图

因果关系反映了复杂系统中多因素之间的影响关系,是表示系统反馈结构的重要工具。因果关系图包含多个变量,变量之间由标出因果关系的箭头连接。

(1) 因果箭:连接因果要素的有向线段。

(2) 因果链:因果关系具有传递性。在同一链中,若含有奇数个条件极性为负的因果箭,则整条因果链是负的因果链,否则,该条因果链的极性为正。

(3) 因果反馈回路:原因和结果的相互作用形成因果关系回路(因果反馈回路),因果反馈回路是一种封闭的、首尾相接的因果链。

图 9-9 显示了库存控制的因果反馈关系。

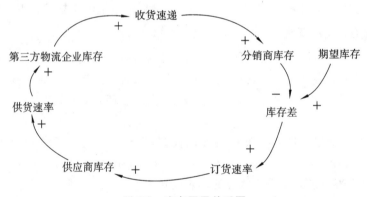

图 9-9 库存因果关系图

2) 系统流图

系统流图在因果关系图上进一步区分变量性质,用更加直观的符号描述因素之间的逻辑关系,明确系统的反馈形式和控制规律。系统流图主要由以下元素组成。

(1) 流(flow),用来对系统中的活动或行为进行描述。流可以分为商流、物流、资金流、人流及信息流等,用带有符号的有向边描述。通常情况下,流可以分为实体流(实线表示)和信息流(虚线表示)两种。

(2) 流位(level),是实体流的积累,用矩形框表示,反映系统中子系统或要素的状态,如人口数、库存量及库存现金等。流分为流入和流出,流位变量是朝着流的相应方向变化的。

(3) 流率(rate)也称速率,在系统动力学中速率变量相当于决策函数,表述系统中随时间变化的活动状态,如人口的出生率、死亡率,物资的出库率、入库率。

(4) 参数(parameter),是系统中的常数。

(5) 辅助变量(auxiliary variable)用于简化速率变量方程,以便于理解复杂函数,是系统动力学方程中经常使用的一种变量。

(6) 表函数,是采用表格表述的函数,用以说明输入参数的取值变化及规律。

(7) 外生变量,用以表述系统边界以外的变量,这些变量将对系统运行产生影响。

(8) 影子变量,用来简化变量的表示。

(9) 滞后(delay),是指流在时间上的延时,是系统非线性的根本原因。信息和物质运动需要一定的时间,带来原因和结果、输入和输出、发送和接收等之间的时间差。滞后有物流和信息流滞后之分。

(10) 源(source)与汇(sink),用来表述流的来源和归宿。

系统流图常用符号如表 9-4 所示。在实际建模中有时也直接使用元素名称取代符号表示。

表 9-4 系统流图常用符号

符号名称	符号	符号名称	符号
流	实体流 / 信息流	辅助变量	○
流位	⇒□⇒	外生变量	◎
流率	⋈→	源与汇	☁→
参数	—○→	表函数	(表函数)

图 9-10 展示了一个简单的库存系统流图。其中,库存流位是状态变量,订货和销售为流率变量,期望库存和库存调整时间为辅助变量。

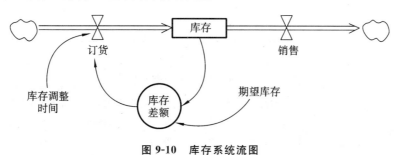

图 9-10 库存系统流图

二、基于系统动力学的城市物流量预测

1. 系统边界定义

本案例主要研究某市物流量与物流费用和产值以及物流供需平衡之间的相互关系。根据建模目的,将下列主要因素纳入系统边界:城市总产值(GDP)、城市货物周转量、物流费用、物流投资、物流政策和物流产值。

2. 物流系统因果关系分析

1)因果关系图构建

城市物流系统因果关系图如图 9-11 所示。

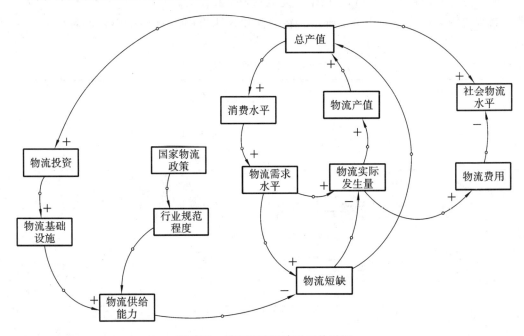

图 9-11 城市物流系统因果关系图

因果关系图主要存在 3 个反馈环,物流需求反馈环、物流供给反馈环,以及物流产值与物流费用反馈环。

2)系统动力学流图构建

图 9-12 所示是该案例的系统动力学模型流图。该流图中包含的流图变量见表 9-5。

表 9-5 变量类型表

变量类型	数量	变量名称
状态变量 L	3	GDP,物流需求量,物流供给能力
辅助变量 A	17	实际发生物流量,供需比,实际需求系数,物流差异,差异延迟,铁路需求量,公路需求量,水路需求量,其他方式需求量,物流投资额,投资延迟,物流产业产值,运输费用,保管费用,管理费用,物流费用,单位 GDP 物流费用

第九章
智慧物流系统分析与建模方法

续表

变量类型	数 量	变 量 名 称
常量 C	2	投资比例,消耗系数
速率变量 R	6	GDP 增长速率,物流阻碍速率,需求增长速率,需求阻碍速率,供给增加速率,供给消耗速率
表函数	4	GDP 增长系数,铁路分担率表,水路分担率表,公路分担率表
影子变量	2	$<$Time$>$,$<$GDP$>$

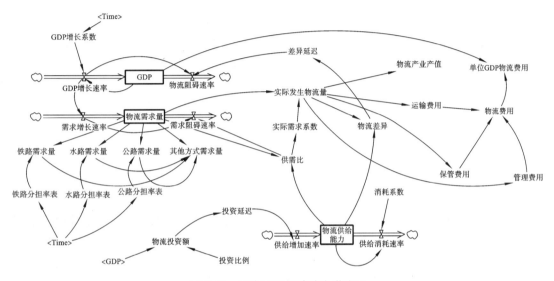

图 9-12 城市物流系统动力学流图

3. 模型有效性检验

选用历史检验来对模型进行有效性检验,即将得到的仿真结果与已知的实际历史数据进行比较,如果误差在可接受范围内,则模型可视为精度较高,是有效的。本系统中 GDP 为最主要变量,因此将模型计算的 GDP 值与实际值相比较,以验证是否与实际情况相符合,如图 9-13 所示。

表 9-6 历年 GDP 实际值与预测值比较

年 份	实际值/亿元	预测值/亿元	相 对 误 差
2003	1622.18	1622.18	0.00%
2004	1882.24	1880.19	−0.11%
2005	2238.23	2125.54	−5.30%
2006	2590.75	2690.84	3.72%
2007	3209.47	3400.00	5.60%
2008	4115.51	3900.27	−5.52%
2009	4620.86	4800.00	3.73%
2010	5565.93	6000.78	7.25%

续表

年份	实际值/亿元	预测值/亿元	相对误差
2011	6762.20	7000.00	3.40%
2012	8003.82	7801.67	−2.59%
2013	9051.27	9375.00	3.45%

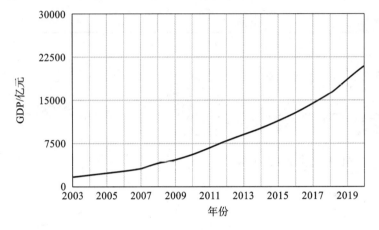

图 9-13　GDP 预测量

从表 9-6 中可以看出,误差绝对值都不超过 10%,表明所建立的系统动力学模型接近实际情况,模型是有效可用的。

第五节　物流系统仿真技术

一、系统仿真技术概述

1. 系统仿真的定义和特点

1) 系统仿真的定义

人类在认识客观世界的过程中,通常采用两种方法:一种是直接在真实系统(研究对象)上进行研究,另一种就是在真实系统的映像模型上进行模拟研究。但通常有许多原因造成直接在真实系统上做实验的方案难以实施,比如以下这些原因。

(1) 系统还不存在。对于系统前期的规划和设计,还处于方案论证或设计阶段,系统尚未建成,无法在真实系统上直接进行实验。

(2) 系统的破坏性实验。直接在真实系统上进行实验可能会造成巨大的破坏与损失,更有甚者,真实系统的破坏性运行将付出巨大的代价。

(3) 实验条件无法保证,比如实验时间太长或费用太高,或在多次实验中无法保证实验环境完全一致,从而会影响对实验结果的判断。

鉴于上述这些原因,构造一个真实系统的仿真模型,在仿真模型上做实验,成为对系统进行分析、研究的十分有效的手段。这种构建映像模型并在该模型上进行实验的过程就称为系统仿真。

一般地,系统仿真的定义如下:根据系统分析的目的,在分析系统各要素的性质及相互关系的基础上,建立能描述系统结构或行为过程的且具有一定逻辑关系或数量关系的仿真模型,据此进行实验或定量分析,以获得正确决策所需的各种信息。在计算机技术高速发展的今天,没有特殊说明,系统仿真技术多指计算机仿真技术,或者虚拟仿真技术。图9-14所示为真实系统、系统模型及系统仿真之间的关系。

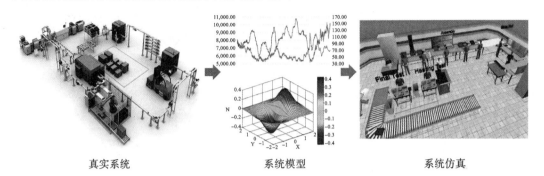

真实系统　　　　　　系统模型　　　　　　系统仿真

图 9-14　真实系统、模型和系统仿真关系

2)系统仿真的特点

(1)时间的伸缩性。

使用计算机仿真技术,可以将几个月甚至几年或更长时间的外界系统活动,压缩到十几分钟甚至几秒内模拟运行出来,也可以将持续时间短暂、状态变化迅速的系统活动,在较长的时间内模拟,以便对真实系统中无法观察到的细微结构的变化进行研究。

(2)对各种复杂系统的广泛适应性。

仿真模式不受数学、逻辑、不可控变量及有关统计理论的限制,特别适用于实验和分析那些具有大量逻辑、大量参数、关系复杂的系统。

(3)运行的可控性。

在仿真运行过程中,可根据需要随时停止仿真的运行,并能及时取得有关的阶段性统计数据,而不会影响后续整个系统的运行结果。

(4)便于多方案选优。

使用计算机仿真技术,可以在只改变相关因素和某些条件,而保持其他条件不变的情况下,进行多方案、重复性、随机性的大量仿真运行,从而在众多的方案中进行选优决策。

(5)应用的广泛性。

对于难以用一般解析方法和优化方法以及物理仿真方法解决的复杂系统,计算机仿真技术都是可行的和有效的方法,这一特点使计算机仿真技术几乎可以应用于一切领域。

2. 系统仿真技术的发展

对于系统仿真技术的发展历程,国内仿真界有多种观点,可以归纳为4种分类方法。

第1种分类:按仿真的基础设施,仿真技术可划分为模拟机阶段、串行处理阶段、模拟-数字混合机阶段、数字计算机仿真阶段、并行与分布仿真阶段以及云仿真阶段。

第2种分类:按仿真的技术成熟度,仿真技术在经历了初期发展阶段、成熟阶段和高级阶段之后,进入了以复杂系统仿真为研究对象的新阶段,或者认为其发展经历了初级阶段、发展阶段、成熟阶段、学科形成阶段和学科发展新阶段。

第3种分类:按仿真模型的特征,仿真技术可划分为基于以相似三定律为主要内容的相似原理的实物仿真阶段;基于数学模型与计算机模型相似性实现仿真的数学模型仿真阶段;由多种数学模型到多种结构计算机模型构成的混合模型仿真阶段;针对复杂性仿真研究,基于智能体模型的仿真阶段。

第4种分类:从技术研究的角度,仿真技术的发展过程有4个阶段。仿真的分离研究阶段;协同/集成的通用仿真环境研究阶段;独立于仿真环境的模型、元模型以及通用模块的研究阶段;以提供动态标准模型库为标志的高度综合阶段。

随着大数据与仿真、复杂系统仿真、认知仿真等理论的提出与发展,虚拟现实、网络化仿真、智能仿真、高性能(高效能)仿真、动态数据驱动仿真等关键技术研究的深入,仿真学科理论体系的构建迎来了新挑战,同时仿真学科的发展也有了新的机遇,将促使仿真学科在内容和形式上都发生深刻的变化。

二、物流系统仿真技术应用

系统仿真技术在物流系统研究中的应用越来越多,取得了一大批成果,一些应用介绍如下。

1. 物流系统规划与设计仿真

在没有真实系统的情况下,把系统规划转换成仿真模型,通过运行模型,评价规划方案的优劣并修改方案,是系统仿真技术经常被用到的情形。这可以在系统建成之前,对不合理的设计和投资进行修正,避免资金、人力和时间的浪费。系统仿真运行准确地反映了未来物流系统在有选择地改变各种参数时的运行效果,从而使设计者对规划与方案的实际效果更加胸有成竹。图9-15所示为某物流中心规划方案的仿真效果图。

物流中心仿真

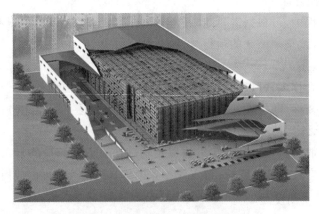

图9-15 物流中心规划仿真

2. 仓储规模与库存管理仿真

在生产加工的各个工序中,其加工节奏常出现不协调的情况,如物料供应部门与生产加工部门的供求关系存在矛盾。为确保物料及时准确的供应,最有效的办法是在工厂、车间设置物料仓库,在生产工序间设置缓冲物料库,来协调生产节奏。通过对生产过程中物料库存状态的仿真,可以动态地模拟入库、出库、库存的实际状况,根据加工需要,正确地掌握入库、出库的时机和数量。图 9-16 所示为某生产用仓储环境的作业仿真。

生产流程仿真

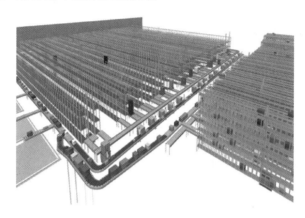

图 9-16 仓储管理仿真

3. 运输调度仿真

复杂的物流系统经常包含若干运输车辆、多种运输路线。合理地调度运输工具、规划运输路线、保障运输线路的通畅和高效等都不是一件轻而易举的事。运输调度策略会受到道路及车辆状态的影响,存在着多种可能性。如何评价各种策略的合理性呢?怎样才能选择一种较优的调度策略呢?通过建立运输系统模型,对运输调度过程进行仿真,可以将运行状态、道路堵塞情况、物料供应情况等生动地呈现出来。仿真结果还提供各种数据,包括车辆的运行时间、利用率等。调度人员对所执行的调度策略进行检验和评价,就可以采取比较合理的调度策略。

集装箱航线仿真

4. 物流成本统计仿真

物流过程是非常复杂的动态过程。物流成本包括运输成本、库存成本、装卸成本等。成本的核算与所花费的时间直接有关。物流系统仿真是对物流整个过程的模拟。进程中每一个操作的时间,通过仿真推进被记录下来。因此,人们可以通过仿真,统计物流时间的花费,进而计算物流成本。这种计算物流成本的方法,比用其他数学方法更简便、更直观。而且,采用这种方法可以建立起成本与物流系统规划、成本与物料库存控制、成本与物料运输调度策略之间的联系,从而用成本核算结果(或者用经济指标)来评价物流系统的各种策略和方案,保证系统的经济性。实际仿真中,物流成本的估算可以与物流系统其他统计性能同时得到。图 9-17 所示为基于系统动力学建立的供应链分析仿真。

成本核算仿真

智慧物流

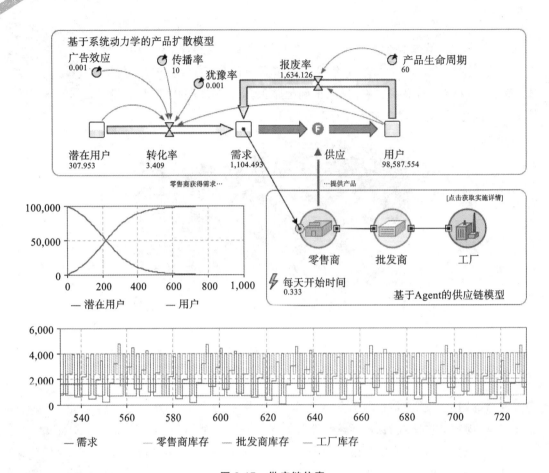

图 9-17 供应链仿真

物流系统模拟仿真案例分析

（一）背景介绍

DHL 北京 DC 配送中心位于北京市东南四环外的大郊亭桥附近，主要为玛氏公司、西门子和西安杨森制药的系列产品提供仓储、运输、配送等服务。随着合作伙伴的增多，日出货量呈上升趋势，老式的仓储模式已不能满足现代配送的发展需要，为适应市场需求和物流发展需要，必须对现有配送中心重新进行整体规划，以期达到理想的运营效果。

DHL 北京 DC 配送中心北京市内的配送点主要有两大类：①批发商——朝批和光彩批发；②销售商（KA店）——沃尔玛、家乐福、易初莲花和美廉美。其中约 95% 的货物配送集中在中心城区，剩余的分散在昌平、密云、怀柔、平谷和房山等远郊区县。

（二）需求和存在的问题

1. 配送中心的需求

根据 DHL 北京 DC 配送中心的业务要求，结合将来的业务需要，物流配送中心必须满足下列方面的作业要求。①进货,包括车辆进货、进货卸货、点货、理货等。②储存保管,包括入库、调拨、补充、出理货等。③分拣,包括订单分拣、拣货分类、集货等。④出货,包括流通加工、品检、出货点收、出货装卸等。⑤运输,包括车辆调度、路线安排、车辆运输、交递货物等。⑥仓储管理,包括盘点(定期、不定期)、到期物品处理、移仓与储位调整。⑦逆向物流,包括退货、退货卸载、退货点收、退货责任确认、退货处理、退货补货等。⑧物流后勤,包括车辆货物出入管理、装卸车辆停车管理、包装中转容器回收、暂存、废物回收处理等。

2. 现有配送中心存在的问题

现有配送中心拥有 A、B 两个大库:A 库面积为 1200 平方米,有 24 个通道,每个通道有 2 列 5 层货架;B 库面积为 800 平方米,有 16 个通道,每个通道也有 2 列 5 层货架。A、B 库每层货架高 1.5 米,宽 1 米,巷道间距约 4 米。该配送中心共有叉车 12 台,其中高叉 5 台,普叉 7 台。由于该配送中心仓库采用的是传统式通道仓储模式,没有采用现代化物流设备,仓库面积没有得到合理利用,配送效率不高,在旺季到来时通常靠增加人力、延长工作时间来满足实际需求。现以 A 库为例,对该配送中心进行优化。

(三)建模与仿真

配送中心储存的货品一般多达数百上千种,每种货品因出货量的多寡,其储存方式、拣取单位及包装形态也各有差异。综合考虑各项因素,该配送中心规划了两个核心子系统,AS/RS 系统和 AGV 搬运系统,利用物流专业仿真软件 Flexsim 实现的三维仿真模型。

针对 DHL 北京 DC 配送中心配送系统,设定仿真时间为 16 个小时(57600 秒),考虑系统开始运行时段,仿真系统初始化运行 2 个小时(7200 秒),也就是仿真系统共运行 18 个小时,2 个小时后开始统计各项数据。每个方案运行 5 次,统计数据取平均值。

(四)结论

基于仿真结果,综合考虑堆垛机的利用率和 AGV 的响应时间,在这个仓库中配备 3 台堆垛机车和 5 台 AGV,能使得在考虑成本和时间的平衡关系中该仓库的运行效率最高。

【思考】 分析仿真技术在物流系统分析与优化中的作用。

第六节 数字孪生技术

一、数字孪生技术概述

1. 数字孪生的概念和产生

1)数字孪生的概念

数字孪生(digital twin,DT)是指以数字化的方式建立物理实体的多维、多时空尺度、多学科、多物理量的动态虚拟模型来仿真和刻画物理实体在真实环境中的属性、行为、规则等。数字孪生是正在不断发展的一个领域,从不同角度看也有不同的定义。

(1)标准化组织中的定义。数字孪生是具有数据连接的特定物理实体或过程的数字化表达,该数据连接可以保证物理状态和虚拟状态之间的同速率收敛,并提供物理实体或流程过程的整个生命周期的集成视图,有助于优化整体性能。

(2)学术界的定义。数字孪生是以数字化方式创建物理实体的虚拟实体,借助历史数据、实时数据以及算法模型等,模拟、验证、预测、控制物理实体全生命周期过程的技术手段。从根本上讲,数字孪生可以定义为有助于优化业务绩效的物理对象或过程历史和当前行为的不断发展的数字资料。数字孪生模型基于跨一系列维度的大规模、累积、实时、真实世界的数据测量。

（3）企业的定义。数字孪生是资产和流程的软件表示,用于理解、预测和优化绩效以实现业务成果的改进。数字孪生由三部分组成:数据模型、一组分析或算法以及知识。数字孪生在整个价值链中革新了流程。作为产品、生产过程或性能的虚拟表示,它使各个过程阶段得以无缝连接。这可以持续提高效率,最大限度地降低故障率,缩短开发周期,创造持久的竞争优势。

2) 数字孪生的产生

数字孪生的产生可以归结为以下三个方面。

（1）从数字样机到数字孪生。数字孪生最初源于产品生命周期管理（product lifecycle management,PLM）,是从数字化产品定义（digital product definition,DPD）和数字样机（digital mock-up,DMU）发展而来的。DMU 在实际应用中主要停留在产品设计阶段和基于理想模型的仿真,在产品制造和运维中,由于虚拟模型与物理模型脱钩,DMU 发挥的实际作用有限。数字孪生通过集成产品全生命周期数据,并和物理产品建立双向通信,将 DMU 的应用拓展至制造和运维阶段,从而填补了上述空白,并催生出产品数字孪生体。产品由生产系统制造得到,而生产系统本身也是一个复杂"产品"。由于产品与生产系统之间的天然联系,数字孪生的应用自然而然地从产品拓展到生产系统,衍生出数字孪生机床、数字孪生生产线、DTS 等。

（2）从信息物理系统到数字孪生。信息物理系统（cyber physical system,CPS）是 2006 年由美国学者提出的一个概念,用于描述复杂产品/系统,旨在构建信息空间与物理空间的双向通信,实现两者的交互与联动。从概念上可以看出,数字孪生与 CPS 在理念上一脉相承,但数字孪生更为强调虚拟模型对物理模型的"忠实映射",而 CPS 的映射关系较为抽象。一般认为,CPS 是从概念上对系统的宏观描述,而数字孪生则是实现 CPS 的关键使能技术和重要基础。

（3）下一代建模仿真技术新浪潮。大多基于数字孪生的产品/系统研究是从应用的角度来看待数字孪生,而部分学者则把数字孪生提升为建模仿真的新理论、新方法。从仿真的观点看,数字孪生是下一代建模、仿真和优化技术的新浪潮。仿真的发展已经从纯粹的分析和优化转变为可反复使用的集成的决策支持工具,数字孪生正是在此需求下发展出来的仿真建模新模式。

2. 数字孪生技术的发展

早在 20 世纪 60 年代的阿波罗计划中,美国国家航空航天局就建立了一套与实际航天任务对应的地面半物理仿真系统,用于宇航员培训,该系统本质上体现了数字孪生虚实结合的特点。2003 年,美国密歇根大学的迈克尔·格里夫斯教授在产品生命周期管理课程上首次提出了与数字孪生概念等价的"镜像空间模型",并解释该模型是"与物理产品等价的虚拟数字化表达",它是一个系统、过程或服务的虚拟模型,由真实空间、虚拟空间和两者的数据与信息交互组成,能够从微观到宏观描述潜在的或实际的物理信息。在格里夫斯之后,数字孪生的概念被赋予了许多不同的属性,进而一步步走向完善。希克斯将数字孪生与虚拟原型区分开来,并重新将其定义为虚拟空间中物理实体的有用信息(结构、功能和行为)的实时同步体,以及支持在物理和虚拟状态之间同步的信息流。

在21世纪初期,多个行业和组织在不同程度上开始将数字孪生技术应用于实际领域。例如,病人健康信息和历史日志跟踪、在线操作的监控交通、物流管理、实时监测系统检测泄漏的管道,以及远程控制和维护卫星与空间站等。技术发展和市场拉动的结合有效激发了数字孪生技术的应用潜力。物联网提供了无处不在的传感能力,能够从不同的业务实施过程中采集各类数据;CPS集成了强大的计算能力和物理资源,使物理设备具备计算、通信和控制能力;大数据和AI技术的结合能够用以支持物理空间和虚拟空间之间的自主决策和合作生产。这些技术为数字孪生技术发挥应用价值提供了有力支持。目前,数字孪生技术被广泛应用于航空航天、城市管理、铁路运输、智能制造等各个领域。在智能制造产业中,在线监测、灵活操作、更好的系统管理和个性化服务等需求能够与数字孪生技术进行深度有效结合,数字孪生技术为更多重要的行业和领域带来革命性的变化。

3. 数字孪生五维模型与数字孪生生态系统

模型是数字孪生的重要组成部分,是实现数字孪生功能的重要前提。为使数字孪生进一步在更多领域落地应用,学者提出了数字孪生五维模型,即

$$MDT = (PE, VE, Ss, DD, CN) \tag{9-1}$$

式中:PE表示物理实体,VE表示虚拟实体,Ss表示服务,DD表示孪生数据,CN表示各组成部分间的连接。根据式(9-1),数字孪生五维模型结构如图9-18所示。

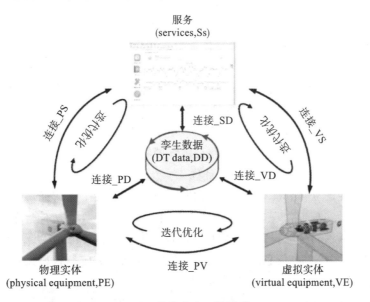

图9-18 数字孪生五维模型

数字孪生生态系统由基础支撑层、数据互动层、模型构建与仿真分析层、共性应用层和行业应用层组成,如图9-19所示。其中:基础支撑层由具体的设备组成,包括工业设备、城市建筑设备、交通工具、医疗设备等;数据互动层包括数据采集、数据传输和数据处理等内容;模型构建与仿真分析层包括数据建模、数据仿真和控制;共性应用层包括描述、诊断、预

测、决策四个方面；行业应用层则包括智能制造、智慧城市在内的多领域应用。

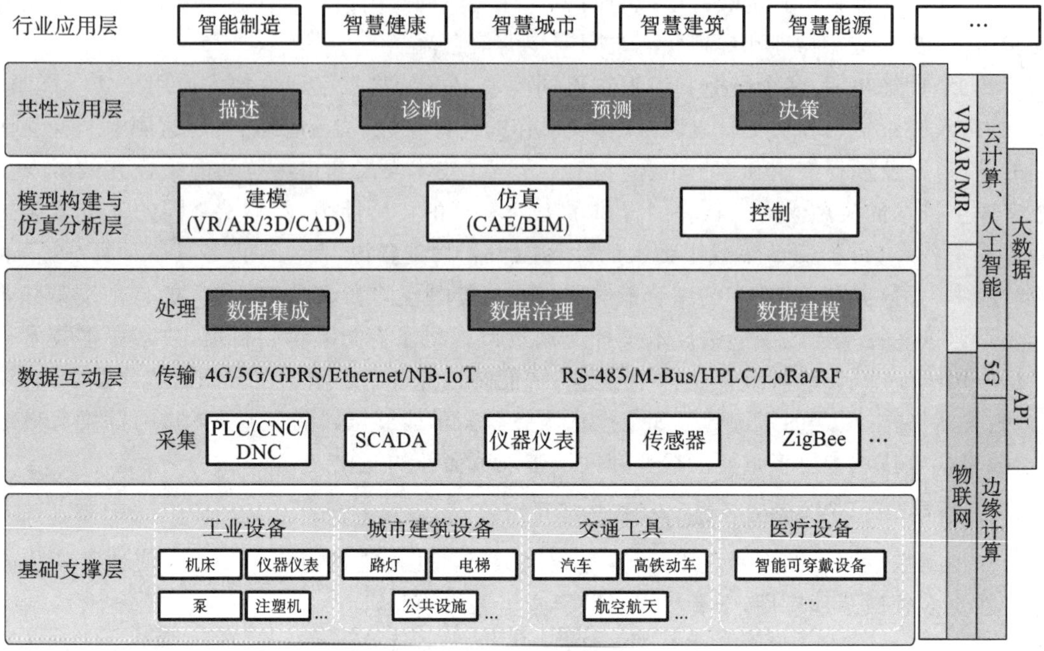

图 9-19 数字孪生生态系统

二、数字孪生技术在智慧物流系统中的应用

自动化立体仓库是一种利用高层立体货架来实现货物的高效自动存取的仓库，由存储货架、出入库设备、信息管控系统组成，集仓储技术、精准控制技术、计算机信息管理系统于一身，是现代物流系统的重要组成部分。但目前用传统方法设计的立体仓库仍然存在着出入库调度效率低、仓库利用率低、吞吐量有待提高等问题。如图 9-20 所示，基于数字孪生五维模型可为立体仓库的再设计优化、远程运维以及共享仓库等问题提供有效解决方案。

仓储数字孪生

（1）基于数字孪生的立体仓库再设计优化。

基于数字孪生的立体仓库设计是通过建立立体仓库中各个设备的数字孪生五维模型，依托设计演示平台实现近物理的半实物仿真设计。利用平台，可以对仓库布局进行三维设计，同时基于货架设备、运输设备、机器人等设备等进行半实物仿真验证，并完成几何建模、动作脚本编写、指令接口与信息接口定义，实现模块化封装和定制模型接口设计。

（2）基于数字孪生的立体仓库远程运维。

借助立体仓库及其设备的五维模型，搭建面向用户的远程运维服务平台，可实现基于数字孪生的立体仓库远程运维。通过建立与立体仓库完全映射的虚拟模型，借助立体仓库的数据信息，结合各类算法方法，实现对立体仓库的实时模拟与优化仿真，对仓库进行实时状态与信息监控的同时，将货存管理、货位管理、费用管理、预警管理、预测性维护、作业调度等功能以软件服务的形式提供给不同需求的使用者。

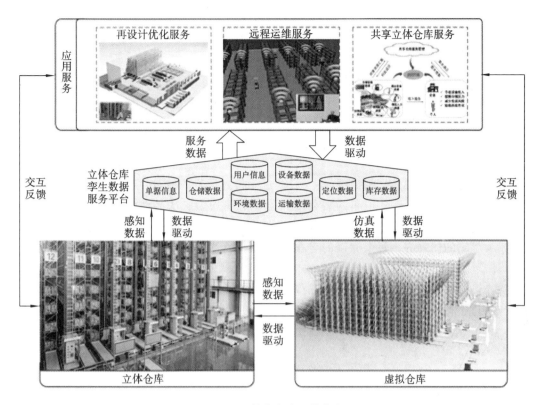

图 9-20 数字孪生立体仓库

（3）基于数字孪生的共享立体仓库。

基于数字孪生的共享立体仓库是连接仓储资源供需的最优化资源配置的一种新方式。共享立体仓库首先将闲置的仓储设施、搬运设备、货物运输、终端配送、物流人力等资源进行统一整合与汇集，然后上传到共享仓库服务管理云平台进行统一的调度与管理，平台将这些资源以分享的形式按需提供给需要使用的企业和个人，以期达到效用均衡。共享立体仓库不仅节省了企业和个人的资金投入，缓解了存储压力，减少了投资风险，还可以实现资源的最大化有效利用，节省资源，降低成本，具有较高的社会价值。

基于数字孪生的立体仓库设计，可以实现立体仓库的准确、快速设计，节约设计成本，便于仓库的个性化定制，具有针对性；在设计过程中平台可接收实时传输的数据信息，便于设计校对与更改，实现迭代优化设计；通过远程运维服务平台可以远程调度处理仓库信息，提高仓库运行效率。

本章小结

复杂性是智慧物流系统的一大特点。物流复杂系统的建模和仿真分析是成功构建和实施智慧物流系统的关键。本章在介绍物流复杂系统的概念及特点的基础上，阐述了物流复杂系统的建模原则与步骤，详细介绍了多 Agent 建模技术、系统动力学建模、虚拟仿真及数字孪生技术等建模方法，并介绍了这些技术在物流复杂系统中的应用。

练习与思考

1. 简述一种物流复杂系统,并分析其功能组成。
2. 试说明物流复杂系统、模型和仿真之间的关系。
3. 试说明建模对物流系统智能化的必要性及技术路径。
4. 试说明虚拟仿真技术和数字孪生技术的关系。
5. 案例分析题。

装有饲料的卡车到达码头,在码头入口处过磅检查饲料的质量,规定质量小于某一标准的卡车不准进入码头。假定卡车的装载量和检查时间均为服从某种分布规律的随机变量。准许进入码头的卡车开到一台输送机前,输送机总共有 3 台,用于将卡车装载的饲料分别输送到 3 个对应的储罐内。每个储罐的容积均有限,未卸完饲料的卡车需要在输送机前排队等候。储罐内的饲料由货轮运走,规定每艘货轮仅从同一储罐内装货,当储罐内无饲料时需要排队等候。假定卡车和货轮均选择最短队列排队,队长相同时可任选队列。请采用多 Agent 建模方法对该系统进行建模。

第十章 智慧物流系统优化与调度

学习目标

掌握智慧物流系统优化与调度基本概念;理解智能优化方法的概念和特点;掌握典型智能优化技术;了解智能优化技术在典型智慧物流系统优化与调度中的应用。

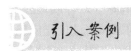

菜鸟网络:智慧物流的核心是数据和算法

菜鸟网络数据科学家丁宏伟在公开演讲中表示,智慧物流并不是招100万名快递员或拥有大量无人机就能做成的,其核心是基于大数据和算法的社会全局优化。智慧物流包括三个层级:第一,建立基础的数据标准,进行打通,互连互通;第二,提升数据的效率,通过数据挖掘,赋能行业;第三,推行统一的服务标准,提供稳定可靠的服务。而在每一个层级,最核心的都是数据和计算。"物流效率偏低、成本偏高主要是由信息不对称造成的,必须要用智慧物流手段去解决海量包裹的流通问题。"丁宏伟强调,智慧物流绝不仅仅指无人机之类的产品。

"按照目前包裹的增长速度,用不了几年,中国每年将有1000亿个包裹。如果只靠建仓库、招快递员,需要买多少地、雇多少人,又要增加多少管理成本?"基于"数据+算法"的优化,才是当前降低社会物流成本、提升整体效率最有效的方式。

公开资料显示,菜鸟网络成立以来,先后推出了电子面单、大数据智能分单等数据产品。通过一系列算法优化,2015年菜鸟网络帮助国内快递平均时效缩短了半个工作日;菜鸟网络电子面单平台为行业一年节省成本12亿元,而智能分单产品一年可为快递公司节省6.1亿元。

(资料来源:中国大物流网,2016-08-10。)

【思考】 如何理解智慧物流与物流系统优化之间的关系?

第一节 最优化理论与方法

一、最优化问题

最优化问题是指在一定的约束条件下,决定某个或某些可控制的因素应有的合理取值,使所选定的目标达到最优的一类问题。最优化问题可以追溯到三百多年前的极值问题。在17世纪,伟大科学家牛顿发明微积分的时候,已经提出了极值问题,后来又出现了拉格朗日乘子法,柯西则利用最速下降法求解无约束极小化问题。然而,直到1947年丹茨格提出求解一般线性规划问题的单纯形法之后,最优化方法才成为一门独立的应用技术科学。

最优化问题可以用下列模型进行描述。

一般地,设 $x=(x_1,x_2,\cdots,x_n)$ 为 n 维欧氏空间 $\mathbf{R}^n$ 内的一点,$f(x)$,$g_i(x)(i=1,2,\cdots,m)$ 和 $h_i(x)(i=m+1,\cdots,p)$ 为给定的 n 元函数,则最优化问题可描述为:

$$\min f(x) \tag{10-1}$$

$$s.t. \quad g_i(x) \leqslant 0, (i=1,2,\cdots,m) \tag{10-2}$$

$$h_i(x) = 0, (i=m+1,\cdots,p) \tag{10-3}$$

其中,$f(x)$ 为目标函数,$g_i(x) \leqslant 0$ 为不等式约束条件,$h_i(x)=0$ 为等式约束条件。虽然这里给出的是求最小化问题,但不失一般性,采用目标函数的倒数、负值等方式可以很容易转化为求最大化问题。根据变量的类型,最优化问题可分为连续优化问题和离散优化问题。根据约束条件类型,最优化问题又可以分为无约束优化问题和有约束优化问题。表10-1所示是一些常见的最优化问题类型。

表10-1 最优化问题类型

问题类型	模型特点
线性规划	目标函数是线性函数,约束是线性等式函数和线性不等式函数
整数规划	当线性规划问题的部分或所有的变量局限于整数值时,称这一类问题为整数规划问题
二次规划	目标函数是二次函数,约束是线性等式函数和线性不等式函数
分数规划	研究的是如何优化两个非线性函数的比例
非线性规划	目标函数或约束函数中含有非线性函数
随机规划	某些变量是随机变量
动态规划	将问题按照时空关系分解成若干个较小的关联子问题
组合最优化	研究的是可行解离散或可转化为离散的问题
无限维最优化	可行解的集合是无限维空间的子集的问题

二、最优化问题求解方法

解决最优化问题的方法称为最优化方法或最优化技术,具有高度应用性和技术性的特点。近代科学技术发展的需要,特别是计算机技术的飞速发展,促进了最优化方法的迅速发展,并很快渗透到各个领域。20世纪70年代,最优化方法这门应用技术科学又衍生出最优设计、最优控制与最优管理等分支,从而形成了覆盖工程设计、自动控制及管理决策等方面的系统优化学科。

传统优化方法可以分为无约束优化方法和有约束优化方法,而有约束优化问题常常可以通过惩罚函数的机制转化为无约束优化问题,因此在经典优化方法中无约束优化方法常为研究的重点。求解最优化问题的方法很多,经典最优化方法(见表10-2)中以最速下降法、牛顿法和共轭梯度法等为代表,具有完善的数学基础,具有计算效率高、可靠性强和比较成熟等特点。这些算法的基本迭代模式如下:

(1) 给定初始点 x_0,$k=0$;
(2) 按照某一方法或规则构造搜索方向 d_k;
(3) 确定步长 α_k;
(4) 计算下一个迭代点 $x_{k+1}=x_k+\alpha_k d_k$;
(5) 判断 x_{k+1} 是否满足终止条件。若满足,则停止迭代,x_{k+1} 是局部近似最优解,求解结束;否则,$k=k+1$,转(2)。

表 10-2 经典最优化方法

方法名称	特　点
最速下降法	以负梯度方向作为下降方向
牛顿法	利用目标函数二次泰勒展开式的极小点去逼近目标函数的极小点
拟牛顿法	利用近似矩阵和一阶导数信息进行求解
共轭梯度法	利用一阶导数信息
拉格朗日乘数法	引入拉格朗日乘子将有约束优化问题转化为无约束优化问题

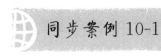

同步案例 10-1

最速下降法求解无约束优化问题

最速下降法是应用目标函数的负梯度方向作为每一次迭代的搜索方向。因为每一步都是取负梯度方向的最优步长,在目标函数值的起始下降最快,所以称为最速下降法,又称最优梯度法,由柯西提出。设无约束问题中的目标函数 $f(x)$ 在 $\mathbf{R}^n$ 上一阶连续可微,其迭代公式为 $x_{k+1}=x_k-\alpha_k g_k$,其中 g_k 表示目标函数 $f(x)$ 在点 x_k 处的梯度方向,α_k 为梯度方向上的搜索步长。通过对函数求导可以得到梯度方向,搜索步长可以由线性搜索算法来确定。最终沿着负梯度方向不断搜索函数的最小值,从而找出最优解。最速下降法计算步骤如下。

步骤一:迭代次数初始化为 $k=0$,求出初始点 $\mathbf{x}_0$ 的函数值 $f_0=f(x_0)$,给出收敛精度 $\varepsilon>0$。

步骤二:令 $k=k+1$,计算 $\mathbf{x}_k$ 的梯度 g_k 及梯度的模 $\|g_k\|$。

步骤三:如果 $\|g_k\|<\varepsilon$,那么 $\mathbf{x}_k$ 就是最小值点,则输出最优解 $\mathbf{x}^*=\mathbf{x}_k$,最优值 $f(\mathbf{x}^*)=f(\mathbf{x}_k)$,并结束循环;否则,继续下一步。

步骤四:从 x_k 点出发,通过一维线性搜索方法得到负梯度方向 $-g_k$ 的步长, $\alpha_k = \min f(x_k - \alpha_k g_k / \|g_k\|)$,沿着负梯度方向寻找下一个接近最小值的点,其中步长为 α_k,得出下一点的坐标为 $x_{k+1} = x_k - \alpha_k g_k / \|g_k\|$,转至步骤二。

运用最速下降法求解函数 $\min f(x) = x_1^2 + 4x_2^2$,给定初始点 $x_0 = (0,2)^T, \varepsilon = 0.01$。

解:计算梯度

$$g_0 = \begin{pmatrix} 2x_1 \\ 8x_2 \end{pmatrix}_{(0,2)} = \begin{pmatrix} 0 \\ 16 \end{pmatrix}$$

计算梯度的模

$$\|g_0\| = \sqrt{0^2 + 16^2}$$

第一次搜索,按迭代公式

$$x_1 = x_0 - \alpha_0 g_0 / \|g_0\| = \begin{pmatrix} 0 \\ 2 \end{pmatrix} - \alpha_0 \begin{pmatrix} 0 \\ 1 \end{pmatrix} = \begin{pmatrix} 0 \\ 2-\alpha_0 \end{pmatrix}$$

代入目标函数 $f(x)$,令 $\dfrac{df}{d\alpha} = 0$,得到 $\alpha_0 = 2$。

于是,有 $x_1 = \begin{pmatrix} 0 \\ 0 \end{pmatrix}, g_1 = \begin{pmatrix} 0 \\ 0 \end{pmatrix}, \|g_1\| = 0 < \varepsilon$

故最优解为 $x^* = (0,0)^T$,最优值为 $f(x^*) = 0$。

第二节 现代智能优化方法

一、现代智能优化算法的产生与发展

一方面,随着工业和经济的发展,出现了新的优化需求,如对目标函数和约束函数的数学表达要求更为宽松、计算的效率比理论上的最优性更重要、算法随时终止都可得到较好的解,以及对优化模型中数据的质量要求更为宽松等。

另一方面,现代工业精细化、柔性化、智能化、服务化的发展趋势和要求明显加强了对优化问题的实际约束,大大扩大了问题规模,使优化算法搜索的空间规模急剧扩大,出现搜索的"组合爆炸"现象。新优化问题的特点:非凸非光滑、不连续、多极值(也称为多峰或多模态)、动态、大规模、多目标、病态、欺骗性等。譬如在智慧物流领域中,随着运输装备智能化发展和个性化需求激增,如何在有限的可用资源下,高效而合理地利用物流资源,提高其利用率和市场响应能力,并减少对环境的影响,成为企业和整个社会需要解决的重要问题。

这些新的优化需求对传统优化技术提出了强力挑战。现代智能优化方法为解决这类大规模复杂优化问题提供了新的思路。现代智能优化算法是受自然界和生物规律的启示,根据仿生学原理求解问题的一类算法,包括遗传算法、差分进化算法、禁忌搜索算法、模拟退火算法、免疫算法、人工神经网络算法、引力搜索算法、量子计算、粒子群优化算法、人工蜂群算法、蚁群优化算法、人工鱼群算法和麻雀搜索算法等。其中群智能优化算法就是受动物群体行为启发的智能算法,如图10-1所示。

现代智能优化算法的一些共同特点:

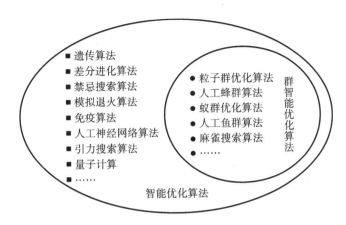

图 10-1　现代智能优化算法

（1）不以达到某个最优条件或找到理论上的精确最优解为目标，而是更看重计算的速度和效率；

（2）对目标函数和约束函数的数学表达要求比较宽松；

（3）算法的基本思想都是来自对某种自然规律和生物群体智能行为的模仿，具有人工智能的特点；

（4）寻优过程实际上就是自然界生物种群的进化过程。

二、遗传算法理论

1. 遗传算法基本原理

遗传算法（genetic algorithm，GA），是一种模拟自然界生物遗传和进化过程的一种启发式智能算法。它借鉴了达尔文提出的"适者生存""优胜劣汰"进化理论，从初始随机种群开始进行全局搜索，并且能自适应地控制算法搜索方向，在经历多次迭代之后得到最优解。在遗传算法中，每条染色体代表一个个体，即问题的一个初始解，一定数量的个体组成种群。种群中包含个体的数目称为种群大小，又称种群规模。每个个体相对环境都有自己的适应度。适应度值越大，说明个体对环境的适应性越好，也越接近最优解。

遗传算法代码详解

在求解具体问题时，遗传算法先对染色体进行编码，编码方式有二进制编码和实数编码等不同方式。针对问题选择适合的染色体编码方式是应用遗传算法求解的重要一步。通过合理的编码方式产生随机个体，不同个体组成初始种群。再根据设定好的适应度评估准则，计算每个个体的适应度值。适应度值大的个体被选择的概率越大，会被用来复制下一代；适应度值小的个体意味着偏离最优解，会被淘汰。选择操作体现了"适者生存"的进化理论。被选择的个体再经过交叉和变异操作，生成新的子代。子代保留了父代的优良性状，适应度值进一步增大，所以更接近于最优解。如此循环往复，经过不断的迭代，新个体会越来越接近最优解。可以人为设置最大迭代次数，作为迭代停止条件。

在遗传算法实现中，有三类重要操作，即选择、交叉和变异操作，统称为遗传算子。三类算子通过相互作用实现群体的进化，获得最适个体，即最优解。

（1）选择操作：基于每条染色体的适应度值对个体进行选择，对种群进行优胜劣汰，使适应度值较大的个体被用来复制下一代的概率较大,优良基因可以保留。

(2)交叉操作:根据交叉率在种群中随机选择两个个体,随机地交换某些基因,从而产生新的基因组合,期望在增加种群个体多样性的同时,出现有益的基因组合。

(3)变异操作:基于变异概率随机选择基因位进行改变,从而改善算法的局部搜索能力,维持种群的多样性。

2. 遗传算法特点

(1)遗传算法具有自组织性、自适应性和智能性。在搜索过程中,遗传算法会根据确定的染色体编码和遗传算子的设计来自行搜索可行解。遗传算法在搜索中能够根据环境条件的变化,接收有效信息,自行调整搜索方向,因此它在求解一些复杂的非结构化问题时极具优势。

(2)遗传算法不是从某个单点进行寻优求解。遗传算法从初始种群开始进行搜索,同时向种群的不同方向搜索,并利用已知的相关信息,不断调整搜索方向。这种多方向搜索的方式确保了遗传算法尽可能涵盖整个解空间,避免出现过早陷入局部最优现象。

(3)遗传算法的运算对象是染色体编码,而不是决策变量自身。传统的搜索算法直接以变量为运算对象,求得对应的最优解。遗传算法则是针对现实问题按照一定的编码方式对染色体编码,构建初始种群来搜索最优解。

(4)遗传算法利用个体的适应度值来决定下一步的搜索方向和搜索范围,不需要目标函数的导数值或其他辅助信息。

三、蚁群优化算法理论

1. 蚁群优化算法基本原理

20世纪90年代初意大利学者多里戈、马尼佐和科洛龙等人从生物进化和仿生学角度出发,研究蚂蚁寻找路径的自然行为,提出了蚁群优化(ant colony optimization,ACO)算法,并用该方法求解TSP问题、二次分配问题和作业调度等问题,取得较好的效果。算法的灵感来源于对蚂蚁寻找食物的过程研究。通过研究发现,蚂蚁在外出寻找食物的过程中,彼此间通过分泌一种会挥发的特殊激素来交换环境信息并对路径进行选择。具体的过程如图10-2所示。前期的蚂蚁外出寻找食物经过的路线是随机的。由于路线的长短不一,蚂蚁在较短的路径上用时较短,相应的寻找食物的往返次数较多,因而能在较短路径上留下更多的激素。较长的路径上则正好相反,激素浓度会逐步降低。其他蚂蚁在选择路径的过程中会更大概率地选择激素浓度比较高的路径,这样的群体搜索方式使得整个蚁群能够寻找到较优的路线,获得更多的食物。

蚂蚁群体寻找食物的原理被学者应用到优化问题的求解上,取得了很好的效果。具体实现过程是:利用优化问题本身具有的一些特性生成一个启发矩阵,例如路径优化问题可以根据每一段路径的长度的倒数生成一个启发矩阵。在启发矩阵的基础上,根据求解得到的适应度值在相应的路径上分泌激素,称之为信息素,得到信息素矩阵。在下一次迭代中由信息素矩阵和启发矩阵共同决定蚁群选择路径的概率。信息素矩阵的每一代都按照一定比例进行挥发和新的生成,使得较长的路径上信息素越来越少,较短的路径上信息素越来越多,最后使得蚁群在较短的路径上达到收敛,从而实现优化的目的。

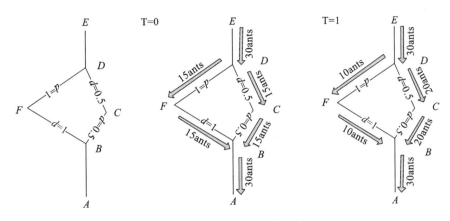

图 10-2 蚁群觅食路径选择过程

蚁群算法寻优的关键在于概率转移公式的确定。假设现在蚂蚁的位置在 i 点，则蚂蚁从 i 点转移到 j 点的概率为 p_{ij}：

$$p_{ij} = \frac{\boldsymbol{m}_{ij}^a \times \boldsymbol{n}_{ij}^b}{\sum_{j \in c_1} \boldsymbol{m}_{ij}^a \times \boldsymbol{n}_{ij}^b} \tag{10-4}$$

$$n_{ij}(t+1) = (1-w) \times n_{ij}(t) + \Delta n_{ij}(t) \tag{10-5}$$

式(10-4)中：m 为启发矩阵，不同的优化问题具有不同的启发矩阵；n 为信息素矩阵，信息素矩阵的更新公式为式(10-5)，其中 w 为信息素挥发因子，$\Delta n_{ij}(t)$ 表示第 t 代蚁群在路径 i 到 j 之间信息素的增加量；a 为启发因子，a 的大小说明启发矩阵在寻优过程中占据主导地位的程度，a 越大说明启发矩阵在寻优过程中越占据主导地位；b 为信息素因子，b 的大小说明信息素矩阵在寻优过程中占据主导地位的程度，b 越大说明信息素矩阵在寻优过程中越占据主导地位；c_1 表示蚂蚁还未到达的地点集合。

2. 蚁群优化算法的参数特点

(1) 蚁群数量 n：蚁群数量的多少根据不同问题的规模可以进行不同的设置。蚁群数量越多，相对问题求解精度越高，但是时间成本越高。

(2) 启发因子 a：蚁群算法需要根据不同的求解问题设置不同的启发因子。例如，TSP 问题中，两个城市之间距离的长短对整个问题的求解至关重要，因此启发矩阵是城市之间距离矩阵的倒数，这样的设置使得距当前位置距离短的城市有更大概率被选择；船舶配载问题中，集装箱的重量、集装箱在堆场的位置、集装箱到达港口的时间等都对集装箱倒箱次数产生影响，因此在设置启发矩阵时需要进行综合考虑。启发矩阵的不同设置对算法的整体求解精度具有很大影响，启发因子是蚁群算法求解过程中的一个重要参数。

(3) 信息素因子 b：信息素因子是蚁群优化算法的核心，信息素矩阵的生成是蚁群优化算法能够进行迭代寻优的关键。对于不同求解问题，信息素矩阵的生成有细微的差别，但是整体上差距不大，主要有两种方式：第一种是根据寻优得到解的整体优秀程度对该解产生信息素，即越优的解上产生的信息素浓度越高；第二种是根据寻优得到解的整体优秀程度和解的部分对于整体的影响来更新信息素的浓度，即同一个解上产生的信息素浓度也不一样，解中对于整体解越有利的部分产生的信息素浓度越高。

(4) 信息素挥发因子 w：信息素挥发因子是考虑前几代迭代过程中产生的信息素对于下一次寻优过程的影响，也是模拟实际蚁群信息素的挥发过程。信息素挥发因子的选取主要有两种类型：第一种信息素挥发因子为定值，在多次的算法运作中取不同的信息素挥发因子，最后选择对问题求解效果最好的定值；第二种是根据不同的问题设置信息素挥发因子的可变函数，使得信息素挥发因子在迭代过程中是一个可变值，其值在蚁群优化算法的初始阶段比较大，逐步变小。

四、粒子群优化算法理论

1. 粒子群优化算法基本原理

粒子群优化算法代码详解

粒子群优化（particle swarm optimization，PSO）算法是新型群智能优化算法的一种，由肯尼迪和埃伯哈特受鸟群等聚类生物寻觅食物行为的启发而提出。假设鸟群觅食的场景，一群鸟在寻觅食物，但是都不知道食物的位置，那么最好的方式是在距离食物最近的鸟的周围寻觅食物，并不断找到更好的位置，整个鸟群就会不断接近目标。

假设把粒子群看成鸟群，每只鸟相当于在解空间搜索的粒子，寻觅的食物是优化问题的最优解。采用数学语言描述上述场景：设种群大小为 N 的粒子群，在维度为 D 的空间中搜索，第 i 个粒子（$i=1,2,\cdots,N$）在解空间的位置为 $\boldsymbol{x}_i=(x_{i1},\cdots,x_{id},\cdots,x_{iD})$，粒子的速度可表示为 $\boldsymbol{v}_i=(v_{i1},\cdots,v_{id},\cdots,v_{iD})$，其中一个粒子就代表着优化问题的一个潜在可行解。在解空间进行搜索时，每个粒子都具有一定的记忆能力，粒子自己搜索过的最好位置可表示为 $\mathbf{pbest}_i=(p_{i1},\cdots,p_{id},\cdots,p_{iD})$，整个种群目前所搜索到的最好位置可表示为 $\mathbf{gbest}=(g_1,\cdots,g_d,\cdots,g_D)$。迭代到第 k 代时，粒子的速度和位置依据式（10-6）和式（10-7）更新：

$$v_{id}^{t+1} = wv_{id}^t + c_1 r_1 (p_{id}^t - x_{id}^t) + c_2 r_2 (g_d^t - x_{id}^t) \tag{10-6}$$

$$x_{id}^{t+1} = x_{id}^t + v_{id}^{t+1} \tag{10-7}$$

其中：t 为迭代次数；w 为惯性权重，取值范围是 $(0,1)$；c_1、c_2 为学习因子，一般 $c_1+c_2<4$；r_1、r_2 为区间 $[0,1]$ 上均匀分布的随机数；p_{id}^t 为第 t 代时，粒子自己搜索过的最好位置；g_d^t 为第 t 代时，整个种群目前所搜索到的最好位置。

2. 粒子群优化算法特点

基本粒子群优化算法的速度迭代公式（10-6）共包含三个部分内容：第一部分反映了粒子的自我学习能力，对前一代速度的继承，继承的程度取决于 w 的大小，这代表了粒子的运动惯性，这一部分主要用来平衡算法的全局搜索和局部搜索能力，提供了粒子在解空间开拓新搜索区域的原动力；第二部分反映了粒子的"自我认知"，借鉴于自身的经验，向自身最优秀的位置学习，其中 $p_{id}^t - x_{id}^t$ 表示粒子自我学习的移动步长，学习因子 c_1 用来调节移动步长的大小，这一部分主要表达粒子进行局部挖掘的能力；第三部分反映了粒子的"社会认知"，基于对社会经验的思考和学习，粒子向种群最优位置移动，其中 $g_d^t - x_{id}^t$ 表示粒子进行社会学习的移动步长，学习因子 c_2 用来调节移动步长的大小，这一部分主要表达粒子进行全局搜索的能力。

基本粒子群优化算法的位置迭代公式(10-7)在计算过程中，x_{id}^{t+1} 会因为 v_{id}^{t+1} 的值过大或过小而超出优化问题的解空间，因此需要对求出的位置和速度进行范围的限定来确保搜索的有效性。在算法搜索过程中，如果粒子的速度或位置超出了界限，则将该维的数值设置为最大或最小边界值。

如图 10-3 所示，假定全局最优解在 • 处，而 v_1 是"惯性部分"的自身速度，v_2 是"认知部分"往 pbest 方向移动的速度，v_3 是"社会部分"往 gbest 方向移动的速度。在三个速度的共同影响下，粒子达到更新后的速度 v_{k+1} 并到达下一代更新后的位置 x_{k+1}。就这样，粒子群通过改变速度和位置迭代下去，向最优位置 • 靠近。

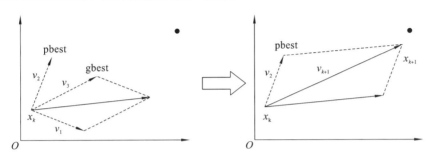

图 10-3　粒子空间移动示意图

五、人工神经网络算法理论

人工神经网络(artificial neural network，ANN)是在对人脑组织结构、运行机制的认识和理解的基础之上，模拟其智能行为的一种信息处理系统。神经网络的信息处理通过大量简单的神经元相互连接、相互传递、相互作用来实现，其中对输入信息的历史记忆是通过各神经元之间的权值反映，这种分布式的记忆存储方式使得网络具有较好的容错性。人工神经网络自提出以来就受到很多学者的关注，其用途也日益广泛。在众多 ANN 网络结构中，BP 神经网络是应用最为广泛的一种。BP 神经网络是一种按误差逆向传播反复调节权值和阈值进行学习训练的多层前馈网络，它能够在事先不知道具体数学表达式的情况下，通过不断学习来存储复杂的映射关系。其网络中参数的调整通常采用反向传播(back propagation)的策略，借助梯度信息来寻找使网络误差最小化的参数组合。它的拓扑结构包括输入层(input layer)、隐含层(hidden layer)和输出层(output layer)三个层级。而一个标准的 BP 神经元模型包括输入、输出和权值、阈值，如图 10-4 所示，该神经元有 k 个输入 p，每一个输入都通过适当的权值 w 和阈值 b 与下一层相连，则网络的输入可以表示为 $y = f(\sum wp + b)$，f 表示输入和输出之间的函数关系。

如果将神经网络的学习机制简化为真正人脑神经工作的生物模型，则输入就相当于外界刺激，输出则是需要传递的刺激。那么，神经元的刺激积累便是由外界或其他神经元传递过来的刺激量和对应的阈值之和，可以用 a 表示。同时，完成积累的神经元本身经过处理后会对下一层神经元传播刺激，通常用 f 函数映射来表示这种处理，将它称为激励函数。图 10-5 给出了一个隐含层数为 1 的 BP 神经网络结构，输入层神经元数为 m，隐含层有 q 个神经元，输出层神经元数为 n。

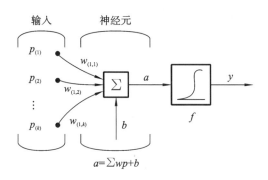

图 10-4 标准 BP 神经元模型

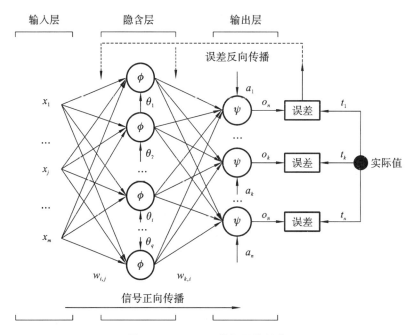

图 10-5 三层 BP 神经网络结构

其中，x_j：输入层第 j 个节点的输入，$j=1,\cdots,m$。

$w_{i,j}$：输入层第 j 个节点和隐含层第 i 个节点之间的权值。

θ_i：隐含层第 i 个节点的阈值，$i=1,\cdots,q$。

ϕ：隐含层的激励函数。

$w_{k,i}$：隐含层第 i 个节点和输出层第 k 个节点之间的权值。

a_k：输出层第 k 个节点的阈值，$k=1,\cdots,n$。

ψ：输出层的激励函数。

o_k：输出层第 k 个节点的输出。

六、其他智能算法

生物群落的行为和结构分析一直是研究的热点，除上述几种典型算法外，也出现多种其他生物启发式算法。如模拟蜜蜂在采食过程中多种交流行为的蜂群算法、模拟生物不断在不同适应性的区域间迁移寻找最适区域的生物地理学优化（biogeography-based optimization,BBO）算法、通过模拟细菌在培养过程中向更为有利的生存环境移动的行为的细菌觅食优化（bacterial foraging optimization,BFO）算法、源于自然界中萤火虫通过发光机制吸引周围伴侣或食物从而形成群体聚集行为的萤火虫算法（firefly algorithm,FA）、根据群居性蜘蛛在捕食过程协同合作行为的社会蜘蛛优化（social spider optimization,SSO）算法等。这些新颖的群智能算法不但丰富了群智能算法的研究，而且为新的算法创新、群体行为数学建模和群体行为控制等领域提供了丰富的理论基础，也为提高计算能力、解决复杂问题提供了有力的工具和理论支持。

求解旅行商问题

基于遗传算法的旅行商问题求解

旅行商问题（traveling salesman problem,TSP）是物流领域中的典型问题，在给定的 n 个城市中，找到一条能够经过所有城市的最短路径，并保证每个城市只允许访问一次。该问题是一个典型的 NP 完全问题，即多项式复杂程度的非确定性问题，至今还没有一个有效算法能够对不同规模的 TSP 问题进行精准求解。TSP 的目标函数可以定义为求最短距离 $\min D = \sum_{i=1}^{n-1} d(c_i, c_{i+1}) + d(c_n, c_1)$。其中 $d(c_i, c_{i+1})$ 为两个城市间距离，一条行驶路径为有序序列 $C = c_1, c_2, \cdots, c_i, \cdots, c_n, c_i \in (1, 2, \cdots, n)$ 为城市节点。以 14 个城市规模的 TSP 问题为例，这些城市的位置坐标如表 10-3 和图 10-6 所示。根据表中所列数据，找到一条能够遍历 14 个城市有且仅有一次的最短路径。

表 10-3　城市位置坐标

编号	X	Y	编号	X	Y
1	16.47	16.10	8	17.20	16.29
2	16.47	14.44	9	16.30	17.38
3	11.09	12.54	10	14.05	18.12
4	12.39	13.37	11	16.53	17.38
5	15.23	17.24	12	11.52	15.59
6	12.00	16.05	13	19.41	17.13
7	11.47	17.02	14	11.09	12.55

采用遗传算法进行 TSP 问题求解的步骤如下。

步骤1：编码设计。染色体采用整数排列编码方法，即若某个 TSP 问题中有 n 个城市，对应的染色体就需要被分成 n 段，其中每一段的值为对应城市编号。如对本案例 14 个城市的 TSP 问题，|1|14|2|4|5|6|8|7|9|10|11|12|13|3| 是一个合理的染色体。

步骤2：种群初始化。完成了对染色体的编码之后，必须产生一个初始种群并作为算法的起始解，因此首先需要确定初始种群的规模。根据经验，一般情况下初始种群的规模依据

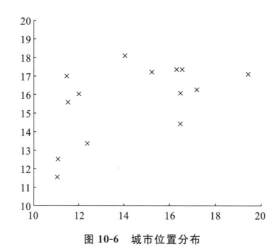

图 10-6 城市位置分布

城市规模的大小来确定,其取值为 50～200。

步骤 3:计算适应度。将 $k_1|k_2|\cdots|k_i|\cdots|k_n$ 设置成一个基于整数编码的染色体,该染色体的适应度表达式为:

$$\text{fitness} = \left(\frac{1-(\text{len}_i-\text{minlen})}{\text{maxlen}-\text{minlen}+0.0001}\right)^m \tag{10-8}$$

式中,len_i 为每个染色体对应的路径长度,minlen 为最小路径长度,maxlen 为最大路径长度,m 为适应度值归一化淘汰加速指数。该适应度函数表示的是 n 个城市随机排列的路径总长度的倒数,即路径长度越短的染色体,适应度值越大。

步骤 4:选择操作。从上一代群体中按一定概率选出部分个体,形成新一代群体,个体被选中的概率与染色体的适应度值呈正相关,路径越短、适应度值越大的个体越容易被选中。

步骤 5:交叉操作。个体采用部分映射杂交,确定父代染色体样本,将父代个体进行两两分组,每组重复以下过程。

① 产生两个位于 [1,14] 区间内的随机整数 p_1 和 p_2,作为染色体交叉片段的起始和终止位置,再将两个位置之间的片段上的数据进行交叉,如取 $p_1=6, p_2=9$

| 染色体 1 | 11 | 7 | 1 | 2 | 13 | 5 | 9 | 6 | 4 | 12 | 10 | 8 | 14 | 3 |
| 染色体 2 | 12 | 7 | 6 | 3 | 14 | 8 | 5 | 10 | 9 | 4 | 3 | 11 | 13 | 2 |

交叉后得到

| 染色体 1 | 11 | 7 | 1 | 2 | 13 | 8 | 5 | 10 | 9 | 12 | * | * | 14 | 3 |
| 染色体 2 | 12 | 7 | * | 3 | 14 | 5 | 9 | 6 | 4 | * | 3 | 11 | 13 | 2 |

② 交叉后,同一个个体中未参与交叉的区域内,保留不重复的数字,采用部分映射的方法去除与交叉片段相冲突的数字(带 * 位置)。结果为

| 染色体 1 | 11 | 7 | 1 | 2 | 13 | 8 | 5 | 10 | 9 | 12 | 4 | 6 | 14 | 3 |
| 染色体 2 | 12 | 7 | 10 | 3 | 14 | 5 | 9 | 6 | 4 | 8 | 3 | 11 | 13 | 2 |

步骤 6:变异操作。随机选取个体上两个位置 p_3 和 p_4 进行对换,如取 $p_3=7, p_4=8$

| 染色体 | 11 | 7 | 1 | 2 | 13 | 8 | 5 | 10 | 9 | 12 | 4 | 6 | 14 | 3 |

变异后得到

| 染色体 | 11 7 1 2 13 | 8 10 5 9 | 12 4 6 14 3 |

案例求解过程及最终结果如下。

①初始种群中的某个个体的路线轨迹如图10-7所示。

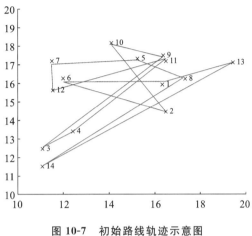

图 10-7 初始路线轨迹示意图

初始路线为 $1 \to 13 \to 14 \to 8 \to 5 \to 7 \to 12 \to 11 \to 4 \to 3 \to 9 \to 10 \to 2 \to 6 \to 1$，总距离为 41.636。

②优化后的最优路线轨迹如图10-8所示。

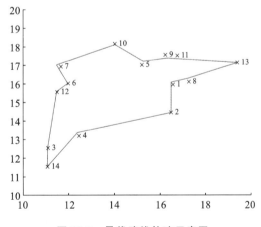

图 10-8 最优路线轨迹示意图

最优路线为 $1 \to 8 \to 13 \to 11 \to 9 \to 5 \to 10 \to 7 \to 6 \to 12 \to 3 \to 14 \to 4 \to 2 \to 1$，总距离为 25.550。

优化迭代图如图10-9所示。

从结果中可以看出，优化后的路径得到了极大的改善，路径长度大幅缩小，220代后的路径长度基本保持不变，路径总长度由初始的41.636缩减至25.550，缩减了38.6%。

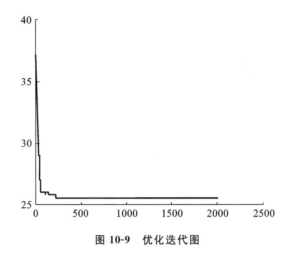

图 10-9 优化迭代图

第三节 多目标优化问题与方法

一、多目标优化问题

多目标优化问题(multi-objective optimization problem, MOP)可描述为:在决策空间内,寻求一组既能满足约束条件,又能对若干相互矛盾的目标函数进行优化的决策矢量。不失一般性,一个具有 n 个决策变量、m 个子目标函数、寻求极小值解的多目标问题可以描述为:

$$\begin{cases} \min F(x) = (f_1(x), f_2(x), \cdots, f_m(x)) \\ g_i(x) \leqslant 0, i = 1, 2, \cdots, q \\ h_j(x) = 0, j = 1, 2, \cdots, p \\ x = (x_1, x_2, \cdots, x_n) \in \boldsymbol{X} \subset \boldsymbol{R}^n \end{cases} \quad (10\text{-}9)$$

式(10-9)中:x 为决策变量集,$x_i(i=1,2,\cdots,n)$ 为决策变量,$\boldsymbol{X}$ 为 n 维的决策空间,$g_i(x)(i=1,2,\cdots,q)$ 定义了 q 个不等式约束,$h_j(x)(j=1,2,\cdots,p)$ 定义了 p 个等式约束,目标函数 $F(x)$ 定义了需要同时优化的 m 个子目标,当 $m \geqslant 4$ 时,该问题成为众目标优化问题(many-objective optimization problem, MaOP)。

MOP/MaOP 通常表现为,一个目标性能的上升,将导致其他目标(至少一个)性能的下降,无法获得一个令所有目标都达到最优的解,只能获得一个包含多个相对折中解的解集。在现实生活中,大多数优化决策问题都属于多目标优化问题。

帕累托最优(Pareto optimal)是研究多目标优化问题的重要理论,本章中涉及帕累托最优的相关概念描述如下。

定义 1 对于任意给定的两个不相等的可行解 $x_a, x_b \in \boldsymbol{X}$,若 x_a 在任何一个维度目标都不差于 x_b,且在某维度目标上优于 x_b,即满足:

$$\begin{cases} f_i(x_a) \leqslant f_i(x_b), \forall i \in 1, 2, \cdots, m \\ f_j(x_a) < f_j(x_b), \exists j \in 1, 2, \cdots, m \end{cases} \quad (10\text{-}10)$$

则称 x_a 支配 x_b，记作 $x_a \prec x_b$。

定义 2 若 *x* 是 Pareto 最优解，则必须满足以下表达式：

$$\forall y \subset X : y \succ x \tag{10-11}$$

定义 3 所有 Pareto 最优解构成的集合称为 Pareto 最优解集（Pareto set，PS）。

定义 4 在多目标优化问题中，所有 Pareto 最优解集中所有解的目标函数值集合，称为 Pareto 前沿（Pareto front，PF）。

二、多目标优化方法

多目标优化算法通常指用于解决相互影响、相互制约的多目标问题的算法，通常包括传统多目标优化算法和多目标进化算法。传统多目标优化算法包括加权法、约束法和线性规划法等，实质上就是将多目标函数转化为单目标函数，通过采用单目标优化的方法达到对多目标函数的求解。转化为单目标函数后，对于原问题的内涵表达存在一定缺失，因此传统多目标优化算法一般用于简单问题求解。

多目标进化算法（multi-objective evolutionary algorithms，MOEAs）则是通过模拟某一自然现象或者发展过程而建立起来的一类优化方法，主要包括遗传算法、粒子群优化算法、模拟退火算法、蚁群优化算法等。在该领域中，以 NSGA-II、SPEA2、MOEA/D 最为经典。与传统方法相比，多目标进化算法能同时处理一组解，获得多个有效解。

多目标进化算法由 Schaffer 于 1985 年第一次提出，正式开启了用智能优化算法求解多目标优化问题的研究。相对于传统多目标优化算法，MOEAs 搜索能力强且不易陷入局部最优，无需已知优化问题的梯度信息以及数学解析式。MOEAs 不仅能够解决运筹学能处理的连续型多目标问题，也能有效处理不连续、不可微、非凸、高度非线性等复杂多目标问题，在解决实际问题中表现出强大生命力，越来越多的学者投身 MOEAs 的研究中。按照进化种群中个体排序所使用的方法，MOEAs 可以分为基于 Pareto 最优的 MOEAs 和不基于 Pareto 最优的 MOEAs 两大类。

（1）基于 Pareto 最优的 MOEAs 直接生成一个可行解集，通过解和解之间的支配关系引导种群进化，得到一个接近 Pareto 最优解集的非支配解集。第一代多目标进化算法如 MOGA（multi-objective genetic algorithm）、NPGA（niched Pareto genetic algorithm）、NSGA（non-dominated sorting genetic algorithm）等采用非支配排序，并基于 Pareto 排序进行适应度赋值。其优点在于能够找到多个不同的等效最优解。但是，生成一个接近 Pareto 最优解集的非支配解集需要求解大量可行解，这是该类多目标进化算法的缺点。

（2）不基于 Pareto 最优的 MOEAs 则使用间接或直接的目标加权的方法，包括线性加权和法、主要目标法、理想点法以及平方和加权法等。比如，向量评估遗传算法（VEGA）按照目标函数数目将种群等分成若干子种群，循环"分割、并列选择、合并"过程，求出问题的非劣解，属于间接加权的方法。其他的算法还有可变目标权重聚合法等。

两类方法相比较，不基于 Pareto 最优的 MOEAs 只能生成若干个解，当采用目标加权的方法将多目标问题转换为一个单目标问题时，只能获得一个最优解。因此，在实际工程应用中，基于 Pareto 最优的 MOEAs 更多地被用来求解多目标优化问题。

总体而言,现有方法解决 MOP 的共同难点在于:问题规模增大时,求解非常耗时;目标函数数目增加时,无法有效区分优解与劣解,并且收敛性和多样性之间的冲突加剧;工程优化问题只需一个解决方案,现有方法难以从最后的解集中快速方便地选择一个期望方案。

大型煤炭企业供应链系统多目标决策需求

大型煤炭企业内部涉及原煤生产、洗选加工和产品运销三个子系统,内部供应链需要这三个系统在基于煤炭客户需求的前提下协同作用。正是该协同作用的要求,使得大型煤炭企业的管理决策更加复杂化,并受到客户需求的牛鞭效应、前置时间的不确定性等多种因素影响。随着市场环境的变化,煤炭企业正逐渐从追逐最大利润向与客户建立互惠互利关系的方向转变。对煤炭企业来说,满足所有客户的需求是不太可能的。煤炭属于不可再生资源,因此合理利用有限的资源就被提上日程。

对于大型煤炭企业供应链系统而言,一方面,利润最大化是重要目标之一,利润=收益一成本,收益即为所有煤炭的销售收入,成本为煤炭在加工、转运各个阶段以及外购煤炭企业投入的资金;另一方面,在追求利润最大化的同时,尤其还要与重要的高价值客户建立良好关系,兼顾客户满意度最优,而客户满意度是建立在对煤炭的数量和质量以及对客户的响应时间之上,与利润最大化目标存在一定的"效益背反"冲突。上述两个目标组成了煤炭企业供应链系统的多目标优化问题。

煤炭企业通过考虑整体利润和客户满意度的多目标决策,实现既要追求系统利润最优目标,还要使客户满意度最优,使得企业既能实现尽可能多的利润,也能提高客户满意度,保证企业持续发展。

第四节 物流作业系统调度问题智能优化

一、物流作业系统及其调度

物流作业系统(logistics operation system)是由运输、储存、包装、装卸、流通加工等子系统中的一个或多个有机结合而成的系统。每个子系统又可以按空间和时间分成更小的子系统,如运输系统又可分成铁路运输系统、公路运输系统、空运系统、水运系统以及管道运输系统等。在各个子系统中使用各种先进技术,可使生产设施、物流设施、输配送路线、运输手段等实现网络化,以提高物流系统效率。在物联网、大数据、5G 等技术支撑下,物流作业系统向更高的智能化和精细化发展,物流作业系统需要考虑的因素和调度问题也越来越复杂。本节以物流车辆路径优化、车间调度智能优化和集装箱船舶贝位配载智能优化为代表的三个典型物流作业调度优化问题进行应用介绍。

第十章 智慧物流系统优化与调度

二、物流车辆路径优化

1. 车辆路径优化问题简述

车辆路径问题(vehicle routing problem,VRP)是由学者丹茨格和拉姆泽于1959年首次提出的,一般可定义为:组织合适的行车线路,使载货车辆有序地通过一系列装货点和(或)卸货点,在满足一定的约束条件(如货物需求量、发送量、交发货时间、车辆容量限制、时间限制等)下,达到一定的目标(如路程最短、费用最少、时间尽量少、使用车辆数量尽量少等)。例如,在货物量较少的情况下,用一辆车完成一项任务时,如果车辆不能满载,车辆的利用率就低,因此可考虑用一辆车完成多项任务。

车辆路径问题的一个主要的特征就是求解的复杂性,该问题及其变形已经在很多文献中被证明属于NP-hard问题。由于约束条件和问题规模的不断增加,以及提出的问题越来越接近现代物流的实际运作,新产生的扩展问题也变得越来越复杂。

车辆路径优化问题一般可以表述为:假设配送中心最多可用 K 辆车,每辆车载重为 b_k ($k=1,2,\cdots,K$);对 m 个分仓库进行送货,每个仓库的需求量为 $q_i(i=1,2,\cdots,m)$;仓库 i 到仓库 j 的距离为 $d(i,j)$;设 n_k 是第 k 辆车所送货的仓库数;R_k 表示第 k 辆车的行车路径;r_{ki} 表示第 k 辆车所经过的第 i 个仓库,则 r_{ki} 为1到 m 的任一整数;设配送中心为0号仓库。

$$\min \sum_{k=1}^{K} \left\{ \sum_{i=0}^{n_k-1} d[r_{ki}, r_{k(i+1)}] + d[r_{k(i+1)}, r_{k0}] \cdot \text{sign}(n_k) \right\} \quad (10\text{-}12)$$

$$s.t. \sum_{i=1}^{nk} q_{r_{ki}} \leqslant \sum_{k=1}^{k} b_k \quad k=1,2,\cdots,K \quad (10\text{-}13)$$

$$0 \leqslant n_k \leqslant m \quad k=1,2,\cdots,K \quad (10\text{-}14)$$

$$\sum_{k=1}^{K} n_k = m \quad (10\text{-}15)$$

$$R_k = \{r_{ki} \mid r_{ki} \in [1,2,\cdots,m], i=1,2,\cdots,n_k\} \quad (10\text{-}16)$$

$$R_{ki} \cap R_{kj} = \phi \quad \forall k_i \neq k_j \quad (10\text{-}17)$$

$$\text{sign}(n_k) = \begin{cases} 1, & n_k \geqslant 1 \\ 0, & \text{其他} \end{cases} \quad (10\text{-}18)$$

其中:式(10-12)表示目标,求最短路径;式(10-13)表示每条路径上的各个分仓库的货物总需求量不超过这条路径的总载重;式(10-14)表示每条路径上的分仓库数量不超过总共的仓库数量;式(10-15)表示每一个分仓库都得到车辆的送货服务;式(10-16)、式(10-17)表示每条路径所经过的分仓库的集合;式(10-18)表示每个分仓库的货物仅能由一辆车来运送。

车辆路径问题由于现实情况可以根据不同的分类标准分为不同的类型,其分类情况详见表10-4。

表10-4 常见车辆路径优化问题分类

形 态	范 围
车辆种类	单一车种;多车种

续表

形态	范围
车辆容量限制	所有车辆容量限制相同；不同车辆有不同限制；无限制
配送中心	单一配送中心；多配送中心
路网方向性	无方向性路网；有方向性路网；混合型路网
时间限制	所有路径皆有相同时间限制；不同路径有不同的时间限制；没有时间限制
里程限制	所有车辆皆有相同里程限制；不同车辆有不同的里程限制；没有里程限制
需求形态	需求量已知且固定；需求量呈随机性分布
货物类别	同种货物；多种货物
装卸作业形态	装货；卸货；混合型
最优化目标	固定及变动成本最小；总路线成本最小；车辆数量最小；服务效用最大

2. 车辆路径优化问题的标准测试函数库

为测试各类求解车辆路径优化问题的算法的性能，一些研究中专门构建了统一的算法测试函数库。最为常用的 VRP 测试函数为基于所罗门数据集与格林和霍姆伯格数据集的求解带时间窗的车辆路径问题（vehicle routing problems with time windows，VRPTW）测试函数库。所罗门数据集中包括 56 个案例，其问题规模中包含的需求点数量等级分别有 25、50 和 100 三类。格林和霍姆伯格数据集是所罗门数据集的升级，将问题中需求点数量扩充到了 200、400、600、800 和 1000 等级，并对需求点分布进行了设置，形成了需求点聚集分布、均匀分布和两者混合分布等 6 种场景。如表 10-5 所示，Type C 表示需求点聚类分布，Type R 表示需求点均匀分布，Type RC 表示聚类分布和均匀分布混合布置。C1、R1、RC1 中的实例对应的是短时间窗口调度，即较短的时间窗口约束作为容量约束使得同一车辆只能为很少客户提供服务。与之相对应，C2、R2、RC2 中的实例对应的是长时间窗口调度，加上大容量车辆，同一车辆可以为很多客户提供服务。问题规模和形式的显著提升增加了问题求解的难度，增强了调度问题对算法能力的测试。另外，在一些案例设计中，将案例规模拓展到了 1200 个需求点，形成了 LSVRPs（large-scale vehicle routing problems）。

表 10-5 格林和霍姆伯格数据集

等级	Type C1	Type C2	Type R1	Type R2	Type RC1	Type RC2
200	S-C1-200	S-C2-200	S-R1-200	S-R2-200	S-RC1-200	S-RC2-200
400	S-C1-400	S-C2-400	S-R1-400	S-R2-400	S-RC1-400	S-RC2-400
600	S-C1-600	S-C2-600	S-R1-600	S-R2-600	S-RC1-600	S-RC2-600
800	S-C1-800	S-C2-800	S-R1-800	S-R2-800	S-RC1-800	S-RC2-800
1000	S-C1-1000	S-C2-1000	S-R1-1000	S-R2-1000	S-RC1-1000	S-RC2-1000

第十章
智慧物流系统优化与调度

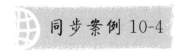

京东物流智能路径优化系统

京东普通的配送员平均每天需要将上百件配送包裹送到不同的配送地点,如何能够在最短的时间内将每一个包裹快速送达客户手中,都不亚于一次次的"最强大脑"测试。成熟的配送员依靠一段时间的摸索逐渐得心应手地完成订单配送,但随着京东配送服务的不断提升,在快的基础上,包括"京准达"等个性化、定制化服务产品的推出,以及生鲜商品等特殊品类商品的加入,给配送员的工作提出了更高的要求。

京东智能路径优化系统是京东物流自主研发,用算法技术打造的决策系统,融合了分支-割算法、可变邻域搜索、快速小邻域局部搜索、元启发式算法、分布式并行技术,融入了客户收货习惯、站点地址、订单号、订单时效、客户收货地址经纬度、配送员当前坐标、配送员配送习惯等各项参数,在最大限度保持配送员现有配送节奏的前提下,实现以配送路径最短的形式准确达成包括"京准达"订单在内的全部订单配送的效果,满足客户更精准的需求。

"经过各类场景验证,利用智能路径规划系统,配送员'京准达'订单的配送承载能力保守估计将提升100%,可以为更多有精准送达需求的客户服务了"。未来这一"最强大脑"还会采用增强学习和迁移学习等深度学习技术,随着算法求解速度的加快和数据库的增加,未来的智能路径规划的结果会更加精确。无论是农村,还是社区、写字楼密布的区域,不同场景的客户需求,都可以应用智能路径优化系统来满足,实现配送线路智能化。

(资料来源:搜狐网,2017-10-19。)

三、车间调度智能优化

1. 车间调度问题及柔性作业车间调度模型

车间调度问题研究在一定约束条件下,将稀缺资源合理分配给若干任务,从而优化给定的评价指标,其研究起始于20世纪50年代。在制造业中,车间调度模型可描述为:n 个工件按照一定的工艺流程在 m 台机器上加工;每个工件包含若干道工序,每道工序可以在若干台机器上加工;不同工件在机器上的加工路线可以相同,也可以不同;同一时刻,每台机器只能加工一个工件,每个工件也只能在一台机器上加工。

车间调度问题有多种分类方式,柔性作业车间调度问题(flexible job shop scheduling problem,FJSSP)是非常重要的一类问题,尤其在智能制造环境下对制造过程中组织的柔性和适应性要求,使得众多制造企业开始采用柔性制造模式。柔性作业车间调度问题由布鲁克和施利于1990年提出,着重研究工件的工序顺序及机器的分配问题。在数学上,这一问题是一类典型的 NP 难题,求解难度大,复杂度高。

针对车间调度问题建模,以柔性作业车间调度问题为例,其一般模型可以表述为:n 个工件在 m 台机器上加工,各工序在各机器上的顺序约束和加工时间已知,求解各机器的加工开始时间或完成时间或加工次序,使某些期望加工性能指标达到最优。该问题的假设条件如下。

(1) 同一时间同一机器只能加工一个工件的一道工序。
(2) 各个工件间相互独立,不存在优先关系,工序的操作也不能被取消。
(3) 加工方式为非抢占式,加工操作一旦开始,直到操作结束,其间不能被打断。
(4) 所有工件可选择的加工设备的加工时间是确定的。
(5) 不考虑工件在各个机器间的运输时间。
(6) 不考虑机器的故障。

柔性作业车间调度问题的最优解需要在满足所有约束限制条件的情况下达到某些性能的最优化,包含完工时间性能指标、交货期的性能指标、基于库存的性能指标等,也可以是多目标综合性能指标。譬如,以基于完工时间性能指标中的最大完工时间最小化为目标函数,构建目标函数[式(10-19)~式(10-20)]和约束条件[式(10-21)~式(10-27)]:

$$\min[C_{\max}(\beta)] = \min[\max C_p(\beta)], \quad p = 1, 2, \cdots, n \quad (10\text{-}19)$$

$$\min C_{\max} = \min\{\max_{1 \leqslant i \leqslant n} C_i\} \quad (10\text{-}20)$$

$$s_{ij} + x_{ijk}t_{ijk} \leqslant c_{ij} \quad i = 1,2,\cdots,n; j = 1,2,\cdots,o_i; k = 1,2,\cdots,m \quad (10\text{-}21)$$

$$c_{ij} \leqslant s_{i(j+1)} \quad i = 1,2,\cdots,n; k = 1,2,\cdots,m \quad (10\text{-}22)$$

$$s_{ij} + c_{ij} \leqslant s_{ap} + Y(1 - y_{ijaqk}) \quad i,a = 1,2,\cdots,n; j,q = 1,2,\cdots,o_i; k = 1,2,\cdots,m \quad (10\text{-}23)$$

$$c_{ij} \leqslant s_{i(j+1)} + Y(1 - y_{aqi(j+1)k}) \quad i = 1,2,\cdots,n; j,q = 1,2,\cdots,o_i; k = 1,2,\cdots,m \quad (10\text{-}24)$$

$$s_{ij} \geqslant 0 \text{ 且 } c_{ij} \geqslant 0 \quad (10\text{-}25)$$

$$\sum_{i=1}^{m_{ij}} x_{ijk} = 1 \quad i = 1,2,\cdots,n; j = 1,2,\cdots,o_{ij}; k = 1,2,\cdots,m \quad (10\text{-}26)$$

$$c_{ij} \leqslant C_{\max} \quad i = 1,2,\cdots,n; \quad j = 1,2,\cdots,o_i \quad (10\text{-}27)$$

式中,β 表示某个调度方案,$C_p(\beta)$ 表示在调度中工件 p 的完成时间,目标是寻找一个最优调度使 $C_{\max}(\beta)$ 最小。$C_{\max}$ 为最大完工时间,C_i 为工件 i 的完工时间;s_{ij} 为工序 O_{ij}(工件 i 的第 j 道工序)开始加工的时间、c_{ij} 为该工序完成加工时间、t_{ijk} 为该工序在设备 M_k 上的加工时间,O_i 为工件 i 的工序总数;Y 表示一个足够大的正数;m_{ij} 为工件 i 的第 j 道工序可选的加工机器数;$x_{ijk}=1$ 表示工序 O_{ij} 在设备 M_k 上加工,否则为 0;$y_{ijaqk}=1$ 表示工序 O_{ij} 先于 O_{aq} 在设备 M_k 上加工,否则为 0。

上述公式中,式(10-19)和式(10-20)表示所求问题的目标函数为最大完工时间最小化;式(10-21)和式(10-22)表示同一工件的加工工序之间必须按照既定的加工顺序进行加工;式(10-23)和式(10-24)表示一台设备在同一时间只能加工某个工件的某一道工序;式(10-25)表示所有加工工序开始加工和结束加工的时间必须大于 0;式(10-26)表示某个工件的某道工序在同一时刻只能在一台设备上加工;式(10-27)表示任何一个工序的完工时间小于或等于总工序的完工时间。

2. 车间调度问题标准测试函数

针对不同类型车间调度问题,学者们提出了众多标准测试函数进行求解算法的性能测试和对比。其中比较著名的是塔亚尔基准测试案例集,由学者塔亚尔结合实际工业生产信息于 1993 年提出,包括了 260 个随机调度问题案例,覆盖了置换流水车间、作业车间和开放式车间等调度问题,最小目标均为最小化完工时间。案例集中最大问题规模为100个加工任务和20台加工机器。在随后研究中,出现了1000个加工任务和1000台加工机器的大规模测试案例及上万个加工任务的超大规模案例,为测试算法在不同规模车间调度问题的求解能力提供基础。

3. 智能车间环境下的生产调度新特点

智能车间是工业4.0技术的集中体现。一方面,在智能工厂制造模式下,车间设施设备更加智能,柔性制造能力更强,车间生产数据采集与分析处理能力更强,生产作业更为精准、节能、高效。另一方面,个性化生产的旺盛需求推进了订单驱动的生产调度,物流对于生产组织的影响凸显,物流容器、AGV运输设备成为另一类重要的生产调度资源。因此,如何在丰富的大数据支持下,有效组织这些异构的生产-物流设备资源、物料资源和数据资源,推进车间生产更加高效化、宜人化、节能化和绿色化,敏捷柔性地响应外部需求,是智能车间生产调度面临的挑战。其主要有如下特点。

(1) 多目标调度。智能车间生产调度通常需要追求节能、准时、低成本等多个目标。

(2) 动态调度。生产调度方案需要面对市场快速多变的订单需求。

(3) 大数据资源。大数据是智能车间的重要资源,必须得到实时有效的采集、处理、传输和储存,并共同推进车间智能生产。

四、集装箱船舶贝位配载智能优化

1. 集装箱船舶贝位配载问题

自1956年世界上第一艘集装箱船舶首航以来,随着国际航运业的不断发展,集装箱船舶至今已历经8代发展演变,且船型一直朝大型化方向发展。从规模经济角度来看,集装箱船舶大型化使得单箱成本得到有效控制。据测算,对于相同的航线和挂靠港,用1艘9000TEU集装箱船舶和2艘4500TEU集装箱船舶分别运输相同数量的集装箱,前者成本比后者成本减少17.7%以上。

集装箱船舶配载是大规模集装箱船舶运输过程中一个重要的作业环节,其目的是在遵循基本集装箱配载原则和船舶装载要求(如稳定性和强度等)的基础上,根据预定装载集装箱的属性,确定集装箱在船舶上的装载位置,以减少在中途港口装卸时的倒箱作业次数,提高船舶的运输效率和港口作业效率。当代由于船舶的大型化、班轮停靠港口的增加和载货量的与日俱增,制订集装箱船舶配载计划逐渐成为一项无法单靠人脑完成的复杂工作。集装箱船舶配载的基本原则包括以下几个方面。

(1) 充分利用船舶的装载能力。衡量船舶装载能力的主要指标有两个:箱位利用率(船舱容积利用率)和载重量利用率。这两个指标的高低将直接影响船舶公司营运的经济效益。船舶"满舱不满载"或"满载(载重量已达最大负荷)不满舱"的装载情况经常发生,例如船舶上装载的重货集装箱较多,则会发生"满载不满舱"的现象,需要根据航线情况,遵循效益最大化原则,在这两种装载状况中寻找平衡点。

(2) 减少中途的翻舱倒箱。班轮营运的集装箱船舶通常有多个中途停靠港口,且各港口多数需要装、卸部分集装箱,因此集装箱船舶配载时应当尽量减少"先卸港箱"被"后卸港箱"压住、堵住的现象发生,以减少在中途港口翻舱,提高装卸效率。

(3) 避免"一边倒"配箱。所谓"一边倒",是指将某港口或数个港口的集装箱同时配载于船舶的左侧或右侧,这样做不论是对于装船还是卸货,都有不小妨碍,特别是在中途港口卸货时,可能会造成船舶在短时间内出现倾斜(因为一边的货物被卸走太多,两边重量出现不平衡),使装卸作业出现困难,甚至影响安全。因此在配载的时候要力求避免"一边倒"配箱,将同港口或数个港口的货柜对称地配于船舶两侧为宜。

(4) 避免同一卸货港的货柜过分集中"挤在一起",这样可以尽可能多地用几台码头吊车同时作业,从而提高整体装卸效率,减少船舶的停留时间。码头吊车之间一般需要相隔2~3个贝位(注:2个贝位为一个舱的长度)才可同时装卸,所以,当某一卸货港的箱量较多,超过一个舱的容量而必须分舱的时候,应该至少相隔一个舱位配置,这样两台装卸吊车才能同时工作,避免形成"重点舱",保证装卸效率和船期。

(5) 满足特种集装箱的配载要求。特种集装箱是相对于普通干货集装箱而言的,例如冷藏冷冻集装箱运输过程中需要始终保持其温湿度控制。

贝内计划的配载问题是集装箱配载问题的一部分,是研究指定贝位内集装箱箱位分配的优化。将多个不同目的港的集装箱装载在同一个贝位内,在此问题中,除了集装箱属性不同外,不同目的港也会导致集装箱的卸载顺序不同,从而导致倒箱的产生,增加船舶的装卸成本。为便于装载箱位的有效表示,一般将船舶的坐标系进行如图10-10所示的定义。

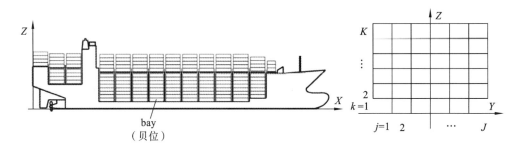

图10-10 集装箱船舶结构及贝位结构表示

其中,集装箱船舶的贝位(bay)、堆栈(stack)和层(tier)分别对应于坐标系的 X、Y 和 Z 轴,由此便可以将集装箱船舶上的任意箱位采用一个三元数组 (x,y,z) 进行表示,x 坐标表示可装载箱位的贝位信息,y 坐标为装载箱位的堆栈信息,而 z 坐标则是箱位的层信息。本节研究的是同贝位中集装箱配载问题,即具有相同 x 坐标的箱位分配优化问题。因此,贝内集装箱配载问题的坐标系如图 10-10 所示。一个实际船舶配载计划中各贝位配载计划如图10-11所示。

2. 一种集装箱船舶贝位配载模型描述

目前针对贝位配载计划,根据不同的配载重点,有不同的研究模型,包括以集装箱卡车运输成本最小、总装载成本最小、倒箱量最小等为目标的模型。本节以其中一种,即以减少倒箱次数为主要目标的模型进行介绍。根据集装箱船舶的配载作业过程,对目标模型涉及的参数和变量进行如下定义:

$I=(1,2,\cdots,n)$:所需要配载的集装箱编号集合;

$J=(1,2,\cdots,m)$:所装载贝位的堆栈编号集合;

$K_j=(1,2,\cdots,k)$:堆栈 j 的可用箱位编号集合;

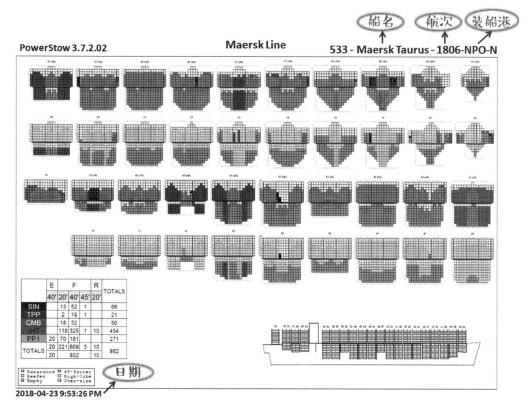

图 10-11 贝位配载计划图

$D = (1, 2, \cdots, l)$：所需装载集装箱的目的港编号集合；

$A_{id} = \begin{cases} 1 \\ 0 \end{cases} \forall i \in \boldsymbol{I}, d \in \boldsymbol{D}$ 当集装箱 i 在港口 d 进行卸载时，$A_{id} = 1$，否则，$A_{id} = 0$；

$o_i = \begin{cases} 1 \\ 0 \end{cases} \forall i \in \boldsymbol{I}$ 当集装箱 i 需要倒箱时，$o_i = 1$，否则，$o_i = 0$；

$p_{jd} = \begin{cases} 1 \\ 0 \end{cases} \forall j \in \boldsymbol{J}, d \in \boldsymbol{D}$ 当堆栈 j 中至少有一个集装箱需要在港口 d 卸载时，$p_{jd} = 1$，否则，$p_{jd} = 0$；

$e_j = \begin{cases} 1 \\ 0 \end{cases} \forall j \in \boldsymbol{J}$ 当堆栈 j 被占用时，$e_j = 1$，否则，$e_j = 0$；

$c_{jki} = \begin{cases} 1 \\ 0 \end{cases} \forall j \in \boldsymbol{J}, k \in \boldsymbol{K}_j, i \in \boldsymbol{I}$ 当集装箱 i 装载在堆栈 j 的 k 箱位上时，$c_{jki} = 1$，否则，$c_{jki} = 0$；

$\delta_{jkd} = \begin{cases} 1 \\ 0 \end{cases} \forall j \in \boldsymbol{J}, k \in \boldsymbol{K}_j, d \in \boldsymbol{D}$ 当位于堆栈 j 的箱位 k 下的集装箱将在港口 d 之前卸载时，$\delta_{jkd} = 1$，否则 $\delta_{jkd} = 0$。

集装箱船舶配载的优化目标包括以下 3 个子目标：①最小化倒箱次数，每次倒箱会产生100 单位成本；②避免一个堆栈存在较多不同目的港箱子，每一个堆栈中，每增加一个不同目的港集装箱将会增加 20 单位成本;③尽可能保证堆栈为空,每使用一个堆栈会增加 10 单位成本。

因此,总的目标函数为:

$$\min\left(100\sum_{i\in I}o_i + 20\sum_{j\in J}\sum_{d\in D-\{1\}}p_{jd} + 10\sum_{j\in J}e_j\right) \quad (10\text{-}28)$$

约束条件:

$$c_{jki} - c_{j(k+1)i} \geq 0, \forall i \in I, j \in J, k \in K_j \quad (10\text{-}29)$$

$$\sum_{j\in J}\sum_{k\in K_j}c_{jki} = 1, \forall i \in I \quad (10\text{-}30)$$

$$\sum_{i\in I}c_{jki} \leq 1, \forall j \in J, k \in K_j \quad (10\text{-}31)$$

$$\sum_{j\in J}\sum_{k\in K_j}\sum_{i\in I}c_{jki} = |I| \quad (10\text{-}32)$$

$$A_{id}c_{jki} + \delta_{ikd} - o_i \leq 1, \forall j \in J, k \in K_j, d \in D, i \in I \quad (10\text{-}33)$$

$$e_j - c_{jki} \geq 0, \forall i \in I, j \in J, k \in K_j \quad (10\text{-}34)$$

$$p_{jd} - A_{id}c_{jki} \geq 0, \forall j \in J, k \in K_j, d \in D, i \in I \quad (10\text{-}35)$$

目标函数(10-28)表示三种成本的总和;约束条件(10-29)表示在制订贝位内配载计划时,要保证装载的集装箱不出现悬空状态;约束条件(10-30)保证每个集装箱必有一个箱位可以安放;约束条件(10-31)表示贝位内箱位的唯一性,即每一个箱位只能被占用一次;式(10-32)保证所有需要作业的集装箱均装载到贝位内;式(10-33)表示与倒箱作业相关的参数和变量间的关系;约束(10-34)表示堆栈是否被占用;约束条件(10-35)为贝位内每个堆栈在各港口卸载集装箱时相关参数和变量的关系。在上述配载计划中也需要满足装载后稳性高度不大于临界稳性高度、装载后的纵向强度不大于许用弯矩、装载后的吃水差在船舶允许吃水差范围以内等要求。

五、作业规划调度问题的优化方法

根据问题的规模和复杂度,可以分为精确算法、基于规则的调度方法和智能优化算法。

1. 精确算法

精确算法由经典的运筹学中的整数规划、线性规划、动态规划等衍生而来。在用户规模较小的情况下,它能得到问题的精确解,缺点是随着用户数量的增加,计算复杂度也呈现指数级递增,所以这种算法仅仅适合求解不超过几十个用户节点的小规模问题。

2. 基于规则的调度方法

基于规则的调度方法是指在选择调度方法时满足某一规则。具体可将调度规则分为四类,分别为单一调度规则、复合调度规则、加权优先规则、启发式规则。复合调度规则就是将单一调度规则组合使用,同时满足两个及以上调度规则。加权优先规则是将调度规则赋予权重来决策调度。启发式规则是将应用某种规则,观察使用该规则的效果,如果在临界状态效果不好,则选择其他规则。基于规则的调度方法计算简单,能实时调整调度规则,容易实施,但得到的解是局部最优解。

3. 智能优化算法

智能优化算法又称为元启发式算法,与传统启发式算法的区别之处在于,智能优化算法

第十章 智慧物流系统优化与调度

在算法运行过程中允许解退化甚至出现不可行解,并存在随机搜索的技巧。智能优化算法主要可分为局部搜索算法(例如禁忌搜索算法、变邻域搜索算法和模拟退火算法等)、群体智能算法(例如人工蜂群算法、入侵杂草算法、粒子群算法、烟花算法、人工鱼群算法、萤火虫算法等)和自学习算法(例如神经网络算法等)三类。每一种算法都有其优势和劣势。例如禁忌搜索算法计算量大,计算时间长,设计烦琐;遗传算法存在编解码的问题,交叉变异算子需要单独设计;等等。

自动化码头自动配载运营

上海洋山四期自动化码头位于洋山深水港区最西侧,于 2014 年 12 月开工建设、2017 年 12 月开港试生产,是全球规模最大的自动化集装箱码头。洋山四期码头总面积 223 万平方米,码头岸线达 2350 米,设有 7 个集装箱深水泊位及 61 个自动化箱区。目前在洋山深水港四期全自动化集装箱码头内,所有船舶均可使用自动配载,2018 年达到 201 万标准箱,2019 年实现 327 万标准箱,2020 年突破 420 万标准箱。洋山四期自动化码头布局如图 10-12 所示。

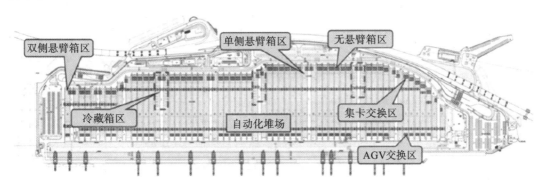

图 10-12 上海洋山四期自动化码头布局

洋山四期自动化码头自动配载整体实现流程为载入信息、数据校验和格式化处理、预配的属性组检查、预配的重量组检查、重量组划分、重量填充、应用自动配载算法进行配载、自动检查交换、输出配载结果。

在采用自动配载算法进行配载的过程中要考虑轨道吊相关因素、翻箱因素、AGV 因素、重量因素及其他因素。如:在 16 分钟内出过 4 箱以上的箱区加罚分,避免箱区冲突;选择尽量小于该预配位的填充重量的箱子,避免超过槽重限制;桥吊双箱吊作业的第二个箱子尽量与第一个箱子在同一箱区出箱,减少 AGV 拼箱的行驶时间;悬臂轨道吊尽量选择前一个装船箱的同一在场贝位的箱子,减少大车的移动时间;轨道吊尽量选择前一个装船箱的同一在场列的箱子,增加清列率,减少因为桥吊作业快慢或突发情况造成的翻箱,同时提高堆场的利用率;候选箱集中的箱区优先选择出箱,避免作业最后该箱区箱子剩余过多;允许舱内或甲板同一列中同港口组的高平大箱上下互换,减少翻箱。

自动配载整体结果快捷可靠,在堆场使用正常的情况下,自动配载对于单船的首配重箱翻箱率低于10%,拼车率低于20%,清列率大于80%;空箱翻箱率为0,拼车率低于2%,清列率大于85%。洋山四期自动化码头自动配载系统从开港运行至今表现良好,已经能够支持16台桥吊同时作业的规模,对于船方的积载要求也能满足,同时能支持人工调整满足船方的特殊要求。

(资料来源:范佳彬,郑重,张传捷,等.洋山深水港四期自动化码头自动配载理论与实践[J].港口装卸,2019(1):27-30.)

第五节　物流运营系统调度问题智能优化

一、物流运营系统调度

物流运营是跨多部门和跨边界的活动,不但涉及具体的物流作业部门,而且与销售、财务、生产以及人力等多部门紧密相关,比如在实际运营过程中,出现物料异常、交付受阻、仓库爆仓或物料呆滞等问题,可能的责任部门有供应商、物流公司,以及采购、计划、研发、生产、工艺、仓库、配送等部门。随着数据时代的到来,物流运营也正向供应链数字化、智能化发展,更需要从价值链角度出发,跳出岗位、部门甚至企业的边界,在整个经营过程中树立和贯彻以物为本、加速流通、降低物流总成本、提高物流交付能力的价值导向。

优化资源配置、降低物流成本是物流运营系统调度的主要作用,纵观物流运营的全过程,从产品的包装到托盘的堆载、装箱的技巧,从单点仓库的选址和库内空间的分配到仓库网络的设计和存货的分布,从运输工具的配载到承运人的管理、多式联运的组织、货运路线的安排,从物流技术装备的应用到物流IT系统的上线,从具体物流运作环节的安排到总体物流管理解决方案的设计,都是在进行资源配置的优化,谋求物流成本的最低。物流运营系统包含内容众多,本节从物流网络运营和物流节点运营的阶段,分别选择多式联运和钢铁物流园区的运营调度为对象进行介绍。

二、多式联运方案智能优化

1. 多式联运模式

多式联运是指多式联运经营人首先按照联运合同,将托运人需要运输的货物集合组成单元,装载于不同标尺的集装箱内,并将集装箱作为整体运载单元,再通过采用两种及以上的运输方式,依托高效的联运组织和协同组织,由各运输区段的承运人和各枢纽节点的运营商协同高效地完成装卸、搬运、联运、仓储及配送等物流任务,最终将货物从上游集货地运至合同规定的下游交付地,实现托运人只需办理一次托运、签订一份单证、办理一次结算的连续的、最优的、一体化的、效益最大化的运输模式。

1) 多式联运的特点和组织形式

根据欧盟的道路实践数据,与单一的公路运输相比,多式联运效率可提高30%,减少货损货差10%,降低运输成本20%。

与单一的运输方式比较,多式联运具有以下特点。

(1) 责任统一,手续简单。在多式联运中,多式联运经营人负责全程所有的事务,包括途中运输方式的选择、货物的中转等。托运人只需要和运输企业签订运输合同且只需签订一次,同时一次支付全程的费用,一次支付保险服务费用,因此托运人只有一份货运单据,可以节省托运人和运输企业的人力和物力。同时,在运输过程中出现任何状况都由提供运输服务的多式联运经营人负责。

(2) 减少中间环节,提高运输质量,降低事故率。在多式联运过程中,运输环节之间都是紧凑衔接、配合密切,货物可以及时迅速地中转,大大减少了货物中途停留时间,提高了货物运输的安全性、时效性和准确性,也相应地降低了存储成本。此外,多式联运大都是以集装箱为运输单元,直达运输,可以减少货损货差事故的发生,从而提高货物运输的质量。

(3) 降低运输成本,节约运输费用。对托运人来说,在将货物交由第一承运人后即可得到货运单证,并据以结汇,从而可以将结汇时间提前。这不仅有利于加快货物用资金的周转,而且可以减少利息支出。此外,还可相应地节省货物的包装、理货和保险等费用支出。

(4) 提高运输组织水平,实现运输合理化。多式联运中的众多参与者,可以扩大其经营范围,同时可以提高现有设施设备的利用率,组织最佳的运输方式。

在多式联运过程中,不同运输方式的组合可以得到不同的运输组织形式。从多式联运的运输范围来看,可以将多式联运分为国际多式联运和国内多式联运。国际多式联运的组织形式主要有海陆联运、大陆桥运输、海空联运和其他路桥运输方式。其中,海陆联运是目前国际多式联运的主要组织形式,与大陆桥运输展开竞争。国内多式联运的组织形式主要有公-铁、公-水、铁-水和公-铁-水四种。

2) 多式联运研究问题的分类

在多式联运研究中,根据决策周期的不同,将相关研究划分为战略规划、战术规划以及运作规划三大层面。其中,战略规划关注有关多式联运网络结构的预测、投资及管理等长期决策,如以设施选址-分配问题等为代表的网络设计问题。战术规划关注在网络结构给定情况下的中期问题,包括以运力决策和运输频次决策等为代表的服务网络设计问题,以及以路径决策和货物整合为代表的网络流规划问题。运作规划则关注短期及实时决策问题,主要包括资源管理和行程重调度两大类问题,具体有运输资源及人力分配决策、多式联运车辆路径问题及车速决策等。以上有关多式联运研究的分类及对应的具体问题见表10-6。

表10-6 多式联运研究问题分类

类 别	决策周期	子类问题	具体问题
战略规划	长期	投资决策、网络设计问题	投资规模、投资周期等;枢纽选址问题、选址-分配问题
战术规划	中期	服务网络设计、网络流规划	运输频次决策、运力决策等货物流量分配;路径选择问题;运输模式选择问题
运作规划	短期或实时	资源管理和行程重调度	运输资源分配;人员排班等枢纽作业调度;车辆路径及实时车辆路径问题

2. 低碳约束下的多式联运路径优化问题建模

1) 模型描述

在全社会、全行业不断推行低碳政策的背景之下,低碳政策切实影响到企业战略规划、战术规划、运作规划方方面面的决策,多式联运企业的路径选择问题这一战术规划层重要决策势必也要在考虑直接成本、油耗量等传统要素的基础上,基于具体的低碳要求进行重新探讨。本节选择多式联运的路径优化问题进行低碳约束下的多式联运问题建模介绍。

考虑碳排放的多式联运路径优化模型可描述为:在一个多式联运网络中,运输网络包含的运输节点集合为 $N=\{i|i=1,2,\cdots,n\}$;各节点之间的运输路段集合为 $R=\{r_{ij}|i,j\in N\}$;运输网络内有公路、铁路、水路、航空等运输方式,节点之间可供选择的运输方式集合为 $M=\{k|k=1,2,\cdots,m\}$。

模型假设如下:
(1) 案例是由公路、水路和铁路构成的综合运输系统,不考虑管道和航空运输;
(2) 任意两节点之间至少存在一种运输方式,且任意两节点间运输方式的距离相等;
(3) 从起点到终点的运输过程中,不能拆分货运任务的运输需求;
(4) 同一运输任务在每个节点只进行一次中转,同种运输方式之间不转运;
(5) 运输节点/运输路段/交通运载工具能够满足运输要求。

2) 目标函数定义

根据模型描述和假设,结合多式联运运输实际情况,建立低碳约束下的多式联运模型,三个分目标函数如下。

(1) 运输花费的总成本。

运输花费的总成本包括在节点之间运输的直接费用(通常与所采用的运输方式单位运输费率、运输距离、该批货物的重量等相关)和在节点进行转运时的换装费用。总成本为直接费用和换装费用的加总,用 C 表示花费的总成本,目标最小运输成本为:

$$\min C = \sum_{i=1}^{n}\sum_{k=1}^{m} C_{i,i+1}^{k} X_{i,i+1}^{k} Q l_{i,i+1}^{k} + \sum_{i=1}^{n}\sum_{k=1}^{m}\sum_{p=1}^{m} d_{i}^{k,p} Y_{i}^{k,p} Q \qquad (10\text{-}36)$$

其中,$C_{i,i+1}^{k}$ 表示从网络节点 i 到 $i+1$ 采用 k 种运输方式的单位运输费用[元/(吨·千米)];Q 表示某一运输任务的货物总重量(吨);$l_{i,i+1}^{k}$ 表示采用 k 种运输方式时从节点 i 到 $i+1$ 的运输距离(千米);$d_{i}^{k,p}$ 表示在节点 i 转运的单位换装成本(元/吨);$X_{i,i+1}^{k}=\{0,1\}$,表示是否采用 k 种运输方式完成节点 i 到 $i+1$ 的运输任务;$Y_{i}^{k,p}=\{0,1\}$,表示是否在节点 i 从运输方式 k 转换为运输方式 p。

(2) 运输花费的总时间。

运输花费的总时间包括在网络节点之间运输的直接时间和在节点进行转运时花费的换装时间。T 表示花费的总时间,目标最小运输时间为:

$$\min T = \sum_{i=1}^{n}\sum_{k=1}^{m} t_{i,i+1}^{k} X_{i,i+1}^{k} + \sum_{i=1}^{n}\sum_{k=1}^{m}\sum_{p=1}^{m} f_{i}^{k,p} Y_{i}^{k,p} Q \qquad (10\text{-}37)$$

其中,$t_{i,i+1}^{k}$ 表示从网络节点 i 到 $i+1$ 采用 k 种运输方式的运输时间(小时),$f_{i}^{k,p}$ 表示在节点 i 转运的单位换装时间(小时/吨)。

3) 运输过程的碳排放

总碳排放量包括在网络节点之间运输的直接碳排放和在节点进行转运时产生的碳排放。用 E 表示总碳排放量,目标最小运输碳排放量为:

$$\min E = \sum_{i=1}^{n}\sum_{k=1}^{m} Q X_{i,i+1}^{k} l_{i,i+1}^{k} g_{i,i+1}^{k} + \sum_{i=1}^{n}\sum_{k=1}^{m} Y_{i}^{k,p} Q b \qquad (10\text{-}38)$$

其中,$g_{i,i+1}^{k}$ 表示采用 k 种运输方式的单位运输周转量碳排放[千克/(吨·千米)],b 表示在运输节点换装的单位碳排放量(千克/吨)。

4) 模型构建

由于运输总成本和运输总时间以及运输总成本与运输碳排放量存在背反关系,本案例是一个多目标优化问题。本案例通过赋予成本、时间和碳排放量不同的权重,进行目标加权合并,成为单一目标。由于成本、时间和碳排放量的计算单位不同和数量级相差较大,为了提升模型收敛速度和精度,同时消除量纲和数据的取值范围对模型求解结果的影响,对成本、时间和碳排放量目标函数进行离散标准化处理,转换公式如下:$C^* = (C_i - \min C_i)/(\max C_i - \min C_i)$,$T^* = (T_i - \min T_i)/(\max T_i - \min T_i)$,$E^* = (E_i - \min E_i)/(\max E_i - \min E_i)$。

根据实际生产需要对成本、时间和碳排放量赋权 $\omega_i \in [0,1] (i=1,2,3)$,$\sum \omega_i = 1$。将标准化后的三个目标函数加权求和,得到加权总目标函数:

$$\min S^* = \omega_1 C_i^* + \omega_2 T_i^* + \omega_3 E_i^* \tag{10-39}$$

约束条件:

$$X_{i-1,i}^k + X_{i,i+1}^k \geq 2 Y_i^{k,p} \quad \forall i \in N, \forall p, k \in M \tag{10-40}$$

$$t_{i,i+1}^k \geq 0, f_i^{k,p} \geq 0, Q \geq 0 \tag{10-41}$$

$$\sum_{k=1}^{3} X_{i,i+1}^k = 1 \tag{10-42}$$

约束(10-40)保证多式联运过程的连续性;约束(10-41)确保运输时间和换装时间为非负;约束(10-42)保证在两个节点之间只能选择一种运输方式。

3. 基于遗传算法的多式联运问题求解

1) 案例描述

本案例以城市 A 到城市 H,途径城市 B、C、D、E、F 和 G 的集装箱运输为例。假设有 20 吨医疗物资需要从城市 A 运到城市 H,无论选择何种运输方式必须经过城市 B、C、D、E、F 和 G 6 个关键节点。从起点到终点,每两座相邻的城市间都有公路、铁路和水运三种运输方式可供选择(见表 10-7)。通过各城市的坐标(见表 10-8)计算以上 8 座城市相互间的距离,每单位距离取 10 千米,由此可以求得各城市间的距离。

表 10-7 三种运输方式的单位运输成本、运输速度和单位货物周转量碳排放

编 号	运输方式	单位运输成本 [元/(吨·千米)]	运输速度 (千米/小时)	单位货物周转量碳排放 [千克/(吨·千米)]
1	公路	0.35	80	0.0555
2	铁路	0.135	65	0.0108
3	水运	0.03	20	0.0061

表 10-8 城市节点坐标

编 号	坐标 X	坐标 Y	编 号	坐标 X	坐标 Y
1	9.0	4.5	5	217.2	331.8
2	84.0	130.5	6	319.0	232.0
3	107.0	29.4	7	321.5	131.2
4	114.3	30.6	8	450.0	540.0

各节点之间转运情况共有 4 种：①不转运；②公铁联运；③公水联运；④铁水联运。4 种情况分别编号为 1、2、3、4，增加的成本、时间和碳排放量如表 10-9 所示。

表 10-9　不同转运方式所增加的成本、时间和碳排放量

编　号	转运形式	成本(元/吨)	时间(小时/TEU)	碳排放量[千克/(吨·千米)]
1	不转运	0	0	0
2	公-铁/铁-公	5	0.2	0.0064
3	公-水/水-公	6	0.35	0.0048
4	铁-水/水-铁	7.5	0.45	0.0064

2）算法设计

本案例采用遗传算法对多式联运路径优化模型中运输网络节点和交通运输方式进行编码和解码设计。基于整数编码，将节点间采用的运输方式以及运输节点是否换装编码成染色体。染色体编码分为两段，每条染色体包含 $(2n-3)$ 个基因。N 为节点数，分别编号为 $1, 2, 3, \cdots, n$。染色体的前 1 到 $(n-2)$ 位基因为染色体的第一段，表示 $(n-2)$ 个中间节点的顺序，如有 8 个节点的时候第一段染色体可以编码为 3-2-5-4-7-6。采用公路、铁路和水运三种运输方式，分别编号为 1、2、3。染色体的后 $(n-1)$ 到 $(2n-3)$ 位基因分别表示相邻节点之间所选择的运输方式，如 2-3-2-1-3（见图 10-13）。

图 10-13　遗传算法染色体编码

3）案例结果

算法中以目标函数的倒数为适应度函数，适应度值越大，个体越优。交叉概率 $P_c = 0.6$，变异概率 $P_m = 0.02$，最大迭代次数设为 300。需要注意的是，由于染色体编码分为两段，分别具有不同的含义，因此两段染色体分别与对应染色体片段进行交叉和变异。

结合现实情况，考虑多式联运企业的经济效益和车辆周转率，保证客户满意度，同时考虑低碳要求，综合考虑成本、时间和碳排放量三个因素，给 C^* 赋权重为 0.4，给 T^* 赋权重为 0.3，给 E^* 赋权重为 0.3。由遗传算法求解出的总成本为 25377.33 元，运输总时间为 271.39 小时，总碳排放量为 2797.63 千克，具体路径和运输方式选择和各目标如表 10-10 所示，算法收敛曲线如图 10-14 所示。

表 10-10　目标综合最优时的遗传算法最优解

最优路径	A $\xrightarrow{水运}$ C $\xrightarrow{水运}$ E $\xrightarrow{铁路}$ F $\xrightarrow{公路}$ G $\xrightarrow{水运}$ B $\xrightarrow{水运}$ D $\xrightarrow{公路}$ H
成本(元)	25377.33
时间(小时)	271.39
碳排放量(千克)	2797.63

第十章

智慧物流系统优化与调度

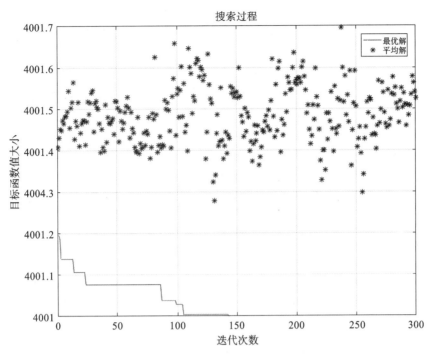

图 10-14 算法收敛曲线

三、钢铁物流园区储位分配智能优化

1. 钢铁物流园区储位分配问题

随着互联网技术和信息化平台的快速发展,现代化物流行业突飞猛进,无论是业务流程还是新技术的应用都有很大的提升,现阶段我国信息化建设发展迅速,国家也颁布了相应的政策来扶持钢铁物流园区,给钢铁物流园区的发展带来了新的机遇。而我国的钢铁物流在智慧化方面虽然有所发展,但仍处于初期阶段,钢铁物流业发展中存在物流资源配置不合理、分布不均衡、生产工艺落后等问题。如何发展智慧化的钢铁物流无疑是一项重大的挑战。

作为物资流通过程中的重要环节,园区适当的资源配置不但可以减少投资,还能提高其作业效率。处理订单的时间一般占仓储操作总时间的 55%,而储位分配策略是影响订单处理效率的关键因素。储位分配领域的研究多集中于以规则仓库存储为对象及多种启发式规则的研究。钢铁物流园区的储位分配具有高随机性、离散性等特点,并且受到更多复杂因素的限制。本案例结合钢铁物流园区特点,根据储位分配的原则和策略,采用多目标进化算法进行问题求解,实现货车在园区内作业时间最短,提高钢铁物流园区堆场运作效率。

2. 钢铁物流园区储位分配问题建模

1) 案例介绍

某钢铁物流园占地近 9 万平方米,室外仓储堆场共 6 个,每个堆场有 13 个仓位,仓位型号分为"一"字形和"井"字形两种,如图 10-15 所示。目前物流园区存储的钢材品种有 9 大类,螺纹钢有 6 个品种,每种钢材有 20 种规格,全部堆存于室外 1—5 号堆场。钢材按一个单品单独码放,一个仓位码放相同时间(批次)入库的单品钢材。钢厂按计划向园区运送钢材。本案例主要围绕螺纹钢品种的堆存进行室外1—5号堆场储位优化。

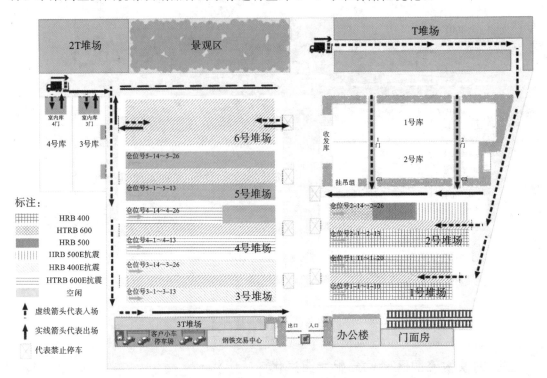

图 10-15 某钢铁物流园区布局

钢材的不同堆存形式对储位要求不同。当园区堆场内部摆放的仓位为"井"字形时,该储位最大承重量 H_{max} 为 1500 吨;当园区堆场内部摆放的仓位为"一"字形时,H_{max} 为 400 吨。在本案例中,各钢种的出入库频率差距较为明显,因此安排频率为 0.01 的钢种存储的仓位设置为"一"字形,其他则为"井"字形。

2) 模型假设

在满足该园区实际运作约束下,对问题进行如下假设。

(1) 园区存储的钢材种类已知,相同规格的不同钢种直径和长度相同,且质量分布均匀,但放置在仓位的钢材重量可以不相同。

(2) 每个仓位的占地面积和相邻两仓位间的间隔相同。

(3) 假设园区内存取货物的时间忽略不计,仅考虑货车在园区内行进的时间,且货车保持匀速运动。

(4) 该园区为单端口出入库方式。

3) 模型构建

模型参数及变量的定义如下:i 表示货物所在堆场仓位的列;j 表示货物所在堆场仓位的行;k 表示钢种编号;p 表示园区堆场的总数,这里的堆场包括上下两部分;q 表示园区每一堆场的仓位总数;P_k 表示 k 钢种的收订频率;Q_k 表示 k 钢种的需求量;t_{ij} 表示货车从园区出入口到堆场 i 列 j 行仓位所需的时间;H_{max} 表示每一仓位的标准承重量;v 表示货车在堆场内的运行速度;w 表示单位仓位宽;l 表示单位仓位长;a 表示堆场出入库点到园区出入口的距离;S_k 表示两货物之间的出入库频率差值;R_k 表示频率差值组编号;N 表示与 k 钢种在频率差值组中对应的 R_k 编号钢种所在的堆场仓位的列;M 表示与上述一致的钢种所在的堆场仓位的行;x_{ijk} 表示当 k 钢种放置于 (i,j) 储位时为 1,否则为 0。相关参数如表 10-11 所示。

表 10-11　案例相关参数表

参　数	值	单　位
k	{11,12,13,21,31,32,41,51,52,61,71,81,91,92,101,111,121,131,141,151}	—
p	12	个
q	13	个
P_k	{0.13,0.04,0.02,0.01,0.12,0.03,0.01,0.1,0.06,0.01,0.07,0.03,0.01,0.11,0.08,0.01,0.1,0.01,0.01,0.01}	—
Q_k	{1609.241,459.783,229.892,335.445,1765.691,441.423,1798.132,2067.459,1240.475,364.8,986.076,422.604,237.1,3265.587,1204.218,1164.24,9347.148,1846.464,3273.04,920.16}	吨
a	20.0	米
v	12.0	米/秒
l	9.0	米
w	3.0	米
H_{max}	400/1500	吨

为了提高堆场作业效率,考虑园区储位分配近距离原则,在模型建立时优先将出入库频率高的货物存储在靠近出入口的仓位内,同时每个货位的空间和承重是有限的,放置货物重量必须低于限定。以园区某一区域堆场为例,以需求量高、出入库频率高的货物靠近出入口存储为优化目的,构建第一个优化目标为

$$\min f_1 = \sum_{k=1}^{K}\sum_{i=1}^{p}\sum_{j=1}^{q} P_k Q_k t_{ij} x_{ijk} \tag{10-43}$$

其中

$$t_{ij} = (a + i \cdot l + j \cdot w)/v$$

约束条件:

$$1 \leqslant i \leqslant p \tag{10-44}$$

$$1 \leqslant j \leqslant q \tag{10-45}$$

$$0 < Q_k \leqslant H_{max} \tag{10-46}$$

以上约束条件为园区仓位数量和承重量限制。约束(10-44)和约束(10-45)表示园区堆场和仓位的数量约束。约束(10-46)表示仓位的最大承重量约束,分为"一"字形仓位和"井"字形仓位的承重量。

单纯根据出入库频率和距离也会导致局部堆区工作量剧增,使整个货场作业不均。因此,以均衡每个堆场货物出入库频率为第二个优化目标,基于采用间隔分布方式,构建的目标函数为

$$\min f_2 = \sum_{k=1}^{K} S_k \sum_{i=1}^{p} \sum_{j=1}^{q} \sqrt{\left[\left(i \cdot x_{ijk} - \sum_{n=1}^{p}\sum_{m=1}^{q} n \cdot x_{nmR_k}\right)l\right]^2 + \left[\left(j \cdot x_{ijk} - \sum_{n=1}^{p}\sum_{m=1}^{q} m \cdot x_{nmR_k}\right)w\right]^2}$$

(10-47)

其中

$$S_k = \max(P_k - P_{R_k}) \tag{10-48}$$

约束条件：

$$R_k = 1,2,\cdots,k \tag{10-49}$$

$$1 \leqslant i,n \leqslant p \tag{10-50}$$

$$1 \leqslant j,m \leqslant p \tag{10-51}$$

$$S_k > 0 \tag{10-52}$$

式(10-47)以所有高频货物和低频货物在园区各堆场仓位存储的距离最短为优化目标，旨在均衡园区装卸工具的作业压力，以避免园区出现因受订频次高的货物存储在同一堆场导致各堆场装卸工具作业压力悬殊而引起运载卡车排队等货现象。约束(10-49)为 k 钢种与其他钢种频率的最大正数差值，约束(10-50)和约束(10-51)为园区仓位数量的限制。

3. 基于多目标遗传算法的模型求解

1）求解编码设计

为了采用多目标优化算法 NSGA-Ⅱ求解园区储位分配模型，需要将园区储位按编号转换成由基因组成的、具有一定结构的个体，即对个体进行编码操作。本文所研究的染色体使用基因耦合映射二进制编码方式，使钢种编号与园区堆场储位一一对应。每连续三位二进制编码数表示钢种编号，编码数不重复表示，其中空货位用二进制数"000"和"111"表示。编码长度指的是园区所有堆场储位数量之和，由于每三位二进制数表示一个储位，假设有 m 个堆场，每一堆场有 n 个仓位，则编码长度为 $5mn$。图 10-16 为染色体编码和解码的设计。

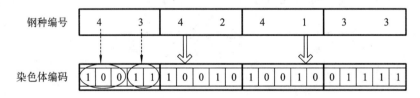

图 10-16 染色体编码和解码设计示意图

针对案例，算法的编码及解码关键步骤如下。

步骤一：对钢种进行编号。将 HRB400、HRB400E 抗震、HRB500E 抗震、HTRB600E 抗震、HTRB600、HRB500 六种钢材依次编号，记为{1,2,3,4,5,6}。进一步，将每一钢种下的不同规格的钢材依次编号，比如钢种 HRB400 有 18×9 和 18×12 两种规格的钢材，则在钢种编号后面续写规格编号，钢材单品 HRB400 钢种规格 18×9 和 18×12 记为{11,12}。

步骤二：二进制编码。依据钢材十进制编号转换为五位二进制，该二进制由钢种编号和规格编号。其中，前三位表示钢种编号，后两位表示该钢种下的规格编号。比如钢材单品 HRB400 钢种规格 18×9 和 18×12 二进制编码记为{00101,00110}。

2）求解结果

依据构建的钢铁物流园储位分配多目标模型，利用改进 NSGA-Ⅱ算法求解模型，其散点图结果如图 10-17 所示。各个目标函数随迭代次数的收敛情况如图 10-18 所示。为获得具有代表性的求解方案，采用 k-means 聚类算法对最优解集进行聚类。其中，k 值的确定由手肘法确定取 3。图 10-17 中三角形标号为 1,2,3 的个体即为获得的典型解。其中，解 1 代表在该订单内运载工具在园区停留时间较长，而园区各堆场装卸工具工作量比较均衡的情况；解 3 代表的情况恰与解 1 相反；解 2 代表在解 1 和解 3 之间相对权衡的情况。决策者可根据实际情况选择合适的分配方案。

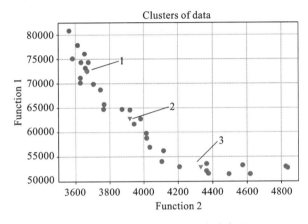

图 10-17　算法求解模型解集分布图

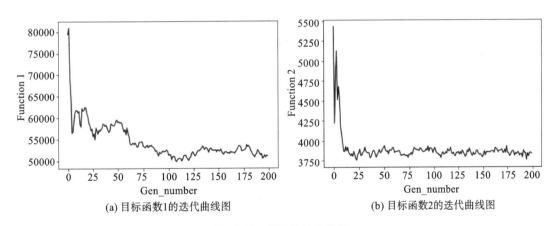

(a) 目标函数1的迭代曲线图　　　　　　(b) 目标函数2的迭代曲线图

图 10-18　算法迭代曲线图

本章小结

智慧物流系统中面临着更加复杂的优化问题，需要有高效的优化理论和方法，而新型智能优化技术为智能物流提供了强大的支持。为了更加深入研究智慧物流系统中智能优化技术的应用，本章介绍了传统优化方法和现代智能算法的内涵和优缺点，详细阐述了多种智能优化算法的原理及多目标优化技术概念，并针对几类智慧物流作业系统和运营系统的调度问题进行了应用实践。

练习与思考

1. 传统优化技术的优势和缺点。
2. 解释现代智能优化算法出现的原因。
3. 详述一种智能优化算法的原理和特点。
4. 论述基于智能优化算法的智慧物流系统优化特征。
5. 选择一个物流问题,分析如何采用智能优化算法进行解决,并写出的实现过程。

第十一章 智慧供应链

> **学习目标**
>
> 了解智慧供应链的概念及基本内涵;了解智慧供应链的特点;理解智慧供应链的产生背景及实际意义;掌握智慧供应链的核心要素;理解智慧供应链的体系构建;掌握智慧供应链风险管控的手段和措施;理解智慧供应链协同管理的基本层次;了解智能化技术在智慧供应链管理中的应用。

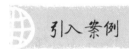

香港冯氏集团的智慧供应链实践

作为世界性的供应链服务商,香港冯氏集团通过打造数字化供应链系统有效地解决了诸多难题,实现了产业供应链的高效运营和管理。数字供应链体系覆盖贸易、物流、分销营销等供应链运行全流程以及所有相关参与者,是"互联网+"对产业供应链的渗透融合与变革重塑。由此形成的智慧供应链在产业运营管理上有着诸多价值。

(1) 智慧供应链可以帮助企业及时准确地获取供应链中的客户需求和变化情况。产业供应链中的客户既指终端消费者或购买者,也包括与企业合作的各类主体。客户的真实需求是拉动供应链运营管理的深层驱动力。对此,冯氏集团借助"互联网+"下的数字供应链系统实现了对客户真实诉求的实时追踪监控,进而据此提供更有针对性的供应链服务。

(2) 通过融入互联网、物联网、大数据、云计算、人工智能等创新技术,在"互联网+"下的智慧供应链系统实现了全程可视化,从而使企业能够对供应链运营全流程以及国内/国外市场、物流活动与交易状态等环节进行实时监控与操作。

(3) 智慧供应链依托模块化的供应链运营架构实现了供应链的集成化,从而帮助企业利用自身和外部第三方的资源增强产业供应链的服务与竞争力;同时,以物联网、大数据、云计算、智能算法等先进技术为支撑,智慧供应链具有更强的智能反应和流程处理能力,能够大幅提升产业供应链的柔性化、个性化、定制化服务水平。

（4）与传统供应链相比，智慧供应链系统中的信息具有更强的开放性、共享性、整合性、协同性，能够实现供应链计划与执行体系在数据和流程两个层面的实时同步连接。

（5）智慧供应链系统有着更完善的报告与绩效管理机制，可以利用供应链分析工具对产业运营的绩效预期与实际成效进行对比，从而实现对供应链流程的统计性控制，避免供应链在运行中因超出预期而出现中断或其他风险，保证产业供应链的合理稳定运行。

（6）智慧供应链系统还具有更完备的预警体系，能够通过融入各流程、各环节、各主体的预警体系实现供应链活动的持续稳定、质量可靠与成本可控，进而实现供应链的智能敏捷化（即快速响应和服务）与高效精益化（即总成本最优）的有机融合，实现产业供应链的精敏化运营管理。

总体来看，"互联网十"本质上是一种创新性的思维与模式，不是简单地给企业日常运营管理活动贴上"互联网十"的标签或者引入互联网技术，而是以互联网新技术、新手段为支撑，对传统产业运营管理的思维、模式等进行变革再造和优化升级，从而构建出更好的产业供应链运营管理模式，实现效率提升、服务拓展和结构流程透明。

（资料来源：文丹枫、周鹏辉：《智慧供应链：智能化时代的供应链管理与变革》，北京：电子工业出版社，2019年。）

【思考】 冯氏集团开展了哪些智慧供应链实践？

第一节　智慧供应链概述

自 20 世纪 80 年代提出供应链概念以来，供应链管理受到了业界和学者的广泛重视。许多先进的管理模式如 JIT 生产方式、敏捷供应链等在供应链产业链中得到了广泛的应用，极大提高了供应链运作效率。但是随着信息时代的到来，传统的供应链管理模式已难以应对繁杂、冗余的数据冲击。大数据时代下供应链成本控制、可视化、风险管理、协作发展问题对供应链管理模式提出了前所未有的挑战。与此同时，随着生活物质资源的极大丰富，消费者对服务的个性化追求也对企业的发展提出了挑战。基于此，在新的智能经济时代，智慧供应链应运而生。

一、智慧供应链的概念

智慧供应链的界定

智慧供应链是随着互联网、云计算、大数据分析、物联网、人工智能和区块链等现代信息技术的飞速发展而出现的供应链管理理念、技术、系统或模式，其目的是，期望通过全面提升供应链管理智慧化水平来提高供应链整体运作效率和市场竞争力。智慧供应链是结合物联网技术和现代供应链管理的理论、方法和技术，在企业中和企业间构建的，实现供应链的网络化、自动化和智能化的技术与管理综合集成系统。随着智慧供应链变革在全球的兴起，学术界也围绕智慧供应链和智慧供应链管理展开专题研究。不同的学者对智慧供应链定义进行了探讨，如表 11-1 所示。

表 11-1　国内外学者对智慧供应链的界定

学　者	定　义
努里和李（2002）	智慧供应链是一种根据客户需求提供定制产品的网络
布特纳（2010）	智慧供应链是在数字基础设施和物理基础设施更紧密融合的基础上，实现从支持决策到授权决策，最终再到预测需要做出哪些决策，是一种具有仪器化、互联化、智能化三个核心特征的更智能的供应链
德克斯等（2012）	智慧供应链强调一个预先确定的供应链结构将演变成一个动态的和临时的网络。以客户为中心的新型供应链更加灵活、适应能力强、智能化程度高，可以在没有人参与的情况下运作
宋华（2015）	智慧供应链将一系列现代科学技术应用到产业供应链管理过程中，实现供应链体系的高度智能化
刘伟华等（2020）	智慧供应链是以物流互联网和物流大数据为依托，以增强客户价值为导向，通过协同共享、创新模式和人工智能先进技术，实现产品设计、采购、生产、销售、服务等全过程高效协同的组织形态，其智慧特征表现在基于现代智能技术和供应链技术的应用，供应链全程运作实现了可视化、可感知和可调节
刘志学等（2021）	智慧供应链是利用集成智能化技术，赋能供应链模仿人的智能，具有思维、感知、学习、推理判断和自行解决供应链管理问题能力的全过程高效协同的组织形态

国内外学者在界定智慧供应链时都强调了顾客满意度最大化、快速响应能力、数字化等几个显著特征。因此，根据以上学者对智慧供应链概念的界定，本书认为智慧供应链是以客户需求为导向，以提高产品质量和服务效率为目标，以整合供应链所有资源为手段，结合人工智能、大数据、区块链、物联网等先进技术和现代供应链管理理论方法，在供应链全链条可感、可视、可控的基础上，实现产品设计、采购、生产、销售、服务等全过程高效协同。

二、智慧供应链的特点

智慧供应链从传统供应链演化发展而来，从原始供应链、初级供应链、整合供应链、协同供应链到智慧供应链，经历了不断的演化升级。与传统供应链相比，智慧供应链发生了巨大的变化，展现出了无比的竞争优势，也迎合了数字经济时代的发展趋势。表11-2从信息化程度、协同程度、运作模式和组织管理四个角度对比了传统供应链与智慧供应链的区别。

表 11-2　智慧供应链与传统供应链比较分析

项目	传统供应链	智慧供应链
信息化程度	信息技术手段弱，需要花较长时间去做数据采集、处理及分析的工作，严重影响工作的效率，同时企业间信息沟通系统不统一，信息传递存在壁垒	信息化程度大大提升；数据采集速度快、容量大，数据处理快、分析更科学；信息传输速度快，企业间信息共享程度高，供应链可视化程度增强

续表

项目	传统供应链	智慧供应链
协同程度	供应链协同程度低;多方资源整合程度弱,资源利用率低;供应链协同未涉及商品需求与生产	供应链协同更深入;更注重资源整合,资源利用率大大提升,系统更协调;供应链协同拓展到商品需求预测及生产计划
运作模式	倾向于推动式供应链(制造商、经销商推动),被动反映市场需求	倾向于拉动式供应链(用户需求拉动),主动应对市场需求
组织管理	偏重于供应链运作效率,人才发挥空间有限,不能充分认识到技术创新的重要性	更注重战略规划与管理,将技术与人才提升到企业战略层面

来源:李倩.智慧供应链导向的企业风险管理协同研究[D].广州:暨南大学,2020.

与传统供应链相比,智慧供应链对技术的要求更高,可以基于大数据实时了解客户喜好,更准确地预测客户需求,实现对每位客户的个性化、定制化服务,并具备市场响应能力更快、智能化程度更高等特点。智慧供应链具备如下五个关键特点。

(1) 技术的渗透性更强。智慧供应链的运营者和管理者具有更强的技术敏感性和应用能力,会通过各种方式将物联网、移动互联网、人工智能等前沿高新技术融入智慧供应链系统中,并依托技术创新实现管理变革。

(2) 具有可视化、移动化特征。以互联网、云计算、大数据、人工智能等新一代信息化技术为支撑的智慧供应链,在数据信息获取上更加移动化、智能化、碎片化,在数据呈现上也主要表现为图片、视频等可视化的方式。

(3) 信息整合性更强。依托高度开放共享的智能化信息网络,智慧供应链系统有效地解决了内部成员信息系统的异构性问题,实现了物流、信息流、资金流的无缝对接,从而使供应链中的信息具有更强的整合性与共享性。

(4) 协作性更强。信息的高度整合与共享使企业可以及时有效地了解供应链内外部的各种信息,并基于实际情况随时与供应链上下游企业进行联系沟通,做出有针对性的调整与协作,从而大幅提升供应链的运作效率。

(5) 可延展性更强。智慧供应链是以先进的互联网信息化技术为支撑的,供应链中的各类信息具有更强的流动性、整合性与共享性,企业可以随时与供应链上下游的其他成员进行沟通交互,从而大大增强供应链的延展性,有效解决传统供应链中因信息层级传递而造成的效率下降问题。

三、智慧供应链的核心要素

如何实现智慧供应链,需要关注可视化、生态化、智能化和集成化四个核心要素。其中,智慧供应链的第一核心是可视化,就是利用数字化、可视化技术,明确供应链的流程、库存、运输,洞悉供应链的瓶颈。第二是生态化,其涉及跨组织的系统整合,并且做到流程的标准化,但更关键的是信息技术问题。最后是智能化和集成化。

1. 可视化

智慧供应链首要要素是可视化。在供应链中,上端延伸到原材料的采购环节,涉及一级、二级、三级……N级供应商,下端延伸到一级、二级、三级……N级分销商,直至最终用户。对于这个长长链条上的企业,存在着所谓的"神龙效应":犹如一条神龙穿梭在云中,要不就是神龙见头不见尾,要不就是见尾不见头,根本看不清全貌,即可视化程度不高。如果看不清楚供应链全貌,智慧更是遥不可及。供应链可视化是利用信息技术,通过采集、传递、存储、分析、处理供应链中的订单、物流以及库存等相关指标信息,按照供应链的需求,以图形化的方式展现出来,主要包括流程处理可视化、仓库可视化、物流追踪管理可视化以及应用可视化。通过将供应链上各节点进行信息联通,打破信息传输的瓶颈,使链条上各节点企业可以充分利用内外部数据,这无疑可以提高供应链的可视化。供应链的可视化不仅可以提高整个供应链需求预测的精确度,还能提高整个链条的协同程度。

2. 生态化

生态化指的是供应链服务的网络结构形成了共同进化的多组织结合的商业生态系统。在供应链服务化过程中,服务的品牌和价值不仅是由供需双方或者三方(即企业、客户、企业网络中的成员)的相互行为所决定,同时受到它们同企业利益相关者的关系影响。因为利益相关者能帮助企业(服务集成商)、需求方和为服务供应商带来合作中的合法性或者新的资源,继而促进各方合作关系的发展。因此,如何协调和整合四方关系和行为是生态化运营的核心。以阿里巴巴为例,阿里巴巴搭建了"一达通"平台,整合海外的买家和中国的中小卖家,包括关检、税金等,这就是组织生态化的过程,以解决中小企业在出口过程中的问题,比如海外的订单来源,海外订单涉及的报送、通关、资金等问题。

3. 智能化

智能化指的是在供应链规划和决策过程中,能够运用各类信息、大数据驱动供应链决策制定,诸如从采购决策,经制造决策、运送决策,到销售决策全过程。智慧供应链智能化决策主要是将大数据与模型工具结合,通过智能化以及海量的数据分析,最大化地整合供应链信息和客户信息,从而正确评估供应链运营中的成本、时间、质量、服务、碳排放和其他标准,实现物流、交易以及资金信息的最佳匹配;通过分析各业务环节对于资源的需求量,并结合客户的价值诉求,更加合理地安排业务活动,使企业不仅能够根据客户需求进行业务创新,还能提高企业应对客户需求变化所带来的挑战。实现以上决策智能化需要建立起供应链全过程的商务智能化,并且能够将业务过程标准化、逻辑化和规范化,建立起相应的交易规则。例如,阿里巴巴将原来分散的落后的产业集群搬到网上,公布公司的生产规模、状态、档期、产品的品质等信息,与其"速卖通"匹配,然后再建立淘工厂,进行供应链融资,就涉及决策智能化的过程。

4. 集成化

集成化指的是在供应链运行中有效地整合各种要素,使要素聚合的成本最低、价值最大。这种客体要素的整合管理不仅仅是通过交易、物流和资金流的结合,实现有效的供应链计划(供应链运作的价值管理)、组织(供应链协同生产管理)、协调(供应链的知识管理)以及控制(供应链绩效和风险管理),更是通过多要素、多行为交互和集聚为企业和整个供应链带来新的机遇,有助于供应链创新。例如,京东的供应链金融生态圈实现集成化发展要求,在各要素聚合以后实现成本最低、价值最大。

第二节 智慧供应链的构建

一、智慧供应链产生的背景

随着国际经济与政治形势的急剧变化,市场竞争日益激烈,消费者需求不断升级,全球供应链面临着更加严峻的挑战。如何提高供应链运作效率、降低供应链运营成本、强化供应链风险抵御能力、提升消费者产品和服务满意度已成为国内外企业共同关注的问题。

时至今日,一些企业已经拥有较完整的信息化架构与成熟的业务系统,并经过多年发展,沉淀了一些核心的业务数据。成熟的系统和可靠的数据,为智慧供应链的发展提供了必备的条件。

1. 不断累积的企业数据作为动力来源推动智慧供应链发展

随着技术革命的不断深化,越来越多的企业意识到数据的价值。数据成为企业业务运行的基础,业务数据逐渐成为企业核心资产。数据治理、数据中台的建设、数据存储等为智慧供应链发展创建了必备的基础。企业数据从最早的纸质、电子文档存储,到后来的局部业务系统存储,再发展到 ERP 时代数据贯通整合的全面积累与存储。新的技术与模型,需要大量的历史数据、动态数据作为输入,经过加工后产生分析结果与决策。因此企业对数据的重视与管理为智慧供应链发展提供了动力来源。

2. 不断完善的信息化设施建设作为平台保障推动智慧供应链完善

经过几十年的发展,从计算机时代走向信息时代的企业越来越重视内部信息化设施的建设。内部的信息化基础从初始阶段走向了现在的集成阶段、数据管理阶段。日益完善的信息化系统帮助企业实现在供应链管理中关于流程、数据、信息的标准化、系统化管理。信息化系统提供了数据的采集入口,也提供了决策执行后的输出工具,这些成熟的业务系统是智慧供应链运行的必备条件。现有的信息化基础设施,是大数据、算法等新技术应用的基础,是推动智慧供应链完善的平台保障。

3. 不断变革的供应链组织方式作为运作框架推动智慧供应链成熟

在过去的几十年间,企业的供应链组织方式,从最早的通过文档进行计划、订单管理、产能规划、库存管理等业务操作,发展为通过纸质表单、邮件、电话等方式实现信息传递,从而实现供应链协同,再到后来的销售、采购、生产、库存等部门拥有自己的业务系统,能够流畅高效地完成各环节的工作,为供应链各环节增速提效,经历了多次的迭代发展。如何实现供应链整体的协同、提高供应链运营效率一直是供应链管理的挑战。随着 ERP 时代的到来,通过一体化、集成化、标准化,以 ERP 为核心的整体业务运营平台,实现了供应链信息系统的一体化管理,供应链效率也得到极大提升。不断变革的供应链组织方式推动智慧供应链走向成熟。

二、构建智慧供应链的意义

智慧供应链结合人工智能、区块链、互联网等先进技术和现代供应链管理理论方法,实现供应链的数字化、网络化、智能化,是未来供应链发展、变革、转型的必然方向。构建智慧供应链的意义,包括高度整合供应链的内部信息,增强供应链流程的可视性、透明性,实现供应链全球化管理和降低企业的运营风险。

1. 高度整合供应链的内部信息

智慧供应链以智能化信息技术的集成为支撑,能够借助大数据、云计算、人工智能等先进技术有效解决成员之间信息系统的异构性问题,从而保证信息在整个供应链系统中的自由、高效流通,具有更强的信息整合性与共享性。

2. 增强供应链流程的可视性、透明性

智慧供应链系统具有很强的可视性、透明性,能够实现内部企业间信息的充分沟通与共享。企业可以及时全面地获取供应链中各环节的信息,增强对内/外部环境的敏锐感知,并通过与上下游企业的整合协作,实现有序生产和管理,提升整个供应链的运作效率。

3. 实现供应链全球化管理

智慧供应链系统具有更强的延展性,有助于实现供应链的全球化拓展和管理,同时能有效避免因全球化扩张而导致的信息流通不畅、运作效率下降等问题。智慧供应链中信息的高度整合、共享性与可视化的特点,颠覆、重塑了以往点对点的交流方式,使信息流通更加自由高效,从而打破了成员间的信息交流阻碍,可以实现供应链的全球化管理。

4. 降低企业的运营风险

智慧供应链系统具有信息共享性、可视性、可延展性以及协作性等特点,有效地解决了传统供应链中信息流通不畅、不能共享、成员协作化程度低等痛点,使内部成员可以全面实时了解整个供应链中各环节的产供销情况,促进上下游企业的有效整合与协作,从而降低企业的运营风险。

三、智慧物流对供应链管理的作用

智慧物流作为构建智慧供应链生态的关键,有力地推动了智能工厂的发展,对现代供应链管理方式及管理成效产生了重要影响。

1. 智慧物流能够降低供应链运营成本,提高供应链运行效率

智慧物流能大大降低制造业、物流业等行业的成本,提高整个供应链各环节上企业的经济利润。供应链上的生产商、批发商、零售商通过智慧物流相互协作、共享信息,通过诸如物体标识及标识追踪、无线定位等新型信息关键技术,有效实现物流的智能调度管理,整合物流核心业务流程,加强物流管理的合理化,降低物流消耗,从而降低物流成本,增加利润。

2. 智慧物流能够满足供应链柔性组织需要,提升供应链末端服务水平

随着客户需求高度个性化,产品创新周期持续缩短,生产节奏不断加快,传统供应链末端服务水平和前端柔性生产遇到极大的挑战。智慧物流能够帮助供应链上的生产制造企业实现高度柔性化生产,根据市场及客户个性化需求来灵活调节生产,以提高效率、降低成本。智慧物流通过提供货物源头自助查询和跟踪等多种服务,能够实现对货物的源头查询,增加消费者的购买信心,同时促进消费,最终对整体市场产生良性影响。

3. 智慧物流能够推动供应链网络化布局实现,提高信息系统的互联互通

智慧物流打破了供应链上各环节的孤立性,供应链系统中的各种设备不再是单独孤立地运行,它们通过物联网和互联网技术智能地连接在一起,构成一个全方位的供应链网络,

可以快速地进行信息交换和自主决策。智慧物流推动实现的供应链网络化布局保证了整个系统的高效率和透明性,最大限度地发挥每台设备的作用。同时,智慧供应链对物流信息系统也提出了更高的要求:一方面,物流信息系统要与更多的设备、更多的系统互联互通、相互融合,如 WMS 系统与 MES 系统无缝对接,才能保障仓储环节与生产环节的打通;另一方面,物流信息系统需要更多地依托互联网、CPS(信息物理系统)、人工智能、大数据等技术,实现网络全透明和实时控制,保证数据的安全性和准确性,使整个智能物流系统正常运转。

4. 智慧物流为智慧供应链管理提供了坚实可靠的数据来源

作为供应链生态中物料、产品供应的实施者,智慧物流可以第一时间获取与企业生产、经营活动密切相关的物料、产品第一手数据,以及企业间交互互动的数据,并在此基础上对物流过程进行监控、追溯和调控。这些数据正是智慧供应链大数据中最关键、最核心的数据,可以为智慧供应链分析、决策提供可靠依据。

四、智慧供应链的体系

参考关于智慧供应链体系的研究,智慧供应链体系包含技术、平台、业务、管理和目标五个层次,如图 11-1 所示。其中,技术作为"工具"服务于平台,平台将数据整合来满足供应链业务及管理的需要,业务顺利开展需要搭建完善的管理机制,在完善的管理机制下实现智慧供应链体系构建的目标。

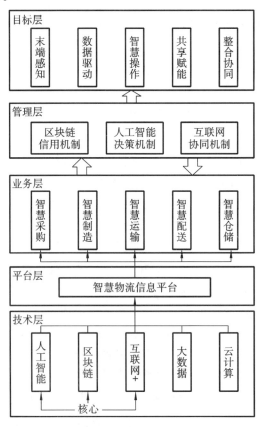

图 11-1 智慧供应链体系

1. 目标层

从传统供应链发展而来的智慧供应链,最终要实现末端感知、数据驱动、智慧操作、共享赋能和整合协同五个目标。具体来讲,末端感知强调在供应链终端"最后一公里"的范围内收集各种不同的数据,对不同末端场景(商场、社区等)的不同细分市场消费群体需求进行分析感知。末端感知是指根据消费者的行为、需求、搜索轨迹等指标数据,分析勾画出不同消费者的真正需求,实现供应链与消费者之间"全触点"交互。数据驱动指的是将数据收集、数据处理与数据分析三个环节有机结合,完成业务数字化到数字业务化的全流程管理。智慧操作指的是综合利用多种先进技术在供应链的各个环节实现自动化运作,通过减少人工操作流程,降低操作失误比率,达到降本增效。整合协同和共享赋能指的是通过互联网、大数据、区块链等高精尖技术实现供应链数字化发展,对供应链的资金流、信息流、物流进行整合协同,通过打通节点间的信息壁垒,实现"三流"的全链条信息透明与共享,通过合理分配供应链的资源和收益,提升整个供应链的竞争优势。

2. 管理层

随着管理环境越来越复杂,传统供应链管理在供应链信用、供应链决策、供应链协同三个方面面临着越来越大的挑战。因此,依托于区块链、人工智能、互联网技术的快速发展,智慧供应链在供应链管理层面主要包括区块链信用机制、人工智能决策机制、互联网协同机制三大内容。区块链信用机制主要依托于区块链技术,解决了供应链节点间的信任问题,使智慧供应链的各节点企业间的交易更加安全可靠,数据信息的可视化、共享性更强。人工智能决策机制依赖于人工智能技术,高效低成本地制定详细、完整的决策方案。互联网协同机制主要依托于互联网技术,将互联网与传统行业和服务进行深度融合,产生"互联网+"新发展格局。"互联网+"发展模式下,可以更好发挥信息数据在供应链优化中的作用,开辟更开阔的供应链服务空间。

3. 业务层

业务层的所有活动发生在供应链的各个环节,主要包括供应链采购、制造、运输、仓储、运输配送。在技术和平台支撑下,供应链的各环节的运作效率大大提升,供应链的各节点以及节点之间协作效率不断提高。企业通过智慧采购环节能够及时确定采购量和采购价格,从而通过智慧制造组织生产和保障产品供应。智慧仓储环节保证了供应商和制造商连续性的生产节奏,提高了对需求供给的把控程度,为分销商、零售商的销售计划打好了基础。当订货单信息到达智慧仓库后,仓库会根据订单要求智慧选取指定货物,通过智慧运输进行路径规划运算,选择最优的运输路线,保证指定货物能够准确准时运输到节点,并能够根据节点企业的需求情况及时进行智能补货。

4. 平台层

智慧物流信息平台可以收集智慧供应链业务活动的信息,加工、处理后的信息被储存到平台,可以为未来的业务活动提供大数据分析支撑。智慧信息主要包括供应链的各节点资源信息、生产流程信息、技术信息、账目信息等。智慧物流信息平台具有对私有信息保密,对公有信息开放,安全、可信的特点。在供应、制造、分销、零售这四个供应链节点中,每个企业通过智慧物流信息平台做出精准的采购计划,分别向上游企业采购所需货物,上游企业再将货物运输到各下游企业,节点企业之间相互连接形成一个网络结构,最终服务于终端客户即消费者。

5. 技术层

智慧供应链技术主要包括人工智能、区块链、互联网＋、大数据、云计算等。智慧供应链依托大数据、云计算技术对供应链运营过程中的数据进行有效整合,通过区块链、互联网＋、人工智能三大核心技术驱动供应链管理,精准预测需求,精确调度供应链资源,降低供应链库存,有效调控生产与供应链链条的需求平衡,包括物流的平衡,达到提高物流效率和供应链服务能力的目的。

第三节　智慧供应链风险管理

供应链风险是指由于各种不确定因素的影响,供应链运行的实际结果偏离预期目标而产生的损失。供应链网络结构具有复杂性的特征,供应链上不同企业的管理水平和装备性能、自然灾害以及社会政治、经济、文化等因素都会给供应链带来不同程度的影响。如新冠肺炎疫情的暴发给全球供应链带来中断的风险,零部件短缺、产能急剧下降,供应链面临巨大的不确定和调整风险。运用智能化技术管理供应链风险,确保供应链的安全和稳定,关系到供应链上企业的生存和发展,以及供应链生态圈的可持续发展。

一、供应链常见风险与分类

供应链风险事件

从不同的视角出发,供应链风险划分也随之不同。

1. 按风险起源划分

按风险起源划分,供应链风险可以分为内生风险和外生风险。内生风险主要是产生于供应链企业内部运营过程中的各种风险以及企业之间合作产生的风险。其中,企业内部运营风险包括企业战略风险和采购、生产、销售、运输、财务等方面的各种风险,企业之间合作产生的风险包括信息传递风险、道德风险、制度风险等。外生风险主要是指由外界环境的不确定导致的风险,包括自然灾害风险、市场风险、社会环境和战争等引起的不稳定等。

2. 按供应链行为主体划分

按供应链行为主体划分,供应链风险可分为供应商风险、制造商风险、分销商风险、零售商风险和物流服务等第三方服务商风险,主要指这些参与供应链服务的机构或组织因内外部各种因素导致其承担的供应链职能难以履行,供应链任务难以落实。

3. 按供应链功能划分

按供应链功能划分,供应链风险可分为需求侧风险和供给侧风险。需求侧风险主要包括市场订单的波动、销售渠道的中断和分销物流的中断等。供给侧风险主要包括库存短缺风险、供应产能的不确定、供应物流的阻碍以及企业经营风险等。

4. 按供应链风险的可控程度划分

按供应链风险的可控程度划分,供应链风险可分为可控风险和不可控风险。可控风险主要包括道德风险、信息风险、物流运作风险、生产与采购的风险以及分销的风险。不可控风险主要有企业无法预期的自然灾害风险、经济周期风险、法律和政策风险、市场需求的不确定性等。

5. 按供应链的业务环节划分

按供应链的业务环节划分,供应链风险可分为物流风险、信息风险、资金流风险等。

二、供应链风险的特征

一般而言,供应链风险具有下列特征。

1. 客观性

自然界出现的流行性病毒、洪涝灾害、地震、风暴等灾害和社会不稳定出现的战争、冲突等都不随人们的主观意志而转移,是一种客观存在的风险。供应链节点企业是独立经济实体,彼此之间利益的冲突和信息不对称都是供应链中必然存在的风险。

2. 相关性

影响供应链风险的因素并非独立的,供应链的分布式特征决定供应链风险之间交叉影响,具有一定的相关性。供应链节点企业之间的风险存在此消彼长的特征,企业内的一种风险减少会导致另一种风险的增加。如在准时制模式下,一方面,生产企业减少库存风险却增加了上游供应商的库存风险。另一方面,生产企业减少库存可以降低库存成本,却带来了供应中断风险。

3. 传递性

供应链从产品开发、原材料采购、生产到流通过程都是由多节点企业共同参与完成,而各节点企业环环相扣,彼此依赖和相互影响,并组织形成交错的混合网络结构。任何一个节点企业出现问题,都有可能波及其他节点企业,影响下一个流程的正常运转。因此,供应链上节点风险会在供应链网络上进行传递,影响整个供应链的正常运行,给整个供应链带来损失。如新冠肺炎疫情暴发后全球汽车零部件供应链受挫,企业复工进度慢,产出水平低,市场需求受到严重抑制。

4. 复杂性

供应链是由多个节点企业组成的功能性网络,企业与企业之间的合作伙伴关系错综复杂,供应链的组织结构决定了供应链风险的复杂性。供应链流程越多,涉及的企业越多,供应链风险就越复杂,如信用风险、文化冲突、合作风险、利润分配风险等,都比单个企业的风险范围大、波及面广、复杂性高。

三、供应链风险管理

供应链风险管理是通过供应链合作伙伴之间的协调或合作来管理的,以确保供应链的营利性和连续性。供应链风险管理是对供应链运营过程的全程管理,包括事前风险识别阶段、事中风险控制阶段、事后风险反馈阶段。其流程如图11-2所示。

1. 风险识别阶段

运用各种方法系统地了解、认识和确定所面临的各种风险以及分析风险事件发生的潜

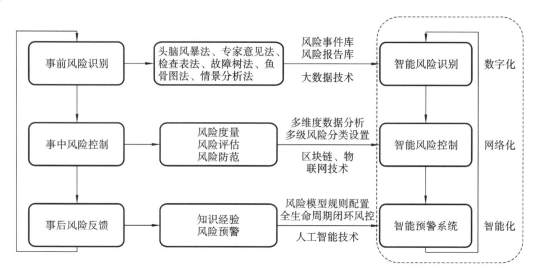

图 11-2 供应链风险管理流程

在原因。通过调查与分析,来识别供应链面临的风险;通过归类,来掌握风险产生的原因和条件,以及风险具有的性质。常用的风险识别方法有头脑风暴法、专家意见法、检查表法、故障树法、鱼骨图法、情景分析法等。

2. 风险控制阶段

通过对风险进行合理度量、评估和决策,提出科学有效的风险控制方案,并在实际过程中实施。风险控制一般包含风险度量、风险评估和风险防范三个主要内容。

(1) 风险度量。风险度量是对风险损失的大小进行衡量的过程,计算公式为风险的等级=风险发生的概率×损失的程度。在智慧供应链中,利用数据挖掘以及多维度数据的交叉验证技术,测量可能发生风险的概率,计算风险实际发生后的损失。

(2) 风险评估。通过总结以往的数据规律,采用定性与定量相结合的方法,建立供应链风险评估模型。首先,通过风险评估指标体系,从数据库中调取相关数据,形成指标信息;然后,运用德尔菲法、层次分析法、网络分析法、专家打分法等多准则方法,建立风险评估模型,对指标信息进行系统仿真分析,并依据风险级别阈值划分风险等级。

(3) 风险防范。根据风险评估的结果,以最低成本、最大限度地降低风险。风险应对措施一般包括风险规避、风险转移和风险分散等。风险规避是指通过变更计划来消除风险或风险发生的条件,减少风险损失。比如通过建立企业信用水平档案,可以规避供应商管理库存(VMI)机制中由信息共享而引起的信息风险。风险转移是指将风险及其损失全部或部分转移给他人。比如供应商可以通过回购契约等方式来分担下游分销商可能发生的市场需求风险,使整个供应链在不增加供应链风险的前提下获得最大利润。风险分散是指通过多样化的投资来达到分散和降低总体风险的目的。比如在新冠肺炎疫情的影响下,尽可能寻求多源供应,降低供应链面临断供的风险。

3. 风险反馈阶段

风险监管与反馈就是将在风险识别、风险分析和风险控制中得到的经验和知识,或有价值的经验教训,集中加以分析并反馈到供应链相关经营活动中,减少或避免类似风险的发生。比如在大数据环境下,银行可以将订单数量、客户消费等非结构化数据与传统数据关联补充,对供应链上节点企业进行画像,形成信用评级知识库,建立智能化的供应链融资风险预警系统,实时获取供应链信息,从而使供应链金融业务的事前风险预判更加准确。

四、智慧供应链风险管理的措施

随着大数据时代的来临,物联网、区块链、人工智能、5G等新兴科技快速发展,推动着企业数字化和智能化生产,并在各行各业中得到广泛渗透和融通,成为驱动供应链数字化和智慧化转型的强大新动能。同时,数字化相关技术的应用有利于企业形成动态能力,增强供应链体系的弹性,为供应链风险管理开辟了新的路径。

1. 基于区块链的供应链风险管理

首先,区块链分布式账本技术可以提高数据的真实性,构建企业之间的信任。分布式账本技术可以及时共享供应链中的交易数据、应收应付数据、电子账单的流转数据;通过加密技术设置响应的权限,创建数据安全机制,保证数据不可篡改、可追溯以及可确权。

其次,区块链可以实现核心企业信用的自由拆分和转移。在多级供应链系统中,一级供应商收到核心企业的应收账单后,可以将账单自主拆分成多张应收账单,流转给二级和多级末端供应商。因此,区块链技术可以使得多级供应链中的中小企业共享核心企业的商业信用。

最后,区块链的智能合约技术可以有效缓解合约中执行难的问题。通过智能合约技术预先设置好程序,在运行过程中根据内外部信息进行识别和判断,当条件达到预先设置的条件时,系统自动执行相应的合约条款,自动完成支付和账务清算。因此,区块链技术可以有效提高业务运转效率,降低人为操作带来的风险。

2. 基于物联网的供应链风险管理

在物联网技术支撑下,生产商可以对原材料、零部件、半成品和产成品进行全程、全方位的数据自动捕捉、识别和定位,对生产流程进行实时监测和跟踪,从而构建自动化、可视化、柔性化的生产系统,提升供应链管理中生产、存储、配送等诸多环节的透明化程度,及时预警并有效降低供应链运营中存在的风险,为智慧供应链管理提供强有力的技术支撑。

3. 基于大数据的供应链风险管理

大数据技术通过信息的收集和分析,掌握供应链行为数据,实现智能风控。

在事前供应链风险管理方面,大数据技术可以接入和整合相关主体的交易历史和信息,全面掌握供应链相关主体的交易行为,提升事前风险预判结果的准确性;在事中风险管理方面,大数据技术可以对供应链上相关主体的交易信息进行实时跟踪,通过多维、动态信息的交叉验证和分析,提升企业事中风险控制的动态性和高效性;在事后风险管理方面,大数据技术可以为事后风险处置提供更好的决策支持,通过对商流、物流、资金流、信息流进行全景诊断分析,提升智能风控决策水平,帮助降低供应链计划和调度中的不确定性。

同步案例 11-1

大连集发南岸国际物流有限公司(简称大连集发)是大连口岸危险货物进出口的后方堆

场,担负整个地区的危险品货物、集装箱物流职能。与普通货物不同,危险品具有较高的仓储、运输和监管风险,必须根据货物特性,采取不同的安全管理措施,确保危险品的安全。大连集发结合危险货物管理法律法规,根据不同种类危险货物的理化性质,有针对性地在库场建设物联网络,数据汇聚到统一平台,通过智能算法进行管控。将传统的安全管理流程,转换为数字化的全程动态管理。根据危险货物特殊性,以危险货物基础性质为底层数据,结合GPS 技术、图像识别技术、互联网技术,完成危险货物全程动态数字化物流平台的搭建。积累危险货物产品、操作、走向、客户、口岸吞吐量等第一手数据,深层次挖掘危险货物大数据,为口岸危险货物操作和本地区安全保障工作提供强有力的数据支持。

大连集发通过图形化大数据分析系统,不仅减少了危险货物的运输途中风险,而且降低了人工协调和操作成本,减少了场地操作的繁杂工艺,实现了对危险货物操作的实时掌控以及全程的物流跟踪,为客户提供一站式的危险品物流服务,有力推动了危险货物堆存行业整体效益向安全可控、降低成本损耗方向发展,为企业核心竞争力的提升发挥了重要的作用。

(案例来源:中国物流与采购网。)

【思考】
1. 供应链风险管理的智能化手段有哪些?
2. 智慧供应链风险管理对企业提升运营绩效有哪些作用?

第四节　智慧供应链协同

随着经济全球化的发展,企业与企业之间的竞争已转变成企业所在供应链之间的竞争。面对市场竞争环境的复杂性和多变性,供应链上的企业单靠自身力量已无法面对所有环节的竞争和对市场竞争进行快速响应,必须和供应链上下游企业形成战略联盟,提高供应链的整体竞争力,从而实现"共赢"。因此,供应链上企业之间建立良好的协同合作关系是实现供应链运营成功的重要保障,直接决定供应链的整体绩效。在数字经济时代,传统供应链已向智能化、智慧化转型升级,运用数字化技术推动供应链协同创新是实现供应链整体价值最大化的重要手段,可进一步促进企业商业模式的创新。

一、供应链协同的概念

哈肯在协同学理论中指出,协同是由复杂的系统内部各个子系统通过协同行为产生超过各要素的单独作用,最终形成系统的整体作用。协同学研究的是系统在外变量驱动和子系统之间相互作用下,以自组织的方式形成空间、时间或功能有序结构的条件、特点及演化规律,是研究系统无序到有序演化规律的新兴综合性学科。

供应链是由众多节点企业构成的网链结构,具有开放性、动态性的特点,企业间只有合作,不断随企业所处的政治、经济等环境的变化进行动态调整,才更有利于自身及供应链的可持续发展。因此,供应链具备协同学中产生作用的基本条件。20 世纪 90 年代初期,随着市场敏捷响应、供应商管理库存、连续补货等机制的发展,供应链协同计划、预测和补货也随之产生,标志着供应链协同概念的产生。然而,学术界对供应链协同的定义还没有形成统一的认识,一些主要的观点如下。①供应链协同是指供应链上某一个成员通过提供激励来试图改变另一个成员的行为,从而使供应链整体利润达到最优;②供应链协同是指两个或多个成员通过共享信息、共同决策以及分享利润的方式一起运营,共同创造竞争优势,获得更大的利润;③供应链协同是以涵盖供应商、分销商、合作伙伴以及客户在内的整个供应链为角度,以全球化和客户需求为导向,依赖信息技术,加强上下游企业之间的信息和资源共享以及业务协作,实现共同的战略目标;④供应链协同是供应链上企业之间的资源整合、组织关系协同与供应链业务流程协作,以便获得更高的收益,或以低成本有效满足客户需求,从而提升供应链整体竞争力,获取竞争优势。

从上述研究观点可以看出,供应链协同是供应链上相关企业为了供应链的整体竞争力和共同利益,对供应链上的物流、信息流和资金流共同协作制订计划、协调和控制,提高供应链的运作效率和效益。

二、供应链协同的影响因素

供应链协同的影响因素众多,可以从不同视角对这些因素进行分类。如图 11-3 所示,基于顾客-供应商(B-S)关系,从组织、环境和技术三个角度对供应链协同的影响因素进行分析。

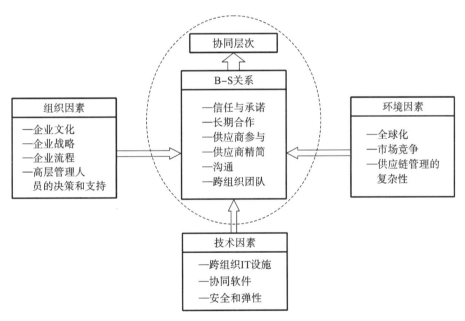

图 11-3 供应链协同影响因素

组织因素是影响供应链协同的企业内部因素。其中,企业文化是建立供应链合作伙伴关系的重要决定性因素,要实现供应链协同首先要改变企业文化;企业战略体现了企业的目标是否与供应链整体目标一致;企业流程主要包括计划、采购、制造和配送四个关键流程,决定供应链协同的实施;高层管理人员的决策和支持影响组织价值观的确立,影响组织效能的发展。

环境因素是影响供应链协同的外部因素。经济的全球化激励企业加强共赢和合作的意识,改变企业的竞争格局;日益激烈的市场竞争要求企业更快适应客户需求,缩短研发时间,形成供应链的竞争优势;供应链节点企业的增加导致供应链网络结构日趋复杂,也对供应链协同提出了更高的要求。

技术因素是供应链协同的催化剂。跨组织 IT 基础设施支持不同组织之间的联系和数据的获取,增强与合作伙伴之间的关系,促进了组织间的信息共享;大数据环境下,达到供应链协同仅仅依赖 ERP 系统的对接已远远不够,急需采取适应于新环境下的协同计划系统;信息技术及网络安全问题是影响供应链网络设计和供应链应急能力的关键,与供应链协同与安全存在内在的联系,能够加强合作伙伴之间的关系和协同。

三、供应链协同管理的层次

供应链协同管理一般分为战略层协同、策略层协同和技术层协同三个层次。其中,战略层协同处于供应链协同的最高层,策略层协同是协同管理的中心,技术层协同是协同管理的底层技术支持。

1. 供应链战略层协同

战略层协同是基于协同管理的思想,对整个供应链的协同进行中长期规划,包括供应链协同机制的设置、关键供应商和客户的选择、资金的投入、供应链的架构等,同时包括利益和风险分配机制、协同管理影响因素等方面的建模分析。供应链战略层协同,要求供应链各节点企业之间流程整合更加紧密,信息共享程度更深,能够共同预测需求信息,柔性化地应对市场环境的变化。

2. 供应链策略层协同

策略层协同是对供应链上下游企业通过各项活动和任务的协调和配合,实现供应链服务最优化、成本最小化等目标,通过优化协同方案,提高供应链协同管理的运行效率。供应链策略层协同包括需求协同、产品设计协同、库存协同、生产协同、采购协同、物流协同等。例如,京东和美的从全局出发考虑供应链整体的效益,通过对零供数据预测、采购订单执行等流程节点进行优化和协同,实现从消费端到产业端价值链各环节的整体优化和重构,使得供应链响应速度更快、预测更准确、供应链更柔性。

3. 供应链技术层协同

技术层协同是通过协同技术支持达到信息协同和同步运作。在协同技术的支持下,企业之间通过约定、谈判、协议等协调方式来降低供应链的总成本,增强信息共享的程度,改善企业之间的沟通效率,保持战略伙伴相互之间操作的一致性和建立供应链协同机制和协调渠道,进而达到同时改善和优化供应链整体绩效和成员企业个体绩效的目标。供应链协同技术与方法为供应链协同提供有力支持,是供应链协同管理能顺利实施的关键。例如,区块链技术的不可篡改特点,有助于供应链企业之间搭建共生、共享、共赢的生态网络,从而提高供应链的运营效率,降低操作成本。

四、智慧供应链协同管理

在数字经济时代背景下,供应链已快速进入智能化、数字化、自动化和网络化的智慧供应链时代。智慧供应链的协同管理模式将企业计划、采购、生产、分销、物流等服务紧密联系在一起,实现信息的实时共享和管理流程的可视化,使企业内部产销一体化,供应链上的物流、信息流、资金流形成一体化运作,全面赋予企业快速响应并处理客户订单的能力,从而不断提升上下游企业供应链的协同管理水平,降低供应链风险管控成本,提升供应链运作效率。

譬如,在计划管理阶段,智慧供应链协同系统通过可视化技术,将传统供应链管理过程中产生的大量数据转移到线上系统,实现所有操作数据可视化、可跟踪、可溯源。通过云计算和大数据技术,高效快速地实现数据的捕获和建模分析,实现对供应链中订单、库存和物流等信息进行准确有效的预测,不仅减少供应链整个运营环节的不确定性,也降低人工操作带来的误差风险,从而有效支撑企业制定科学的生产计划和销售管理决策,缩短供应链各环节的决策时间,有效提升供应链的透明度和可控度,降低供应链中断的风险,确保供应链体系持续安全和健康发展,有效达到企业降本增效的目的。

同步案例 11-2

随着物流供应链信息技术的迅速发展和竞争环境的日益严峻,要大幅度降低企业的物流成本,增强企业的竞争力,就必须在信息资源上实现共享化、信息网络上实现一体化、供应链流程管理上实现协同化。长沙争渡网络科技有限公司成立于 2017 年 3 月,致力于智慧物流生态系统的运营,自主研发了基于北斗卫星定位的争渡物流供应链协同管理 SaaS 系统,为采购商及其供应商、物流商搭建起多用户一体化的业务协同平台。争渡线上以平台为基础,建立物流资源数据库、业务流向数据库、车辆信息数据库、交易数据库,通过大数据、云计算等创新技术,实现资源合理配置;线下以传统物流公司为运输主体,共同搭建物流流通网络,充分发挥"互联网+高效物流"的整体规模优势,开展"互联网+"物流业务,实现线上线下深度融合,把众多的物流需求方、物流公司、货运车辆等实际运作方更好地连接起来,更好地实现了共享、协同和增值,从而极大地提升了资源效率、降低了交易成本和管理成本。据不完全统计,协同物流信息系统的应用,使得物流后台服务人员减少了 60% 的工作量,效率提升了两倍,同时一些标准化设施设备的应用,尤其是周转箱和托盘的应用,帮助物流装卸效率至少提升了两倍,帮助产业链条上的企业实现高效的协同物流,有效整合上下游资源,解决了物流行业协同管理效率低、信息不对称、综合成本高的问题,推动传统物流行业转型升级。

(案例来源:中国物流与采购网。)

【思考】
1. 智慧供应链如何实现线上线下协同管理?
2. 智慧供应链协同管理为供应链上节点企业带来了哪些效益?

第五节 智慧供应链服务平台

智慧供应链服务平台通过人工智能、物联网、大数据和区块链等技术为客户提供端到端的供应链可视性、实时发现、深度洞察和行动建议,不断发展客户的供应链服务,获取实时洞察和迅捷响应,从而让供应链具有安全永续性,帮助改善客户体验并降低运营成本。

一、智慧供应链服务平台的建设意义

(1) 有利于与供应链上下游企业的需求计划保持一致。以汽车零部件供应链为例,汽车零部件厂的生产通常要按整车厂的生产计划安排,在制定生产计划的同时还要考虑整车厂的配件需求和市场需求。由于市场需求的变化难以预测,而且整车厂一般又要求零部件厂采用准时供货制,因此零部件厂可以合理地使用供应链服务平台以及时获取整车厂的需求信息、原材料供应信息,这样就可以确定整个采购、物流配送计划,实现在线采购,降低采购成本。

(2) 有利于强化成本控制。成本控制是构成供应链企业核心竞争力的重要元素之一。以汽车零部件厂为例,一方面,整车厂不断压低采购成本,另一方面,自身物流成本增加,因此降低成本对零部件厂来说尤为重要。通过汽车零部件供应链服务平台可以减少物流信息的传递层次,提高物流信息的利用率,以最短的流程、最快的速度和最少的费用完成物流需求,从而有效地降低物流成本。

(3) 有利于保证质量稳定。消费者对于产品的安全性能要求越来越高,供应链企业若要保持竞争优势就须不断提高产品质量,并在各个供应链环节严格控制质量,在采购、生产、销售等物流活动环节健全质量控制体系。通过智慧供应链服务平台,利用物流信息技术手段,企业可以严格把握物流的各个环节,对产品质量进行全程跟踪,保证质量稳定。

(4) 有利于加强企业合作。供应链企业可以逐渐借助平台使自己的信息系统在技术和功能上向外延伸,可以重新构造上下游企业之间的互动关系,形成战略合作关系,加强彼此之间的合作,形成并优化供应链。

(5) 有利于加强企业资金周转。以中小企业为突破口,将金融服务融入供应商网络以及分销商网络,从原料到产品生产、销售,为整个供应链提供各种金融服务和金融支持,帮助中小企业走出由于无法获取金融机构资金支持而失去发展机遇的困境。

(6) 有利于交易透明化。供需双方从交易的洽谈、签约以及货款的支付、交货通知等整个交易过程都在供应链服务平台上进行,并对货物的运输提供实时物流跟踪,供应链服务平台保证了各种信息之间互相核对,确保了交易透明。

二、智慧供应链服务平台的建设原则

(1) 政府引导,企业主导。发挥政府职能作用,加强政府部门间的沟通协作,加强供应链政策法规、标准体系建设,引导社会资源合理配置。充分发挥企业市场主体作用,激发企业参与供应链创新与应用的主动性和创造性,推动供应链技术创新、模式创新和业态创新,夯实基础设施建设,营造良好环境。

(2) 整体筹划,重点突破。以具体产业供应链发展内在需求为出发点,强化顶层设计,突出供应链技术创新、结构优化和供应链流程再造,分析具体产业供应链细分市场需求,综合考虑我国产业基础、产业特色、产业竞争力等条件,主管部门制定出具体产业领域供应链体系实施方案,完善政策措施,组织开展试点示范。

(3) 整合资源,协同发展。借助互联网、大数据、云计算、物联网、区块链等新技术,构建为全产业服务的第三方供应链协同服务平台,整合各类供应链资源要素,应用新技术、新模式、新业态,引领制造业供应链创新与应用,实现产品和服务全链条的高效协同管理,实现全产业链、全流程、全价值链的智能化变革,建立具体产业供应链上下游合作共赢的协同发展模式,降低产业供应链运行成本,提高运行质量和效率,提升行业整体竞争力。

三、智慧供应链服务平台案例

本节以九州通医药集团有限公司(简称九州通)为例(案例来源:中国物流与采购网),介绍智慧供应链服务平台的构建。

九州通是一家全链医药供应链服务型企业。该企业立足于医药流通、物流服务及医疗健康等大健康行业,主营业务包括医药分销与供应链服务、总代总销与工业自产、数字零售、数字物流与供应链解决方案、医疗健康与技术增值服务五大方面。九州通的业务特征如图11-4 所示。

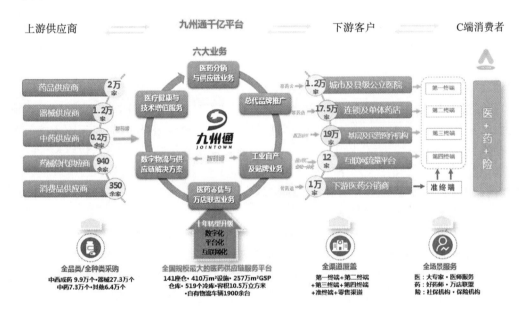

图 11-4 九州通医药供应链服务平台

九州通上游供应商主要是药械生产企业和代理商,下游客户主要包括各级医院、基层医疗机构、连锁及单体药店、互联网电商平台、互联网医疗平台和下游医药分销商等。九州通处于医药产业链的流通中间环节,聚合了众多上游供应商、下游客户与品种资源,具备天然的平台优势,通过与上游供应商及下游客户信息系统的链接,为上游供应商提供全渠道数字化分销服务,为下游客户提供高效的全品类"一站式"数字化供应链服务。

2018 年,九州通构建九州云仓智慧物流供应链平台(简称九州云仓),利用物流供应链生态平台快速联合内外资源,形成物流供应链平台型能力,实现从生产、存储与流通到交付客户的物流供应链完整过程透明可视,从订单状态、作业状态到质量状态实时跟踪追溯,时间与空间过程全景回溯。应用大数据与人工智能技术,全面参与调度决策、运营管理数字化、运作过程协同化。目前,九州云仓日均流量 90 万余单,为 10 万多家上游供应商、下游客户提供智能化、平台化、集约化的物流供应链服务,已成为国内最大的专业医药物流供应链服务平台。

九州云仓的设计导向是数据驱动、开放融合、动态组织、一体协同以及全景监管。其建设思路如下。

(1) 全景数字智慧物流供应链模型。

九州通物流全景数字智慧物流供应链理论模型由角色、产品、监管、绩效的组织体系,装备、软件、网络、平台的资源体系,计划、调度、执行、交付的价值体系三大体系所构成。

模型着力于信息互联互通、资源并网集成、运作协同联合、过程链式监控、业财管控一体、主动风险防范、标准服务评价、数据驱动决策、生产能效提升九大核心内容。

(2) 全国资源并网,信息互联互通。

九州云仓基于互联网、物联网与大数据的技术架构,研发实施全国物流主数据系统,集中物流资源数据、业务状态数据、运作过程数据、物联数据构建物流数据中台,研发全国物流管理平台(JLP)、全国物流业务管理平台(BMP)、全国运配管理平台(TMP)、仓储管理平台(WMP)四大子平台,构建物流服务中台;从资料导入、业务接入、调度组织、任务执行到客户交付等全链实现运作产品覆盖;从资源、产品、合同、核算、客服、绩效、监管预警到分析决策全线实现管理产品覆盖。

(3) 网络化平台化经营,数字化、垂直化管控。

平台的委托方、物流合伙人构成经营网络,平台的自有物流中心节点、运营网点构成仓储网络,平台的自有车辆与承运商构成运力网络。将三大网络融合布局,以运力干线与枢纽省级物流中心组建一级网络,以支线运力与地市级物流中心组建二级网络,以终端配送运力与前置仓或配送站组建三级网络。平台级运营商进行一级协同调度,枢纽级运营商进行二级协同调度,形成二级调度、三级管控的网络体系。

(4) 运营智慧调度,运作深度协同。

调度指挥中心系统应用于各物流调度中心,实时监控计划情况、仓储任务、运输任务执行情况,车辆实时运营情况;实时监控车辆运营状态、车辆运行轨迹、到达配送点时效、配送任务执行进度;实时监控物流中心的流量、资源、作业效率情况。利用这些数据进行计划的调度决策,组织物流任务执行作业。

(5) 智能装备集成,提质降本增效。

智能装备在仓储作业的入库、存储、输送/搬运、分拣、扫码/复核、集货/配送作业环节全面集成使用。核心枢纽物流中心集成自动化立体仓库系统(AS/RS)、智能箱式穿梭车系统、自动输送分拣系统、智能拣选小车系统;运用了智能箱式穿梭车、拆零拣选小车、悬挂导轨牵引车、螺旋输送机;自动拆(合)盘输送机、自动码(拆)垛设备、自动条码复核设备、滑块分拣机、动态称重及外形检测设备、自动贴标机等多种物流装备也全面使用。

(6) 全程链式追踪,精益质量管控。

医药的质量监管是物流供应链运营的生命线,医药的质量全程监管涉及生产、流通环节。利用企业智能物流信息平台实现全景信息透明化运营、多维数据监控、空间追溯及责任追究,为供应链各角色主体提供全链追溯数据。

在订单生命周期维度,从接收订单计划,到计划审核、调度运算、仓储作业、运输作业,再到签收回单,均有实时数据记录。在客户服务维度,从问题管理、处理分配,到问题处理回执、客户回执全程记录。在物联监控与追溯维度,利用药品监管码、追溯码、生产企业自定义识别码等唯一识别标识,在流通过程中通过条码或 OCR 识别技术采集并进行信息加工。

本章小结

大数据技术环境下,传统物流与供应链服务已向智能化、网络化、数字化转型升级,为更加深入了解智慧物流与供应链服务体系,本章系统介绍了智慧供应链的深刻内涵,阐述了智慧供应链的产生背景、特点及核心要素,分析大数据、区块链、物联网等智能化技术对供应链风险管理和供应链协同管理中所起的作用和发挥的价值,并通过案例展示智慧供应链在物流产业创新中的实践应用。

京东智慧供应链

练习与思考

1. 什么是智慧供应链?智慧供应链具有什么特点?
2. 智慧供应链的产生背景是什么?
3. 论述智能技术在供应链风险管控过程中所起的作用。
4. 阐述在实际应用中如何构建智慧供应链的实施体系。

第十二章 智慧码头

了解智慧码头的历史背景;了解智慧码头未来发展趋势;理解智慧码头概念与特征;掌握智慧码头功能与结构。

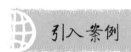

上海港码头作业的前世今生

"过山跳,颤悠悠,前脚斜,后脚扭,一脚踏空命便休""装卸基本全靠人力""劳动工具除了跳板、箩筐和少量人力板车、手推车外,就是杠棒、绳子和搭肩布""码头工人扛着二三百斤重的货包奔走于码头与仓库间""两个工人抬着 200 多斤的煤箩在'过山跳'上奔走,一步一颤抖,稍有不慎,就会跌下跳板,不死即伤"……这些语句记录着旧中国上海港码头工人的作业情景。(资料来源:《上海港志》,2016 年,搜狐网。)

"集装箱两分钟装卸完毕""自主导航与避障的 AGV""远程操控桥吊""仅需 9 人即可完成全部码头作业""尽管岸线最短、占地最少、人手最少,但是吞吐量却是洋山港前三期码头总数的一倍"……这些语句不是在描述未来,而是记录着当下世界上自动化程度最高的码头——中国上海洋山港四期码头的作业场景。

曾经的上海港码头

如今的上海洋山自动化码头

(资料来源:集装箱码头自动化推进与技术交流会,2020 年 10 月,中国广州。)

第一节 智慧码头概述

码头作为港口的重要组成部分,包含泊位、岸桥、堆场、场桥以及水平运输车辆等设施设

第十二章

智慧码头

备,是一种涉及要素多、要素间多耦合的高度复杂物流系统,发挥着关键运输节点的作用。随着信息化技术的发展,传统人工作业为主的码头逐渐向自动化码头转变,未来还要迈向智慧化。在有限的土地与设备资源基础上,对码头智慧化水平的升级改造可以极大提高其吞吐量与作业效率水平。

智慧化码头是第四次工业革命或工业 4.0 理念在港口行业的体现,也是互联网、物联网、云计算、边缘计算、区块链以及相关人工智能或大数据分析算法等技术在码头的集成应用。

一、码头物流系统

港口一般指位于海、江、河、湖或水库沿岸并具有水陆联运设备与条件以供船舶安全进出和停泊的区域或国际性核心物流枢纽。港口包含陆地与水上两大组成部分,陆地部分主要包含码头作业区、趸船、货物或人员的集散区及油水补给附属设施,水上部分则主要由码头泊位区、进港航道、抛锚区、分道通航带等水域组成。一个大型港口,如中国青岛港、荷兰鹿特丹港、日本横滨港等,通常包含数个或数十个码头。由此可知,码头是港口的一部分,而且是港口的核心资源。

码头具有突出的节点特征,是货运中心、配送中心、物流信息中心与商品交易中心,主要由码头前沿和堆场构成,可以提供货物装卸、临时堆存以及接送货等基本物流功能。

码头前沿包含了大量的装卸与运输设备。装卸设备主要指的是岸桥[见图 12-1(a)],即岸边起重机,用于对船舶的货物进行装卸作业。运输设备则指卡车、AGV、IGV(intelligent guided vehicle)、传送带等。

堆场起着临时存储货物的作用,由场桥对货物进行装卸。场桥主要指堆场轮胎式龙门起重机或轨道式龙门起重机[见图 12-1(b)]。仅承担码头作业区运输任务的卡车称为内集卡,相应地,承担着码头作业区与外界衔接运输任务的卡车称为外集卡。外集卡从港口陆侧腹地运输等待被装船的货物至码头,也从码头运输从船上卸载下来的货物至陆侧腹地。堆场的场桥同时为内集卡和外集卡提供装卸服务。

(a)岸桥

(b)场桥

图 12-1 码头起重机

港口物流系统是典型的复杂物流系统,由核心系统——TOS(terminal operation system),以及码头前沿作业系统、水平运输车辆运转系统、堆场系统、管理与调度系统等子系统构成。TOS 是码头的大脑,负责接收货物进出港信息,进行堆场管理、装卸调度、车辆调度、泊位管理等,所安排的任务由各子系统分别执行。

二、智慧码头概念与内涵

智慧码头是在自动化码头的基础上,运用先进的信息化技术,如物联网、云计算、边缘计算、5G、人工智能相关算法等,使得码头各要素具备全面感知、广泛互联以及智能决策能力。码头系统能够根据目标需求较优地配置资源;码头要素间能够高效地协同作业;信息在供应链层面能够有效共享。在此过程中,人力将大大减少,人机协作或共融将普遍存在。智慧码头的最终目的是构建一种高效率、高安全、宜人化、柔性化、敏捷化、低碳化、智能化的新型码头。

智慧码头的"智慧"可以体现为全面感知、智能决策、智慧运营、不断创新、可持续发展 5 个方面,其对应内涵具体如下。

1. 全面感知

全面感知是实现码头基础设施与装备的信息化、数字化、网络化的必要途径。这需要在码头岸桥、场桥、水平运输车辆、货物与工人等设备与人员身上部署大量的传感器,以保证数据的实时采集;需要搭建 5G 或光纤网络等通信设施,以保证信息的高效传输。全面感知也是构建码头云平台和实现码头作业全流程透彻感知的前提,用大数据支撑码头的智能决策。

2. 智能决策

自主决策是智慧码头智慧性的核心表现。在码头相关信息能够被充分感知的基础上,通过明确决策目标与响应约束条件,智能决策能够实现对码头复杂作业计划、生产调度以及应急事件等的自动与高效决策。码头的设施设备在不需要人工操作的前提下,能够自主识别确定作业对象,安全、高效、自动地完成作业任务。

3. 智慧运营

人工智能相关技术与码头业务功能相融合的智慧化运营是智慧码头的重要表现。智慧码头在对码头设施设备全面感知与互联互通的基础上,通过物联网等技术,一方面能够实时管理码头人员与设备;另一方面,借助大数据分析、智能优化、机器学习、深度学习等人工智能算法,结合云计算技术,能够实现对码头作业资源的优化配置和智能决策。上述过程使得码头在自动化作业基础上,达到智慧化运营的状态。此外,在供应链层面,码头智慧运营还可表现为有效集成政府相关部门、口岸监管部门以及港航企业等信息资源,为客户提供信息搜索引擎、电子商务、在线物流规划、口岸监管等智慧化服务。

4. 不断创新

智慧码头发展的驱动力是不断创新。智慧码头是码头发展的高级阶段,集成了大量先进技术、模式与管理理念。一方面,智慧码头本身应具备较高的创新性,相较传统自动化码头或其他传统行业有明显的先进性;另一方面,智慧码头也应是创新技术、模式与管理理念的实验基地,只有不断尝试新的方法,以创新为码头发展目标,才能够永远保持先进性。

5. 可持续发展

智慧码头应以可持续发展为导向。智慧码头的建设不仅要追求高效率,还要在经济效益与环境效益中寻求均衡。在智慧码头的建设过程中,应考虑低碳环保等指标,选择污染小、能耗低的设施设备。此外,借助智能优化技术,智慧码头可以实现对码头设施设备的绿色、节能调度,降低碳排放水平。

三、智慧码头发展背景

2008年11月,IBM在美国纽约发布《智慧地球:下一代领导人议程》的主题报告中首次提出了智慧地球的概念,随后又进一步提出智慧城市的概念。智慧交通是智慧城市的重要组成部分,智慧码头又是智慧交通的重要节点。

2012年,我国交通运输部发布了《关于加快"十二五"期水运结构调整的指导意见》,提出了"兴内河、优港口、强海运"的总体发展思路,优化发展成为港口发展的主题。2014年,全国交通运输工作会议确定了加快推进综合交通、智慧交通、绿色交通、平安交通"四个交通"的发展,其中大力发展智慧码头是"四个交通"建设的重要内容。2014年5月,交通运输部出台《关于推进港口转型升级的指导意见》,明确提出"三化"(现代化、枢纽化、集约化)、"三型"(绿色型、平安型、智慧型)发展方向。2017年初,交通运输部发布《关于开展智慧港口示范工程的通知》,提出以港口智慧物流、危险货物安全管理等方面为重点,选取一批港口开展智慧码头示范工程建设,着力创新以港口为枢纽的物流服务模式、安全监测监管方式,以加快港口信息化、智能化进程,促进港口码头提质增效升级。2019年1月,习近平主席在天津港调研考察时指出,要努力打造世界一流的智慧港口、绿色港口。2020年8月,交通运输部印发《推动交通运输领域新型基础设施建设的指导意见》,明确了智慧港口建设的任务是引导自动化集装箱码头、堆场库场改造,推动港口建设养护运行全过程、全周期数字化,加快港站智能调度、设备远程操控、智能安防预警和港区自动驾驶等综合应用。

为顺应时代发展,我国上海洋山港、厦门港、青岛港、天津港、广州港、日照港、宁波港等港口以智慧码头建设为导向,先采用先进技术建设自动化码头,在此基础上再重点打造智慧码头,目前已取得了阶段性成就。例如上海洋山港四期码头已为世界上第一大自动化码头,目前正朝智慧化迈进;青岛港已建成自动化码头,重点搭建可视化的"口岸智慧监管平台";天津港在"十四五"规划中提出,要开发拥有自主知识产权的智能调度、智慧交通、智慧能源、智慧安防等为核心的智能码头操作系统;广州港的"互联网+港口物流智能服务示范工程"也被交通运输部于2017年列入智慧港口示范工程名单;正在建设的日照港三期集装箱码头将全面采用"自动化轨道吊+无人集卡+单小车远程控制岸桥"的智慧化控制方案;宁波梅山岛集装箱码头在未来发展过程中也将在已有码头操作系统基础上,进一步集成智能堆场分配、智能配载、智能调度、智能船控等功能。

由此可知,我国港口正在经历新一轮科技创新和产业变革,智慧码头已成为现代化港口重要的发展方向和标志。要建设智慧码头,离不开科技创新的赋能,尤其是关键核心技术自主可控才是改变中国港口大而不强的重要保障,才能让中国智慧码头迈向标准制定者和行业引领者。

世界范围内,荷兰鹿特丹港、德国汉堡港、新加坡港等世界级枢纽大港纷纷积极投入智慧码头建设。如荷兰鹿特丹港提出了"smart port"的建设战略,德国汉堡港和新加坡港也都提出了建设智慧码头的战略。其中,荷兰鹿特丹港更加注重集疏运体系构建以及港口持续创新能力的建设；德国汉堡港则强调智慧物流、港口网络服务平台搭建以及港城融合发展；而新加坡港则偏向于港航互联互通方面的建设。

第二节 智慧码头关键技术

一、智慧码头技术架构

图12-2显示了智慧码头技术架构。智慧码头关键技术主要包括物联网、移动网络、云计算与边缘计算、人工智能算法和区块链等。

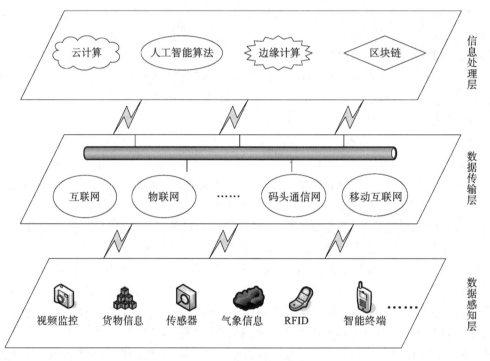

图12-2 智慧码头技术架构

依靠物联网技术，码头终端设备或人员的作业状态能够实时被感知。物联网传感器所收集到的数据通过边缘计算预处理后，上传至云平台中。人工智能算法配合云计算强大的算力能够及时将数据转化成信息并给出分析决策。其做出的决策又能够通过网络，经边缘计算进一步优化后，传达给各个终端设备或人员并发出作业指令。码头货物、作业状态等相关信息经过区块链技术处理后，可以在如船公司或陆侧物流与货运公司之间共享，实现码头供应链上下游信息高保真传递。

二、智慧码头关键技术介绍

1. 物联网技术实现码头感知

智慧码头最基本的特征之一就是全面感知能力，而实现全面感知的基础就是物联网技术。码头的物联网是指通过射频识别（RFID）、红外传感器、全球定位系统、激光扫描器、摄像头等传感设备，将码头的任何设施设备以及人员连接起来，进行信息交换与通信，以实现智能化识别、定位、跟踪、监控和管理的一种网络。

在码头作业中，由于各个环节紧密联系，相互配合，加之码头作业货物种类繁多、作业量大，迅速、准确地识别各个环节作业对象和作业状况显得十分重要。通过物联网技术感知和采集的货物数据、作业数据、设备数据、环境数据，经过边缘计算预处理后所形成的信息将是后期智慧决策的基础。因此，物联网技术是在建设智慧码头过程中，采集码头数据，实现码头数字化、信息化、智慧化的必要手段和重要前提。

物联网在码头的应用

日本名古屋的 TCB 集装箱码头的道口采用扫描仪或数码相机可以采集集装箱卡车车牌与集装箱的图片数据，该数据经光学字符识别技术（OCR）处理后，可以转换为卡车车号或集装箱箱号，为后续的跟踪、监控等工作打下基础。

中国日照港在码头出口处安装 RFID 设备，在获取无人集装箱卡车通关等数据的同时，减少停留，确保无人集装箱卡车无停留顺畅通行。

中国上海港通过在码头大型装卸设备上预装传感器，可以实时收集设备电机、主减速箱、同步齿箱、齿条等部件的振动情况，以方便对设备运行状况进行监控以及保养与维护，所收集的数据也有利于预测设备健康状况。

2. 移动网络实现码头互联

移动网络是一种包含智能移动终端，通过移动无线通信的方式，传输数据并获取相关业务或服务的业态。码头拥有大量的包括 AGV、卡车、码头工人、堆场与堆场移动起重机等在内的移动装备与人员，而以光纤为首的固定式数据传输方法无法适应移动装备与人员空间位置时常变化的特点，因此只能采用移动网络技术。利用移动互联网，可以将传感器采集的数据实时传输至目的地，也可以通过智能手机等终端发送指令及其他信息，还可以令相关设备或人员及时接收相关信息并做出即时响应。由此可知，移动网络是实现码头设施设备以及人员之间相互连接的关键技术。

第五代移动通信技术，简称 5G，具有高速率、低延迟和大连接等特点，是构建码头移动网络的重要基础技术。其峰值速率达到 10～20 吉比特/秒，可以满足码头高清视频监控、虚拟现实传输、数字孪生平台等需求；空中接口延迟低至 1 毫秒，能够满足码头无人驾驶卡车、远程控制装卸起重机等需求；具备每平方千米百万连接的设备连接能力，有利于实现码头物联网通信连接；支持最快 500 千米/小时的高速移动通信，适应码头大规模移动装备与人员的特性需求。因此，5G 技术被国内外许多码头所青睐，用以作为建设智慧码头的首选移动通信技术。

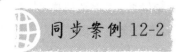

移动网络在码头的应用

在"十三五"期间,中国天津港已建成 129 个 5G 基站,已实现借助 5G 网络远程操控轮胎式起重机能力。"十四五"期间,天津港还计划在港区新增 500 个 5G 基站,进一步提升 5G 网络在码头的覆盖面积和传输能力。

截至 2020 年,宁波梅山岛国际集装箱码头的 5G 网络已全面覆盖 6、7 号堆场和相关龙门吊设备,可与无线网络混合使用,共同应用于生产作业中。

深圳妈湾智慧港借助 5G 网络实现无人机与机器人的智能巡检以及拖车无人驾驶。广州港将 5G 与北斗以及高精度地图融合,实现了无人驾驶车辆的高精度实时定位。

3. 云计算与边缘计算助力码头大数据分析

云计算是一种基于网络的设施,能够提供强大的存储与计算能力。在与大数据分析等人工智能相关技术的配合下,云计算可以及时对物联网收集到的海量码头数据有效处理和存储。边缘计算则借助短距离网络或不借助网络,在数据产生的源头或源头附近位置对数据就地处理与存储。一般而言,边缘计算的算力和存储能力不如云计算,但是实时性与响应性更强。通过云计算和边缘计算之间的相互配合,或称云边协同,能够更有效与快捷地处理码头产生的大数据并生成相关信息。

云计算与边缘计算具备通用性、虚拟性、可靠性、拓展性和资源共享等特点。除了服务于码头内部,利用云计算、边缘计算与移动互联网的融合,还可以将码头作业系统与政府监管系统、物流园区仓储系统等集成至云平台上,实现信息间互联互通与业务协同。

云计算与边缘计算在码头的应用

青岛港自动化码头建设有智能决策分析云平台,其中云计算负责为管理、生产指挥、设备管理等决策的智能化提供算力支持。

广州港自动化集装箱码头在岸桥前端安装有上百台高清摄像机。借助 5G 网络,高清摄像机拍摄到的视频流经边缘计算节点处理后,能够实时向云端传递,从而实现对岸桥作业的远程实时在线监控。

4. 人工智能算法实现码头智慧决策

人工智能算法在码头应用广泛,涉及不确定性预测、故障识别与预测、视觉识别、智能泊位分配、智能设备调度、堆场空间分配等方面。以泊位分配为例,在建立好混合整数规划数学模型的基础上,根据问题的规模与优化目标采用广义优化算法或进化优化算法等可以生成最优方案或接近最优的方案,使得船舶在港时间最小,提高码头周转率。例如,采用蚁群算法等可以为码头多辆 AGV 规划无冲突最短路径,缩短运输时间。

5. 区块链技术实现码头信息高效共享与追溯

区块链技术是利用块链式数据结构来验证与存储数据,通过分布式节点共识算法来生成和更新数据,凭借密码学的方法保证数据传输和访问的安全性,采用由自动化脚本代码组成的智能合约来编程和操作数据的一种新的分布式基础架构与计算范式。区块链技术具备去中心化、不可篡改、可追溯、隐私保护等特点。区块链技术不仅可以保证智慧码头分布式的账本记录,还可以在码头上下游供应链上,实现信息的共享与可追溯性。例如,货主可以随时随地地通过智能手机查询货物信息,掌握货物当前的状况,何时可以通过、装船或卸船等。

作为供应链的重要环节,上海港致力于打造"区块链港航生态圈",实现链上关键节点数据共享,为供应链上下游的协作提供数据支撑,从而使供应链的运转变得更加高效,提升数字金融服务水平,推动智慧码头的建设。

第三节 上海洋山港四期智慧码头 ITOS 架构与功能

智慧码头归根结底是要提供智慧化的功能服务,而 TOS 功能的智慧化十分关键。TOS 的中文全称为码头操作系统,相当于码头的大脑,在码头的各种系统与软件中处于核心地位。码头所能提供的功能服务都可集成在 TOS 中,TOS 主要作用是计划和指派任务、管理与调度作业资源、监控作业状态以及向各设备管理系统发送指令并接收反馈信息等,可以极大提高生产效率,减少人力。

市场上相关的 TOS 有很多,国外的 TOS 发展多年,依靠早年积累的技术与客户背景,已经是十分成熟的产品,可以适应大型码头的运营管理需求,例如招商局旗下深圳蛇口集装箱码头采用的是美国的 Navis 系统,赤湾集装箱码头使用的是比利时的 COMOS 系统等。但是国外 TOS 也有突出的缺点,即价格昂贵且维护周期长。此外,国外系统与国内实际码头生产作业场景有一定差异。为避免核心技术受制于人以及响应国家建设"创新强国"的号召,我国港口也在加紧研发拥有自主知识产权的码头智慧 TOS。上海港的 ITOS 就是在此背景下应运而生的。

本节以上海洋山港四期集装箱码头(简称洋四码头)的 ITOS 为例,介绍其结构与功能,并选取部分典型或特色功能具体描述。

一、洋四智慧码头介绍

洋四码头全称为上海洋山港四期集装箱码头,属于上海港的一部分。上海港是长江三角洲地区的一个河口港,兼作海港。作为世界十大港口之一,上海港的吞吐量长期高居全球海港吞吐量榜首,是国际、国内重要的物流枢纽。

上海港的传统港区沿黄浦江分布。由于附近的洋山海域潮流强劲,泥沙不易落淤,海域海床近百年来基本稳定,且有大、小洋山岛形成天然屏障,它具备建设 15 米水深港区和航道的良好自然地理条件。因此上海港选择洋山海域建设新的深水港区(见图 12-3)。

图 12-3　洋山港在上海的位置

洋山港区一期与二期都是天然的深水码头，三期陆地面积达 200 多万平方米，水深 17 米以上。四期全自动化码头于 2014 年 12 月全面开工，在 2017 年 12 月 10 日正式开港，是全球规模最大的自动化集装箱码头。码头装卸、运输等作业均采用上海港自主研发的智慧系统。

2020 年 7 月 8 日，洋四码头单昼夜吞吐量达到 16012.5 标准箱，单桥吊昼夜平均产量达到 1000.8 标准箱，达到了当时上海港的最高水平。2020 年 8 月 25 日，夜班外集卡服务达 4324 车次，8 月 26 日单昼夜外集卡服务达 7310 车次。2020 年 9 月，洋四码头在 16 台桥吊、44 个箱区与 88 个轨道吊、88 台 AGV 的规模下，创造了月度吞吐量 40.99 万标准箱的作业记录。在作业效率方面，单船最高效率达到每小时 44.01 标准箱，其中重点路效率达到每小时 54.19 标准箱。

自开港以来，洋四码头的吞吐量呈线性增长趋势，由 2017 年的 2 万标准箱增加到 2021 年的 500 万标准箱，预计 2022 年将达到 630 万标准箱的规模（见图 12-4）。与此同时，设备规模也逐年增大，在洋四码头开港之处，全码头只有 10 台桥吊、20 个箱区（40 台轨道吊）、50 台 AGV 投产，而到 2021 年底，码头达到了 26 台桥吊、60 个箱区（119 台轨道吊）、135 台 AGV 的规模，实现了设计目标。

因此无论是从设备规模、港口吞吐量，还是从作业效率角度而言，洋四码头都是当之无愧的全球一流自动化港口。除此之外，智慧化也是洋四码头的特色与未来重点发展趋势。

二、ITOS 架构

ITOS(intelligent terminal operation system) 全称为智慧码头管控系统，是 TOS 的一种，由上海港在充分吸收国内外先进经验的基础之上自主研发而成，主要用于管理和控制码头各个作业环节。

ITOS 衔接着码头各设施、设备与人员，为其提供智能的生产作业计划与调度、作业状态

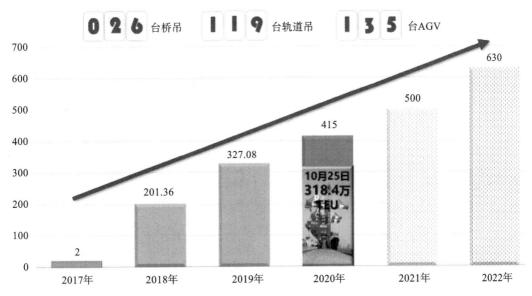

图 12-4 洋山港四期码头吞吐量趋势（万标准箱）

监控与运维、远程操控、资源管理与辅助作业等。ITOS 架构具备一定的柔性、可拓展性、开放性并拥有全码头数字孪生平台。

自 2018 年上线以来，洋四码头的 ITOS 运行平稳，并不断地迭代升级。例如，在设备控制方面，ITOS 新开发了全球首创的堆场轨道式起重机双箱吊装卸、双吊具装卸以及边装边卸功能；在生产管控方面，ITOS 在原有基础上新上线了智能监控功能等；在设备调度方面，ITOS 新增了岸桥作业智能排产功能、AGV 预调度功能，并优化了堆场轨道式起重机调度功能等。

如图 12-5 所示，码头 ITOS 架构主要包括智能辅助作业、生产运营监控与安全管理、码头资源管理、设备控制、作业计划与智能调度以及数字孪生系统等方面。此外，码头内 ITOS 也有开放接口，与外部系统进行数据交换，获取货物、船舶以及外部卡车信息等，输出装卸作业完成时间、货物状态、吞吐量等。

（1）智能辅助作业功能主要是帮助码头作业人员高效地完成工作，借助先进的人工智能算法与相关技术，降低人的工作强度与压力。例如，智能闸口通过 RFID 以及地理信息系统等技术，可以自动识别卡车的车牌号与集装箱箱号等信息，然后自动升起限行杆，让卡车不停车过闸口；闸口记录车辆停留时间与货物信息反馈至 ITOS，以便后续收费和预安排作业计划、预调度作业设备等，全过程可不需要人工参与。

（2）生产运营监控与安全管理功能主要可以帮助管理人员对生产作业状况进行监控、自动检测作业设备的健康状况以及令设备具备一定自主的安全防护能力。以提高设备自主安全防护能力为例，借助视觉识别等技术，起重机可以精准定位集装箱位置以及轮廓，辅助操作员提高抓箱或放箱位置精确度。在抓箱时，起重机还可以精准识别卡车与集装箱是否未解扭锁，避免出现集卡被吊起的安全事故，实现了超越激光与人眼的识别精度。无人驾驶卡车通过传感器以及行驶时空图等，可以智能探测和预测车辆附近车辆、行人、车道线、障碍物等，实现避碰。上述安全系统为 ITOS 的子系统，可以通过 ITOS 更新升级。

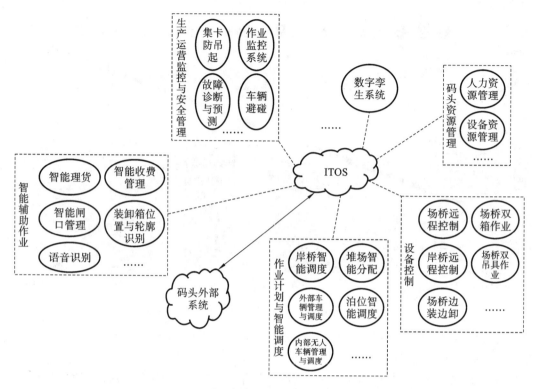

图 12-5　码头 ITOS 架构

(3) 码头资源管理功能可以通过码头内部网络与视频监控、码头设施设备与人员以及集装箱的定位信息、GIS 地理信息技术，建立以及更新码头资源的基础数据库，实现对资源的智能管理，例如可以在 ITOS 中查询码头人员、设备、货物的数量、状态等信息，相关信息可通过电子地图、图表等方式显示。

(4) 设备控制功能可以实现对码头作业设备尤其是岸桥与场桥的自动化作业甚至无人作业。双箱作业等功能需要通过 ITOS 下达指令，给具体的起重机设备执行；无人操控功能则需要拥有相关权限的操作者登入 ITOS，从相应的界面中启用。

(5) 作业计划与智能调度功能可以对码头的设施、设备以及人员进行合理的配置，以追求码头周转时间最短、客户满意度最高以及能耗与成本最低等目标。ITOS 中的各调度模块根据数据库中的任务数据，基于数学解析模型与求解算法或调度规则，制定合理的设备排产方案或调度计划，操作人员根据计划执行。遇到突发事件或紧急状况使得原排产或调度计划失效时，ITOS 中的相应调度模块需要能够及时修改原方案或生成新的方案。

(6) 数字孪生系统是码头现实作业状况在计算机虚拟世界中的高精度、高保真的仿真。数字孪生的虚拟世界不仅可以实时反映现实，还可以基于其根据真实物理环境设置的参数去预测未来码头作业情景，从而有利于决策者及时发现问题或检验方案的可行性与优劣性。数字孪生系统目前仍处于发展阶段，需要经 ITOS 进入，是 ITOS 的子系统。但是随着数字孪生技术的发展成熟，未来数字孪生系统完全可以作为新的 TOS，成为码头系统的核心。

第十二章

智慧码头

同步案例 12-4

宁波梅山岛集装箱码头的 TOS

宁波梅山岛集装箱码头采用由宁波舟山港 2010 年自主研发的集装箱码头操控系统 n-TOS 3.0 版本。该系统应用了业界最先进证券系统的架构,能够实时高效完成大量数据的交易处理,并采用消息反演机制将数据实时推送到各个客户端,实现多点异地备份;通过对核心性能提升改造,针对后端数据结构、系统架构,以及前端业务逻辑、UI 控件等多方面不足进行了深度的定制优化和开发。目前系统在千万级 TEU 负载压力下有优秀的表现,除了满足业务岗位生产调度外,还支持智能给位、自动配载、多路共享 PRTT 等智能化功能。

三、ITOS 典型智慧化功能

本小节选择堆场起重机作业与堆场管理、远程操控、无人驾驶车辆任务分配与路径规划、智能理货、故障识别与预测、智能调度、数字孪生平台 7 个智慧化功能详细展开介绍。

1. 堆场起重机作业与堆场管理

自动化集装箱码头堆场轨道式起重机简称场桥。场桥主要的任务是在水平运输车辆与堆场间装卸集装箱以及完成堆场翻箱作业。过多的翻箱作业会影响码头作业效率,所以需要依赖于高效的堆场管理以降低翻箱率。

1) 堆场起重机作业管理

当前全球大部分的场桥采用的都是单箱装卸工艺,只能逐个对 20 英尺的集装箱进行作业。为了提高堆场作业效率以及降低作业能耗,洋四码头在全球首次开发了场桥双箱作业功能,如图 12-6 所示,可以同时对两个 20 英尺集装箱进行作业,效率提升了一倍。

双箱作业功能以 ITOS 为核心,由起重机控制系统(ESC 系统)和可编程逻辑控制器组成,后两者分别作为设备控制层与执行层,ITOS 在此功能中所起的作用是生成双箱作业指令、制订相应作业计划以及监控作业指令的执行情况等。设

图 12-6 洋四码头场桥双箱作业场景

备控制层作为连接 ITOS 与设备执行层的中间层,负责把 ITOS 生成的作业指令发送至设备底层,并将设备作业情况和工作状态实时反馈至 ITOS 中。设备执行层自动检测和控制双箱作业,并在作业异常情况下采取保护和处置等措施。

场桥双箱作业的具体流程如下:①ITOS 生成双箱作业指令,并将作业指令写入数据库任务表中;②场桥控制系统借助网络从数据库任务表中读取作业指令,通过数据库区域表查询当前作业指令所对应的设备位置信息,生成对应的作业指令并写入数据库指令表;③起重

机控制系统将作业指令的相关信息发送至可编程逻辑控制器；④可编程逻辑控制器根据收到的作业指令信息，控制设备完成相应的作业指令，并将设备位置和状态等信息实时反馈至起重机控制系统；⑤起重机控制系统将设备位置和状态信息以及作业指令的状态信息反馈至数据库的相应列表，供 ITOS 查询；⑥ITOS 查询数据库中设备和作业指令的状态信息后，确认作业指令已完成，并更新相应的数据库指令表。

2）堆场管理

集装箱堆场分若干个箱区，每个箱区由多个平行的贝位以及若干层构成，如图 12-7 所示。场桥的翻箱作业是指场桥为了获取位于堆场底层的集装箱，不得不将上层的集装箱暂时平移至旁边的贝位并复原的操作。由于翻箱作业会降低码头的作业效率，所以需要尽可能避免。降低翻箱作业的主要方式就是合理地分配集装箱在堆场的位置。

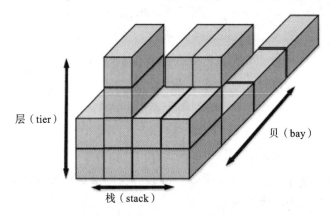

图 12-7 堆场箱区三维结构

通常而言，海事局会提前告知码头船舶抵港时间以及相关货物信息；与此同时，码头外部车辆在进入码头堆场放箱或提箱前也会先向码头预约抵达时间。上述信息为码头堆场空间分配的优化提供了条件。ITOS 可以将集装箱抵达与离开堆场的时间信息作为输入参数，以场桥翻箱数最小为目标，结合内置数学模型以及智能求解算法，得到堆场空间的智能分配方案。针对一些如外部集装箱车辆不能按期抵达码头堆场、船舶延期抵港等不确定事件，ITOS 能够及时修改原有堆场空间分配方案，以保证方案的可行性。

2. 远程操控

远程操控是指人员远距离对设备进行控制。由于 ITOS 与设备控制系统（ECS 系统）分别是码头系统的大脑和神经，两者可以无缝对接，在执行远程操控功能时，需要 ITOS 先下发任务控制指令至设备端的 ECS 系统，然后由 ECS 系统具体执行。

因为远程操控需要在远距离甚至超远距离，实时控制移动中的港机，对网络性能，特别是时延指标要求非常高，须控制在 6 毫秒内，所以一般采用 5G 通信方式。5G 技术具有低时延、大宽带、高可靠性的特点，是实现远程操控的关键性技术。上海港在全球港口中首次将 5G 技术应用于港机超远程控制作业场景中。操作者通过 ITOS 获取远程操控权限后，可以身处远离一线生产作业区的上海市区办公室，在安全距离预警、视觉识别、自动着箱等智能辅助技术的帮助下，通过目视视频画面，对生产作业区的起重机等港口机械进行实时控制（见图 12-8）。

图 12-8　驾驶员远程操控示意图

港机的远程操控功能对码头作业意义重大。传统码头存在作业环境艰苦、招工难与人力成本高等痛点,远程控制可以极大减轻人的作业压力,降低人力成本。

首先,作业环境艰苦,这主要表现在恶劣的工作环境与高强度的工作要求两个方面。驾驶员在工作期间需要忍受码头生产作业区高分贝的噪声以及振动,并且长时间禁水禁食。例如,由于长时间低头作业,起重机驾驶员颈椎疾病等职业病得病率一直居高不下,通常 45 岁左右就要转岗。除此之外,驾驶员每次上岗前,还要攀爬距地面 30 米高的竖梯才能进入驾驶室,存在一定的危险性。

其次,港机驾驶岗对工人的技能水平要求也较高。新人需要经过严格的培训与考试,才能取得职业资格证这一准入门槛。但是仅持有资格证也不一定能满足港口企业高效、精准的集装箱装卸作业要求,这使得部分传统码头即使采用高薪也聘请不到合适的工人。

最后,合适的港机驾驶员在就业市场上供少于求,这使得码头人力成本居高不下。传统码头属于人力密集型企业,在某些大港中,生产人员占比可达 65%,员工薪酬与劳务外包费用增长率甚至高于营收增长率。此外,统计显示传统码头人工操作导致的事故的比例达到 50%,主要表现为岸桥、场桥、集卡吊臂等的堆垛碰撞事故。

洋四码头远程控制中心视频

上述原因是迫使港口码头作业向半自动化、自动化以及无人智慧化转型的驱动力。据洋四码头估计,如果将泊位边岸桥装卸操作站全交由远程管理,可将员工数从 60 名减少到 9 名。传统场桥需要配备 3~4 名司机才能保证 24 小时全天候作业,而如果采用了远程操控功能,1 名操作工就能控制 4 台港机,可减少 75% 的用人需求,且提箱效率可提升 30% 以上。

3. 无人驾驶车辆任务分配与路径规划

无人驾驶车辆是洋四码头的主要水平运输方式,由车辆管理调度系统负责作业任务分配与路径规划。车辆管理系统是 ITOS 的一部分,相关指令借由 5G 网络传达给车辆的 ECS 系统执行。在车辆行驶过程中,ITOS 也能够实时监控作业情况。

1)码头无人驾驶车辆概述

从广义角度而言,无人驾驶车辆是指不需要人操作就能朝向预定目的地行驶的车辆,在港口码头中,AGV 与 IGV 都符合这样的特征(见图 12-9)。而从狭义角度而言,无人驾驶车辆是不依靠人的驾驶即可自由地在道路上行驶的车辆,由于 AGV 的行驶路径受轨道或磁钉限制,所以参照这个定义只有 IGV 才能称得上是无人驾驶车辆。

表 12-1 显示了 AGV 与 IGV 之间的区别。AGV 需要在码头路面上预先铺设磁钉、导轨等基础设施,虽然成本高、柔性差,但是技术较为成熟、稳定性强且调试简单。IGV 不需要

智慧物流

(a) AGV　　　　　　　　　　　　(b) IGV

图 12-9　码头 AGV 与 IGV

预先对码头基础设施进行改造,只需要改装车辆即可,尽管技术不如 AGV 成熟,但是成本低,行驶路径不受磁钉等限制,更加自由。

表 12-1　AGV 与 IGV 对比

项目	AGV	IGV
价格	造价较高(改造码头路面)	造价较低(改造传统车辆)
重量	重	轻
智能化程度	中高	高
场地要求	高	低
调试复杂性	简单	复杂
行驶灵活性	双向行驶,转向灵活	单向行驶,转向不够灵活
转弯半径	小	较大
调度算法	较为简单	较为复杂
技术成熟度	成熟	逐步成熟

上海洋四码头 AGV 视频

截至 2021 年,洋四码头仍采用的是较成熟的 AGV 作为主流无人运输工具,但是也启动了 IGV 相关的规划。2019 年,上海洋山港启动了全球首个"5G+L4 级"IGV 智能驾驶示范运营区。所谓 L4 级,是指美国汽车工程师协会(SAE)根据计算机系统对车辆的操控程度划分的第 4 级别的自动驾驶技术。按照划分级别,L0 级是纯人工驾驶,L1~L3 级为计算机辅助驾驶,车载系统能够为驾驶员提供辅助决策,而 L4 级与 L5 级才是真正意义上的无人驾驶。L4 级的无人驾驶局限于特定道路或场景,L5 级则不受任何场景或条件的限制。港口码头拥有专属道路与固定作业场景,十分适合作为 L4 级无人驾驶的实验场地。

洋山港"5G+L4 级"无人驾驶 IGV 项目覆盖洋山码头、东海大桥以及物流园来回 72 千米的环线,涉及码头生产作业区、普通公路、高速公路等。项目要求 IGV 能够全天候 24 小时作业、承受 7 级以上大风、在卫星信号较弱的区域仍保持高精度定位以及环保节能。这需要智能精确感知、高精度定位、实时无延迟通信、高安全性网络连接、绿色环保动力系统等技术间相互配合与支持。

（1）智能精确感知。基于自主研发的视觉感知系统、激光雷达系统、毫米波雷达系统以及卫星和惯性导航组合系统，上海港智慧码头 IGV 具备多维度、多方位 360 度感知能力，能在前后各约 250 米、左右各约 80 米的范围内精确感知交通参与者，对行人、车辆、其他障碍物等进行精确识别，规划路经，提供比人类驾驶员更安全可靠的车辆操控。

（2）高精度定位。依靠高精地图、地面增强定位和视觉激光感知系统，上海港智慧码头 IGV 可以与堆场轮胎式起重机、岸边起重机通过 V2X 技术交互，最终实现精确定位以及 15 秒内一次性完成精准停车（±3 厘米），单点装卸作业效率将提升 10%。

（3）实时无延迟通信。在 5G 技术的支持下，上海港智慧码头 IGV 能在 20 毫秒内建立起车队间的实时交互通信，确保自动跟车、车道保持、绕道换行、紧急制动等功能即时实现，并在保证安全的前提下，将队列行驶的间距由 150 米缩小到 15~20 米，从而提升道路车辆密度，将东海大桥的通行能力提升一倍。

（4）高安全性网络连接。无人驾驶示范项目配备了专职网络安全团队，构建从网络到主机 4 层纵深防御，开展 1107 项安全加固、193 项安全测试、476 项风险评估。项目根据网安法落实网络安全等级保护制度，并在相关部门进行备案，经过委托测评机构进行安全检测以及落实防护措施后，网络安全达到高级别防护水平，是国内首个实现网络安全等保备案的智能驾驶车辆项目。

（5）绿色环保动力系统。得益于全球首创的"LNG+12AMT"（天然气发动机+12 速自动变速箱）组合清洁能源动力系统，上海港智慧码头 IGV 在集装箱转运过程中产生的氮氧化物（NO_x）和颗粒物（PM）污染物排放相比于传统柴油动力重卡将减少 60%。

相信随着技术的成熟，IGV 基于其低成本、高灵活的优点，会成为码头无人驾驶运输的主流装备。

2）任务分配与路径规划

无人驾驶车辆一般只用于码头前沿与堆场间的运输，这样做可以避免其与外部车辆接触，防止冲突。洋四码头 ITOS 中的车辆管理子系统开发有 AGV 预调度功能。

首先需要构建码头前沿与堆场间的路径地图，形成拓扑网络结构，作为 AGV 行驶距离参数。其次根据实际作业需求，ITOS 将集装箱在堆场箱区与岸桥间的运输抽象成若干包含最早可开始时间、运输距离等信息的任务发送至车辆管理子系统，此时 AGV 的任务分配实际上就是决定哪一辆 AGV 执行哪一个任务以及任务之间的完成顺序。接着根据码头要求，车辆管理子系统设置合理的优化目标，如最小化任务结束时间等，建立合适的数学模型或相关的任务分配规则。最后，通过遗传算法、粒子群算法等启发式求解算法，车辆管理子系统可以快速得到较优的任务分配方案并将指令发送给 AGV 的 ECS 系统。

AGV 的任务分配与路径规划是相辅相成的。AGV 的最优路径可通过 Dijkstra 算法求解得到。在实际应用中，ITOS 的车辆管理子系统不仅要为每个 AGV 求解最优路径，还需要考虑多个 AGV 之间的路径冲突问题。解决多 AGV 间的路径冲突问题首先需要基于 AGV 任务时刻表对道路的交通流量进行预估；其次，系统依据交通流的估计情况，通过设置相关的路径规划策略消解 AGV 间可能的冲突并减少道路的拥堵率；最后，系统将冲突消解后的任务分配与路径规划反馈至车辆 ECS 系统具体执行。

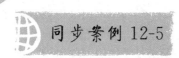

广州南沙港集装箱码头 IGV 方案

广州南沙联合集装箱码头提出"北斗导航无人驾驶智能导引车＋堆场箱区水平布置＋单小车自动化岸桥＋低速自动化轨道吊＋港内外交互区"的新一代智能化集装箱码头方案。码头选择北斗导航无人驾驶智能导引车（IGV）作为主要水平运输设备。

广州港 IGV 的导航系统是由海格通信研制的基于北斗的卫星惯性组合导航系统，综合运用多卫星天线技术、里程计信息融合等技术，实现了相当于无人驾驶 L4 级的驾驶水平。IGV 通过与 5G 组网和网络切片技术，实现 IGV 和车辆管理系统之间的高质量通信。另外，通过与国内配套商的合作，码头拥有自主开发的智能车辆管理系统、国产的车桥悬挂系统、国产的电池系统、国产的自动充电装置等。在成本方面，IGV 的单机重量比主流自动化码头常用的 AGV 轻，对基础设施如路面结构荷载要求较小，且不采用磁钉方案，路面结构厚度可减少 9～10 厘米，从而降低建设成本。结合特色的堆场布局，IGV 可以将集装箱运输至每一个堆场箱区内，既能适应"江海联运"模式，又能适应"海陆运输"模式，符合珠江口通江达海的特点。

广州港自动化集装箱码头基于目前无人驾驶技术的发展现状及安全伦理、法规政策等不明朗的特点，为规避港内自动化区域 IGV 与普通集卡混行所引起的安全、法律问题，在四期工程项目中的自动化作业区后方设置港内外集装箱交互作业堆场，利用交互堆场及双悬臂自动化轨道吊成功实现了 IGV 与港外集卡隔离分流、集装箱内外交互智能化装卸作业。

4. 智能理货

码头智能理货是指对码头货物的种类、数量、标志、是否残损进行智能识别与认定并且为利益相关方自动办理理货证明与交接签证。智能理货系统是码头 ITOS 的子系统，所收集的数据将上传至 ITOS 数据库，供其他子系统分析与处理。

现有自动化集装箱码头常采用光学字符识别（OCR）技术结合 5G 或无线射频识别（RFID）等技术完成对集装箱的箱号或集卡车号的识别，如日本名古屋 TCB 码头、宁波梅山岛集装箱码头等。该技术拥有高度成熟及稳定性强等优点，也被洋四码头采用。但是上述技术在识别速度、恶劣天气下的识别以及残损标志智能识别等方面存在提升空间，因此洋四码头也在积极寻求新技术以进一步提高理货的效率与智能化水平。

以计算机视觉识别为代表的人工智能技术不仅可以提高识别效率、识别铅封或危标等，还可以实现恶劣环境或集装箱标示破损情况下的智能识别。如图 12-10 所示，通过 Gatenet 神经网络可以实现所有集装箱信息识别，使车辆通过闸口到得到结果的时间小于 900 毫秒，较同类产品快 7～9 秒。通过深度优化的超轻量 TallyNet 可以在 30 毫秒内对集装箱箱面图像进行分割、矫正畸变、分析识别，其识别精度已超越人眼识别表现，在恶劣环境下也具有可靠性，能更加稳定地实现自动残检，残检率达 90%。

这些智能识别技术不仅可以减轻码头人员作业负担、降低人力成本，还可以提高闸口通行效率、减少理货差错，将成为未来港口码头理货作业的主流技术。

第十二章

智慧码头

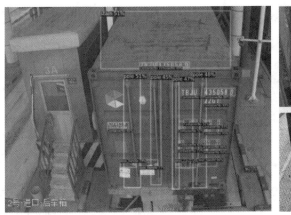

(a) 通过闸口

(b) 分割、畸变矫正、分析识别

(c) 自动残检

图 12-10　智能残检

5. 故障识别与预测

港口设备故障识别与预测是指借助大数据分析、机器学习算法等手段，对设备所辐射出的多物理信息进行分析、分类与预测，最终识别出设备故障的种类或者预测有可能会发生的故障。

该功能实现的前提是必须获取设备运行状态的历史与当前数据。大致流程是先在码头设备上布置大量的传感器，通过码头通信网络传输到ITOS的云平台中；在对数据进行特征提取后，借助人工智能相关的如聚类算法、神经网络、深度学习、隐马尔可夫模型、支持向量机等算法对故障进行识别与预测；最后凭借专家系统、决策树、聚类算法与迁移学习等手段对故障原因进行追溯。

目前，洋四码头上线了"基于大数据分析的自动化码头作业实时监控及预警系统"（见图12-11），这是ITOS的子系统。该系统能够对设备状态实时监测与管理，拥有故障预警、异常识别以及健康诊断等功能。

6. 智能调度

码头调度考虑的是面对不同种类与数量的设备，如何基于一个或多个的目标，对码头泊位、岸桥、水平运输车辆、堆场、场桥等资源进行合理的分配，以追求目标的最优化，属于运筹优化领域。

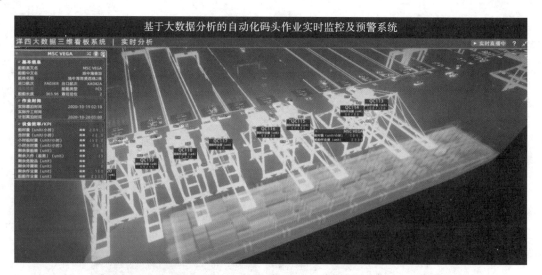

图 12-11 基于大数据分析的自动化码头作业实时监控及预警系统效果图

传统码头通常依据人工经验、传统惯例或简单规则等开会制定调度方案。面对突发的不确定事件,需要经验丰富的调度员临时修改调度计划保证调度方案的正常实施。但人工方法效率低下,对于大规模的调度问题不仅无法短时间内得到结果,而且方案的效果也难以保证具备优越性。因此,智慧码头往往采用智能调度技术进行调度,即运用运筹学、系统科学并结合优化或仿真手段,由计算机自动生成目标较优的调度方案。

洋四码头将码头调度问题分为泊位调度、堆场分配、岸桥调度等若干子问题。对于不同子问题,它开发了相应的调度功能模块并集成至 ITOS 中。针对智能泊位调度问题,开发有智能指泊模块,能够预测船舶到达时间,在此基础上滚动更新靠泊计划;针对岸桥调度问题,开发有岸桥分配模块,可以融合自学习算法以及专家规则为岸桥分配任务;针对堆场分配问题,开发有堆场空间分配模块,可以在考虑堆场空间资源分配和堆存位置约束前提下,基于专家规则制订高质量的堆场空间分配计划并细化到具体的箱位。上述调度决策都可以在秒级时间生成。

任务调度一直是洋四码头 ITOS 的核心模块,也是码头作业高效率稳定运转的基础功能(见图 12-12)。在日吞吐量上万标准箱的大型码头,一旦调度模块失效,后果将不堪设想。因此,码头最看重的是调度模块的稳定性与可靠性,其次才是调度效果的优劣。为提高调度模块的稳定性,洋四码头对原来单体架构进行升级,设立了主数据中心和备数据中心分别处理日常事务与应急事务。为实现调度模块工业级别的高可用性,洋四码头除了采用集群模式搭建整体架构组件外,还在任务调度应用中引入本地缓存和本地储存,以保证当 Redis 集群和分布式事务数据库集都异常时,调度模块仍能正常运行。为延长调度模块物理工作站使用寿命,提高其利用率,洋四码头研发了一种负载均衡算法,该算法能够依据工作站 CPU 使用率、当前负载、任务分配比例等,合理地为各工作站分配计算任务。

7. 数字孪生平台

集装箱码头是一个具有分布式、随机性、动态性等特点的复杂物流系统,传统技术较难对该系统的特点与内在逻辑进行模拟与推演。而数字孪生技术是数字化技术的集大成者,

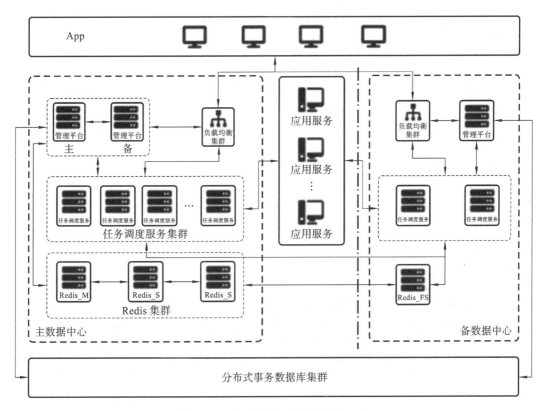

图 12-12　洋四码头调度模块物理架构

与信息物理系统(CPS)结合,实现现实世界与虚拟世界间的相互融合与映射,可以用于对系统的模拟、监控、预测以及优化。该技术在港口码头领域拥有巨大的应用价值。

随着码头信息化建设的推进,传感器所收集的海量数据经过边缘端的计算处理后,可以借助以 5G 为主的通信网络实时传送给码头 ITOS 的云平台中。借助高精度、高保真仿真技术,在云端可以建立一个与实体码头接近 1∶1 还原的虚拟码头。大数据实时驱动着虚拟码头运转,管理人员通过监视云平台的虚拟码头即可了解实体码头真实运作情况。除此之外,数据库不断记录着码头运作的历史数据,这些历史数据可以供孪生系统复盘过去的作业流程,从而有利于查找问题、优化方案以及升级模型等。由于数字孪生平台还集成人工智能相关的算法,所以能够以历史与实时生产状况数据为参数,在机器学习、强化学习等人工智能算法的帮助下,输出对未来码头生产状况的预测或者码头的下一步决策内容。总之,数字孪生技术通过模拟仿真、预演、实操、复盘等手段,能够全方位掌握码头设备、货物、人员等生产要素与要素间作业交互流程的"过去""现在"和"未来"。

尽管数字孪生仍停留在理论或实验室阶段,目前还未能在真实码头中应用,但是这是未来智慧码头的发展趋势。洋四码头也在数字孪生平台的建设与应用上进行了不少的探索与实践。

洋四码头在 ITOS 中,嵌入了正在开发的码头作业实时全景融合数字孪生可视化平台(见图 12-13)。该平台不仅拥有码头作业场景高精度的可视化仿真,还可以通过实时查询作业状况。如点击平台上的船舶动画对象,即可了解其船名航次、靠泊时间、计划离港时间、剩余工作量等；点击平台的描述统计按钮，即可显示码头日、月、年的计划作业量与实际作业量等数据。这些功能将从生产计划、装卸调度、过程控制、异常监控、决策调整等方面全面提升生产管控的智能化水平与码头作业效率。

图 12-13　上海洋四码头全景融合数字孪生可视化平台

随着数字孪生技术日趋成熟，数字孪生平台完全有可能取代已有的 ITOS，成为新一代 TOS 和码头操作系统的核心。

第四节　智慧码头未来发展趋势

在新一轮科技革命的影响下，自动化码头开始朝智慧化转型。未来的智慧码头发展至少呈现以下七大趋势。

1. 码头运营更加智慧化

智慧是智慧码头建设的核心与灵魂。在全面感知与高效通信的基础上，数据将十分容易被收集与传输。随着人工智能相关算法不断的迭代升级与创新以及计算机算力的持续提升，依靠数据驱动的决策将更加合理与正确，人的体力与脑力劳动都将大大解放。大规模码头的一线作业区域甚至看不到任何人影，码头生产作业调度计划等决策也均由计算机自动生成并交由设备自主实施，只有少量管理人员在办公室负责生产作业监控工作。

2. 服务客户更加个性化

码头归根结底是要为客户提供满意的服务。传统码头受技术水平的限制，客户一些个性化的需求不能得到有效满足。例如，一些船舶对靠泊的位置、离港时间等有特殊要求；外部货运卡车需要知晓精确度更高的可提货时间；客户希望拥有更便捷的通关与缴费流程；有货主希望能够知晓货物所处的精确位置、状态参数、预计离港时间等信息。上述个性化服务的实现主要还是依赖于更加智能化的技术方法，其次是运营者的管理服务思维。

3. 从业人员更加专业化

在智慧化背景下,码头需要更专业的从业人员。非专业从业者不仅不能为码头创造效益,可能还会产生更多的问题。这是因为在智慧码头时代,虽然人的体力劳动很少,脑力劳动也不是很多,但是这少量的脑力劳动对人的专业素质要求十分高。只有复合型且具有系统思维的专业从业者才能有效解决未来智慧码头生产过程中的突发问题,非专业从业者可能会将问题复杂化甚至不可控化。

4. 系统架构更加柔性化

智慧的体现之一就是能不断学习与持续创新,因此智慧码头也不会是一成不变的,而是不停地迭代升级和持续改进。这要求智慧码头TOS、布局模式、管理模式架构等具备一定的柔性,成为一种开放式、可拓展式的架构,能够始终优化和创新。

5. 码头供应链更加协同

码头是国内外供应链中重要的一环,并非孤立存在。只有实现码头、船舶、卡车、列车、物流园区等供应链各环节间的高效协同,才能从系统层面追求整体利益的最大化。供应链整体效益的提升也会在一定程度上为各环节带来增益。码头可以作为供应链的核心环节,主导各环节间的协作。这就需要采用区块链、互联网等技术打通数字壁垒,实现关键节点数据共享,为供应链上下游协作提供数据支撑,还需要采用运筹优化以及云计算等相关技术生成较优的供应链协同方案,提升码头生态协作效率。

6. 数字孪生平台更加成熟

数字孪生目前在各大码头中大多停留在可视化平台阶段,离真正的数字孪生平台还有一定距离,但这是未来的发展趋势。随着码头数字化建设基础设施的完善,数字孪生平台也将越来越成熟。以数字孪生平台为核心,可以集成调度、监控、远程控制等功能,最终取代现有TOS,成为新一代的码头TOS。

7. 多式联运更加普及化

过去由于我国交通运输部与铁道部是平级关系,受种种原因影响,码头的多式联运,尤其是铁水联运建设一直停滞不前。随着国务院将铁道部拟定铁路发展规划和政策的行政职责划入交通运输部,多式联运码头的建设开始被推向热潮。如广西钦州港、天津港、辽宁大连港等港口正在建设或已建成多式联运码头,铁路可以直达码头堆场附近,这极大地提升了联运效率。

本章小结

码头是物流供应链的关键节点,在国内外贸易中起核心作用。随着第四次工业革命的推进,码头也在向智慧化转型,这是现代码头发展的高级阶段。码头的智慧化可以体现在全面感知、智能决策、智慧运营、不断创新、可持续发展5个方面。我国很早就从国家层面提出了与智慧码头相关的一系列发展规划并且一直在持续推进中。

智慧码头的关键技术主要包括物联网、移动网络、云计算与边缘计算、人工智能算法和区块链等,分别从感知、互联、分析、决策、信息共享与追溯的角度支撑码头智慧化建设。

智慧码头归根结底是要提供智慧化的功能服务,码头操作系统——智慧 TOS 相当于码头的大脑,管理和维护码头各项业务功能,拥有智能辅助作业、生产运营监控与安全管理、码头资源管理、设备控制、作业计划与智能调度以及数字孪生等功能。

在新一轮技术革命的影响下,世界各国都非常重视智慧码头的建设。未来的码头将拥有运营更加智慧化、服务客户更加个性化、从业人员更加专业化、系统架构更加柔性化、供应链更加协同、数字孪生平台更加成熟、多式联运更加普及化等特点。

练习与思考

1. 简答题
(1) 什么是智慧码头?
(2) 智慧码头有哪些内涵?
(3) 智慧码头有哪些关键技术?
(4) 什么是码头 TOS?
(5) 码头 TOS 可以实现哪些功能?

2. 讨论题
(1) 智慧码头的智慧性体现在哪些方面?它与传统码头的本质区别是什么?
(2) 什么是数字孪生技术?该技术究竟能为智慧码头带来哪些积极的影响?还有哪些新技术可以应用在码头领域并为码头带来积极影响?
(3) 除了本章所列举的几点内容之外,你认为智慧码头未来发展趋势还可能有哪些?

3. 案例分析题
1) 天津港

天津港作为京津冀及"三北"海上门户、雄安新区主要出海口、"一带一路"海陆交汇点和新亚欧大陆桥经济走廊重要节点,集装箱航线覆盖全球主要港口,可抵达全球 200 多个国家和地区的 800 多个港口,总吞吐量 4.92 亿吨,集装箱吞吐量 1730 万 TEU(标准集装箱)。

天津港现已建成 5G 基站 129 个,港口智能管控中心的建成使得大数据管理与应用的能力全面增强。天津港是全球首次实现 1 套系统对全部集装箱码头生产要素的集约化管理、全球首个通过智能技术改造实现的堆场自动化集装箱码头投入运营(平均机械效率达到 35.2Mov/h)、全球首次实现 25 台无人驾驶电动集卡成组运行,并参与集装箱码头整船作业的港口。2020 年天津港的智能理货系统的箱号、车号识别准确率超过 95%,集装箱闸口通行效率从最快 120 秒下降到平均 52 秒(提升 57%)。

天津港的新码头——自动化集装箱码头 2.0 采用全新的"单小车自动化岸桥+无人驾驶电动集卡+双悬臂自动化轨道吊"的"平行布置+边装边卸"自动化工艺方案,开发拥有自主知识产权的智能调度、智慧交通、智慧能源、智慧安防等核心智能管控系统,同时对老旧码头的装备进行智能化改造,实现岸桥和轮胎式场桥的自动化升级及无人驾驶集卡的规模化应用。为进一步扩大 5G 网络在港区的覆盖面积,提升传输能力,预计在港区新增 500 个 5G 基站。最后建立企业综合管控系统(ERP)、港区地理信息系统与港区精准气象服务系统、天津关港集疏港智慧平台。

2）日照港

日照港是我国大型与超大型巨轮进出最多的港口之一，海上与 100 多个国家和地区通航，陆上瓦日、新石 2 条千公里干线铁路、3 条高速公路、4 条国省道、5 条原油长输管道直通港口，是集航运、铁路、公路、管道于一体的综合性现代化物流枢纽。日照港整体规划了石臼、岚山两大港区，274 个泊位，7.5 亿吨能力，目前已建成生产性泊位 68 个，年通过能力超过 4 亿吨。主要吞吐货物种类为铁矿石、煤炭、原油、大豆、木片、焦炭和集装箱等。

日照港的集装箱自动化堆场为规模化、平行岸线布置的双悬臂自动化堆场，拥有 7 个堆场、14 台双悬臂自动化轨道吊，堆场一期、二期面积为 20 万平方米。单班作业最高 2474 自然箱，单人单班作业最高 863 自然箱，综合作业效率为 25 自然箱/小时，单机坐高作业效率为 35 自然箱/小时，集装箱吞吐量为 180 万 TEU。集装箱自动化堆场一区两机，单箱平均大车运行距离 32.62 米，3 人控制 14 台 ARMG（自动化轨道吊），外集卡平均停时 10.9 分钟。集装箱自动化堆场实现了内集卡的自动落箱，采用"TPS（集卡调度系统）+CPS（信息物理系统）"实现集卡引导与驾驶室防砸保护。自动化堆场与传统堆场无缝衔接，传统堆场和自动化堆场作业任务统一调度分配，一个 TOS 即可指挥全场。

对于集装箱改造三期的建设，采用"自动化轨道吊＋无人集卡＋单小车远程控制岸桥"方案，三期堆场岸线长 820 米，面积为 32 万平方米，27 台自动化轨道吊配备 TPS、CPS、LPS、CLPS、箱号识别等系统，8 台单小车远控岸桥配备船型扫描、吊具定位、自动防扭、自动着箱、集卡引导等系统，45 辆无人集卡配备车队管理、集卡调度、远程驾驶等系统，工程和信息系统包括 TOS、ATEC、QC-Monitor 等信息系统。

3）宁波梅山岛国际集装箱码头

梅西滚装码头岸线长 450 米，堆场面积为 20.78 万平方米。集装箱码头 1～5 泊位常规码头已运营 10 年，岸线长 1800 米，陆地面积 139.07 万平方米，拥有桥吊 20 台、龙门吊 69 台，能处理超 400 万标准箱。集装箱码头 6～10 泊位为远控桥龙创新试验区，岸线长 2150 米，陆地面积 180.32 万平方米，拥有桥吊 16 台、龙门吊 48 台。

梅山码头的桥吊高 52 米，是目前国内最高桥吊，现已有 8 台运控桥吊正式投产近一年时间，该桥吊配备辅助着箱系统，兼具船型扫描、自动防摇防扭功能，之后梅山公司将在 52 米桥吊上着力攻关集卡侧一键着箱功能，实现远控桥吊岸边装卸自动化。梅山堆场自动化龙门吊第二批设备（24 台）均采用无司机室形式，为全国首例，龙门吊配备目标检测系统、吊具检测系统、负载防碰撞系统，现已有 24 台自动化龙门吊正式投产近一年时间。为实现堆场全自动化，对接无人集卡，梅山公司将攻关集卡道侧自动装卸，实现堆场内龙门吊全自动化作业。无人集卡当前已实现单车实船作业常态化、混线作业常态化，年内将实现两路常态化作业。当前梅山公司的智能理货系统已覆盖梅山公司所有桥吊，智能理货识别率可达至 95％。5G 网络已全部覆盖 6、7 堆场和混动龙门吊设备，并且实现了与 Wi-Fi 的热备冗余功能，已应用于混动自动化龙门吊设备的实际生产作业。

梅山公司自主研发的港口生产作业 TOS，集业务岗位生产调度、智能给位、自动配载、多路共享 PRTT 等功能于一体，未来还将集成智能堆场、智能配载、智能调度、智能船控等功能，连接仿真模拟系统，并与 ECS 系统深度融合。

4）广州港南沙港区四期

1983 年广州港黄埔集司投产，是中国第一代集装箱码头，后来的新沙集装箱码头、南沙港区一期二期三期等码头,随着设备的老化,码头逐步要面临着升级改造的问题。四期工程建成后,南沙港区将具备完成集装箱吞吐量2300万TEU的能力。四期工程拟建设4个10万吨级集装箱船泊位,主泊位岸线总长1460米,建设12个多用途集装箱驳船泊位,驳船泊位岸线总长984米,建设4个工作船泊位,岸线长200米。年设计通过能力为490万标准箱。四期工程2018年12月开工建设,计划2021年年中部分泊位实现多系统联合调试。

广州方案采用全球首创"北斗导航无人驾驶智能导引车+堆场箱区水平布置+单小车自动化岸桥+低速自动化轨道吊+港内外交互区"的新一代智能化集装箱码头。全球首例将无人驾驶技术应用于IGV上,其驾驶级别相当于无人驾驶L4级别,定位系统主要基于卫惯导航定位系统、激光雷达SLAM、视觉SLAM以及多传感器融合定位技术,通过5G组网和网络切片技术,实现IGV和车辆管理系统之间的高质量通信,与国产配套商强强合作,有自主开发的智能车辆管理系统、国产的车桥悬挂系统、国产的电池系统、国产的自动充电装置等。

(资料来源:集装箱码头自动化推进与技术交流会,2020年10月,中国广州。)

问题:

(1) 结合案例,试总结上述码头智慧化建设用了哪些关键技术?

(2) 上述码头智慧化建设具有哪些共性特征以及个性特征?

(3) 码头自动化与智慧化建设或升级改造究竟能够为码头带来哪些好处?

(4) 你对中国码头的智慧化建设有何建议?

第十三章
智能制造生产-物流系统

学习目标

了解智能制造对生产-物流系统新需求;理解智能制造生产-物流系统框架;学习智能制造生产-物流系统任务触发机制;掌握智能制造生产-物流系统调度方法。

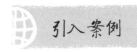

浪潮工厂视频

浪潮高端装备智能制造工厂

在浪潮智能工厂中,轻微的机械声从不远处传来。一进入工厂,映入眼帘的就是各种无人化的智能设备,如无人驾驶的运输车、智能分拣机器人等。无人驾驶的AGV智能激光引导叉车运输料箱时,通过叉车上方发射的激光,由厂房墙上的接光板反射,引导行驶路线和方向,遇到障碍物,还会自动停车和避障,使得工厂物流全自动化,不再需要人工搬运、运输。其实这样的智能生产设备遍布在这个工厂的各个角落。这井然有序的智能制造生产场面,并不是出自某个科幻大片中的实验场景,而是一个现实中的信息化高端装备智能制造工厂。

(资料来源:山东卫视。)

【思考】 浪潮智能工厂中应用了哪些智慧物流装备和技术?

第一节 智能制造生产-物流系统概述

智能制造已成为世界制造业发展的一大趋势,受到越来越多国家的重视。例如,美国提出了工业互联网和新一代机器人等智能制造发展规划;德国发布了"工业4.0"规划,将通过智能制造提升本国制造业的竞争力;欧盟及日本、韩国、中国等制造业大国也纷纷制定了适合本国国情的智能制造国家战略。

智慧物流

制造车间的生产离不开原材料的运输和搬运等物流环节,生产-物流系统作为制造场景的重要组成部分,在智能制造中正发挥着越来越重要的作用。在智能制造中,生产和物流是相辅相成、不可分割的整体。生产的智能化会衍生出新的物流场景,物流的智慧化也会给生产带来新的变革。

一、生产-物流系统的发展历史

生产-物流系统的发展主要可以分为以下三个阶段。

1. 以人力搬运为特征的阶段

从 200 多万年前人类学会制造和使用工具开始,主要依靠人力和畜力为主的生产-物流系统一直持续了百万多年。在第一和第二次工业革命后,出现了比人力、畜力更强大的动力,工厂式的制造厂和拖车等运输器械的使用提高了生产-物流系统的运行效率。

同步案例 13-1

人力拖车搬运

图 13-1 人力拖车搬运场景

如图 13-1 所示,在传统制造车间加工生产时,需要由工人根据生产-物流任务,通过手工操作拖车及人工搬运对物料按照相应的要求完成物流运输过程。

2. 以人操作、机器搬运为特征的阶段

20 世纪中叶以后,随着生产制造对技术进步的强烈需求,以及各种物流装备的发明和使用,生产-物流系统进入了以人操作、机器搬运为特征的阶段。各种机器的大量使用替代了人的体力劳动,大大提高了生产-物流系统的运行效率,社会生产力也得到极大提高。

同步案例 13-2

工人操作叉车搬运

如图 13-2 所示,工人正在操作叉车对生产-物流系统的物料进行运输。在不同的生产阶段,工人需要对生产过程中的原材料、半成品以及最终加工完成的成品进行运输。生产-物流系统的效率也在一定程度上受到工人对叉车操作熟练度的影响。

3. 以机器自动搬运为特征的阶段

近年来,5G 和物联网技术的发展使得万物互联成为可能,在大数据、云计算、人工智能

图 13-2 工人操作叉车搬运场景

等技术的依托下,生产-物流系统发展到了以机器自动搬运为特征的新阶段。机器智能化程度的提高正在使无人工厂从想象变成现实。

智能叉车搬运

图 13-3 展示了智能制造车间智能叉车搬运物料的生产场景。智能叉车可以利用模式识别技术、智能导航技术、自主避障技术,辅以机器学习、群智能及人工智能技术,通过智能算法"实时决策",在生产-物流系统中进行动态路径规划、自主导航和避障,最终实现高效、自主地搬运货物。

图 13-3 智能叉车搬运场景

二、生产-物流系统的新需求

在智能制造工厂中,除各种先进的智能制造机床外,AGV、机械臂等智慧物流设备被大量使用。加工设备和 AGV 等物流装备的协同作业,促进了生产连贯性,增强了柔性自动化作业能力,但也使得工业生产过程变得更加复杂、多变。为保证工业生产系统更加高效有序运行,如何协同生产与物流作业过程,是现代工业生产管理越来越重视的问题,也是智能制造车间对生产-物流系统提出的新需求。

在实际的生产制造情形中,工件任务并不是直接在机器上进行加工,必须先经过运输、调整等物流活动过程,将物料传送到加工机器所在位置后,才能执行工件任务的制造过程。在个性化定制模式下,多类型的产品加工路径导致装卸、换刀、夹紧等物流调整活动大量存在。在一些长距离的智能制造车间中,物流运输时间占总生产时间的比重也非常大。这些调整、运输等物流活动严重影响制造系统的作业效率,也带来了较大的能量消耗。因此,在制造生产调度中考虑物流因素更能反映实际的制造生产特点,有助于指导现实生产。

如图13-4所示,智能制造车间中一个订单的完成往往包含多道工序,而每道工序很可能需要在不同的机床上完成。比如把原料分拣出库后,需要搬运到加工第一道工序的机床上进行加工,第一道工序加工完,又需要物流设备把在制品搬运到加工第二道工序的机床上。可以看到,智能制造车间的生产加工其实是生产和物流交替出现的一个流程,并且在这个流程中,还可能出现订单更改、资源作业时长不确定等一些动态变化。生产和物流资源的高效协同为智能制造车间生产的有序进行提供了保证。

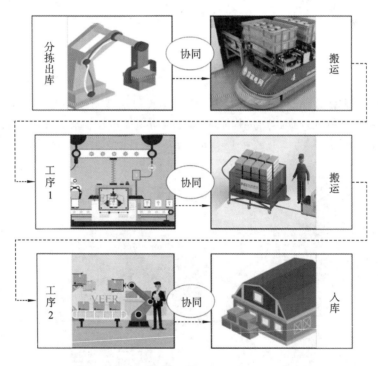

图13-4　生产-物流协同

在智能制造的框架内,生产-物流系统将建立在互联网、物联网、信息物理系统、大数据等技术基础之上,以生产智能控制和物流系统实时透明为目标,实现与技术对接。它旨在连接智能制造车间生产与物流流程,最终实现生产-物流协同过程全透明和实时控制。

第二节　智能制造生产-物流系统框架

在"碳达峰、碳中和"的时代背景下,如何对智能制造生产-物流系统中的生产和物流资

第十三章

智能制造生产-物流系统

源进行合理调度是当前智能制造急需解决的关键问题之一。本节将首先对生产-物流系统框架进行描述,随后对生产-物流系统的具体协同流程和调度任务触发机制进行介绍,最后引入生产-物流系统实时调度方法。

一、生产-物流系统框架描述

智能车间的实际生产中往往伴随实时变更的生产需求和复杂多变的制造环境,需要生产和物流资源具有自组织、自适应动态协同的能力。通过在车间设备中嵌入传感器、处理器等智能模块,可以提高智能车间生产-物流资源的智能通信和执行能力。这部分包含两个主要任务:一是实时数据采集,二是根据生产车间的数据进行相应的生产-物流资源任务分配。

在生产-物流系统中,采集数据的对象为各种车间资源,如制造单元、AGV、在制品、托盘、周转箱、RFID 标签等。工业物联网环境下,生产车间内部通过工业总线、无线传感网络、RFID 读写器和摄像机等,能够实时获取生产过程的数据;车间外部通过云端平台等上层应用获得实时订单。车间资源的状态和订单到达时间的动态特性,对智能车间资源调度提出了新的要求:智能车间的生产资源不仅要构建其静态服务能力,也要有依据实时的自身状态和任务需求构建实时服务的能力;此外,还需要对生产资源配置合适的物流资源(如 AGV 数量),在保证生产顺利运行的前提下,尽可能节约生产-物流系统的成本。

在实现车间资源数据采集、实时通信以及多资源的交互及协同的前提下,可依据生产资源和物流资源的实时状态进行任务的分配和协作,实现智能制造车间资源面向客户需求的动态调度,达到生产系统依据生产进程实时状态的动态优化。在典型工业场景的基础上,构建一种生产-物流系统调度框架,如图 13-5 所示。在生产过程中有三个主要角色,即客户、云端平台和智能车间。客户作为服务需求者,可直接向云端平台提交订单需求,随后云端平台收到订单并获取作业信息(如产品零部件)。智能车间根据订单信息、资源的状态信息和产品工艺需求,进一步分解订单,得到制造任务。随后,智能车间可以查询到当前生产和物流资源的实时服务状态,并基于状态信息对生产和物流资源进行自适应匹配和调度安排。作为服务提供商,生产和物流资源接收各自分配到的制造和物流任务,并根据资源作业计划执行这些任务。最后,完成的产品通过物流从选定的服务提供商交付给服务需求方。

同步案例 13-4

美的智能制造工厂

"叮,新的客户订单已到达,请确认订单信息……",一条清晰的语音播报出现在美的智能制造工厂,原来是系统自动接到了来自个人或销售公司通过在线平台下达的空调生产订单。在确认产品信息和生产状况后,机械手、传送带和 AGV 便有条不紊地开始了各自的工作。通过对产品上的 RFID 全自动扫描进行数据采集和实时信息共享,各加工机械和移动装备相互协作,空调的各组件和产品在工厂内进行不间断的搬运和加工。一套流程走完,只花费 3 分钟就完成了一台空调的换型组装。而在普通的生产线,一次换型组装需要 45 分钟。

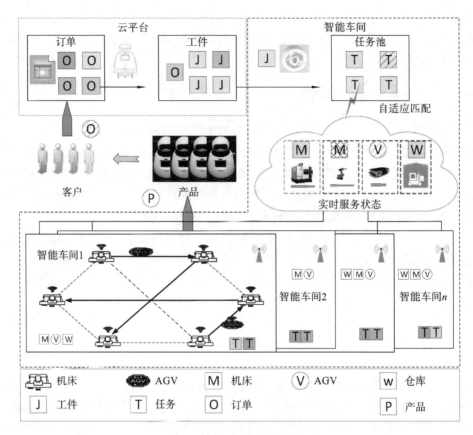

图 13-5　生产-物流系统调度框架

二、生产-物流系统协同流程

生产和物流资源的有效协同是生产-物流系统框架的核心部分，也是生产-物流系统在调度中需要解决的重点和难点。生产-物流系统协同的本质是实时任务的按需分配。智能制造车间中的每一个组合任务，即包含一个生产任务和一个物流任务的一道工序，都需要一个加工设备和一个搬运设备协作完成。为实现生产任务和物流任务之间的高效协同，每一个组合任务都必须明确三个参与的生产资源要素：一个任务发布者（上一道工序所在的生产资源）、一个加工任务承担者（本道工序所在的生产资源）和一个物流任务承担者（完成本道工序的物流资源）。

生产-物流系统协同流程如图 13-6 所示，在生产任务发布阶段，首先应由工人对生产工况和物料情况进行确认后，再进行机械加工以及生产任务的发布。随后是任务协同阶段，在触发下一道生产任务后，当前机床向在制品（WIP）下一道工序的可选机床广播任务，之后每一个可选机床向周围的 AGV 发布物流任务。在 AGV 反馈自己完成物流任务的花费后，每个可选机床可以找到最合适的 AGV，并建立机床与 AGV 的服务组合。通过对服务组合进行评估，可选择最优的服务组合。接下来就是物流任务的执行阶段，AGV 在对自身能力状态进行评估后，可以寻找到正确的取货点，取走 WIP 后再将其运输到正确的送货点并进行卸货。最后，在完成所有的加工任务后，对成品进行质量检测并结束当前生产。

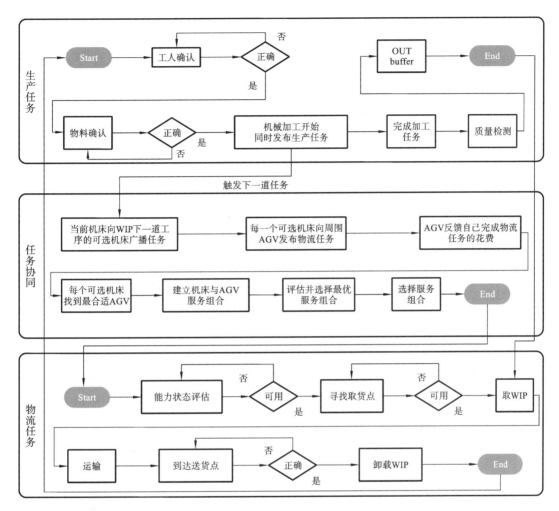

图 13-6 生产-物流系统协同流程

三、生产-物流系统任务触发机制

从生产-物流系统协同流程可以看出,生产和物流资源的协同效果在很大程度上受到任务触发机制的影响。在只考虑生产调度的情况下,实时调度的时间可以是在上一道工序结束时或者即将结束时进行。此时进行调度能够确切地知道当前任务的结束时间以及当前可选服务设备的状态,可以最大化地避免因状态预估造成的时间节点不准确。但是,在考虑物流情况的智能制造生产车间,生产的调度结果会直接影响物流服务的花费,物流服务状态也会影响生产加工的有序进行。因此,在综合考虑智能制造车间生产与物流相互作用和影响的情况时,实时调度的触发时间是影响调度性能的关键因素。

在智能制造车间的实时调度中,一方面,负责物流任务的搬运设备预估自己到达取货点的时间和预测当前任务的完成时间,从而得到预估的取货时间;另一方面,负责物流任务的搬运设备需要知道任务的终点,这时就需要预测终点加工设备的可用时间。尽早地利用车间的信息来触发调度会增加调度结果的可行性,过晚的信息触发调度会增加搬运设备与生产设备的协同时间。构建合理的实时调度触发机制,将会在很大程度上改善生产效率。如图 13-7 所示,实时调度触发机制一般包含以下 4 种策略:

(1) AGV 到达取货点时触发下一任务(arrives at pick-up point,APP),即在 t_{20} 时刻触发下一道工序的任务。

(2) AGV 取到在制品时触发下一任务(pick-up the WIP,PW),即在 t_{21} 时刻触发下一道工序的任务。

(3) AGV 到达交货点时触发下一任务(arrives at delivery point,ADP),即在 t_{22} 时刻触发下一道工序的任务。

(4) 机器开始处理在制品时触发下一任务(machine starts processing,MSP),即在 t_{23} 时刻触发下一道工序的任务。

图 13-7 以两个工件、两台机器和一个 AGV 为例,描述了不同时间节点的任务状态、资源状态以及状态的转化逻辑。其中,每一个工件包含 3 个工序,每个工序可以在不同的机器加工,但是加工时间不同。工序总共有 4 种状态,分别位于任务池、等待池、调度池和被执行状态。这里,所有的工件从云端下达到车间后,会立即触发执行。也就是说,每个工件的第 1 道工序在任务到达时就会被放入调度池。此时,第 2 道工序会被放入等待池,工件的剩余工序会被放入任务池。当等待池中的工序被触发时,会被放入调度池。然后,可用自适应任务分配方法,找到最合适执行此工序的生产-物流资源。最后加入生产-物流资源的服务队列,等待被执行。值得强调的是,当生产-物流资源协同执行任务时,每一道加工工序通常都会伴随一个搬运任务。只考虑生产资源的任务触发策略可以在工序加工完成时触发下一道工序。但是,在生产-物流协同场景中,任务触发必须在上一道加工工序结束之前进行,因为要考虑物流资源的取货路程。因此,需要决策者根据系统状态选择合适的任务触发时间。

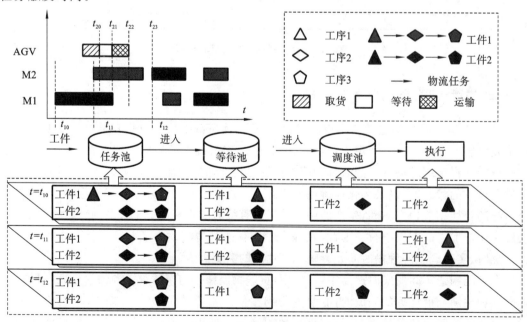

图 13-7 实时调度触发机制

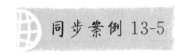

实时调度触发机制案例

如图 13-7 所示（以 MSP 为例），工件 1 和工件 2 都有 3 个工序，分别是 O_1^1、O_1^2、O_1^3、O_2^1、O_2^2、O_2^3。在 t_{10} 时刻，在机器 M1 上开始处理工件 2 的第 1 道工序，即 O_2^1。此时，加工任务 O_2^2 被触发，并从等待池移动到调度池，O_2^3 从任务池转到等待池。同时，任务 O_2^2 被释放到可选服务集。实时调度算法对生产设备和物流设备的协同服务能力进行评估，选择最佳的服务组合来完成任务。在 t_{11} 时刻，O_2^1 继续在机器 M1 上加工处理，并且 O_1^1 开始在机器 M2 上处理。此时，将触发 O_1^2，并将其从等待池移动到调度池。同时，O_1^3 从任务池移动到等待池。以同样的方式触发调度算法来匹配服务组合。在 t_{12} 时刻，O_1^1 和 O_2^1 已经完成加工，并且 O_2^2 开始在机器 M2 上处理。此时，被触发的 O_2^3 从等待池移动到调度池，通过算法匹配服务组合。

四、生产-物流系统实时调度方法

对生产-物流系统进行合理的调度安排，可以保证生产的高效有序运行，节约制造成本。一般而言，在制品的制造成本包括原材料成本、时间成本和生产能耗。原材料成本是制造业的固有成本，它不会因时间安排而改变。时间成本包括生产时间和物流时间。生产时间取决于加工设备的可用性，这将根据不同的生产分配方案而改变。物流时间取决于物流设备的服务能力，如 AGV 所在位置不同会导致提货和交货时间的差异。生产能耗包括生产设备和 AGV 移动所产生的总能耗。

当新任务不断到达时，作业车间中的生产-物流资源应当在适当的时间执行最适合自己的任务。任务触发之后，需要快速地对任务进行调度安排。在任务调度阶段，作业有三种状态，即等待、调度和执行。通常可基于前一任务执行的实时数据触发下一个作业任务的分配。当面向实时任务的生产-物流系统接收到新的订单时，每个任务的执行都会触发后续任务的状态变化。此时，如果调度池不为空，即 $Scheduling\,pool \neq \emptyset$，则调度进程时序如图 13-8 所示。

接下来将介绍一种基于图 13-8 的生产-物流系统调度方法，其具体调度步骤如下。

第一步：生产任务到达后可触发实时调度算法，并对调度算法进行初始化。根据生产资源和物流资源的实时信息，获取相应的可选 AGV 资源集和可选机器资源集。

第二步：调度方法将加工任务发送给所有可选的机器资源。

第三步：机器资源向 AGV 资源发布物流任务，并计算其自身的服务能力。

第四步：AGV 资源计算其当前服务能力，并将结果返回给机器资源。

第五步：机器资源接收 AGV 的实时服务能力。计算当前加工工件的时间成本和生产能耗，得到生产-物流服务组的真实服务能力。

第六步：机器资源选择最佳小组成员（一个 AGV）作为一个服务组，并将其发送到 task-leader。

第七步：task-leader 对所有参与竞争的生产-物流服务组的服务能力进行排序，选择最

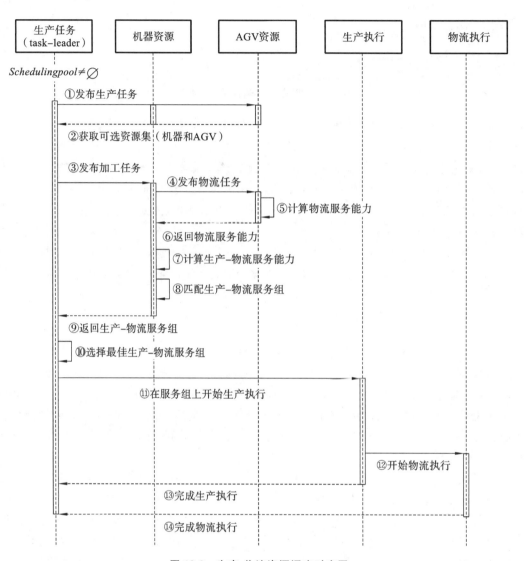

图 13-8　生产-物流资源调度时序图

时序图介绍

佳服务组作为服务提供者,并按照调度计划在机器上进行生产执行。

第八步:生产执行开始后,将物流调度执行计划发送给 AGV。

第九步:AGV 根据物流调度计划执行并完成物流任务。

第十步:生产机器和 AGV 根据生产调度计划执行并完成任务。此时当前服务结束,等待再次触发并重复以上步骤。

第三节　智能制造生产-物流案例分析

一、案例描述

本节的制造车间调度工程案例来源于某企业的机器人零部件智能制造车间场景。针对

第十三章

智能制造生产-物流系统

机器人生产过程无法满足越来越显著的个性化定制需求,该企业对原有老旧的制造车间开展以"智能制造+智慧物流"为特色的生产与物流协同的升级改造。通过车间重新布局规划、软硬件设备升级等手段,实现机器人智能化、绿色化、协同化制造过程,提升生产与物流绿色协同作业效率,降低制造能耗,满足客户多元化需求。

该企业升级改造后的机器人零部件智能制造车间总体布局如图 13-9 所示。功能区域分为控制中心、加工制造区、AGV 充电区和自动化立体仓库区。

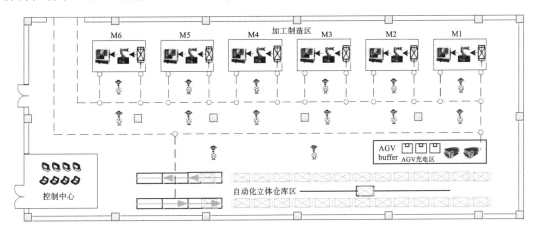

图 13-9 智能制造生产-物流车间布局

图 13-9 中虚线代表规划的 AGV 运行轨道。该智能制造车间面积大小为 33×14 平方米,有 6 台多功能的数控加工机器、若干装卸操作的机械臂、若干运输作业的 AGV。大型自动化仓库区兼具零部件原材料和成品的存储。该智能制造车间可用于机器人重要零部件如外壳、底盘、轮盘等的加工制造。

生产过程可以简单地分为几个主要步骤,包括材料输入、零件生产、零件储存、产品组装和产品储存。对于此企业而言,客户的订单是制造系统的信息输入,而物料则为物理输入。物料来自供应链的上游供应商,订单来自供应链的下游客户,产品是企业制造系统的输出。生产过程(包括零件生产和产品组装)完成后,最终完成产品的生产。

仓库和机器之间的距离如表 13-1 所示。初始时刻,可移动资源(如 AGV)和仓库位于同一区域。

表 13-1 固定资源之间的距离(M0 是仓库,M1~M6 是机器)

距离(m)	M0	M1	M2	M3	M4	M5	M6
M0	0	40	46	52	60	66	75
M1	40	0	6	12	18	24	33
M2	46	6	0	6	12	18	27
M3	52	12	6	0	6	12	21
M4	60	18	12	6	0	6	15
M5	66	24	18	12	6	0	9
M6	75	33	27	21	15	9	0

在此案例中,一共有 15 个工件需要加工,每个工件包含 5 道工序。表 13-2 给出了不同机器的每道工序的预估作业时间和功率。

表 13-2 每道工序的估计作业时间(s)和功率(kW)

工序	M1	M2	M3	M4	M5	M6
1	180\3.74	190\3.11	170\4.38	180\4.24	190\3.41	200\4.5
2	170\4.38	190\4.11	170\4.48	170\4.59	180\4.24	200\3.95
3	360\4.06	340\3.18	370\3.70	360\4.08	350\5.82	360\4.08
4	230\4.18	240\4.13	250\3.20	230\4.19	240\4.09	200\5.01
5	220\5.40	220\5.39	240\4.17	230\5.28	240\4.68	260\4.57

机器的待机功率如表 13-3 所示。AGV 的运输功率为 1 kW,速度为 0.5 m/s。

表 13-3 机器的待机功率

机器	M1	M2	M3	M4	M5	M6
待机能耗(kW)	0.98	1.23	1.48	1.06	1.06	1.16

在车间的实际生产制造中,基于车间历史数据的特征和订单到达的模式,可将车间生产的制造场景归纳为:生产订单随机到达,需要实时对生产和物流资源进行调度安排。

二、调度方法设计

调度方法的设计要取决于企业的实际需求,需求分析是研究、设计和构建解决方案的基础。结合对案例企业进行实地调研的情况,得出案例车间的需求如下。

(1) 订单随机到达和严格的拖期指标。案例企业是安防机器人生产企业,由于客户需求不同,每台机器人的功能按需配置,每台安防机器人售价达数十万元人民币,属于高附加值产品。由于是以服务为导向的高附加值高新技术企业,遵循"顾客是上帝"的宗旨。因此,企业对客户的满意度指标十分看重。客户可以通过企业云平台实时下单,企业实时提供制造服务。同时,对制造机器人的各个环节工件的拖期指标控制严格。

(2) 车间物流资源的确定。由于是老旧车间的改造升级,原有的加工机器和新购的物流资源协作共存,需要物流资源与原有机器的匹配。还需要确定合理的物流设备(AGV)数量,使得车间在保证生产效率的同时,尽可能地节约物流成本。

确定车间的需求之后,接下来就是对任务触发机制的选择。由于事先并不能确定本案例适用于哪种任务触发机制,因此需要采用第二节中介绍的 APP、PW、ADP 和 MSP 4 种任务触发机制分别进行实验。通过比较实验结果和对结果进行分析,最终确定最合适的任务触发机制。

在 4 种任务触发机制下,分别采用第二节介绍的生产-物流协同调度方法对生产和物流资源进行实时调度,其主要步骤如下。

第十三章

智能制造生产-物流系统

（1）在每次生产开始时，根据工厂历史信息中订单到达时间，总结到达时间分布规律，模拟生成工件任务。工件包含三组属性：开始时间、截止日期和生产工艺。

（2）根据到达工件的开始时间，将工件的第1道工序放入调度池，剩余工序放入任务池。此时，调度池不为空，并且触发了生产-物流协同调度算法。

（3）根据生产-物流协同调度算法进行任务自适应分配，生产-物流资源开始执行任务，并依据任务触发规则依次把相关任务放入调度池。

（4）重复上述过程，直到所有制造任务都完成。

三、调度结果及性能分析

考虑了三个性能指标：加工时间、能耗和工件平均拖期。在设计的实验场景中，每个设备和AGV可以进行通信、计算和决策。订单通过云端平台发布到作业车间层。它们到达制造单元，最后通过所提出的方法自适应地分配给生产机器和搬运设备。可以根据实时生产需求和当前状态计算出生产-物流系统的服务能力，并选择最优的生产-物流组合，实时自适应地完成生产任务。

考虑到4种触发策略分别配备不同数量AGV的实验场景，为了确定AGV的最优配置数量，每种策略包含5组对照试验，分别对应于1～5个AGV。为了降低实验误差以及提高检验精度，每个场景记录生产-物流协同调度算法模拟200次的平均结果。最终取得的调度结果如图13-10和表13-4所示。在图13-10中，横坐标是AGV的数量，纵坐标是指标的值。其中，最大完工时间（C_{max}）和平均拖期（MT）的单位为秒，总能耗（E）的单位为焦耳。可以看到，当只有1个AGV参与实验时，每个子图中的能耗和完工时间指标都很大，MT指标也大于0。当有2个AGV时，能耗和完工时间指标迅速下降，MT指标变为0。当3台以上AGV参与实验时，各指标的下降幅度变慢，表明此时达到了AGV的边际效用最大，因此选用3台AGV的设置是较好的选择。在表13-4中，N表示AGV的数量。当参与实验的AGV数量均为3台时，考虑时间、能耗和拖期3个性能指标，可以看出，生产-物流协同调度算法在采用APP触发机制时得到的调度结果是最优的。

综上所述，本案例在生产-物流协同算法的调度下，当选取3个AGV并采用APP任务触发机制时，可以获得最优的生产-物流资源调度安排。

为清晰直观地显示最优生产-物流资源调度安排，绘制出调度安排的甘特图，如图13-11所示。以前6个工件为例，图13-11中横坐标表示制造加工的时间，纵坐标表示生产-物流资源的类型，用标有字符的方块代表不同工件在不同资源个体上的作业时长。标有字母"ST"的方块表示资源处于待机状态的时长。在生产资源的状态条上只有每一个工件的工序，如机器M2上的第2个方块"21"，代表第2个工件的第1道工序在机器M2上加工。在物流个体资源的状态条上，个体的工作状态有取货和送货两种状态，如AGV3上的第4个和第5个方块分别是"P51"和"S51"，代表AGV3先取到第5个工件的在制品，并把它送到机器M6，进行第1道工序的加工。

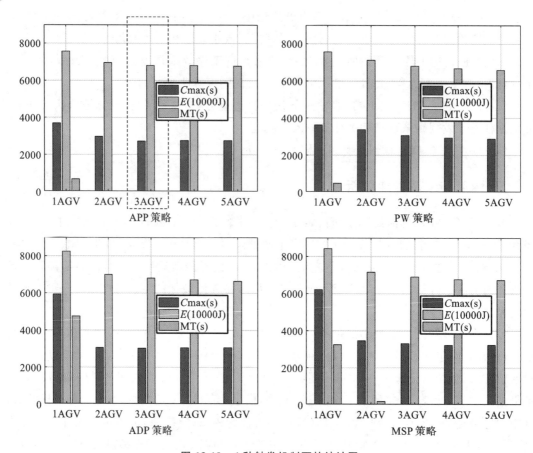

图 13-10　4 种触发机制下的统计图

表 13-4　4 种触发机制下的实验结果

N	APP 策略			PW 策略		
	时间(s)	能耗(J)	拖期(s)	时间(s)	能耗(J)	拖期(s)
1	3.81E+03	7.99E+07	1.30E+03	3.82E+03	7.93E+07	1.25E+03
2	3.43E+03	7.57E+07	0.00E+00	3.79E+03	7.46E+07	1.23E+02
3	3.27E+03	7.29E+07	0.00E+00	3.67E+03	7.29E+07	0.00E+00
4	3.39E+03	7.44E+07	0.00E+00	3.58E+03	7.36E+07	1.69E+01
5	3.36E+03	7.44E+07	0.00E+00	3.45E+03	7.34E+07	1.93E+00
N	ADP 策略			MSP 策略		
	时间(s)	能耗(J)	拖期(s)	时间(s)	能耗(J)	拖期(s)
1	5.78E+03	8.12E+07	4.81E+03	6.15E+03	8.46E+07	3.89E+03
2	3.52E+03	7.65E+07	0.00E+00	3.75E+03	7.68E+07	5.17E+02
3	3.33E+03	6.81E+07	5.91E+01	3.62E+03	7.58E+07	3.25E+02
4	3.45E+03	6.91E+07	0.00E+00	3.66E+03	6.84E+07	1.35E+02
5	3.40E+03	6.80E+07	4.35E+01	3.68E+03	6.91E+07	3.50E+01

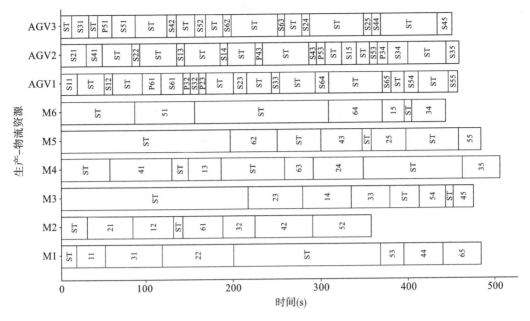

图 13-11 最优调度安排的甘特图

本章小结

本章介绍了智能制造生产-物流系统的典型案例,结合制造系统的发展历史,分析了智能制造对物流的新需求。所介绍的生产-物流系统调度框架可对智能制造车间生产和物流资源进行合理的调度,是提升生产效率,降低生产能耗和拖期,以及实现智能作业车间自组织、自适应调度的有效方法。针对机器人零部件智能制造车间调度实例,给出了物流资源优选方案,并最终获得较好的生产-物流资源调度安排。

甘特图介绍

智能制造的发展对物流提出了新的要求和挑战,与此同时,智慧物流的发展也加快了智能制造的推行进程。随着智能制造生产与物流的深度融合和相互促进,智能制造与智慧物流将结合得更为紧密,未来也会有广阔的发展空间。

练习与思考

问答题:
1. 当前的智能制造对物流提出了哪些要求?
2. 生产-物流系统任务触发机制有哪几种?
3. 在智能制造生产-物流系统中,生产-物流资源的协同和优化调度有什么意义?

思考题:
1. 请畅想一下,随着智能制造的不断发展,未来可能产生什么新的生产-物流场景和相关需求?
2. 能否设计新的任务触发机制?请说明其可行性。

参考文献

[1] 王长琼.物流系统工程[M].2版.北京:高等教育出版社,2016.
[2] 马士华,林勇,等.供应链管理[M].6版.北京:机械工业出版社,2020.
[3] 刘伟华,李波,彭岩.智慧物流与供应链管理[M].北京:中国人民大学出版社,2022.
[4] 孙家庆,唐丽敏.供应链物流学[M].大连:大连海事大学出版社,2016.
[5] 杨晓英,王金宇.面向智能制造混流生产的供应链物流协同策略[J].计算机集成制造系统,2020(10):2877-2888.
[6] 施先亮.智慧物流与现代供应链[M].北京:机械工业出版社,2020.
[7] 赵惟,张文瀛.智慧物流与感知技术[M].北京:电子工业出版社,2016.
[8] 谭禹辰.基于AnyLogic的配送中心物流仿真及其优化[D].天津:天津工业大学,2019.
[9] 赵晨聪,陶文瀚,凌雅文,等.云计算技术对现代物流业的影响[J].计算机时代,2020(8):85-86,90.
[10] 崔根桦.大数据在物流管理中的应用与前景[J].中国储运,2020(7):127-129.
[11] 李旭伟.铁路智慧物流云平台及关键技术研究[D].北京:中国铁道科学研究院,2019.
[12] 阿里研究院.2017年中国智慧物流大数据发展报告[R].杭州:阿里研究院,2017.
[13] 张翼英,张茜,西莎,等.智能物流[M].北京:中国水利水电出版社,2012.
[14] 王喜富.大数据与智慧物流[M].北京:清华大学出版社,2016.
[15] 何黎明."七大升级"领衔未来智慧物流发展——在2017全球智慧物流峰会上的演讲[J].运输经理世界,2017(5):56-59.
[16] 何黎明.中国智慧物流新未来[J].中国物流与采购,2017(11):24-25.
[17] 汪鸣.智慧物流重在智慧[J].物流时代,2011(11):13.
[18] 刘伟华.智慧物流生态链系统形成机理与组织模式[M].北京:中国财富出版社,2020.
[19] CHEN L, XU F. Study on the Collaborative Innovation Oriented SDN Enterprise Ecological Collaboration Model[J]. International Business Research, 2011, 4(2): 112-115.
[20] 秦东.生态型物流信息平台利益渠道与分配机制研究[D].重庆:西南交通大学,2018.

[21] 胡中峰,杨学春.基于可持续发展的智慧物流生态系统构建[J].物流科技,2019(9):41-45.

[22] 万晓霞,焦智伟,刘名轩,等.工业互联网应用综述[J].数字印刷,2021(2):1-26.

[23] 邵奇峰,金澈清,张召,等.区块链技术:架构及进展[J].计算机学报,2018(5):969-988.

[24] 周济,李培根.智能制造导论[M].北京:高等教育出版社,2021.

[25] 周志华.机器学习[M].北京:清华大学出版社,2016.

[26] 徐增林,盛泳潘,贺丽荣,等.知识图谱技术综述[J].电子科技大学学报,2016(4):589-606.

[27] 白世贞,张鑫瑜.现代物流信息技术与应用实践[M].北京:科学出版社,2019.

[28] 张颖.基于条码识别的设备仪器物资智慧仓储系统设计[J].自动化与仪器仪表,2021(8):89-93.

[29] 田锋,黄秀祥,姜捷来,等.反求工程关键问题研究综述[J].装备制造技术,2019(8):18-20.

[30] 周济,周艳红,王柏村,等.面向新一代智能制造的人-信息-物理系统(HCPS)[J].Engineering,2019(4):71-97.

[31] 刘广红,韩时捷,何继红,等.洋山四期全自动集装箱码头设计创新[J].水运工程,2018(6):189-194.

[32] 刘大同,郭凯,王本宽,等.数字孪生技术综述与展望[J].仪器仪表学报,2018(11):1-10.

[33] 张霖.关于数字孪生的冷思考及其背后的建模和仿真技术[J].系统仿真学报,2020(4):I0001-I0010.

[34] 陈根.数字孪生[M].北京:电子工业出版社,2020.

[35] 蔡红霞,胡小梅,俞涛.虚拟仿真原理与应用[M].上海:上海大学出版社,2010.

[36] 程日盛,张永,项陆舟,等.物流配送中心虚拟仿真设计方法[J].交通运输工程学报,2007(4):121-126.

[37] 张冰,李欣,万欣欣.从数字孪生到数字工程建模仿真迈入新时代[J].系统仿真学报,2019(3):369-376.

[38] 邱方.集装箱电子标签及其应用[J].数字化用户,2019(43):67.

[39] 王尧.一汽进出口公司国际物流数字化战略研究[D].长春:吉林大学,2020.

[40] 鲁斌.核心企业周转箱管理方法及应用[D].北京:清华大学,2013.

[41] 张晓川.现代仓储物流技术与装备[M].2版.北京:化学工业出版社,2013.

[42] 温富荣,谢军,莫丽其,等.北部湾港设备数字化管理系统建设应用[J].港口科技,2020(8):16-23.

[43] 王广平.基于数字化的关键设备状态监测与诊断技术研究[J].化工管理,2020(21):177-178.

[44] 赵长明.智能分拣技术在公安应急物资仓储智能化建设中的运用[J].中国管理信息化,2020(11):187-188.

[45] 王策.货机货物装载进程可视化系统的设计与实现[D].北京:中国民航大学,2020.

[46] 郝隆誉.物流设备数字化通用设计平台的应用[J].物流技术与应用,2012(11):86-87.

[47] 胡静.铁路货物装载过程可视化仿真[D].成都:西南交通大学,2004.

[48] 江海学,曹宝根.水运货物数字化[J].集美大学学报(自然科学版),2000(4):101-105.

[49] 姜岩.基于Petri网的牛肉产品供应链安全追溯系统研究[J].供应链管理,2020(6):34-48.

[50] 石雯丽.服装企业供应链运作建模仿真研究[D].西安:西安工程大学,2017.

[51] 吴哲辉.Petri网导论[M].北京:机械工业出版社,2006.

[52] 党伟滔,王敏,荀烨,等.基于系统动力学的军需物资库存成本控制仿真[J].军事交通学院学报,2020(9):45-51.

[53] 周倩.基于系统动力学的线上供应链金融信用风险管理研究[D].重庆:重庆工商大学,2020.

[54] 邹彬,李玮,韩俊.基于Multi-Agent的智能配电网自愈系统研究[J].自动化与仪器仪表,2020(10):145-148.

[55] 卿晓霞.基于Multi-Agent的分布式污水处理智能化系统研究[D].重庆:重庆大学,2007.

[56] 王平,蒋进,梅海军,等.基于"蓝牙"通信的便携式物流信息采集器[J].中国机械工程,2004(3):229-232.

[57] 周林兵,杨玲玲,朱滔.基于TQ2440的物流揽件数据采集系统的设计[J].电子设计工程,2013(22):133-134,140.

[58] 刘斐,崔丹丹.基于改进UDP网络协议的物流实时视频数据远程传递系统设计[J].物流技术,2014(5):446-449.

[59] 隋艳辉.基于物联网的物流园区信息平台规划研究[D].成都:西南交通大学,2012.

[60] 中国科学院科技战略咨询研究院课题组.产业数字化转型:战略与实践[M].北京:机械工业出版社,2020.

[61] 易成贤.物流企业仓储管理的数字化转型研究[J].中国储运,2021(4):134-135.

[62] 唐衍军.区块链技术下的生鲜食品冷链数字化平台建设[J].食品工业,2021(8):197-199.

[63] 王文倩,肖朔晨,丁焰.数字赋能与用户需求双重驱动的产业价值转移研究——以海尔集团为案例[J].科学管理研究,2020(2):78-83.

[64] 李文锋,梁晓磊.群智能优化及其在物流中的应用[M].武汉:华中科技大学出版社,2019.

[65] 李文锋,符修文.工业无线传感器网络抗毁性关键技术研究[M].武汉:华中科技大学出版社,2018.

[66] 李文锋,张煜.物流系统建模与仿真[M].2版.北京:科学出版社,2017.

[67] DUAN Y, LUO Y, LI W F, et al. A Collaborative Task-oriented Scheduling Driven Routing Approach for Industrial IoT based on Mobile Devices[J]. Ad Hoc Networks, 2018, 81: 86-99.

[68] 高泽华,孙文生.物联网——体系结构、协议标准与无线通信(RFID、NFC、LoRa、NB-IoT、WiFi、ZigBee与Bluetooth)[M].北京:清华大学出版社,2020.

[69] LUO Y,DUAN Y,LI W F,et al. A Novel Mobile and Hierarchical Data Transmission Architecture for Smart Factories[J]. IEEE Transactions on Industrial Informatics,2018,14(8):3534-3546.

[70] 何克忠,李伟.计算机控制系统[M].2版.北京:清华大学出版社,2015.

[71] 胡寿松.自动控制原理[M].7版.北京:科学出版社,2019.

[72] 周献中.自动化导论[M].北京:科学出版社,2009.

[73] 张烨.物流自动化系统[M].杭州:浙江大学出版社,2009.

[74] 吴霞,刘翠翠.物流技术与装备[M].北京:机械工业出版社,2019.

[75] 金跃跃,刘昌祺,刘康.现代化智能物流装备与技术[M].北京:化学工业出版社,2020.

[76] YAM K L. Encyclopedia of Packaging Technology[M]. New York:John Wiley & Sons,2009.

[77] 钟叶.面向云物流的资源虚拟化与服务组合相关技术研究[D].武汉:武汉理工大学,2015.

[78] 葛显龙.面向云配送模式的车辆调度问题及算法研究[D].重庆:重庆大学,2011.

[79] 姜新荣.物联网下第三方物流资源优化配置理论及应用研究[D].长沙:湖南大学,2016.

[80] 李国杰,程学旗.大数据研究:未来科技及经济社会发展的重大战略领域——大数据的研究现状与科学思考[J].中国科学院院刊,2012(6):647-657.

[81] 李亚曼,崔乐乐.基于精准画像的京东1小时达——"大数据与智慧物流"连载之四[J].物流技术与应用,2017(4):148-150.

[82] 刘虹玉,王双金.大数据在仓储物流中的发展与应用——"大数据与智慧物流"连载之三[J].物流技术与应用,2017(3):134-136.

[83] 任鹏,丁然.交通物流大数据决策分析体系研究[M].北京:人民交通出版社,2018.

[84] 罗磊,赵宁.人工智能在物流行业的应用综述与发展趋势[J].物流技术与应用,2021(7):116-121.

[85] 于敏敏.面向智慧物流的人工智能问答模式与应用研究[D].重庆:重庆邮电大学,2020.

[86] 李冰漪.菜鸟的智慧物流——专访菜鸟网络科技有限公司总裁万霖[J].中国储运,2017(7):20-23.

[87] 王琛宁.菜鸟网络物流智能化架构及其影响因素分析[J].中国物流与采购,2019(7):34-35.

[88] 周跃进,陈国华,等.物流网络规划[M].2版.北京:清华大学出版社,2015.

[89] 李延晖.物流网络规划与设计[M].武汉:华中科技大学出版社,2013.

[90] 彭永涛,张锦,王坤.具有随机供需特征的物流超网络优化模型研究[J].交通运输系统工程与信息,2014(2):184-191.

[91] MONTREUIL B,BALLOT E,FONTANE F. An Open Logistics Interconnection Model for the Physical Internet[J]. IFAC Proceedings,2012,45(6):327-332.

[92] 张永安,李靖.物流超网络模型表述及特征分析[J].北京交通大学学报(社会科学版),2013(1):55-60.

[93] 杨家其,涂敏.国际集装箱运输与多式联运[M].武汉:武汉理工大学出版社,2014.

[94] 孙明,王学锋.多式联运组织与管理[M].上海:上海交通大学出版社,2011.

[95] 孙彬.多式联运供应链的协调与协同优化研究[D].天津:南开大学,2013.

[96] 雷凯.多式联运网络风险传播与控制策略研究[D].北京:北京交通大学,2016.

[97] 曹玉莲.基于网络拓扑的混合粒子群优化算法及物流优化研究[D].武汉:武汉理工大学,2018.

[98] 蒋洋.多式联运服务网络优化建模方法研究[D].北京:北京交通大学,2014.

[99] 单丽辉,张仲义,王喜富,等.基于系统理论的物流网络分析与资源整合[J].北京交通大学学报(社会科学版),2011(2):47-53.

[100] 彭本红,冯良清.区域物流网络的形成机理与实证研究[J].华东经济管理,2009(12):104-107.

[101] 程国全,王转,鲍新中.现代物流网络与设施[M].北京:首都经济贸易大学出版社,2004.

[102] 毕娅.云物流下基于协同库存和覆盖的选址-分配问题研究[D].武汉:武汉理工大学,2012.

[103] 段红,邱晓刚.网络化仿真及其发展趋势[J].系统仿真学报,2021(7):1526-1533.

[104] 贾启君.基于系统动力学的复杂供应链系统协同策略建模分析研究[D].天津:天津大学,2008.

[105] 彭扬,吴承健.物流系统建模与仿真[M].2版.杭州:浙江大学出版社,2015.

[106] 邱晓刚,段红,谢旭,等.仿真学科知识体系的若干问题研究[J].系统仿真学报,2021(4):753-762.

[107] 范媛.基于多 Agent 的智能仓储 RMFS 多任务调度研究[D].武汉:武汉理工大学,2020.

[108] 周三元.物流系统动力学[M].北京:中国财富出版社,2014.

[109] 陶飞,张贺,戚庆林,等.数字孪生模型构建理论及应用[J].计算机集成制造系统,2021(1):1-15.

[110] 张霖,陆涵.从建模仿真看数字孪生[J].系统仿真学报,2021(5):995-1007.

[111] 杨能俊.基于数字孪生的离散制造车间自适应调度方法研究[D].南京:南京航空航天大学,2020.

[112] NOORI H, LEE W B. Factory-on-demand and Smart Supply Chains: The Next Challenge[J]. International Journal of Manufacturing Technology and Management, 2002,4(5):372-.383.

[113] BUTNER K. The Smarter Supply Chain of the Future[J]. Strategy & Leadership, 2010,38(1):22-31.

[114] DEKKERS R, IVANOV D, SOKOLOV B. The Inter-disciplinary Modelling of Supply Chains in the Context of Collaborative Multi-structural Cyber-physical Networks[J]. Journal of Manufacturing Technology Management, 2012, 23(8): 976-997.

[115] 宋华.新兴技术与"产业供应链＋"——"互联网＋"下的智慧供应链创新[J].学术前沿,2015(22):21-34.

[116] 宋华.智慧供应链的核心要素与实现路径[J].物流技术与应用,2015(12):58-59.

[117] 刘志学,覃雪莲,陈秋遐,等.关于智慧供应链管理体系的思考[J].供应链管理,2021(9):5-15.

[118] 金瑞,朱玉梅,刘伟华.面向全场景的智慧供应链综合体系架构研究[J].物流研究,2021(1):31-40.

[119] TANG C S. Perspectives in Supply Chain Risk Management[J]. International Journal of Production Economics,2006,103(2):451-488.

[120] BEAMON B M. Supply Chain Design and Analysis:Models and Methods[J]. International Journal of Production Economics,1998,55(3):281-294.

[121] SIMATUPANG T M,SRIDHARAN R. The Collaborative Supply Chain[J]. The International Journal of Logistics Management,2002,13(1):15-30.

[122] 马士华,桂华明.基于供应驱动的供应链协同技术与管理——原理与应用[M].武汉:华中科技大学出版社,2009.

[123] 丁益华,王曜,秦涛,等.洋山港四期自动化码头任务调度系统优化[J].港口科技,2021(4):16-21.

[124] 吴照阳.自动化集装箱码头堆场海侧轨道式龙门起重机双箱作业工艺[J].集装箱化,2019(12):12-14.

[125] 魏学将,王猛,张庆英,等.智慧物流概论[M].北京:机械工业出版社,2020.

[126] 黄祝佳.广州港智慧港口评价与建设研究[D].广州:华南理工大学,2019.

[127] 李斌.基于哈佛体系结构的集装箱码头物流系统建模仿真研究[D].武汉:武汉理工大学,2009.

[128] ZHONG M S,YANG Y S,DESSOUKY Y,et al. Multi-AGV Scheduling for Conflict-free Path Planning in Automated Container Terminals[J]. Computers & Industrial Engineering,2020,142(12).

[129] 高亮,SHEN W M,李新宇.智能制造的新趋势[J]. Engineering,2019(4):61-64.

[130] 贺利军.面向生产与物流绿色协同的多目标调度优化[D].武汉:武汉理工大学,2022.

与本书配套的二维码资源使用说明

本书部分课程及与纸质教材配套数字资源以二维码链接的形式呈现。利用手机微信扫码成功后提示微信登录,授权后进入注册页面,填写注册信息。按照提示输入手机号码,点击获取手机验证码,稍等片刻收到4位数的验证码短信,在提示位置输入验证码成功,再设置密码,选择相应专业,点击"立即注册",注册成功。(若手机已经注册,则在"注册"页面底部选择"已有账号? 立即注册",进入"账号绑定"页面,直接输入手机号和密码登录。)接着提示输入学习码,需刮开教材封面防伪涂层,输入13位学习码(正版图书拥有的一次性使用学习码),输入正确后提示绑定成功,即可查看二维码数字资源。手机第一次登录查看资源成功以后,再次使用二维码资源时,只需在微信端扫码即可登录进入查看。